中国近现代外交史

熊志勇　苏浩　著

世界知识出版社

图书在版编目（CIP）数据

中国近现代外交史 / 熊志勇，苏浩著. —北京：世界知识出版社，2005.11（2007.3 重印）

ISBN 978-7-5012-2698-6

Ⅰ. ①中… Ⅱ. ①熊…②苏… Ⅲ. ①外交史—中国—近代 ②外交史—中国—现代 Ⅳ. ①D829

中国版本图书馆 CIP 数据核字（2007）第 022748 号

责任编辑 罗养毅
责任出版 唐 平
封面设计 孙 旻

书 名 中国近现代外交史
Zhongguo Jinxiandai Waijiaoshi

著 者 熊志勇 苏 浩

出版发行 世界知识出版社
地址邮编 北京市东城区干面胡同 51 号（100010）
网 址 www.wap1934.com
电 话 010-65265923（邮购） 010-85119023（发行）
经 销 新华书店
印 刷 北京京晟纪元印刷有限公司
内文排版 北京力托科技有限公司
开本印张 850 × 1168 毫米 1/32 14½ 印张
字 数 400 千字
版次印次 2005 年 11 月第一版 2014 年 6 月第六次印刷
标准书号 ISBN 978-7-5012-2698-6
定 价 25.00 元

版权所有 侵权必究

前言

中国是世界上历史最悠久的国家之一。几千年的历史留给我们各种各样的遗产，而影响最大的非近现代史莫属。一部中国近现代史，其主要内容多半有关中国与他国的关系。虽然新中国成立已经50多年，但此前100多年的历史却没有从我们的生活中消失。进入21世纪的中国是一个开放的国家，是一个快速发展、面向未来的国家，是一个越来越深地融入国际社会、并对世界发挥越来越大影响的国家。但那100多年的烙印仍时时地显现在我们的政治、经济和社会生活当中，有时甚至支配了人们的思维方法。这种“近代史情结”带给我们爱国主义的精神，促使我们积极向前，激励我们重新屹立于世界民族之林。同时，它也给我们造成一些苦恼、困惑和难题。

1840年之前的中国至少是一个亚洲大国，但闭关自守、因循守旧的思想和政策致使中国大大地落后于世界发展的潮流。在咄咄逼人的西方资本主义列强面前清政府束手无策，使中国成为殖民主义“炮舰政策”的牺牲品。战败的中国受尽西方列强的欺辱，被一系列不平等条约所束缚。中华民族不仅丧失了大量土地、支付了巨额的赔款，而且失去了独立和自由。中国沦为半殖民地半封建的国家。然而，中华民族没有沉沦。一代代的爱国志士为了寻求救国救民的真理，探索复兴中华的之路，努力地学习和思考，认真地摸索和尝试，甚至抛头颅，洒热血，前仆后继。在他们的带领下，全民族不怕牺牲，携手奋斗，一步步地争回了我们的主权、独立和自由。当1949年中华人民共和国宣告成立之时，我们又可以让世界听到中华民族的声音。

今天，当我们为和平发展的目标而奋斗的时候，回顾那100多年多灾多难的近现代史，特别是那时的中国外交史，我们从中可以吸取大量的经验教训，可以全面地了解当年的问题和症结，可以更好地理解当前的形势和任务，从而更珍惜来之不易的独立自主，更重视与世界各国的平等友好交往，更自觉地执行“和平”与“发展”的政策。

在作为中国外交官的摇篮的外交学院，中国近现代外交史一直是一门专业基础课。20世纪八十年代曾由外交学院一批老师精心撰写了两本专著：王绍坊：《中国外交史（鸦片战争至辛亥革命时期）》和吴东之：《中国外交史（中华民国时期）》，并被用做教材。近年来，随着我们改革开放事业的不断发展，中国与世界的联系越来越紧密，高校中开设这门的院系也越来越多。我们感到有必要编写一部适用的简明教材，供大家使用。

这本新教材的篇幅大大缩小，38万余字归纳这100多年的中国近现代外交历史。它突出重要事件，减少不必要的细节，以便于学生的阅读和掌握。更重要的是，它在继承前人学术成就的同时吸收了近十几年来的研究成果。改革开放以来，中国社会发生了翻天覆地的变化，人们的思想方法也有了根本性的转变，再加上一批新史料的涌现，使学术界对这段历史有了更深刻更实事求是的认识。也由于改革开放，中国人与世界各国人民的交往越来越多，使我们对这段历史有了更全面更细致的了解。

虽然我们从开始编写时就把这本书定位于一本教材而不是学术专著，但在编写时我们非常重视其严谨性，特别是在一些关键性问题上。本书内容简明扼要，层次清楚，有史实有分析，用材料来支撑论点。这本书不仅可以用于课堂，也可以供其他外事干部和对中国外交感兴趣的读者阅读。全书分为18章完全是从教学安排的角度考虑的。为了便于学习和进一步了解有关历史的详细情况，每章的后面都附有思考题和参考书目，全书后面还附有其他通史类和国别关系类的参考书目。

作者

2005年10月30日

目　录

第一章

西力东渐与清朝前期的中外关系

中国是世界上幅员辽阔、文明发达最早的国家之一。自古以来，中国就同周边的国家和民族建立了密切的往来关系，中国文化对这些国家产生了不小的影响。相比之下，中国同西方国家接触较少，虽然曾经有过像丝绸之路这样的联系，但基本上是少量的和商业性的往来。在历史上，虽然中国同邻邦发生过政治纠纷和战争，但从长时间来看中外关系基本上保持着一种和平的态势，中国也一直作为一个强国屹立在亚洲。这种状况直到近代才被打破。中国不仅陷入连绵不断的战争之中，而且沦为了半殖民地半封建的国家。导致这种情况的原因是资本主义世界的兴起，而中国没有赶上这股潮流，逐渐落后于世界的发展进程。近代之前，受西方殖民者东进的冲击，传统的中外关系体制已经面临挑战，作为中国统治者的清政府不得不被动应对。

第一节 殖民主义势力东侵

15、16世纪，在西欧出现的资本主义萌芽逐渐发展，产生了早期的资本主义经济。与其先前的生产方式相比，资本主义生产方式的特征之一是商品经济的发展，这就意味着需要丰富的原料、廉价的劳动力和广阔的市场。为了满足新的生产方式的需要，从资本原始积累时期起，西欧新兴的资产阶级就开始对世界的其他地区进行扩张和掠夺，它们之间也为争夺世界霸权地位展开了搏斗。这种经济上的需求促使世界各地区各国间的政治经济文化等方面的往来愈益频繁，生产力发展带来的交通工具的改进也推动了这一发展。昔日那种比较松散的、局部性的、半封闭的状态逐渐被打破。一个以资本主义体系为主导的新世界在形成。可以说，资本主义的产生和发展才使这个世界中产生了现代意义上的国际关系。

1. 资本主义的兴起

资本主义经济首先在西欧等国发展起来，特别是在英国和法国。在16世纪，在英国的诺弗克、约克、威尔克等地遍布呢绒业手工工场。到17世纪，它成为英国在世界上首屈一指的行业。英国的其他行业也发展非常快，如采煤、冶金、火药、造纸、造船等。在此基础上，英国的商业也有了很大的发展，从16世纪后半期到17世纪初，许多海外贸易垄断公司建立起来，并得到英王室的特许。这些公司都拥有自己的船队，甚至拥有武装力量，垄断着一个地区的贸易。如1555年成立的莫斯科公司，专营对俄贸易，后又扩展到中亚地区；1600年出现的东印度公司，该公司规模庞大，资金雄厚，主要在印度和中国开展贸易，也包括好望角以东地区。

法国的资本主义也发展迅速，特别是到了18世纪以后。它的采矿业和冶金业非常发达。如勒克勒佐冶金公司拥有蒸汽机、汽锤和高炉等先进设备。丝织业也是一个主要工业，其产品在欧洲非常畅销。法国奢侈品工业生产的化妆品、高级服装、家具和鞋等已在国际市场上占据首位。一些大的海外贸易公司积极地开拓国际市场，如经营对非贸易的几内亚公司，在东方经营贸易的法国东印度公司等。

为了追求财富和资源，海外殖民扩张成为资本主义原始积累的重要方式。与其相伴随的是远洋探险和开辟新航路。西班牙、葡萄牙和意大利人率先到世界各地冒险。1487 年，葡萄牙人迪亚士抵达非洲最南端的好望角，开辟绕道非洲前往东方的路线。15 世纪末，意大利人哥伦布在西班牙国王的资助下到达美洲大陆。1519 年，葡萄牙人麦哲伦率 5 艘帆船出航，绕过南美洲，经麦哲伦海峡进入太平洋，于 1521 年到达菲律宾。他本人死于中途，但船队于 1522 年经由印度、绕过好望角，回到西班牙。

西班牙人和葡萄牙人开始在其到达的地方建立殖民帝国。到 16 世纪中叶，西班牙占据了除巴西以外的整个中南美洲大陆，以及加勒比海上的圣多明哥、牙买加、古巴和波多黎各等岛屿。在亚洲，它占有了菲律宾群岛。葡萄牙先后占据了巴西和印度的果阿，在科伦坡、苏门答腊、爪哇、加里曼丹等地建立了商站。

从 17 世纪起，荷兰、英国和法国的势力取代了西班牙和葡萄牙。荷兰殖民者从葡萄牙人手中夺得非洲的好望角殖民地、亚洲的锡兰（今斯里兰卡）、印度的马拉巴海岸和科罗曼德海岸，以及马六甲，进而又夺得印度尼西亚的爪哇和苏门答腊等地。后来，葡萄牙在印度洋的殖民地几乎全部落到荷兰人手中，印度尼西亚成为荷兰殖民活动的中心。英国的东印度公司到 18 世纪控制了印度的大部分地区，拥有行政权，垄断贸易、拥有武装和司法特权，实际上已将印度变为殖民地。英国还夺得美洲的弗吉尼亚、缅因、新泽西等殖民地。到 18 世纪中叶，英国在美洲的 13 个殖民地已连成一片。法国也在积极地开发海外殖民地。从 17 世纪后半期开始，法国陆续占有了北美洲的加拿大、南美洲的圭亚那部分和加勒比海上的安德列斯群岛、非洲的塞内加尔、马达加斯加等。

这些宗主国掠夺殖民地的资源，残酷地奴役当地的居民。在非洲，殖民者还把大批的黑人贩卖当奴隶，据估计，运入美洲的黑奴高达275万。

2. 近代国际关系准则的形成

为了适应国际关系的发展，也为了避免欧洲中世纪后期频繁发生的王朝战争，资产阶级需要有大家可遵守的国际关系准则。17世纪上半叶，荷兰学者格老秀斯写出了《战争与和平法》和《海洋自由论》等国际法著作，较为系统地阐述了各国应遵守的国际关系准则。他的思想对近代国际关系产生了重大影响。最早的典型事例是1648年的《威斯特伐利亚和约》。中世纪后期，由于德国诸侯贵族按新旧教分裂成为两大阵营，各自结成新教同盟和天主教同盟。双方矛盾尖锐，摩擦不断。1618年，由于奥地利统治者压迫捷克新教徒，捷克人民起义，成为战争导火索。这场战争从新旧教之争转为争夺领土、争权夺利的混战。战争本身也由德国内部的战争转变为欧洲各国之间的战争。西欧、北欧和中欧的主要国家都参加了，如法国、瑞典、丹麦、西班牙、奥地利等。这场大规模的战争持续了30年。从1643年起，交战双方开始在威斯特伐利亚谈判，历时5年才达成这项国际性条约。和约规定法国、瑞典和德意志新教诸侯得到大片领土；承认各诸侯拥有独立的外交权；瑞士和荷兰获得了独立等。这次谈判与和约呈现以下几个特点：一、创立了以国际会议解决国际问题的方式；二、和约承认德意志各诸侯国享有独立的主权，承认荷兰、瑞士为独立国，在实践上肯定了格老秀斯提出的国家主权、领土和独立应受尊重的原则；三、和约规定缔约国不得违反其条款，创立了对违约国可实行集体制裁的案例；四、和约缔结之后，各国普遍建立了常驻外交使节以便进行交往。这个条约的签订表明国际关系的一大发展，从而在主权国家之间普遍建立了外交关系。

然而，欧洲国家并不完全遵守已经承认的这些原则，在以后的年代中，它们之间照旧发生战争，如1701年开始的西班牙王位继承战争、1740~1748年的奥地利皇位继承战争和英法间1756~1763年的七年战争。欧洲列强也继续对其他地区和国家不断地进行殖民扩张和侵略战争。

3.葡萄牙占据澳门

欧洲殖民者在全世界，特别是在亚洲的扩张自然也没放过中国。意大利人马可·波罗的游记中有关中国富甲天下、金银遍地的描写使西方人以为只要来到中国就会满载黄金、珠宝、丝绸、瓷器而归。从16世纪起，葡萄牙、西班牙、法国和英国等国家的商船就陆续来到中国沿海口岸进行贸易。16世纪，明朝政府在对外关系方面实行的是一种半封闭的政策。虽然中国经由广州、泉州和宁波同海外许多国家有着贸易往来，但这主要是由政府控制的官方贸易，而且这种贸易是作为维护朝贡关系的一种手段。私人贸易受到严格的限制。为了禁止沿海居民同外国人做买卖，政府除了严加巡缉外，还鼓励他人告发。如1519年葡萄牙派使比留斯访华，希望同中国建立通商关系。但明朝政府以葡萄牙不是朝贡国，拒绝了通商的要求。

渴望高额贸易利润的葡萄牙商人便想方设法开辟渠道。一方面是继续大搞走私贸易，另一方面则在1535年用重金贿赂地方官员黄庆，把澳门开辟为通商地。当时，外国人在广州等地不许入城，在澳门不许长期居留。外商只能在每年夏秋时节来澳门做买卖，临时搭篷住宿，贸易结束后便须全部离去。对此极为不满的葡萄牙商人于1554年又通过贿赂广东海道副使汪柏，借口带来的“贡品”路上被海水打湿需借地晾晒，得到在澳门租地搭棚，存放货物的权利。1557年，葡人进一步在那里建房居住，设立官员进行管理，俨然把这块土地视为其殖民地。但葡人并不交租，只对广东海道每年纳贿银500两。到1564年，澳门已形成初具规模的港口小城，葡人盖建的住所已有千间以上，在澳葡人也近千人。至1570年，葡人在澳门又兴建了3座教堂、一家医院和一间仁慈堂。大小中国官员因受贿而不加制止。1573 年，海道受贿事被揭发，于是贿金改为地租。同时，明朝政府以该地绑架拐骗成风不好管理为由，下令在澳门附近筑墙为界。1614 年，明朝政府批准了粤督张鸣冈的奏章，正式宣布允许葡人居留澳门，但要对其有所约束。于是，葡人在澳门获得三种权利：一、居留权，他们可以在那里长期居住，但每年要向香山县交纳地租 500 两；二、贸易权，不仅葡人而且其他国家的商人也可以来这里进行贸易，他们都要向中国政府交纳商税；三、自治权，澳门建立了葡萄牙人的自治机构，还有议事会和驻军。但有关中国人的事务仍由香山县负责。1744 年，香山县设海防军民同知一职，专理澳门事务。这样从 1553 年起，澳门逐渐成为一个在中国管辖之下由葡萄牙人经营的贸易港口。澳门成为来华经商的外国人的共同居住地。1623 年，葡萄牙任命了首任澳门总督，赋予其统治澳门的权力，但仍向中国缴交地租。

欧洲殖民者在中国沿海也干起了海盗勾当，他们剽劫行旅、掠卖良民。对于这种强盗行径，中国军民给予了应有的回击。17 世纪初，荷兰殖民者不断袭击澎湖、厦门一带，1624 年又侵入台湾南部。1626 年，西班牙也借口保护中国与吕宋间贸易，先占领台湾基隆，后逐步控制台湾北部。1642 年，荷兰军队打败西班牙人，荷兰占领了整个台湾。1661 年，郑成功在当地居民的配合下率兵收复了台湾。1637 年，英国人威得尔率船队闯进珠江口，虎门炮台开炮示警，英方便发动进攻，一度占领炮台，并烧毁一村庄。广东总督做出让步，要求英方交还抢掠的财物，许可它在广东作些买卖后离开。以后来华的英国人依然受到种种限制或被课以重税。欧洲殖民者未能凭借武力手段从中国获取经济利益。

4. 沙皇俄国在中国北部边疆的扩张

16 世纪末，中国东北的女真人兴起。经过其领袖努尔哈赤和皇太极的努力，到 17 世纪 30 年代末，西起贝加尔湖，北到外兴安岭，南至日本海，东达鄂霍次克海（包括库页岛在内）的广大地区都纳入了清的版图。清政府设置了宁古塔将军、黑龙江将军来管理这个地区。

自16世纪中期起，俄国农奴主贵族为了扩大土地和掠夺珍贵的毛皮，开始向西伯利亚地区扩张。1651年，俄国商人哈巴罗甫率远征队深入到黑龙江流域一带，并在雅克萨和尼布楚（今称涅尔琴斯克）等地设立了据点，并沿黑龙江而下，进到松花江和乌苏里江一带。在当地居民的请求之下，清政府派驻宁古塔的军队前往救援，迫使哈巴罗甫向后撤退。1654年，斯梯帕罗夫又率队沿黑龙江南下，被清军船队包围消灭。1667年，在俄国入侵者的煽动下，居住在嫩江流域的索伦部头人根忒木尔叛国投靠沙俄。他逃入俄境后，沙俄殖民当局如获至宝，接受他加入俄国国籍并给予各种奖赏，试图引诱更多中国边民叛国投俄。为此，清政府多次向沙俄政府提出抗议，要求引渡根忒木尔，但遭到对方的拒绝。这个问题成为两国间长期得不到解决的一个争端。

在这个时期，沙俄还多次向中国派出使团，目的是搜集各种情报和开辟通商渠道。有的使团态度十分恶劣，如1670年来的米洛瓦诺夫使团甚至狂妄地要求清政府臣属于沙俄，接受沙皇的最高统治。清政府对沙俄在东北的侵略行径多次提出交涉和抗议，要求俄国政府和地方当局予以制止。1676年尼果赖使团来华时，清政府再次向他表示：如要通商和好，应把逃犯根忒木尔交还。1683年，清廷授命理藩院正告沙俄殖民者赶紧从雅克萨和尼布楚撤走，交还根忒木尔，这样双方才能和好相处，否则“必致天讨，难免诛伐”。但是，清政府一再发出的和平呼吁却未能得到对方的响应，它终于不得不接受沙俄的狂妄挑战，行使自卫权利。1685年，清政府发兵攻打雅克萨，把俄军驱逐之后也撤离该城。不久俄军又卷土重来，占据了雅克萨。1686年，清政府再次出兵雅克萨，打得俄军死伤累累，无力再战，被迫同意和谈。在这种情况下，清军于1687年8月奉命从雅克萨撤走。

尽管清军在反侵略的战争中取得了重大的胜利，但清政府一如既往争取通过谈判解决中俄争端。1687年，它两次向沙俄政府建议举行会议，确定疆界，以便边界两边的人民能安宁生活，两国能和好相处。沙皇政府虽然接受了谈判的主张，却没有放弃侵占黑龙江流域的野心。在谈判之前，沙皇对俄国谈判代表下达了详细的训令，确定谈判的方案：一、要求以黑龙江为界；如果中方不同意，则提出第二个方案，以流入黑龙江的牛满江或精奇里江为界；如果中方再不同意，就提出第三个方案，以雅克萨为界，但俄国人可以在黑龙江、牛满江和精奇里江捕鱼。如果上述三项方案都不能被清政府所接受，俄国使臣应该争取缔结临时停战协定，然后准备新的战争。此外，沙俄政府在谈判中还想得到更多的贸易利益。它甚至指示其代表可以设法贿赂中国代表。

清政府对谈判所持的立场是非常明确的。在谈判代表起身前，康熙皇帝提出了谈判方针。他指出：这次谈判是因为俄国侵略我国边境，占据尼布楚和雅克萨，收纳叛逃者才举行的。尼布楚、雅克萨、黑龙江及其支流全属中国的土地，不能让给俄国；应该向俄国索回逃犯根忒木尔等；在此基础上，“准其通使贸易”，否则立即回来不必再谈。

谈判 1689 年 8 月在尼布楚举行。中方代表团由索额图率领，俄方代表团由果罗文率领。正式会谈开始前，双方就各方所带人员的数量和警卫的位置作了对等的安排。第一次会谈在 22 日举行。会议开始后，俄方代表首先诬指中国挑起战争，硬要清政府接受“两国以黑龙江至海为界”。这种无理要求当即遭到中方代表的驳斥。索额图指出，自雅克萨以西至尼布楚色楞一地区历史上属于中国所有，由于俄国人的侵入，中国政府才不得不实行自卫。他提出，自后贝加尔湖沿外兴安岭为两国国界。俄方无言以答，竟蛮横地拒绝讨论历史事实。第二天再次举行会议，中国代表避免僵持，首先提出中俄两国边界以俄国不超过尼布楚为限，这种让步遭到对方的拒绝和嘲笑，从而使谈判陷入僵局。会谈只好暂时中止，转入会外活动，主要由两国翻译人员往来交涉。清政府代表在这过程中一直采取主动姿态，多次做出让步，从尼布楚一直退到格尔必齐河。俄方代表理屈词穷。这时尼布楚一带的布里亚特等族居民纷纷起义，要求回到中国方面，使俄国代表团感到紧张，只好同意中方的方案。在即将签字的前夕，俄方又提出外兴安岭与乌弟河之间的划界问题，中国代表团以积极的态度同意此段边界问题暂时搁置。至9月6日，双方终于在一切重大问题上全面地达成协议。7日，中俄《尼布楚条约》由双方代表签字盖印，并举行宣誓，从而正式成立。

尼布楚条约共6款，其主要内容：(1) 以格尔必齐河、额尔古纳河和外兴安岭为两国国界。但兴安岭与乌弟河之间的划界尚未解决；(2) 俄人在雅克萨所建城障应立即拆除，俄国人退回其国境；(3) 今后互不收容对方逃犯；(4) 两国人民持有护照者可以往来边界进行贸易。

《尼布楚条约》是中俄两国正式缔结的第一个条约，是双方经过平等协商、中方做出重大让步的结果。它是一个平等的条约。《尼布楚条约》的签订从法律上肯定了中国对黑龙江流域的领土主权，一度遏制了沙俄殖民主义者对这个地区的扩张。

然而，在中俄中段边界地区沙俄殖民者仍然在侵犯中国主权，明目张胆地支持中国准噶尔叛乱集团，并且逐步侵吞中国的领土。他们在哲得河流域、色楞格河流域和恰克图等地区建立哨所，占去中国大片领土。这些情况严重地威胁着中国北部边疆的安全。为此清政府多次警告沙俄不得勾结准噶尔叛乱集团，不得武装侵袭中国领土，并一再敦促俄国政府举行谈判，解决中部边界问题。

1725年，俄国政府派遣拉古津斯基使团来华。他们在1726年10月到达北京，与清政府代表理琛等人举行了30多次会谈，终于在1727年4月达成协议：边界部分关于乌弟河地段由于地形不明仍留待以后解决，中段边界问题到边界地区去继续商定；双方逃犯相互引渡；中国允许俄国三年一次来京贸易，人数不超过二百。6月间，双方在恰克图附近的波尔河边举行边界会谈。8月31日，双方签订了有关中俄中段边界的初步协定，即《布连斯奇界约》。11月2日，中俄双方代表又根据这一条约的精神，签订了概括中俄关系各方面的《恰克图界约》，共11款。其中规定中段边界划在额尔古纳河至沙毕纳依岭（沙宾达巴哈）一线；规定了双方的通商方法，并确定以恰克图为两国贸易地；准许俄国人在北京建立教堂。双方互换边界地图和关于边界的地形说明。以后，双方又签订了具体的勘界界约。这些条约正式地规定了中俄的中段边界，对沙俄殖民者侵吞蒙古的土地起到了一定的遏制作用。

《尼布楚条约》和《恰克图界约》大体上解决了中俄之间交涉的各项问题，成为此后中俄关系的基础。中俄之间不仅建立了正常的经贸关系，而且在文化交往方面也不断发展。清政府准许俄国派人来中国学习汉文，并在北京设“俄罗斯馆”供俄国学生居住。清政府同时也选派八旗官学士入俄罗斯馆学习俄文，培养俄语翻译。

第二节 清政府实行“闭关政策”

虽然在欧洲自17世纪中叶起形成新的国际关系体系，但在东亚仍存在以中国为主的另一个体系——宗藩体系。大致在17世纪前后，来自欧洲的扩张势力从南方和北方两个方向对中国形成威胁，但由于中国的强大，冲突与纠纷都被清政府迅速平息下去，这些事件都未能对清政府的统治产生重大的影响。它在对内对外方面依然我行我素。

1. 清政府处理对外关系的指导思想和机构

自古以来，虽然中国同外国有着各种各样的往来关系，但是由于地理上的半隔离状态、文化交流十分有限和战争的破坏，中国人一直以中国是世界地理、文化和政治中心自居，中国的皇帝是受天命来统治“天下”，正如诗经所说：“普天之下，莫非王土。”在远古时期，处于中原的民族往往称呼四裔民族为东夷、西戎、南蛮和北狄，认为他们都是野蛮人。发展下来所有非中原文化的其他民族和外国人都被统称为“夷”，从而讲求华夷之辨和夷夏之防等。这种思想一代一代继承下来，到清朝也不例外。这种思想贯彻到对外政策中就逐渐形成了宗藩体系，即中国作为宗主国，在周边的小国中拥有一批被视为藩属的属国。这一体系形成于清朝之前，清廷入主中原后这一体系不但保持下来而且有所发展。

清朝政府初建时凡涉及外国的事务分别由礼部和理藩院来处理。礼部是沿袭明朝原有的机构。它在明朝负责同藩属的往来关系，在清朝主要负责处理有关南部和海外各国的事务。理藩院为清朝所建，它最初是负责蒙古事务，后来也负责同北部诸国的关系。据《清通典》的记载，清代同中国有往来关系的国家有40多个。这些国家大致上可以分为两类（对清政府来说，这种分类不是很明确的）：一类是具有朝贡义务的“属国”，其国王一般须受清朝皇帝的敕封；另一类是只有通商往来的“外国”，其君主完全不受清朝皇帝的敕封（虽然清政府有时单方面地给予敕谕）。由礼部分掌的属国有7个：朝鲜、琉球、安南（今越南）、南掌（今老挝）、暹罗（今泰国）、苏禄、缅甸。由理藩院分掌的有17个，如哈萨克左右部、布鲁特东西部、安集延、廓尔喀、布丹、哲孟雄等。其余各国都属于外国。

属国朝贡要遵守一系列详细的规定，综合钦定礼部则例和钦定大清会典，部分主要规则如下：

1. 各国有一定的贡期，如朝鲜每年一次，琉球隔年一次；

2. 贡使团的人数有一定的限制，一般贡使、随员和从役不超过百人，进入京城的不得过20人（西洋各国使团包括正负使和随员不得超过22人）；

3. 使团来京须按照规定的路线；

4. 贡使在觐见皇帝时，皇帝赐宴时和皇帝颁赏时，都必须行跪拜礼；使节要向清帝献上贡品，贡品的种类和数量都有规定。

如朝鲜与中国的关系密切，一年一贡。贡使“渡鸭绿江入境，由凤凰城陆路至盛京，入山海关赴京师”，除正负使外，还有书状官1人、大通官3人、护贡官24人、有赏从役30人，无赏从役不计数。贡品一般是该国的特产。清政府凡受一次贡品，也必有一次赏赐，一部分给对方的国王，一部分给予使臣。根据中国传统的厚往薄来原则，赏物的价值要高于贡品。除了朝鲜外，安南、琉球两年一贡，苏禄五年一贡，缅甸十年一贡等。使团从入境到出境期间皆由清政府派兵保护。保护的同时也起监视的作用，主要是防范中外官民发生直接联系。

贡使到京后，先要进表，即递国书。这套仪式在礼部举行。贡使递表时，使团其他人要下跪。礼部侍郎接表后将其置于堂案正中。这时正使以下人都要行三跪九叩礼。然后双方才商定使者朝见皇帝的时间。贡使见皇帝时，他要行三跪九叩礼。

构成朝贡关系的另一面是清政府对于属国的敕封。凡属国遇有嗣位者，他都要派遣使节来中国，请清廷给予“敕封”，即承认他对王位的继承。清政府可采用两种方式，一种是不派使，由该国使者把皇帝的诏书带回；另一种是派使。清廷的使者是“天朝”的代表，因而属国对他的接待十分隆重。清使臣奉诏敕进入这个国家后，该国国王要派大臣前往迎接，对正副使行一跪三叩礼。宣读诏书的日子，国王要率众臣到宾馆把诏敕迎进皇宫大殿，先行三跪九叩礼后，跪着听宣读诏敕。读完后还要行一遍礼。

虽然说上述这些规定和礼仪都是针对属国的，但是在一般情况下清政府也把外国以属国相待。凡中国以外的国家都被统称为“群番”或“四夷”。所有外国来华的船只都是“贡舟”，礼物都是“贡品”，文书都是“贡单”，而人员则都是“贡使”。清政府对其待遇也都是一样。那些不在朝贡之列的国家就没有来京的权力。在当时的官方记载上，荷兰和其他西洋国家也被列入朝贡国的名单中，只不过考虑到其路途遥远，要远渡重洋，清政府不得不允许其贡无定期，贡物无定额。从1655年到1795年间共有17个欧洲国家的使团访问了中国，其中俄国6个，葡萄牙4个，荷兰3个，教廷3个，英国1个。除了英国使团（由马戛尔尼率领），其他16个使团都向中国皇帝行了跪拜礼。他们中间多数使团这样做是为了争取得到贸易的特许。如1656年7月荷兰使节来京，是为了谋取荷兰东印度公司在广州的通商权利。由于他们顺从了中国的叩头礼节，受到皇帝的接见和款待。最后朝廷同意荷兰人来广州贸易，每年一次为限，为期8年，但每趟人数不得过百，而其中20人须进京向皇帝纳贡。

对于外国商人来说，顺从中国的朝贡规定是为了得到贸易上的好处。换句话说，朝贡是幌子，通商是目的。而对清政府来说，允许外国人来做买卖完全不是为了经济上的利益，却是从政治上着眼的。清政府继承了前代统治者的"怀柔远人"的政策，允许通商只是其手段之一，根本目的在于显示天朝的尊严、炫耀中国的实力和表明大清圣德可以"化育四夷"。如1764年由于俄国违约，私课赋税，清政府下令关闭恰克图市场。1766年，理藩院与俄国使节谈判修订恰克图界约，双方达成的协议中指出，"恰克图互市，于中国初无利益，大皇帝普爱众生，不忍尔小民困苦"，才同意重开市场。

总之，清政府实行这种朝贡制度就是把封建的等级观念引进到国家与国家的关系之中。由朝贡制度所表现的宗藩体系就是一种君臣关系，即上下、尊卑这个不可动摇的封建原则在清政府对外关系中的体现。

2. 外国传教士在中国

伴随欧洲殖民主义者在世界上进行扩张的是天主教势力。这是因为最早从事殖民扩张的葡萄牙和西班牙没有十分强大的军事力量做后盾。为了能够比较顺利地占据殖民地，他们在施用暴力的同时必须设法怀柔当地人民，而传教就是一种很好的麻痹人们的精神武器。另一方面，在中世纪末期受到宗教改革运动打击的罗马教廷迫切希望通过殖民扩张向世界其他地区传播天主教，以壮大其影响。于是，教俗统治者都积极支持在殖民过程中开展传教活动。

由于传教对殖民扩张的重要作用，以及武力袭击对中国不能奏效的原因，早期的殖民主义者特别重视在中国传教。最早来华的主要是耶稣会士（天主教的一派），其中许多人就是乘坐武装商船或海盗船来到中国的。耶稣会创始人之一的沙勿略1542年访问了印度和日本，从这些地方他了解到中国的情况，便向教廷报告说：中国是能控制远东局势的国家，只要把中国劝化，它周围的邻国一定会自动地归向天主。他指出中国人尊敬学者，讲求学术，因此派到那里去的人要有学问。著名传教士利玛窦也提到要想传教成功必须使教士得到中国人的尊敬，作到这一点的最好方法是传播学术。

16世纪中叶，葡萄牙人占据澳门后，传教士就不断地进入澳门，向中国人传教。起初，传教士向广东省的中国官员申请进入内地传教，都遭到拒绝。1581年，意大利籍传教士罗明坚和利玛窦跟随葡萄牙商人进入广州和肇庆，向地方官员赠送厚礼，以建立联系。1583年，他们再次来到肇庆，向地方官员送礼，并请求给予一个地方居住和建造一个教堂，“以便在那里念经和祈祷，隐居和默想”，因为澳门太喧嚣无法做这些事情。这次，地方官员同意了他的请求。利玛窦开始在肇庆进行传教。1589年以后，他又陆续到广东的韶州、南昌和南京等地活动。1601年，他与另一名传教士庞迪我一起带着贡品，到北京进见明万历皇帝。17世纪后半叶，法国殖民势力迅速扩大，由法国国王路易十四派遣的天主教传教士张诚、白晋等人来到中国。他们于1688年到达北京，受到清朝康熙皇帝的接见，并得到任用。

为了奠定天主教在中国的基础，传教士一方面结合中国儒家经典介绍基督教教义，另一方面在中国传播西方的科技知识。利玛窦1559年在南昌刊刻了《天学学义》一书，第一次利用儒家思想来论证基督教教义。此书后来改名为《天主实义》，并于1601年在北京重刻，多次再版。他列举了大量的中国经典论点，试图说明天主教与中国原有的儒家思想是一致的。他曾向明朝万历皇帝说：“上帝就是你们所指的天，他曾经启示过你们的孔丘、孟轲和许多古昔君王，我们的来到，不是否定你们的圣经贤传，只是提出一些补充而已。”传教士艾儒略也大量引述中国经典来介绍基督教，如《三山论学记》等。到了清代，传教士南怀仁所著的《教要序论》、《圣体答疑》等书，白晋所著的《古今敬天鉴》等书也继续了这个传统。

为了在中国进行文化传播，最早进入中国的传教士罗明坚和利玛窦带来了大量的西洋书籍，他们的住所成了西洋图书馆。金尼阁来华时携带了7000部书籍。利玛窦入华之初即绘制了一幅世界地图《万国舆图》，使中国人第一次认识了五大洲。他有意地把中国放在地图的中央，迎合中国人对中华的认识。中国的封建统治者相信星相，但当时中国的历法又不准，于是传教士利用先进的科学知识帮助修订，从而赢得皇帝及官员的赏识。熊三拔、汤若望等人参加了修订历法的工作。汤若望主持编写的《崇祯历书》利用了当时世界上比较先进的天文历算知识和技术，全书共137卷。一些耶稣会士还和中国学者一起绘制了中国地图，如《康熙皇舆全图》和《中国全国舆图》都是当时相当精确的杰作。在其他领域，传教士也有突出表现。在数学方面，利玛窦与明朝官员徐光启合译了《测量法义》、《测量异同》和《几何原本》等。白晋和张诚译了《实用几何学》。他们所采用的一些术语一直沿用至今。在医学领域，邓玉函的《人身说概》和罗雅谷等人的《人身图说》向中国人介绍了西方的生理学解剖学知识。在科技领域，传教士的著作有《远西奇器图说》、《远镜说》和《泰西水法》等。还有些传教士奉朝廷之命，协助制造西洋火炮。北京圆明园内有一片欧式园林建筑，俗称“西洋楼”，由远瀛观、大水法和观水法等十余个建筑和庭园组成。它们是于乾隆时期1747年开始筹划，至1759年基本建成。由欧洲传教士郎世宁、蒋友仁、王致诚等设计指导，中国匠师建造。

传教士在文化交流方面所做的工作的确丰富多彩，但这一切都是为了推动传教和殖民事业。西欧各国来华的传教士足迹遍及中国十余省，平均每年约有30多名传教士在中国活动。汤若望和南怀仁还出任过清政府的钦天监一职，可以出入宫廷。1692 年，清朝康熙皇帝专门下旨，允许人民自由信教。传教事业在华进展迅速。在其年间，中国天主教徒达到 15 万人。

随着教会在中国影响的扩大，罗马教廷开始直接干涉中国的内政。1704 年，罗马教皇格勒门十一订立“禁约”，禁止中国教徒遵守中国的政令习俗。它的主要规定如：教徒不许参加祭孔子祭祖宗；不许到祠堂行礼；不许按中国的规矩在家里立先人牌位；入教的官员或进士等不许入孔庙行礼。1705 年，罗马教廷派使节到北京，要求康熙皇帝下令天主教徒遵守教皇禁约。而康熙早就表示“祭祖祀孔”是中国的一种崇敬的礼节，与宗教无关。因此，他拒绝了这项要求，并下令把使节押解到澳门，囚死在狱中。1706 年，康熙帝发出上谕：凡传教士愿从清政府规定安分传教者可领传教印票，不从者一律遣返回国。但教皇并不罢休，他于 1715 年重新颁布“禁约”，并于 1720 年再次派使节到北京要求康熙皇帝禁止中国天主教徒祭祖祀孔。康熙皇帝坚决回拒了这种无理要求，并在使节带来的禁约后面朱批：“以后不必西洋人在中国行教，禁止可也，免得多事。”从此，清政府开始实行禁教政策。

雍正帝即位后继续执行这项政策。由于地方上多次向他报告说：传教士在各省传教，人心渐被煽惑；或外国人无视我法律，为非作歹，骚扰百姓等，雍正帝很担忧。他特别担心的是如果大批的中国人加入教会，听从教会的指挥。那一旦外国侵略者大兵压境，中国就极为危险了。为此于 1723 年，他召见在京的传教士，说明他的考虑，要求他们只能居住在北京和广州，不能深入到其他省。1724 年，他又传谕禁止天主教在华活动，并下令没收教会在各地的财产。然而，直到 1839 年 6 月，仍有欧籍传教士 65 人在中国各地秘密活动，天主教徒约有 30 万人。

3. 清政府实行闭关政策

在清朝统治初期，为了对付明朝残留的抗清力量，清政府一度实行海禁政策，禁止沿海居民出洋，限制中外往来。在台湾的反清力量降清后，清政府才于1684年解除海禁，并在厦门、广州、宁波和上海设立四处口岸，供外国人通商使用。由于清朝是满族人入主中原，每逢人民起来反抗封建王朝的统治，清政府总认为是汉人不服管束。它害怕随着中外交往的增多，这种反抗力量同西洋人一起构成对其统治的威胁，再加上传教士同外国商人有着非常密切的关系，所以在禁教的同时清政府也逐步对贸易范围实行限制，减少中外之间的往来。1716年，康熙诏谕中明确地指出："海外如西洋等国，千百年后中国恐受其累……又汉人人心不齐……朕御临多年，每以汉人为难治，以其不能一心之故。"1717年，清政府又下令不许中国商船到欧洲人控制下的南洋吕宋（今菲律宾）、噶喇叭（今爪哇）等地进行贸易，但与东洋（指朝鲜、琉球、越南和日本等国）的贸易照旧。这是闭关政策的开端。雍正时期，清政府继续这项政策。雍正皇帝认为："贸易外洋，多系不安本分之人。"1727年，清政府批准开放海禁，同时进一步明确规定外国商船只能到广东的虎门和福建的厦门两处。1757年，清政府正式实行闭关政策。乾隆皇帝宣布，西洋商船只准在广东的虎门一处停泊贸易。1759年，两广总督李侍尧奏准皇帝颁布了《防范外夷条规》。这项文件确定"公行"为管理对外通商的机构。公行是由官方特许的商人组成的垄断性外贸组织。外国人来广州做买卖必须经由公行，其行动也由公行的行商负责约束。（1）外国商人只准在规定的时间，即每年的五月至九、十月间来广州进行贸易，期满必须离去。（2）在广州期间他们只能住在由公行所设的"夷馆"内，由行商负责管束稽查。（3）外商在华只能雇用翻译和买办，中国人不准向外商借贷资本。（4）外商不能雇人向内地传递信件。（5）要加强河防，监视外国船舶的活动。这些规定在以后的嘉庆和道光年间屡被重申。1835年，经清廷批准，广东当局再颁章程规定：（1）外国战舰不得入虎门之内，商馆内不得储藏枪炮武器；（2）外国妇女不可偕来商馆；（3）外船雇用领水和买办人员，须在澳门同知衙门注册，由该衙门发给执照，随身携带备查；（4）外商雇用中国仆役的人数要有限制：（5）外人居住商馆期间不得任意乘船出外游览，仅于每月初八、十八、二十八，三日得往各花园及河南寺庙散步游玩，但须带翻译随行，如有不当行为，翻译须负责任；（6）外人不得自由向官厅递禀，如有陈诉，须由公行代陈；（7）公行有指导及保护外人之责，不得负外人债务；（8）外人每岁在广东商馆居住经营商务，须有一定期限（大约四十日，有时得延长），事毕即须离去。

清政府采取“闭关政策”显然主要是为了维护和巩固其专制统治，同时也是对西方殖民者威胁的一种被动的防范。这项政策反映了中国当时小农经济的自给自足性质，对外贸易对中国来说并非所必需。然而，闭关政策的实行给中国带来了严重的危害。虽然它仅是一项对外贸易政策，但给中国造成了一种封闭的状态，妨碍了中外必要的经济、文化和科学技术的交流，使中国人无法吸收外国的先进东西，故步自封。这项政策在一定程度上阻碍了中国社会的进步，使中国在日后的国际竞争中处于不利境地。同时，它也加深了中外矛盾。

第三节　英国马戛尔尼使团访问中国

受闭关政策影响最大的外商是英国商人。英国商船首次来华是在 1637 年，从此中英贸易关系逐渐发展起来。最初，英国的对华贸易是由 1600 年组建的东印度公司所垄断。1699 年，这家公司在广州设立了商馆，他们积极活动，力图把贸易范围扩大到广州和宁波以外的地方去。到第一次鸦片战争前，中英贸易已在中外贸易中占主要地位。1775 年到广州的 38 只外国商船中，英国商船就占 24 艘。18 世纪末中英贸易额达到白银 1000 万两，占中国同欧美国家海上贸易总值的 80%左右。

中英贸易虽然发展迅速，但存在两个重大问题。一是处于自然经济阶段的中国不需要大量进口外国的工业品，而外国市场却需要中国出产的茶叶和丝绸，而且需要量也逐年增加。这样，中国在对外贸易中一直处于出超国的地位。1781～1790年间，中国输往英国的商品，仅茶叶一项就达9626万多银元，而英国输入中国的工业品从1781～1793年总共才1687万多银元，只及上述茶价的六分之一。长期处于这种状况对英国来说是十分不利的，改变这一状况的唯一措施是设法打开中国的市场。二是从18世纪中叶开始，英国进入工业革命的阶段，商品生产大量增加，尤其是纺织品。1840年，英国煤的产量达到3600万吨，铁的产量达到142万吨，棉纺织业的用棉量为4.59亿磅。当时，英国的工业产量占世界工业产量的45%，出口额每年达到5000余万英镑。英国作为最发达的资本主义国家迫切需要开辟新的市场。但同期在中国，清政府却采取了闭关政策，大幅度地减少了英国商品的进口。这种矛盾是十分尖锐的。在英国商人的反复要求下，英国政府1787年曾派卡斯卡特勋爵来华，商议中英贸易问题，但他在中途病故，未能到达中国。于是，英国政府在1792年又派马戛尔尼勋爵率领使团来中国。

英国政府对派这个使团非常重视。马戛尔尼是国王的亲戚，富有外交经验，曾担任过驻俄公使和驻孟加拉的总督。使团的成员包括精通军事和科学技术的人员。他们来华乘坐的是装配了64尊炮位的军舰，携带着能宣扬英国国力和技术的船只模型、机械与望远镜等天文仪器，以及能充当广告用的纺织品作为礼品。为了使中国不便拒绝英国使臣前来，英国政府决定这个使团在名义上是向清朝的乾隆皇帝祝贺寿辰。实际上，根据英国国王的训令，马戛尔尼使团的任务是要求中国皇帝保护英国商人的在华利益，并设法使中国成为英国商品的巨大市场，但为了消除中国方面的猜疑，他要向中国当局强调英国的和平目的。在英王致中国皇帝的国书中，把派使的目的说成是“增进对于人类居住的地球的知识，调查全球各地的出产，把生活上的技艺和享受传布到那些迄今对此尚无所知的地方”，并不提及商业开发。

对于首次来华的英国使团，清朝统治者表现出高度的重视。

乾隆皇帝多次颁发谕旨，对接待方式作了规定。他提出了一个“不卑不亢”的原则。根据他的旨意，直隶总督亲自到大沽去迎接，对使团所需一切免费供应。但是，在清朝统治者的心目中，来者也不过是个贡使。护送使团人员的车船上都插有上书“英吉利贡使”的旗帜。马戛尔尼为了能进京面见中国皇帝，对此都装作不知。当时乾隆皇帝正在承德避暑，使团便转赴热河行宫。在觐见皇帝之前，双方在礼节问题上发生了争执。清廷最初坚持马戛尔尼见皇帝时要行三跪九叩礼，但遭到英使的拒绝，认为这么做不公平。马戛尔尼指出，对待附属国与对待独立国在礼仪上理应有所区别。最后清廷同意他们用谒见英王时最崇敬的礼节来觐见清朝皇帝，即免冠鞠躬屈单腿。

1793 年 9 月 14、17 日，乾隆皇帝在行宫极为隆重地两次接见了马戛尔尼，并盛情地款待了他。尽管清廷给予英使的接待是破格的，但仍把英国视同藩属。乾隆皇帝在给英国国王乔治三世的回信中自称为“朕”，把对方的来信说成是“表文”，并极力称赞英王“恭顺之诚”。乾隆皇帝还强调：“天朝物产丰盈，无所不有，原不借外夷货物，以通有无。”

觐见之后，马戛尔尼一行返回北京，开始同清朝官员会谈。他正式提出了一系列要求，主要内容包括：(1) 在舟山地区和广州附近各划出一岛和一块地方供英国商人居留；(2) 将宁波和天津开口贸易；(3) 英商于广州与澳门间运输货物，免征税或减少税收；(4) 准许英国在北京常驻使节。清政府对这些要求全都拒绝。乾隆皇帝在其信中对此作了解释。对于第一条，他指出“天朝尺土，俱归版籍，疆址森然”，不能让与外人；对于第二条，由于那些地方没有洋行和翻译，不便于开放；对于第三条，他认为中国对各国商人要一视同仁，不能只优待英商；对于最后一条，则强调它与天朝体制不合，断不可行。

为了让英国“贡使”看到中国“民物康阜，景象恬熙”而“知感知畏”，乾隆还安排马戛尔尼一行由内陆至广州，也是沿途款待，劳民伤财。清王朝为接待英国马戛尔尼使团的招待费不下

17 万英镑，全部费用耗银 85 万两左右。通过这次交往，清政府意识到英国并不恭顺，他们的要求或“更张定制”或“越例”，所谓定制和越例就是前人立下的规矩。清帝认为这些要求有碍其统治，是非分之求，因此指示要对英国人提高警惕。

马戛尔尼使团在中国一无所获，于 1794 年回到英国。但是英国政府并不甘心失败。在欧洲的反法战争结束之后，1816 年英国政府又派阿美士德勋爵作为全权特使，率领一个多达 600 人组成的使团前往中国。由于有上次的教训，英国方面打算提出的要求比上次少，主要是希望清政府能为广州的贸易提供一些方便条件。具体要求是：(1) 对公司通商的权利作详细规定，以免地方官吏的不法勒索；(2) 通商不得因细故而停止，公司可与任何华商交易；(3) 中国官吏不得擅入公司所租用的行馆，公司可自由雇用仆役，官吏不得侮辱英商；(4) 中国在北京指定一个衙门，以便公司经理或英国驻使可和它文书往来。然而，清政府对这个使团并不欢迎。8 月 12 日，阿美士德一行抵达天津后，嘉庆帝派户部尚书和世泰等人前往迎接。在礼仪问题上，这些清朝官员同英国使团发生争执。他们再三开导，劝英国人按照中国的传统礼节去觐见皇帝，但阿美士德坚决反对这么做。于是 8 月 28 日，清官员让使团连夜赶到北京圆明园。在他到达后，皇帝立即传旨召见。但阿美士德再次表示不能行三跪九叩礼。和世泰便向皇帝报告说，英国使节推托有病不能觐见。嘉庆皇帝大怒，以为英使有意侮慢倨傲，下令把英国使团逐出中国。事后，嘉庆帝发现真相，又派人追到良乡，收下使团带来的几件贡品，送给英王一些礼物，并把一份给英王的敕书交给使团。信中解释了遣回英使的原因，并提出“嗣后无庸遣使远来”。

阿美士德使团依然未能完成其使命。这次出现的问题看起来是礼仪之争，但根本矛盾在于英国资产阶级政府千方百计要打开中国的市场，而中国封建统治者却坚持闭关自守。即便中英双方能在礼仪问题上做出妥协，使团也无法达到其目的。这两次中英政府间的外交往来充分地反映了两个体系两国间存在的尖锐矛盾。从经济上看，英国是个新兴的资本主义国家，而清朝统治下的中国依然是小农经济占主导地位；从意识形态上看，英国资产阶级追求其所谓的自由平等，而清朝统治者仍然死守封建的等级观念。

19世纪初的中国虽然仍是世界上的强国之一，但面临来自欧洲殖民主义势力的挑战时，清政府只会实行保守的闭关政策，以维护封建统治和古老的宗藩体制。这项政策不仅无助于解决中西之间的矛盾，而且妨碍了中国自身的进步。就是在这样一种不利的局面下，中国进入了一个新时代——近代。

思考题：

1. 什么是宗藩体制？
2. 为什么《尼布楚条约》是一项平等条约？
3. 为什么清政府要实行闭关政策？
4. 分析19世纪初中英两国的矛盾。

参考书目：

丁名楠等：《帝国主义侵华史》第一卷，科学出版社1958年版。

近代史研究所：《沙俄侵华史》，人民出版社1978～1990年版。

王立诚：《中国近代外交制度史》，甘肃人民出版社1991年版。

朱雍：《不愿打开的中国大门——18世纪的外交与中国命运》江西人民出版社1989年版。

顾长声：《传教士与近代中国》，上海人民出版社1981年版。

姚贤镐：《中国近代对外贸易史资料》，中华书局1962年版，第1册。

第二章

第一次鸦片战争期间的外交活动

在中英正常贸易中，英国方面长期处于不利的地位。英国商人曾试图通过两国政府谈判的方式来解决这个问题，但由于中国政府坚持闭关政策，英国两个使团都无功而返。渴望打开中国市场的英国资产阶级不得不采取其他手段。这就是鸦片贸易和战争。

第一节 鸦片战争

1. 鸦片贸易

从18世纪中期开始的工业革命到19世纪40年代已在英国基本完成，英国成了世界上头号工业大国和海上强国。经济迅速发展出现了生产“过剩”的危机，1825年在英国爆发了世界资本主义发展史上的第一次经济危机。因此，英国资产阶级迫切需要开辟新的市场和增加更多的投资机会，而中国是英国资产阶级长期瞩目的一个地区。可是，由于受中国传统经济体制和清政府闭关政策的影响，英国对华贸易一直处于入超地位，即中国无需大量进口英国商品，而英国却需要大量购买中国商品，如茶叶、瓷器、丝绸等。如1793年，中国出口英国的茶叶为1600万磅，而到19世纪20年代，平均每年出口英国的茶叶达3000万磅以上。结果，英方就不得不每年付给中方巨额银元。

为了能从中国赚钱，英国商人找到一种可以打入中国的东西，即鸦片。鸦片来自英国所占领的印度的孟加拉，由英国东印度公司专营。鸦片贸易利润极高。以1817年为例，每箱上等鸦片在印度的拍卖价为1785卢比，在中国的卖价为2618卢比。除去少量运费，余下的都是鸦片烟贩的利润。所以不仅英国人，美国人、葡萄牙人等都参与这项能获取暴利的买卖。1830年前后，鸦片走私从广东发展到东南沿海地区，一直到直隶和东北的沿海一带。1795~1799年，平均每年输入鸦片4124箱（每箱100~120斤）；1835~1838年竟高达每年3.55万箱。据一项研究估计，鸦片战争前的10年里，从广州走私运往中国内地的鸦片共达23.81万箱。鸦片贸易扭转了中英贸易的局面，在鸦片战争前的10年里，中国白银平均每年外流1000万两，约为清政府每年总收入的四分之一。英国的对华贸易便处于出超地位。

然而，鸦片贸易的赢利并不能解决其他工业品进入中国的问题，中英两国的贸易纠纷依然存在。1834年4月，英国政府取消了东印度公司对华贸易的垄断权和管理权，派遣律劳卑为驻华商务监督，管理英国在华商人，并负责与清政府进行有关交涉。这是英国政府最早派来中国的外交官。英国政府指示他设法同中国当局建立联系，努力到广州以外的地方开辟商埠，并在中国沿海觅寻一些地方，以便英国海军在一旦发生战争时可以安全活动。7月25日，律劳卑违反惯例，不经广东地方当局的同意，直接从澳门到广州投递公函，要求拜会两广总督卢坤。卢坤认为这么做不符合惯例，事关“天朝制度”，要求对方改具禀帖交公行转呈。律劳卑拒绝。于是卢坤下令封舱，停止中英贸易。9月5日，律劳卑不顾中国领土主权，带了两只英舰闯入海口，炮轰虎门炮台，后又闯入黄埔，企图以武力威胁中方恢复贸易。由于遭到中国军民的坚决抵抗，加之兵力不足，以后在行商和英商的斡旋下，律劳卑同意退回澳门。9月29日，中方解除贸易禁令。不久，律劳卑病死。他的继任者德庇时和罗宾臣决定暂时不采取新的行动，等待英国政府的决策。他们先后向英政府建议，对中国采取强硬手段。德庇时认为若英国对中国采取强硬的态度，必定会得到法、美、荷等国的支持。罗宾臣则主张占领中国的岛屿，以便扩大英国的商业，并打击中国的骄气。1836年，义律接任英国驻华商务监督。他改变了策略，主张暂时不争与中国政府来往的形式，而是努力与中国当局建立联系，以便以后的工作。同时，他还建议英国驻印度的海军司令派舰到中国保护鸦片贸易，后来又写信给英国外交大臣巴麦尊，主张必须使用武力逼迫清政府答应英国在华的通商特权。英国政府不但批准了他的建议，而且强调对与中国当局往来的形式问题也要坚持不让。1838年7月，英国政府派东印度舰队司令马他仑率军舰到广州口外进行示威，义律也从澳门来到广州。但由于英国兵力有限，只有三艘军舰，虎门业已设防，英国未敢制造事端。但英国方面采取军事行动的苗头已十分明显。

2. 林则徐禁烟

鸦片贸易给中国带来了白银大量外流的灾难，造成了清政府财政上的困难和社会的不安。早自1729年起，清政府就一再下令禁烟。从形式上看，清政府禁烟的态度是坚决的，办法也相当严厉。如禁止吸食鸦片，要行商负责担保外商船只不夹带鸦片方准进口开舱贸易，若外商敢于要挟，清政府不惜断绝贸易。但是，这些法令都未能发生效力。由于清朝的官僚越来越腐败，鸦片贩子用贿赂的手段收买海关及其他各级官员，以至偷运进口的鸦片日益增多，销售范围不断扩大。中国社会吸食鸦片的人相当多，这就形成了一个不小的鸦片市场。1837年，道光皇帝连发上谕，命各地查堵烟船，缉办鸦片私贩，在全国展开禁烟运动，甚至将吸食鸦片的庄亲王等官员或革去王爵或降职。当时担任湖广总督的林则徐在辖区内厉行禁烟和戒烟，卓有成效，受到道光帝的嘉奖。1838年9月，他奏呈皇帝强调鸦片之危害，“若犹泄泄视之，是使数十年后，中原几无可以御敌之兵，且无可以充饷之银”。林则徐的警示令道光皇帝担忧。12月31日，道光帝任命林则徐为钦差大臣，节制广东水师，前往广东查禁鸦片。

林则徐到广州后与粤省督抚邓廷桢、怡良和广东水师提督关天培研究禁烟的方法，并对广东鸦片走私情况进行了认真调查。他于1839年3月18日发布公告，下令所有外商交出全部鸦片，并具结申明以后来船永远不夹带鸦片，否则一经查出，“货尽没官，人即正法”。他还表示“若鸦片一日不绝，本大臣一日不回，誓与此事相始终，断无中止之理”。英国驻华商务监督义律破坏禁烟运动，阻挠英国商人缴烟具结。一批外国鸦片贩子将停泊在海上的鸦片船开走，致使广东政府无法查缴。于是，在广州人民的配合之下，3月24日林则徐派兵封锁英商居住的商馆，断绝商馆与外界的交通，撤退商馆里的中国雇员和仆役，并下令将黄埔的外国货船暂时“封舱”，停止贸易。3月25日，义律试图破坏封锁，递禀给邓廷桢，要求发给离粤红牌，撤退在广州的英国商船。这个要求遭到邓的严辞拒绝。3月26日，林则徐发出速缴鸦片烟土的告示，指责外国烟贩走私贩毒是谋财害命，警告他们中国人民坚决反对贩卖鸦片。此时，义律感到无法抗拒缴烟，便命令英商缴烟，同时说服美商也一齐缴烟，声称烟价将由英国政府付给。义律的这种做法显然是要扩大矛盾面。中方采取了这些措施之后，外国商人被迫就范。最后由义律负责，外国商人共交出鸦片237万多斤。1839年6月3日，林则徐在虎门的海滩上将这批鸦片全部销毁。

在收缴鸦片之后，林则徐坚决要求外商具结。对于依法具结的外商，立即准予进口恢复通商。林则徐认为，“鸦片必要清源，边衅也不容轻启”。这种对守法和违法的外国商人采取区别对待的策略卓有成效，既断绝了鸦片交易，也保证了正常的贸易活动。到 1839 年底，62 艘外国商船具结进口，甚至个别英国商船也不顾义律的阻挠愿意具结进口。

然而应该指出，由于受清政府闭关政策的影响，林则徐虽然能禁住鸦片入口，却不能解决导致这种非法贸易的根本问题，即中英贸易中长期存在的矛盾。清政府对外界情况耳目闭塞，没有意识到资本主义扩张势力是无论如何都要设法打入中国市场的，因而也谈不上采取任何积极的措施去对付这种潜在的威胁。

就在林则徐禁烟的同时，1839 年 4 月，义律向英国外交大臣报告，要求英国政府赶快派兵来华，对中国进行“迅速而沉重的打击”。5 月，他又命令英国商船都开往澳门，一律不准通过具结继续在广州贸易。他还拒绝接受林则徐给予英商作为鸦片补偿的 1000 箱茶叶。这些做法加剧了紧张的形势。7 月 7 日，英国水手在尖沙咀村酗酒行凶，打伤村民多人。村民林维喜伤重于次日身亡。林则徐一再要求英方交出凶手，义律抗拒不交。8 月 15 日，林则徐下令断绝对澳门英人的柴米蔬菜的供应，撤出英商雇用的中国工人。9 月 4 日，义律率军舰在九龙强买食物不遂，便开炮轰击中国炮台和兵船。在遭到中国水师官兵和炮台的还击后，英军舰不得不退却。11 月 3 日，英国商船“皇家萨克逊”号遵令具结，准备进口贸易，遭到义律所派军舰的阻挠。在穿鼻海面，英国军舰还炮击护送英国商船入港的中国兵船，中国水师给予迎头痛击，侵略者再度受挫败退。11 月 4 日至 13 日，英舰又先后在穿鼻海面发动六次进攻，皆被击退。

林则徐的禁烟措施一直得到道光皇帝的认可。10 月 11 日，道光帝接到林则徐和两广总督邓廷桢关于在九龙海战获胜的报告时，批示称：“朕不虑卿等孟浪，但诫卿等不可畏葸，先威后德，控制之良法也。”但是当清帝收到清军在穿鼻海面七次击退入侵英军的报告后，他便改变了主意。11 月 29 日，他下令把英国商船全部驱逐出境，停止贸易，同时向各国宣布英人的罪状。他还指责林则徐的区别对待方法是有碍“体制”，说什么“恭顺抗拒，情虽不同，究系一国之人，不应若是办理”。清廷对国际形势毫无了解，对敌情毫无认识，在顺利的情况下盲目乐观。道光皇帝的命令破坏了林则徐分化敌人的策略。1840 年 1 月 5 日，林则徐只好遵令在广州正式封港，断绝中英贸易。这个做法激化了中英矛盾，给英国殖民者入侵中国提供了借口。

鸦片战争爆发的主要原因是中英两国在贸易问题上存在着严重矛盾。为解决这个问题，英国殖民主义者是千方百计要打开中国门户，先是走私鸦片，后不惜使用武力；而为了对付外来威胁，清政府强化闭关政策，以致在禁烟过程中断绝正常往来，激化了矛盾，使鸦片成为战争的导火索。

3. 英国发动战争

英国政府此时正想扩大事态以便对华发动战争。1839 年 10 月 18 日，英国外交大臣巴麦尊通知义律，英政府准备派遣远征军来华。1840 年 2 月 20 日，英国政府任命乔治·懿律和义律为正副全权代表，统帅军队侵华。这支远征军包括 48 艘舰船，4000 余名士兵。英国政府的训令是先封锁珠江口，然后占领舟山，再北上至天津与清政府谈判，如果得不到满意的答复，就扩大战争规模。1840 年 4 月间，英国议会就对华政策展开辩论，最后反对政府对华政策的议案被以 262 票对 271 票所否决。许多与对华贸易有关的英国商人也纷纷要求英国政府对中国采取坚决有力的行动。

1840 年 6 月，英国发动了对华战争。此时担任两广总督的林则徐做了充分的军事准备，英军无法得逞。6 月 28 日，懿律根据政府的指示下令封锁珠江口，并立即启程北上。7 月初，英军驶经福建海面，炮轰厦门港，被中国守军击退。7 月 6 日，英军攻占定海。8 月 9 日，英军进泊天津大沽口外，向清政府递交照会，施加压力。道光皇帝事先已得知英舰可能北上天津，考虑到天津海防力量不足，所以 8 月 9 日接到直隶总督琦善关于英军已到大沽口外的奏报后，立即命令琦善不要随便开枪开炮，如有投递禀帖等事，“即将原禀进呈”。于是，琦善于 8 月 15 日派人前往英舰取回《巴麦尊致中国皇帝钦命宰相书》，并立即送呈北京。这份照会诬蔑林则徐禁烟是对英人“强行残害”，要求（1）偿还烟款；（2）对待英国驻华官员须按“文明国”成例；（3）割让岛屿；（4）赔偿行商欠英商的债务；（5）赔偿军费等。道光帝本以为断绝中英贸易就可以了事，没想到英军会进逼大沽。他不了解英方的根本目的，以为是林则徐禁烟不当才引起英军入侵，他指责林则徐“外而断绝通商，并未断绝，内而查拏犯法，亦不能净，无非空言搪塞，不但终无实济，反而生出许多波澜”。他以为只要惩办林则徐等人和恢复贸易，英国就会退兵。于是，他委派直隶总督琦善与英方谈判。8 月 30 日，琦善与义律在大沽口会谈。琦善清楚其首要任务是让英人退兵，解除对北京的威胁。于是在对方的压力下，琦善把禁烟一事归罪于林则徐措施不当，向对方表示：林则徐等“措置失当，必当逐细查明，重治其罪”。对于烟款，他不敢明确表态，只是含糊其辞地说，并于烟款问题“总必使该夷有以登复该国王”。他还同意就英方各项要求在广州进行具体谈判解决。这是中英之间初次谈判交锋，英方以为中方基本上答应其条件，再加上英军中流行疫病，不便采取军事行动，乃于 9 月 15 日起航南返，并同意在广东继续与清朝谈判。

琦善退兵成功，道光帝大喜。9 月 17 日，道光帝任命琦善为钦差大臣，赴广东继续办理中英交涉，同时下令将林则徐、邓廷桢等革职查办，由琦善署理两广总督。琦善在给皇帝的报告中说：他想通过“磨难”，也就是拖延时间的办法来对付英国人。这个做法得到道光皇帝的赞同，其实这也是清廷的打算。道光帝以为“彼志图通商，又称诉冤”，现在既准其继续通商，又惩办了林则徐等人，英国人会撤走就是满意了，此案也就基本了结了。于是 9 月 29 日下令各省撤防，“以节糜费”。

4. 广州谈判

11 月末，琦善到达广州，将珠江口防务设施撤除，水勇、乡勇遣散，以讨好英国侵略者。在谈判过程中，义律重新提出赔偿烟价、赔偿军费和在闽浙粤沿海割让一口岸的要求，作为交还定海的条件。对义律提出的各项侵略要求，中方同意赔偿烟价500万两，而不是英方要求的700万两；中方同意除广州外再开放一处口岸供外国人按广州方式贸易，而不是三处。琦善对割地一事，表示不敢做主，答应向道光皇帝请示。他深知这个要求严重侵犯了中国的利益和清廷的尊严，皇帝不会答应。他根本不敢直接上报，只是在奏折中委婉地说："若仰沐圣恩，假以偏隅尺土……其地亦甚难择"，以作试探。英方坚持的这些要求都超出道光皇帝的预料，直接损害到他的统治利益。于是，12月26日他接到琦善的报告后批示说："看此光景，该夷反复鸱张，恐难以理喻，必当一面论说，一面准备多方羁绊，待其稍形疲惫，乘机剿戮，方可制伏也。"同日，他又下谕说："匪特地方不能给予尺寸贸易，即烟价亦不可允给分毫。"由于道光帝的强硬态度，谈判中止。义律决定进一步施加压力，于1841年1月初，英军向虎门的沙角、大角炮台发起进攻。清军英勇抵抗。但由于清军防守兵力不足，琦善又拒发援兵，加上英军炮火猛烈，兵力也占优势，两个炮台终于失守。

1月8日，英方向中方进一步提出把所占领的沙角留给英国人，用于贸易和居住，并限期要中方做出答复。被英方军事行动所吓倒的琦善立即同意考虑英方原来的要求，并请求清廷批准给英国人在外洋提供一处居住地。此事未经清政府同意。20日，义律竟然单方面地发布公告，诡称"和中国钦差大臣已经签订了初步协定"，这就是所谓的"穿鼻草约"，* 其主要内容是割让香港本岛及其港口，赔偿烟价600万元，开放广州贸易等。英国殖民主义者很早就看中了香港岛的优越环境。1816年，英国使团来华

---

* 根据近年来的研究结果，经过琦善签字的《穿鼻草约》是不存在的。至今无论在中国历史档案还是在英国档案中都找不到这份文件，唯一可能被认为是"草约"的文件是2月13日义律给琦善照会中提出的"条约草案"，但是琦善根本没有在这份文件上签字。参见胡思庸、郑永福："《穿鼻草约》考略"，《光明日报》1983年2月2日；李国荣：《所谓穿鼻草约子虚乌有》，《北京日报》1997年7月13日。

时路过香港，它给英国政府的报告中指出香港是“世界上无与伦比的良港”。以后，很多英国商人都主张在中国沿海获取一处岛屿，以便居住和对中国开展贸易。1月26日，英国就以所谓的协议为借口强占香港，下令中国守军撤走。第二天，琦善与义律谈判，义律出示他拟定的条款，其中第一条便是“香港之岛及港口让与英国”，琦善未敢答应。2月10日，两人再次于穿鼻洋蛇头湾会谈，琦善拿出自己拟定的条款，其中有“准就新安县属之香港地方一处寄居”，义律对此不满，会谈仍无结果。2月13日，义律照会琦善，提出他拟定的“条约草案”，即《穿鼻草约》，其中一条是将“香港一岛，给予大英国王”。2月15日，琦善派人前往表示拒绝。翌日，义律再次照会琦善，要求在条约上签字，琦善托病不应。

英军攻占在大角和沙角炮台的消息传到北京后，1月27日，道光帝大为震惊，便下令对英宣战，要对英军“痛加剿洗”。30日，他任命奕山为靖逆将军，隆文和杨芳为参赞大臣，共赴粤作战。但2月2日收到琦善的报告称英方已“自知懊悔”，愿交还定海和沙角炮台，只求在香港“泊舟寄居”，道光皇帝的态度又发生动摇。道光帝表示体谅琦善“苦心调停”的苦衷，并查问“香港地方离省远近若干里，地形宽狭如何，在彼开港，是否有关利害”。可见，道光帝也在考虑如何与英方妥协。其实，琦善怕触动皇帝的痛处，一直不敢据实报告英方要割让香港一事。后来道光帝得到英军占领香港的消息，并有人揭发琦善私议割让香港。他怒气冲天，于2月26日下令把琦善撤职，押解北京。中英谈判破裂。同时，他下令调集各路军队，全歼英军，不准再考虑通商问题。在中英谈判过程中，英国方面不仅要求赔款，而且要求中国开放更多的口岸，甚至出兵占领香港。这些要求和行动有碍于清政府的闭关政策和领土完整，被激怒的道光皇帝决心同英国侵略军较量一下。

然而，英国军队先下手了。在清军调集广州之前，2月26日，英军攻占了虎门炮台。3月，到达广州的参赞大臣杨芳竟同意义律提出的恢复通商的要求，以期停战。4月，奕山率军队赶到广州。然而这支军队纪律败坏，不少人吸食鸦片，战斗力极差。5月21日，奕山派兵夜袭英舰，试图以突袭取胜。但第二天英军反扑，经过五天的战斗，英军占领广州城外所有炮台，并开炮猛轰广州城。奕山被迫派广州知府向英军求降，接受英方提出的休战条件，答应交纳赎城费600万元，商馆损失费30万元，并率领外省军队退驻离广州60里以外的地方。赎金交齐后，英军归还所占炮台，退出虎门。

5. 签订《南京条约》

1841年4月间，英国政府接到义律关于《穿鼻草约》的报告，对其内容极不满意，认为义律从中国得到权益太少。30日，英国内阁开会决定召回义律，改派璞鼎查为全权代表，以东印度海军司令巴尔克为海军司令，陆续增调援军一万多人。英国政府指示璞鼎查必须使中国无条件地接受英国所提出的全部要求，才能停止军事行动。8月中，璞鼎查率英军到达中国，随后沿海岸北上展开大规模军事行动，在一年的时间里接连攻克厦门、定海、镇海、宁波、余姚、慈溪、奉化、乍浦、吴淞和上海等城市。这些地方的清朝守军或拼命抵抗壮烈牺牲，或一战即溃，甚至不战而逃。英国侵略军到处烧杀淫掠。1841年10月18日，道光曾任命大学士奕经为扬威将军，调集皖、赣、川、豫、陕、甘等省的军队前往浙江作战。1842年3月，在敌情不明、准备不足的情况下，奕经分兵三路企图同时收复宁波、镇海和定海三城，结果遭到英军猛烈攻击，全面溃败，从此不敢再战。英军最后在1842年7月21日占领了控制长江、运河两水道的镇江，切断了南北的漕运，以威胁清政府。

面对英军的强大攻势，道光手足无措。6月间曾派耆英和已被革职的两江总督伊里布至浙江驰赴上海，与两江总督牛鉴一道“相机筹办”，向英国求和。7月16日，他下谕军机大臣通知耆英秘密派人向英方表示可以将香港一处“赏给尔国”。但中方的这些请求都遭到璞鼎查的拒绝。璞鼎查认为只有按原订计划，进攻长江中下游，控制运河漕运，才能最终逼迫清政府接受英国的要求。

道光获知镇江失守后，正式任命耆英和伊里布为钦差大臣，向英方求降。8 月 4 日，英军舰只出现在南京下关的江面上，耆英和伊里布随即赶到，开始了投降谈判。

这场战争的失败给中国带来了极为深刻的教训——落后就要挨打。当时中国是拥有 4 亿人口的大国，拥有广阔的领土，拥有近 90 万人的军队，是在自己的土地上进行正义的自卫，然而中国被打败了。其根本原因是于社会制度的落后和经济技术的落后。具体来说，中国是一个没落的封建帝国，清政府腐败无能，军队素质低下、战斗力差和装备简陋。从对策角度看，清政府妄自尊大，对国际形势毫无所知，顽固坚持闭关政策，战和不定，采用拖延的谈判手法，又常常轻敌言战，军事失利后畏敌如虎，最终不得不向英国侵略者投降。

清政府在英军兵临城下的情况下，不敢抵抗。1842 年 8 月 12 日，耆英和伊里布与英国代表璞鼎查开始谈判。道光帝的指示是："便宜行事，妥速办理，不可稍涉游移。"在这种一意求和的方针下，中方代表只求从速了事。14 日英方提出议和条件，16 日中方答复承认英方的要求。随后中英双方举行了两次会谈，中方代表只对福州开埠和占领舟山作为赔款担保二事提出异议，其余完全接受英方提出的条约条款。8 月 29 日，中英双方在停泊于南京江面的英船"康华丽"号上签署《南京条约》。

《南京条约》是中国近代史上签订的第一个不平等条约，条约共分十三款，其主要内容包括：

（1）五口通商。中国开放广州、厦门、福州、宁波、上海五处为通商口岸，准许英人居住贸易。

（2）割让香港。中国将广东省宝安县的一个沿岸小岛香港，割与英国。

（3）赔款 2100 万元。其中包括赔偿英国鸦片烟价 600 万元，军费1200万元和行商债务300万元。

(4)协定关税。英国商人"应纳进口、出口货税、饷费，均宜秉公议定则例"。

(5)废除公行制度。取消过去英商只准与清政府所指定的行商进行贸易的限制，规定英商"勿论与何商交易，均听其便"。

1843年7月和10月，英国政府又强迫清政府先后签订了中英《五口通商章程》和《虎门条约》，作为中英《南京条约》的附件。这些附件使英国人又在中国得到许多特权，其主要内容是：

(1)领事裁判权。通商口岸发生中英商民纠纷，英国人"由英国议定章程、法律，发给管事官照办"，即英国人不能由中国政府根据中国法律处理，而要由英国领事按照英国法律处理。

(2)片面最惠国待遇。《虎门条约》规定："设将来大皇帝有新恩施及各国，亦应准英人一体均沾，用示平允"，即清政府答应将来给予其他国家的任何权利，英国都可以同样享受。

(3)低关税。英商货物的进出口关税一般为值百抽五。

(4)租界。英国人可以在通商口岸租地造屋，永久居住。

(5)外国军舰常驻中国港口。《虎门条约》规定"凡通商五港口，必有英国官船一只在彼湾泊"。所谓的英国官船实际上就是军舰。于是，英国军舰可以常驻通商口岸。

这场战争的诱因是鸦片，但条约中都没有提到对鸦片贸易的处理。实际上，《南京条约》中关于赔偿烟价的规定就是对禁烟政策的否定。在条约中没有明订开禁，是因为清政府与英国方面暗中达成谅解。清政府的议和代表对英方提出的开放烟禁的要求作了保证：今后禁烟只对中国兵民执行，不过问各国商船是否携运鸦片。这种既不公然开禁，又不干涉私运的做法，实际上就是表示鸦片可以随意进口。英国外交大臣对这一谅解表示满意。

《南京条约》的订立使英国政府喜出望外，因为其内容超出了英国事前的期望。按照英政府最初给英方代表的训令，英国在谈判中的要求有两种方案：第一种方案包括要求割让沿海一岛和开放五口通商。但如果中国政府不愿割地，而愿让英人在大陆上取得永久性的通商权利，则可以提出第二种方案，即删去割地一款，而以几项通商特权来代替，其中包括（1）在五口自由贸易居住；（2）公平、固定、划一的税则；（3）商业上的最惠国待遇；（4）对英人贩运违禁品只准没收其货物，不得侵犯其人身；（5）领事裁判权。但由于清廷急于求和，清政府谈判代表为使对方早日退兵以取悦于皇帝，根本不顾国家利益，结果让英国方面轻而易举地实现了两个方案中的全部要求。

通常，《南京条约》及其附件被统一视为一个条约。这个条约不仅使中国丧失了领土和承受巨额赔款，而且更严重是清政府的闭关政策被打破，中国东南沿海的大门被打开，中国关税自主权被剥夺，英国商品以及鸦片能够更容易地打入中国市场，过低的关税致使中国的民族工业受到挤压。中国司法主权也遭到破坏，中国的海防没有了保障。《南京条约》改变了中国的历史进程，对中国社会形成极强烈的冲击，中国国家性质也发生了变化，从一个实行封建制度的国家逐渐转变成半封建半殖民地的国家。

第二节 《望厦条约》和《黄埔条约》的订立

1. 中美订立《望厦条约》

中英《南京条约》签订的消息传到美国之后，美国总统泰勒于 1842 年 12 月 30 日向国会报告了这项条约的内容，他建议："窃以为目前对于和中国方面有关的美国商业利益集团需要有一定程度的注意，而本政府却没有人员在当地专司其事，兹特咨请国会，拨给专款，以供作驻华委员酬报之用，俾得专心照料美国公民和利益，保护其生命财产，受权与合法官厅保持往来，并于本政府今后认为必要或适宜发布训令时，随时准备遵奉训令，行文帝国的高级当局，或通过该高级当局等，上达皇帝本人。"次年，国会两院都通过了总统的建议，决定派人出使中国。泰勒总统任命律师、国会外交委员会委员顾盛为特使。

1843 年 5 月 8 日，国务卿韦伯斯特向顾盛下达了非常详细的指示：主要让他“为美国船只和货物争取按照英国商人享受的同样优惠条件进入”开放的五个通商口岸。“如果可行的话，你最好能到达北京和宫廷，面见皇帝”，并争取缔结类似英国同中国所缔结的那种条约。

1843年秋，根据美国政府的指示，驻广州领事福士把顾盛使团即将来华，并欲进京的消息通知中国地方官员。福士还要求面见中国官员，商议使团访华的安排。按以往的规矩，中国官员不会会见被视为“夷目”的外国官员，有事只由外商的翻译代传。这次考虑到旧章程正在改变，若不接见可能带来麻烦，钦差大臣耆英便于10月2日接见了福士。耆英首先表示不仅中国皇帝而且百姓都认为美国人是朋友。但当福士提出美国使团要去北京，他立即表示反对。理由是一，路途遥远，过分辛苦；二，各国人来华只为贸易，有关贸易的事完全由皇帝所派的钦差大臣在广州处理，没必要去北京。接到耆英的有关报告后，清廷于11月15日下令制止美国使团进京，“著耆英等婉为开导，谕以天朝抚驭各国，一视同仁，凡定制所应有者，从不删减，定制所本无者，不能增添。若各国纷纷请觐，观光上国，不但无此政体，且与旧制有乖，万难代奏”。从此，进京问题成为中美交涉的重点。

顾盛使团于1844年2月24日到达澳门。2月27日，他便照会护理两广总督的广东巡抚程矞采，要求同中国钦差商议签订条约的事情，并提出要进京向皇帝递交国书。程矞采再三进行劝阻。4月9日，清廷闻讯后接连发布四道上谕，采取三项措施。一是下令程矞采尽力阻止美国使团北上；二是马上派已任两江总督的耆英为钦差大臣再次去广州谈判条约；三是命令沿海各地官员，如见到美国使团的船只，不准动武，允许美国人购买生活用品，但不许登岸，劝他们返回广州。6月17日，耆英一行赶到澳门附近的望厦村。6月21日，布政使黄恩彤与使团秘书初步会谈，美方提出条约草案47条。6月22日，耆英回信表示他将尽快地处理条约签订事宜，美国使团没有必要去北京了。

耆英等人研究过条约草案后，认为它的内容与刚刚订立的中英《虎门条约》差不多，基本上符合清政府对于通商的政策，看来签订条约不难，困难的是美国使团仍打算北上。他担心很快订立条约之后，美国使团便会启程进京，因此决心设法阻止。6月24日，耆英亲自与顾盛会谈。中方也提交了一份草案。在会谈中，双方讨论了过去遗留下来的一些民事争执，并未涉及商约问题。耆英最关心的是美使要求进京的问题，所以他再三解释进京是没有用的，明确指出违背天朝旧制的东西皆不能准许，请对方把国书交出来，由他代为转呈。

由于双方语言不通，虽有翻译，谈判也很吃力。便决定通过交换书面文件形式进行协商。耆英致顾盛书中提到下面几条：(1) 各国不辞艰险远道来华，利在通商，“各国有求于中国，非中国有求于各国也”；(2) 按照客从主人的原则，来华商人要按中国的规章制度办事；(3) 中国与他国间不需因和好而改变各自制度；(4) 中美之间没有理由要动武。

顾盛致耆英书中强调三点：(1) 出于真诚希望中美两国和好的愿望，不再要求北上；(2) 若今后有其他国家使节进京，也应给予美国使臣同样的待遇；(3) 尽快地议定条约。这里面美国使团作了让步，原因是考虑到中国方面坚持反对美使进京的态度，同时使团的经费也快用完了。于是，谈判有了新进展。6月29日，耆英在回照中称赞顾盛的态度，同意他的第二点要求。

就条约内容的交涉，双方对一些细节进行了调整，关键问题只有两个。其一，顾盛提出美国派公使常驻北京。对中方来说，这一款如果订立，就意味着对外国更加敞开了自己的大门。这是坚持闭关自守的清政府坚决反对的，也是耆英绝对不能让步的。他在交给对方的备忘录中说：他所就任的钦差大臣职务，专门管理五口的通商事宜，所有外国大臣的公文往来，应归他的衙门处理。顾盛也以备忘录形式作了解释。他说，美国方面要求公使驻京，是由于总督、巡抚等地方官在与外国人办交涉时，往往勒索刁难。耆英又写备忘录进行驳斥。他指出在鸦片战争之后，清廷才委派钦差大臣接待外国官员，而他自己也正因为对外国事情略有所知才被挑中。他又进一步说明自己的官阶不低于部院官员，具有一品官阶和一系列兼职等。由于中方坚决不同意这一条，此款未列入条约内。

其二，耆英总担心顾盛以呈递国书为名要求进京，所以在谈判中，中方曾经屡次问到“国书作何办理”。由于一直没有得到对方的肯定答复，耆英十分不安。他怕在条约订立以后，顾盛会借口向皇帝递交国书，再次提出进京问题。因此，他要求顾盛把国书交出，由他代奏大皇帝。起初，美方坚持由清中央政府直接派人来收取。经过交涉，双方同意日后如有国书，由奉命办理外务的钦差大臣，或两广总督，或两江总督代奏。耆英抱定一个主意，即“其国书一日未交，则夷情一日未定”。

7月3日上午，顾盛终于把国书交给耆英，让他转交给中国皇帝。这一下耆英心里踏实了，当天下午就同美方在议定的《五口贸易章程：海关税则》（也称“望厦条约”）上签字。

《望厦条约》共34款及税则，其中部分内容与中英《虎门条约》相似。突出不同之处是对领事裁判权作了更为明确的规定，分列于下述几款之中：

“嗣后中国民人与合众国民人有争斗、词讼、交涉事件，中国民人由中国地方官捉拿审讯，照中国例治罪；合众国民人由领事等官捉拿审讯，照本国例治罪；但须两得其平，秉公断结，不得各存偏护，致启争端。”（第21款）

“合众国民人因有要事向中国地方官辩诉，先禀明领事等官，查明禀内字句明顺、事在情理者，即为转行地方官查办。中国商民因有要事向领事等官辩诉，先禀明地方官，查明禀内字句明顺、事在情理者，即为转行领事等官查办。尚遇有中国人与合众国人因事相争不能以和平调处者，即须两国官员查明，公议察夺。”（第24款）

“合众国民人在中国港口，自因财产涉讼，由本国领事等官讯明办理；若合众国民人在中国与别国贸易之人因事争论者，应听两造查照各本国所立条约办理，中国官员均不得过问。”（第

25 款）

这些规定使在中国领土上的外国人可以不受中国法律的管辖，严重地破坏了中国主权的完整。

条约的其他主要内容包括：广州、福州、宁波、厦门、上海等五个口岸对美国开放；美国人在华享有最惠国待遇；美国可以在这些口岸派驻领事；美国人可以携带家属在此居住，租赁民房，或租地自建房屋，并设立教堂、医院等；美国官民可以聘请中国人教授语言和办理文书工作；中国关税要作变更，须经美国方面同意；美国若有国书要交给中国朝廷，由办理外国事务的钦差大臣，或两广、闽浙、两江总督代奏；由于各个口岸情况不一，有关贸易和海面管理各款会有需要略改之处，可以在十二年后由双方派人修订等。

与《南京条约》相比，《望厦条约》使中国给予美国更多的权益，把中美两国国家关系从一开始就建立在不平等的基础上。由于这一特点，它成为以后法国、比利时等国同中国签订条约的蓝本。《望厦条约》的签订过程一方面反映了美国殖民主义者不惜手段扩大在华权益的意图，另一方面表明清朝统治者并没有从鸦片战争的失败吸取多少教训。为了坚持旧的制度，不让外国人进京，清政府宁可在其他方面牺牲主权和国家利益。

2. 中法订立《黄埔条约》

鸦片战争爆发后，法国就在准备向中国扩张。当时法国在中国的商业利益很小，每年不过一二艘商船。1841 年法国政府派真盛意来中国进行调查，试图扩大法国在远东的利益。中英《南京条约》签订后，法国也想得到同样的利益。1844 年 8 月，法国政府派遣曾任驻希腊公使的剌萼尼为专使带领兵船八艘到达澳门。剌萼尼详细地研究了《南京条约》和《望厦条约》的内容，了解了这两个国家同中国的谈判情况，并分析了清政府的状况。他找到了清政府的弱点，于是便大肆放出风声要中国割地，要北上面见皇帝，对清政府进行讹诈。10 月初，清政府再次派耆英同他开始谈判。由于有了前次谈判的经验，耆英明白对方的关键要求是得到商业的利益。根据清政府一视同仁的政策，耆英迅速地答应了法方提出订立商约的要求。1844 年 10 月 24 日，在停泊于广州附近的黄埔的法舰阿吉默特号上，耆英与剌萼尼签订了中法《五口通商章程》，及附件《海关税则》，即通常所说的《黄埔条约》，共 36 款。

根据这项条约，法国与英美一样得到了五口通商、协定关税、领事裁判权和片面的最惠国待遇等重大特权，而且还获得其他一些新的特权。如条约的第二十二款规定，法国可以在通商的五个口岸建造教堂、医院和学堂，并或租赁房屋及行栈贮货，或租地自行建屋，而且占地面积和建屋多少都不受限制。这款还规定若有中国人损坏法国人的教堂和墓地，“地方官照例严拘重惩”。通过这个条款，法国天主教势力重新得到在中国扩张的权利。

在签约之后，剌萼尼进一步要求清政府弛禁天主教。耆英害怕再惹出麻烦，就向清廷报告说：“迭经往复辩论，数日之久，”但法国“兵船多只，航海远来”，“若过为峻拒，难免不稍滋事端”。清廷虽然对天主教弛禁存在顾虑，但在剌萼尼的威胁下，也怕法国再找麻烦，只好答应。1844 年 11 月 11 日，道光皇帝批准天主教开禁。

清政府虽然同意天主教弛禁，却没有公开宣布这项决定，显然是在应付法方的要求。剌萼尼对此毫不放过。1845 年 8 月初，他利用《黄埔条约》即将换约之际，向耆英提出要求公布弛禁令。换约之后，他亲自到上海、宁波和厦门等地进行调查，12 月初回到澳门。他向清政府指出，各地实行弛禁令“有名无实”，要求清政府切实履行其承诺，否则“两国之事，正未可知”。1846 年 2 月 20 日，在剌萼尼的紧逼之下，道光皇帝又正式下令准许天主教传教士在通商口岸自由传教，不许各地官吏查禁天主教，并发还过去没收的天主教堂。从此，天主教在中国的影响迅速增长。

第三节 鸦片战争给中外关系带来的影响

在鸦片战争之后，以《南京条约》、《望厦条约》和《黄埔条约》为先例，葡萄牙、比利时、瑞典、挪威等国也都相继派代表来中国要求通商，分沾利益。清政府对它们的要求都一概允准。为了应付头绪纷繁的通商交涉事宜，1842 年 10 月清廷任命耆英为两江总督，并作为钦差大臣兼筹一切通商交涉事宜，通商大臣之设由此发轫，史称“五口通商大臣”。1844 年，耆英调任两广总督。于是，五口通商大臣一职成了两广总督例兼的职务。中国的门户被一步步打开，外国势力对中国社会的影响不断增大。虽然后人强调鸦片战争对中国造成的巨大危害，但清政府在当时并没有这种意识，它没有对战争失败的教训进行认真的反思和找出解决问题的办法。《南京条约》签订几天之后，北京城内又恢复歌舞升平的景象。鸦片战争的炮声终未使中国社会从昏睡中惊醒，不平等条约的签订和通商大臣的设立，在清朝统治者眼里只不过是对咄咄进逼的西方人实施的“羁縻”手段。于是，在遥距京师的广州，奉命“驭夷”的钦差五口通商大臣对找上门来的异族使臣采取了或虚与委蛇，或拒而不见的周旋策略，使其提出的新要求每每无法如愿。

1. 外国势力打入中国

一系列不平等条约签订之后，外国商品得以低关税大量涌入中国。1840 年，中国从英国进口商品总值为 52.4 万多英镑，其中棉纱为 8.8 万多英镑，棉布为 23.8 多万英镑。1845 年，中国从英国进口总值激增至 239.4 万多英镑，其中棉纱为 9.9 万多英镑，棉布为 163.5 万英镑。但是好景不长，由于中国经济体制没有发生变化，中国市场仍然十分狭小，进口额很快就降了下来，基本与战前持平。鸦片依然是外国商人获利的最佳商品，鸦片贸易更为猖獗。由于清政府对鸦片贸易采取了放纵不问的态度，在一些地方鸦片开始公开贩卖。如1849年有两万多箱的鸦片公开地从吴淞运往上海，毫无禁阻。1845年，香港总督德庇时批准鸦片可以公开贩卖。美国在华的主要公司旗昌洋行就是从事鸦片贸易历史最长、规模最大的公司。19世纪40年代输入中国的鸦片每年3万多箱，而到50年代则增长到6.8万箱。鸦片走私遍及中国沿海各口岸。

尽管中外正常经济交往的规模有限，但外国商人还是很看好中国的市场，陆续来中国开办公司。1853年在上海就开设了120余家洋行，外国人还办了船厂、印刷厂、食品厂、药房，外国的几家大银行也设立了分行。

来华的外国人越来越多，他们就提出依据《虎门条约》在通商口岸租地建房居住。1845年11月，英国驻上海领事巴富尔和中方苏松太道宫慕久议定《上海租地章程》，“划定洋泾浜（今延安东路）以北，李家庄（今北京东路）以南之地，准租与英国商人，为建筑房舍及居住之用”。东面是以黄浦江为自然界限。来年9月，进一步议定西边以边路（今河南中路）为界。这块830亩土地成为英国人的居留地，也就是最早的租界。界内实行“华洋分居”，外国人拥有土地的“永租权”。当英国方面提出这个要求时，中方表示欢迎，因为从闭关政策的原则出发，这么做便于对外国人的控制以及限制外国人与中国人的往来。1848年1月，法国驻上海领事敏体尼在上海县城与英租界之间的地方租赁房屋，设立领事馆。然后他要求上海道台吴健彰按照英国先例划地，供法人居住贸易。次年4月，上海道台发布公告，规定以上海县城与英租界之间总面积为986亩的土地为法租界。他在法方的压力之下，甚至表示“倘若地方不够，日后再议别地，随至随议”。美国的圣公会传教士也在苏州河北岸虹口地区广置土地，建造房屋，并要求上海道台将该地划为美租界。1863年6月，该地区正式确认为美国租界。9月，美、英租界合并为公共租界。外国侵略者以后陆续在租界内设立工部局、巡捕房等行政和司法管理机构。这种租界制度逐渐从上海扩展到其他通商口岸。租界成为外国侵略者发挥政治、经济和文化影响的基地，从而在中国国内构建起一套特殊的殖民统治体系。

2. 中国民众的反抗

西方殖民主义势力强行进入中国遭到中国广大民众的反对。其中最突出的事件是入城问题。根据《南京条约》对外开放广州、福州、上海等五个口岸的规定，英国人在条约订立之后便要求进城，并把此事视为打开中国门户的关键。但广州和福州两地的民众却表示强烈反对。特别是广州的民众，坚决不允许外国人改变以往的惯例。民众反入城的出发点，既有反侵略的一面，也有传统的“华夷之辨”思想的影响。如广州民众散发的传单《全粤义士义民公檄》就指出：“华夷未可杂居，人禽不堪并处。”

1842 年 11 月，广东的民间团体“社学”号召全省人民起来为反对英国在广州“创立码头”而斗争。广州地区的“南海、番禺两县绅士耆老，传递义民公檄，议令富者助饷，贫者出力，举行团练，按户抽丁”。民众组织起来，准备阻止英国人入城。在民众的坚决反对下，当时被派往广州与英方进行交涉的伊里布不敢答应英国人的入城要求。此后，英方多次要求入城，都因遭到当地民众的反对而未成。外国人只好住在城外沿江的被称为十三行的地区。

1846 年 1 月，《南京条约》规定的赔款交清，按规定英军应自占领的舟山岛撤退，但英方以允许英国人进入广州为条件，进行要挟。两广总督耆英接受了英国公使德庇时的要求，贴出准许英国人入城的告示。广州民众愤怒之下撕毁告示，冲进广州知府衙门，迫使耆英撤销原议。1847 年 4 月，借口几名英国人遭到中国人的石块袭击，德庇时从香港调来炮艇，对广州发动武装进攻，并提出种种要求，其中包括准许英国人入城一项，逼迫广东当局接受。社学组织迅速武装戒备，号召广州人民对入侵英军“务宜齐心杀绝，不准一步入城”。耆英在既“惧激民变”又“惧开边衅”的困境下，恳求英方暂缓两年入城。

1849年，约定期满，英国继任公使文翰要求中方履约。当时担任两广总督的徐广缙在英方压力下向道光皇帝指出“拒之过峻，难免激成事端”。为了避免冲突，道光帝指示：允许外国人“只得暂入，不得常住”。于是，他婉转地拒绝了英国的要求。文翰强烈不满，把兵舰开进珠江进行威胁。徐广缙考虑到广东的民心所向，向朝廷指出“婉阻之未必遽开边衅，轻许之必至立启兵端。且阻其进城而有事，则众志成城，尚有‘爪牙’之可恃；许其进城而有事，则人心瓦解，必至内外之交讧”。他采取了“顺民阻夷”的政策。广州民众在社学的号召下，家家出人，迅速组织起来。当徐广缙到英国船上进行交涉时，群众集合两岸，呼声震天，待命开战。徐广缙借助民意，照会英方称：“民情汹汹，势将激变，于贵国大为不利。”结果，英方不敢妄动，退回香港。英国人暂时放弃了进入广州的打算。

福州民众同样反对英国人入城。尽管英方一再要求清政府准其入城，但均因福州民众的坚决反对而未能落实。1844年7月，闽浙总督刘韵珂只准英国驻福州领事李太郭驻在城外。同年10月，英国公使德庇时到福州考察商务，认为领事不能入城，严重损害英国在中国的“威望”。他一面令李太郭提出在城内设立领事馆的强硬要求，一面亲自威胁耆英，表示准备撤退在福州的英国领事馆。耆英深怕中英关系破裂，通知刘韵珂设法准许英国在福州城内设立领事馆。刘韵珂在英方压迫和耆英督促下，于1845年允许英国领事租赁城内乌石山积翠寺作为领事馆，同时为了缓和当地人民的反对，又与英领事议定，只许领事馆人员入城居住。1850年，两个英国人违约住进城内神光寺。当地民众起而反对，而地方官员同意他们迁出神光寺，改住城内道山观。从此之后，英国官员和平民都能入城居住。

其他地方也发生了类似的中外冲突，民众或者反对外国人的违法行为，或者惩治那些仗势欺压侮辱中国人的外国侵略者。如1848年3月上海发生的“青浦事件”。三名英国传教士违背上海开埠时所做的“外人行走之地，以一日往还，不得在外过夜”的规定，擅自到距上海 90 里外的青浦活动，遭到中国船民的袭击，“受有轻伤”。于是，英国驻上海领事阿礼国竟动用英舰扣押停泊在上海港的漕运粮船 1400 艘，不准它们开行，借以要挟清政府。为了解决这场冲突，两江总督李星沅竟然撤换道台，惩办有关人员，向英方赔款 300 两。

3. 新思想的产生

在西方侵略势力的刺激下，一些知识分子开始睁眼看世界，他们研究国外情况，提出向西方学习，富国强兵的主张。林则徐、魏源便是其中的代表人物。他们的思想影响了 19 世纪后半叶中国的思想界。

林则徐在去广州查禁鸦片的时候，非常积极地去了解外国人的情况。他派人去澳门进行调查，组织人员翻译西文书报，如英文的《广州周报》、《中国丛报》等报纸杂志，并整理编辑成《澳门月报》。翻译了英国人慕瑞所著的《世界地理大全》，在此基础上编辑成《四洲志》一书，介绍世界各国的地理；摘译了英国人德庇时所著的《中国人》，编成《华事夷言》一书以了解外国人对中国的看法和评论；还翻译了大量有关外国军事技术的材料。通过对外国情况的了解，他建议要仿造西洋的枪炮轮船和按照西洋的方法来训练军队，并提出“器良、技熟、胆壮、心齐”的八字主张，希望通过学习西方技术来对付敌人。

魏源为湖南邵阳人，著名学者。1841 年 6 月，林则徐被贬后在北上途中会见了好友魏源。他把《四洲志》书稿和在广州收集的一些资料交给魏源，希望魏源能进一步研究外国史地，编撰一部新书。此后，魏源作了大量调查研究，以《四洲志》为基础，于 1843 年 1 月编成 50 卷本的《海国图志》。以后他又陆续补充，于 1847 年编成 60 卷本的《海国图志》，1852 年增加到 100 卷。这部书介绍当时世界各主要国家的历史、地理和社会情况，同时总结鸦片战争的经验教训，提出一套对付外国侵略者的策略。魏源突破“天朝上国”的旧观念，认为中国非世界中心，只是世界的一员。他把香港英国公司绘制的地球全图放在全书之首。他提出了著名的“师夷之长技以制夷”的思想，特别强调向西方学习的重要性，指出“善师四夷者，能制四夷；不善师四夷者，外夷制之”。他认为：要富国强兵，要战胜侵略者，不仅要在一定程度上依靠人民，实行正确的战略战术，还必须向西方学习，改进中国落后的武器装备和练兵方法。他还对西方国家的政治制度表现出兴趣，称赞美国“以部落代君长（指各州州长和总统的选举制），其章程可垂奕世而无弊”，形容瑞士不设君位的政治民主为“西土之桃花源”。

清政府以闭关政策来应对西方国家的挑战和威胁，但这项政策并未能阻止扩张成性的西方殖民主义者对中国发动战争。鸦片战争打开了中国的门户，使中国逐步沦为半殖民地国家。然而，鸦片战争的失败却没有让清政府认清闭关政策的危害性。战后，清政府依然按照闭关政策的思想来指导对外关系。在广大民众仍从传统的思维模式出发以简单的方式同外来侵略者进行斗争的时候，少数先进分子开始关注西方的发展。他们抛弃以天朝上国自居和鄙视外国人的旧思想，探索新的制敌方法和国家的出路。

思考题：

1. 分析鸦片战争爆发的原因。

2. 分析清政府在战争期间的对英政策。

3. 简析《南京条约》、《望厦条约》和《黄埔条约》的主要内容。

4. 为什么说林则徐和魏源有新思想。

参考书目：

王绍坊：《中国外交史（鸦片战争至辛亥革命时期）》，河南人民出版社 1988 年版。

茅海建：《天朝的崩溃：鸦片战争再研究》，三联书店 1995 年版。

季平子：《从鸦片战争到甲午战争》，华东师范大学出版社1998年版。

马廉颇：《晚清帝国视野下的英国》，人民出版社2003年版。

王铁崖：《中外旧约章汇编》，三联书店1962年版（1982年再版）。

中国史学会：《鸦片战争》，上海人民出版社1957年版。

复旦大学历史系中国近现代史教研组编：《中国近代对外关系史资料选辑》，上海人民出版社1977年版。

第三章

第二次鸦片战争期间的外交活动

鸦片战争和不平等条约未能解决中外之间的根本矛盾，中国开放程度十分有限，清政府依然在维护旧的闭关政策。这对处于快速发展阶段、急于寻找商品市场和资源的西方资本主义国家来说是不利的。为了进一步打开中国的门户，有了第一次鸦片战争取胜经验的英国等列强再次找借口对中国发动一场新的战争。

第一节　第二次鸦片战争

1. 列强要求修约

第一次鸦片战争的失败，中国被迫陆续对英、美、法等列强及其他西方国家开放，但这种开放的程度非常有限。中国名义上开放了五个通商口岸，然而由于当地居民的反对，外国人到 1850 年才进入福州城，而直到第二次鸦片战争爆发时外国人仍然无法进入广州。虽然第一次鸦片战争打破了清政府的闭关政策，但是它并没有解决清政府在对外政策上的指导思想问题，清政府不理解战争爆发的原因，仍坚持保守的宗藩体系和闭关政策的做法。清政府也不甘心失败，对列强的要求不时地有一些抗拒的表现。广州民众阻止外国人入城的斗争就在私下里得到两广总督叶名琛的支持。1850 年道光皇帝死后，咸丰皇帝即位。6 月，他重新起用林则徐。12 月，他罢黜了带头主张对列强妥协的大学士穆彰阿，并将在第一次鸦片战争中负责对外交涉的大学士耆英贬职降级。除此之外，对列强进入中国表示不满的清政府却没有找到积极的方法来解决中外的矛盾和纠纷，因此形势依然如故。

19 世纪中期，世界资本主义正处于上升阶段，英法美等国的工业持续发展。它们渴望扩大海外市场来推销工业品。1847 年和 1857 年，英国两次发生周期性的经济危机，并波及到欧美其他国家。因此，扩大市场，摆脱危机成为资本主义国家的一项主要任务。第一次鸦片战争之后，列强同中国签订了《南京条约》等一系列不平等条约，但它们未能解决中国同列强间在贸易差额上存在的问题。列强同中国进行的正当贸易并不顺利。就英国来说，1850 年英国对华输出的商品比 1844 年还减少了 75 万镑。就布匹一项来说，1842 年以后的进口量没有发生多大变化。在全部中英正当贸易中，英国仍居于逆差地位。法、美等国也有类似情况。不少外国商品运到中国卖不出去。鸦片贸易依然是外国商人谋利的主要手段。出现这种现象的原因在于中国仍处于自给自足的小农经济，国家发展缓慢，多数人口贫穷，对进口商品的购买力非常低。而外国商人则认为是中国开辟的通商口岸太少，从事贸易的条件不好和权力不够所致。他们试图改变这种状况。1849 年英国驻上海领事阿礼国就在一份报告中建议：“我们的政策就是面向那些必然引起改变现状的纠纷，制造那些纠纷，从而试图获得更多的利益。”

新的纠纷是围绕修约问题引起的。中美《望厦条约》和中法《黄埔条约》中有一项规定是“各口情形不一，所有贸易及海面各款，恐不无稍有变通之处，应俟十二年后，两国派员公开酌办”。《南京条约》中没有这项规定，但英国援引最惠国待遇也要求享有12年后修约的权力。1854年，英国联手美国和法国准备向清政府提出全面修约的要求，主要内容是：开放中国沿海各口岸及内地各城市，准许外国人自由出入进行贸易，长江自由通航，废除进出口货物的子口税，准许外国使节常驻北京等。列强提出这一系列要求显然着眼于扩大中外接触，增加外国在华影响。五口通商的做法实际上使外国人同中国人的接触十分有限，贸易面很窄，而开放中国全境、取消除进出口关税以外的其他税收有利于列强用其商品冲击中国的传统经济体制，并且扩大对中国的政治和文化的影响。过去无论是外国商人还是其政府代表都很难见到中国负责官员，更不用说面见皇帝。华夷之辨的思想和宗藩体制使得外国人不可能同中国政府保持接触，连一般性的交涉都很困难，更不用说对中国政府施加影响了。因此，列强希望同中国交换常驻使节。互派常驻使节在当时已是西方国家之间在外交中普遍采取的做法，列强提出同中国交换常驻使节是想便于同清政府的交涉和施加影响。

1854年4月，英、法、美三国公使共同向两广总督叶名琛提出修约要求，叶名琛指定广州城外仁信栈房为接见地点，遭到外国公使的拒绝。于是，麦莲、包令分别前往上海进行交涉。美国公使向两江总督怡良提出修约要求，并表示会协助清政府镇压太平天国起义：“如蒙奏准，自当襄助中华，削平反侧，否则奏明本国，自行设法办理。”怡良根据朝廷不许“迁就了事”的指示，要求麦莲回到广州去谈，强调办理外务是两广总督的职责。麦莲和包令又与江苏巡抚吉尔杭阿交涉，也表示：“倘蒙恩派钦差大臣指给地方贸易（指镇江、南京和汉口），其地如有贼匪，必当随同驱除净尽，并饬商补交旧税。”吉尔杭阿同样劝包令和麦莲回到广东。麦莲不得不回到广东，但叶名琛却躲避不见，理由是他没接到处理修约一事的谕旨。8月28日，英国公使包令、美国公使麦莲与法国公使布尔布隆在香港商议，决定先前往上海进行交涉，然后一起到天津附近的白河口与清朝全权大臣交涉修约问题。9月底，三国使节来到上海。他们要求江苏巡抚吉尔杭阿通知清政府作好谈判准备。吉尔杭阿在给朝廷的报告中指出：若不稍加满足列强的要求，恐怕它们会联合一起进行挑衅，因此建议朝廷派大臣会同两广总督办理此事，考虑答应部分要求，对于那些无理要求，则明确驳回。吉尔杭阿最后强调：如果仅仅让他们返回广州，而又不理睬他们，“久无成议，该夷心未惬服，恐别滋事端”。咸丰皇帝并不相信三国使节的承诺，把吉尔杭阿严厉斥责一番，自恃天津海口大船不能驶入，仍坚持要外国使节返回广州。

三国公使不理睬清政府的要求，他们决心北上（法国公使因故没有同去，派秘书为代表）。10月15日，大小军舰5艘开抵大沽口外。长芦盐政文谦和天津镇总兵双锐同英美译员作了初步的会晤。随后，清政府派前长芦盐政崇纶在直隶总督桂良的指导下负责谈判，并明确地要求他们“勿轻有允许”。11月3日，包令和麦莲率领160多人登陆，与崇纶会谈。两个使节各提出一份修约要求。这些要求上报清廷后，咸丰皇帝认为“所开各条，均属荒谬已极”，并作逐一批驳。但他同意在减免广东茶捐、审理民夷争执等方面做些让步。根据皇帝的指示，崇纶照会麦莲，对其多数要求一一驳斥。由于清政府的坚决态度，英美使节没达到目的，只得悻悻离开大沽。

第二次带头提出修约的是美国。1856年，美国公使伯驾照会叶名琛，要求中国政府派遣钦差大臣，在北京谈判修改条约。英国公使包令和法国代办顾随也根据各自政府的指示，分别向叶名琛递交照会，支持美国的修约要求。列强提出的主要修约内容是派遣使节常驻北京，中国全境开放，取消对个人自由的任何限制。清政府接到叶名琛关于三国联合修约的报告后说：“各夷议定条约，虽有十二年后公平酌办之说，原恐日久情形不一，不过稍为变通，其大段断无更改。”它要求叶名琛“据理开导，如坚执十二年查办之语，……亦可择事近情理、无伤大体者，允其变更一、二条，奏明候旨，以示羁縻”。在叶名琛接到该指示之前，伯驾由于在广东交涉一直没有结果，已于7月1日离开香港，扬言将到北京修约。伯驾希望包令同去，但包令认为修约必须靠武力支持，而当时美国在中国的兵船只有两只，而法国连一只都没有，英国海军也暂时无法提供有力的支持，因此他拒绝了伯驾的请求。顾随也持同样的看法。伯驾8月到达上海后，预定送他北上的美国海军汽船迟迟不来。同时，上海的地方官吏又竭力阻挡他去天津。在这种情况下，伯驾只得在11月返回香港。

列强的修约要求都直接侵害到中国的宗藩体制和闭关政策的原则，因此无法为清廷所接受。清政府拒不同意对条约进行全面修订。由于无法采用修约手段来扩大在华利益，列强便想仍借助武力手段迫使清政府让步。英法两国分别为发动战争制造了借口，一是亚罗号商船事件，一是马神甫被处死的事件。

2. 英国的战争挑衅

1856年10月8日，中国水师在广州水面上查获到一艘走私船“亚罗号”，并拘捕了船上有海盗嫌疑的水手12人。这艘中国船为了走私方便曾在香港注册，但在被中国水师扣押时执照已过期10余天。事情发生后，英国驻广州领事巴夏礼硬说它是英国船，指责中国水师上船捕人是违反了《虎门条约》的规定，还说船上悬挂的英国旗被中国水兵扯下是对英国的侮辱。英方蛮横无理地向两广总督叶名琛提出最后通牒，要求道歉和释放被捕水手。叶名琛曾对英方的无理要求据理驳斥，但后来怕把事情弄大，放回了全部水手。但英方以广州当局未派高级官员解送和未送交道歉书为由，拒绝接受。10月23日，英国军舰闯入省河，对广州发动进攻，占领了沿江的炮台，并一度攻入广州城内，抢掠总督衙门，焚烧民房。英军挑起了战争。

英军发动进攻时，两广总督叶名琛起初断言无大事，并下令不准放炮还击，致使英军轻而易举地进入广州城。这时，叶名琛又慌忙派人向入侵者求和，表示接受对方原提的全部要求。咸丰皇帝接到英军开战的报告后，也非常紧张，因为当时定都南京的太平天国起义军与清政府分庭对抗，清政府正在全力以赴地进行镇压。他认为此时不能再同列强发生冲突，如作战“不胜固属可忧，亦伤国体；胜则该夷必来报复，或先驶往各口诉冤”，因此绝对不能开仗。他下令叶名琛“设法驾驭”，只要敌人自知“悔罪求和”，就可接受其要求，“以息兵端”。避战求和是清政府的基本方针。

英国侵略者的行径激怒了当地的百姓，民众组织起来进行阻击。12月14日，广州民众向十三洋行商馆进攻，将商馆全部焚毁。英军由于兵力不足2000人，暂时退据虎门，等待援军。

1857年3月，英国政府任命额尔金为全权代表，他率领大批军队在7月到达香港。英国还照会法、美、俄等国，建议联合出兵。此时，法国政府已借口“马神甫事件”决定对中国发动战争。

鸦片战争后，许多外国传教士无视条约的规定，凭借领事裁判权的保护，非法到五个通商口岸之外的地方活动。1853年，法国天主教传教士马赖进入广西西林县。他不仅传教，而且包庇违法教徒，行凶作恶，激起民愤。1856年2月，西林县新任知县张鸣凤将马赖和不法教徒共26人拘押，不顾领事裁判权的规定，将马赖及两名教徒处死。几个月后，消息传到法国，法国政府便以“为保护圣教而战”的名义，向英国建议联合出兵中国。1857年4月，葛罗被法国政府任命为全权大臣，10月率军队到达香港。

3. 英法联军对中国发动战争

1857年10月，英法两国军队组成5000多人的联军。双方商定先攻占广州，以胁迫清政府让步。12月12日，英法两方分别照会两广总督叶名琛，要求入城、修约和赔偿十三洋行商馆的损失。叶名琛回绝了英法的要求，还以为“彼实技穷，急望通商，却不甘求我，仍作大言欺人，其中实已全馁”。12月26日，英法发出最后通牒，要求24小时内给予答复。叶名琛不做任何防守准备，还下令士兵不准“挑衅”，也没有采取其他可能缓和矛盾的措施，只迷信仙人的乩语，断定“十五日后便无事”。12月28日，英法联军进攻广州城，守城官兵顽强抵抗，但还是被攻陷。叶名琛做了俘虏，后被送往印度加尔各答囚禁。广州将军穆克德纳、广东巡抚柏贵投降。侵略者占领广州后对其实行管制，同时恢复柏贵的职位，让他建立起一个傀儡政权。

美国没有派兵参加联军，但支持英法对中国提出的要求。1857年5月，美国国务院给新任驻华公使列维廉的指令是要他与英法实行外交合作，不要参与战争，可待机进行“调停”。广州城被英法联军攻占后，列维廉向英使额尔金表示祝贺。

俄国自19世纪40年代以来一直在黑龙江一带进行扩张，先在庙街建立了据点，后于1856年设置了滨海行政区。1857年，俄国政府派普提雅廷出使中国，企图以帮助清朝镇压太平天国为由，换取清政府同意俄国对黑龙江以北广大地区的要求。普提雅廷到天津提出照会，要求与清政府谈判，遭到拒绝。于是他前往香港，与英法美一道共同对清政府施压。

1858年2月，四国驻华公使先通过驻上海的领事向清政府发出照会，英法的照会大致相同，要求公使驻京、开放新口岸、外人可以随意到内地游历、赔偿军费和广州侨民的损失、修订税则等。美俄的照会除支持英法的要求外，还敦促清政府速派代表到上海进行谈判。对此，清政府一方面要求英法美使节退到广州去和新任两广总督黄宗汉商办，要求俄国使节去黑龙江等候谈判；另一方面调兵遣将，准备一战。由于没有得到肯定的答复，四国使节决定一起北上，迫使清政府屈服。4月中旬，英、法、美、俄四国的舰只先后到达大沽口外。4月24日，四国公使提交照会，要求清政府立即派代表在北京或天津进行谈判，并限6日内给予答复。

咸丰皇帝对列强的这些做法十分不满。作为中国最高统治者，咸丰不甘心自己的利益随便遭到侵害，更不愿看到政权被削弱，同时对外国人不信任的心理还是根深蒂固的。他不想放弃传统的闭关政策，但想打又怕打，忧心忡忡。他在4月8日上谕中指出:“现在中原未靖，又行海运，一经骚动，诸多掣肘，不得不思柔远之方，为羁縻之计。”他试图对列强分化瓦解，指示:“如先解散俄米（美）两酋，不至助逆，则英法之势已孤，再观其要求何事，从长计议。”4月15日，两江总督何桂清也强调不可轻易言战，而要“以柔制刚”。这个看法立即得到咸丰皇帝的赞同，认为“所奏实为明晰”。清政府同意在天津进行谈判，派仓场侍郎崇纶为交涉代表。对方认为其地位太低又无全权，拒绝接受。清政府只好再派直隶总督谭廷襄为钦差大臣，但英法公使借口他不拥有全权而拒绝谈判。尽管如此，清政府还是通过谭向对方提出反要求：“必须该两国将广东省交还，真心悔过，方能逐款定议，大皇帝谕令限期于4月底交还省城，如逾期不还，一交5月，当即兴兵攻打省城。”5月1日，英国公使要求在六天内谭廷襄取得全权证书，否则不再与清政府朝廷谈判。与此同时，英法联军对河道等地形进行调查，英军还在等候集结完毕。由于清军接到“可以回击，不可先行动武”的命令，对联军的活动未加制止。

美国公使和俄国公使同意与谭廷襄进行谈判。中方同意为美国在广东和福建各加开一处口岸，并减少船钞，也同意俄国可以经过海路到五口通商，但坚决反对公使驻京、内江通商和内地游历等要求。在谈判期间，谭廷襄以清初外国传教士曾久居北京为例，探询清廷是否可以准许外国公使若有要事，或隔数年，允许其来北京一次。此建议遭到咸丰的驳斥。他认为：这些外国使节心实叵测，“贪得无厌，若只顾了局，终有隐忧”。

由于清政府坚持英法方面先交还广州然后才能谈判的立场，英法两国决定诉诸武力。英国兵舰5月11日完成集结。5月20日，英法联军上午8时将招降书交给谭廷襄，限两小时撤退守军，交出大沽炮台。10时，英法联军发动进攻。虽然炮台守军顽强抵抗，但联军还是攻下大沽炮台，逼近天津。谭廷襄以天津无防可守为借口，自动弃守。英法联军把不占领天津作为诱和手段，只占领了天津城外的望海楼一带。在列强的实力威胁面前，清政府软了下来，5月29日派大学士桂良和吏部尚书花沙纳为全权代表前往天津同侵略者谈判，后又加派耆英协助，期望通过他与外国人的关系能设法“转圜”。6月1日，咸丰皇帝指示他们：“剀切开导，如果事在情理，真心戢兵，但于中国无伤者，定可允准。”也就是说，只要对方的要求不伤害中国的根本利益，可以同意。

4. 关于《天津条约》的谈判

清政府代表同英法美俄等国代表分别举行了谈判。由于英国在华利益和影响最大，英方同清政府谈判的时间最长。在谈判中，英方态度极为强硬。英国公使额尔金先是指出桂良等人虽有全权名义，但没有关防敕书，是否开始谈判，还有待考虑。于是，清政府马上颁发钦差大臣关防。随后，英方于6月6日通知中方：必须允许英国公使“进京驻扎，方能在津议事，否则仍直带兵入都”。桂良十分害怕，向清廷强调形势“万分危迫”。清政府不得不同意在议和之后，公使可以进京。6月9日，耆英会见额尔金的代表威妥玛和李泰国，力图斡旋，但对方不承认他的代表资格，并当场加以羞辱，耆英狼狈返回北京。咸丰皇帝以擅自离职有违圣旨为由，令其自尽。

在谈判中，中方同意在税收等问题上接受对方的要求，但关键的问题是内地游历、长江航行和外国使节驻京。咸丰皇帝认为如果外国人进入长江内地，“后患无穷”，只允许在五口之外再开放一两个口岸，而且必须在闽粤两地，不得进入“内江地面”。咸丰指出公使驻京一条“为患最剧，断难允行”。显然如果接受了这些要求，清政府处心积虑所维护的宗藩体系就会被打破，长期坚持的闭关政策就得放弃，中国统治者不得不与“外夷”打交道，中国人同外国人的接触就会增加。清政府担心其统治基础被削弱，特别是害怕“准夷酋之伪钦差驻京，动受挟持”。但对列强来说，为了打入中国这些要求是必须实现的。中方在压力之下，同意外人游历内地和长江开放，条件是外人不得进入太平军控制的地区，而且长江开放要等到平息太平军起义之后再办。在驻使问题上，双方陷入僵局。最后，英方以终止谈判来威胁。英法方面要求中方接受他们所拟定的全部条款，“即一字亦不令更易”，甚至中文译本也完全由其决定。在列强的压力下，中方不得不同意接受条约。

1858年6月26、27日，清政府代表分别同英、法代表签订了《天津条约》。两份条约内容不尽相同，但由于列强无限制地使用以前得到的片面最惠国待遇，一个国家在中国获得的特权，其他国家同样享受。这两个条约的主要内容如下：

（1）公使驻京。根据中英条约的规定，公使可以在北京“长行居住，或能随时往来”，并规定觐见皇帝时所行礼节同觐见欧洲各国君主一样。清政府应派一名大学士尚书负责与公使办理各种公务和文件往来。条约还规定驻在各个开放口岸的领事的地位相等于道台，副领事翻译官相等于知府。

（2）内地游历。条约规定外国人可以持照到中国内地各处游历传教。

（3）长江开放和加开口岸。中英条约规定长江沿线开放三处口岸（后定为汉口、九江和镇江），加开牛庄、登州（后改为烟台）、台湾（台南）、潮州（后改为汕头）、琼州为通商口岸。中法条约又加开淡水和江宁两处。列强可以在各通商口岸停泊军舰。

（4）修订税则。确定当时的税收较高，需要重订。同时规定减轻商船吨税。

（5）赔款600万两。其中赔偿英国400万两，赔偿法国200万两。

中英条约中还特别规定若双方在条约文本上出现争议，以英文本为准。《天津条约》最后规定，经缔约国双方政府批准后，于下一年在北京交换批准书。

事后，桂良和花沙纳向咸丰皇帝汇报时，以“国家内匪未尽，外患再起，征调既难，军饷不易”为由证明签约是必要的，同时解释外国派使驻北京不会构成严重威胁，只要在京城里“严为稽查，奸宄无由混迹”。咸丰皇帝勉强接受签约一事，但对驻使一事实在难以接受，于是要求桂良等再去同英方商量附加的限制条件，如“来时只准带人若干，到京后只准暂住若干时，一切跪拜礼节悉遵中国制度，不得携带眷属”等。然而，桂良等人怕再引出纠纷，不敢向对方提出。所以，此事在天津谈判期间未能最终解决。

就在中英、中法《天津条约》签订之前，俄国与美国已经分别同清政府签订新的条约。6 月 13 日，中俄达成《天津条约》，同意就东北的边界进行勘查，同时也给予俄国在中国沿海开放口岸通商的权力，领事裁判权和片面最惠国待遇等特权。6 月 18 日，中美达成《天津条约》。这个条约规定美国公使每年可以到北京暂住一次，但若中国许可别国公使常驻北京，则美国公使也一律照办；美国人有在中国沿海的贸易权；美国军舰可以在通商口岸巡查；美国享有最惠国待遇；中国保护传教士和教徒等。条约特别规定中美和平友好，今后若中国同他国发生争执，“一经知照，必须相助，从中善为调处”。这条规定凸显美国对华政策与他国不同，增加了清政府对美国的好感，为日后美国扩大在华影响奠定了基础。

咸丰皇帝对《天津条约》的内容是极不满意的，主要由于条约的规定破坏了传统的中国对外体制，危害到清廷的权威和统治。这年 10 月，清政府派桂良、花沙纳和两江总督何桂清等人为代表到上海同列强就关税问题继续谈判，咸丰皇帝试图利用这个机会改变条约的内容。他指示谈判代表向英方提出一个折中的方案，以完全豁免洋货进口税的条件来换取列强同意取消《天津条约》。但是以何桂清为首的上海官员坚决反对免税。他们的理由是取消关税影响财政收入，特别会造成军饷没有来源，而这是镇压太平天国的军事行动所需要的。谈判代表桂良和花沙纳也认为放弃整个条约是行不通的，主张就“第一要事”也就是外国公使驻京问题进行再商量。然而，咸丰皇帝坚持要讨论四个问题：派员驻京、内江通商、内地游历和赔交兵费后方退还广州城。桂良等在谈判中根本不敢把这些要求都提出来，只是提出外国使节驻京一个问题。他们向英方解释说：这个做法“对中国的害处，有许多方面，非我们言语所尽能表达，使中国政府在中国人民眼中失去威信”。英国谈判代表额尔金坚持这项原则性规定，但表示愿意向英国政府建议：如果明年英使来北京换约，中国方面好事招待，并且认真执行《天津条约》的其他各款，那么英使不妨在北京以外的地方居住，只在公务需要的时候才来北京。咸丰皇帝的要求根本未能落实，《天津条约》依然如故。1858年11月，清政府与英、法、美三国分别签订了《通商章程善后条约：海关税则》。这份条约主要规定包括：

(1) 对进出口的货物一律按值百抽五征收关税，洋货运往中国内地及输出中国土货再一律抽2.5%的子口税，其他各项内地税全免。

(2) 鸦片列在药材的项目下，以“洋药”的名义，可以合法进口，每百斤交进口税30两银。

(3) 许多外国消费品，如烟酒等都免税进口，理由是这些商品都只供外侨使用。

(4) 各通商口岸的税收要“划一办理”，并聘请外国人“帮办税务”，也就是管理海关。

另外，同美国的商约中还规定中方向美商赔偿白银50万两。

《天津条约》及相关商约的签订迫使清政府不得不抛弃对“夷”的鄙视，承认欧洲列强与中国具有同等的交涉地位；从而彻底打破清政府的闭关政策。外国商品进口更为容易、外国人可以游历中国各地和外国使节常驻北京等规定，使列强有可能进一步从政治上、经济上和文化上扩大对中国的影响。外国军舰可以随意驶入中国港口，还严重地威胁到中国的安全。

5. 大沽冲突

对于上海谈判的结果，咸丰皇帝十分失望。在谈判的最后阶段，何桂清曾建议等列强第二年来中国换约时“聚而歼之”。咸丰皇帝对此认可，并指出：“朕思迟则有变，莫若先发以制。”所以，谈判结束后，他一方面下令加强大沽天津一带的防守力量，练水师，筑炮台，另一方面反对列强到北京来换约。他提出将负责对外交涉的钦差大臣一职从广州移到上海，作为“阻其进京及赴天津之计”，并决定警告对方天津已设防，“若再前进，必启兵端”。1859 年 1 月 29 日，咸丰皇帝任命两江总督何桂清接替两广总督黄宗汉兼任五口通商大臣，负责对外交涉。他以为这样一来“进京一层，不但长驻不能允准，即随时往来，亦可不必”。

1859 年初，英、法政府分别任命普鲁斯和布尔布隆为驻华公使，前往北京。咸丰皇帝获知这个消息后，先是下令在上海同他们交换条约批准书，同时频频发出调集各路军队的命令，摆出准备一战的姿态，后于 3 月 29 日又提出作为下策，如果对方不肯，可以让他们来北京，但事先要说好，“由海口进京时，所带人数不准超过十名，不得携带军械，到京后照外国进京之例，不得坐轿摆队，换约之后，即行回帆，不许在京久驻”。显然清政府还是希望能通过妥协的办法来处理此事，避免同列强发生冲突，但底线是外国使节不能常驻北京。

6 月初，普鲁斯和布尔布隆先后到达上海。美国公使华若翰也已先期到达。清政府代表桂良等试图说服对方不要北上，就在当地换约。但三国公使通知中方，在换约前不讨论任何有关条约的问题，并拒绝与清政府的代表见面。于是，清帝退而求其次，同意三国代表来北京，但要在北塘登陆进京。其考虑是大沽河口已设置障碍物，而北塘向来是各国贡使来京的贡道。为此，6 月 18 日，军机处指示顺天府为各国使节准备住所，“应照各夷朝贡之例，给予馆驿”。清政府要依据朝贡的方式来安排换约，以此维护自己的尊严，杀对方的威风。

然而，三国代表断然拒绝清政府的这一要求。英国海军提督贺布于 6 月 17 日率军舰到达大沽口外，要求清政府清除河道中铁戗等各种障碍物，并表示坚决不走北塘。清政府虽然坚持原议，但也要求守军别“轻举妄动”，顾全大局。6月20日，三国公使到达大沽。24日向中国守军发出最后通牒。中方未予理睬。第二天，英法联军便向大沽炮台发起进攻，遭到中国守军的顽强抵抗。在炮战中，英法联军13艘兵舰中，6艘受重创，4艘被击沉，贺布本人也身受重伤。当时停泊在附近海面上的美国舰队司令高喊“血比水浓”的口号，下令开炮为英法军助战。英法联军被迫撤走。

大沽冲突后，美国公使华若翰表示为了两国的友好关系，同意从北塘登陆进京换约。但他到北京后还是与中方在跪拜礼问题上争持不下，最后回到北塘才与清政府代表恒福交换了条约批准书。

这次胜利使清政府盲目乐观，咸丰皇帝在1859年8月1日的上谕中提出取消《天津条约》，还要向英法索取赔款和另立条约。但实际上，清廷并不想与列强对抗，咸丰皇帝依然留下北塘不设防，作为对外议和的地点。同时，他告诫统兵大臣见到敌人后不能先开火，妨碍和谈。

6. 签订《北京条约》

大沽冲突成了英国政府再次发动对华战争的借口。英国首相巴麦尊在给外相的信中说：“我们要派一支陆海军武装部队攻占北京，赶走中国皇帝。”1860年2月，英法政府再次派额尔金和葛罗为全权代表，克灵顿和孟斗班分别率领英军1.8万余人，法军7000余人，舰船200多艘再次入侵中国。

听到英法再次派兵前来中国，咸丰皇帝的态度又软了下来。他不再提另立条约，只希望在一些关键问题上对原有条约进行修改，并表示若对方“减从”，可以来北京换约。4月21日，英法联军占领舟山；5月3日，英军攻战定海。此讯传到北京后，咸丰皇帝害怕了，于13日下旨称：“若一意决战，亦必激彼无一退步，再战不休，致岁岁决战，终须归于抚局。”他只希望取消公使驻京和长江航行两项规定，对于其余各项则表示“不妨略予通融”。5、6月间，英军又占领大连，法军占领烟台。7月底，英法联军的大批舰只集结在大沽口外，形势很紧张。负责防守的僧格林沁以为敌人不善于陆战，所以仍留下北塘一处不设防。8月2日，咸丰皇帝还下令直隶总督恒福：“尤当仰体朕心，不可因海口设防严密，仍存先战后和之意，……总须以抚局为要。”然而，英法联军根本不是来中国议和的，8月1日趁北塘不设防之机大规模登陆，绕道进攻大沽，14日占领塘沽，21日攻占大沽炮台，并于24日攻占天津。

清政府赶紧派桂良前往天津同英法方面和谈。在这种情况下，侵略者提出了更多的新要求，如加开天津为通商口岸，增加对英法赔款各800万两，并要先付现银200万两，英法特使各带兵1000人进京换约。对方的苛刻要求使咸丰皇帝感到不安。由于他事前曾接到侵略军中有太平军的错误信息，对外国代表带兵进京尤为担心，深怕侵略者“煽惑依附之匪类，虽严示而不能禁，大患切肤，一决即内溃于心”。他担心列强军队进京后会推翻清朝的统治，不得不表现出强硬的态度，拒绝了对方提出的增加赔款和带兵进京换约的要求。因此，他下令决战，“决战宜早不宜迟”。9月9日，英法联军向通州推进。同日，咸丰皇帝也宣布要亲自率军前往通州，“以伸天讨，而张挞伐”。但同时，他又下令派怡亲王载垣和兵部尚书穆荫为钦差大臣去通州议和。他想摆出强硬的姿态迫使对方在和谈中放弃苛刻的要求。随着侵略军进逼通州，本来就没有大战决心的咸丰皇帝改变了其态度，9月14日宣布取消亲征。次日，他授权载垣、穆荫“便宜行事，办理条款章程”。载垣出发后，接连发出照会，要求英法联军撤至天津，然后进行谈判。对方断然拒绝。

英法联军占领河西务后，按照载垣的要求派巴夏礼、威妥玛和巴士达等人到通州与中方谈判。9月16日，中方接受了对方的全部要求，包括赔偿现银和带兵进京换约。9月17日，英法代表又提出在互换和约时，须面见皇帝，亲递国书。中方代表知道届时对方是不肯行跪拜礼的，而且咸丰皇帝强调指出外国使节拜见皇帝时不按中国规矩行礼一事关系“国体所存，万难允许……如欲亲递国书，必须按照中国礼节，跪拜为仪，方可允行”。这是维护中国的宗藩体系和封建统治者威严的最后底线。为了避开这个难题，中方代表不同意英法代表向皇帝呈递国书的要求。但英法方面坚持不让，谈判破裂。9月18日，英法联军又向清军开火，战事再起。中方扣押了英法的谈判人员巴夏礼等近40人，试图以此迫使对方在这个问题上让步。清政府代表在谈判中犯了一个严重错误，扣押来使的做法既违背国际惯例，也不符中国的传统。这么做的结果是激怒了对方，英法联军发动猛攻。在张家湾，清军顽强抵抗，伤亡惨重，通州陷落。9月21日，清军与敌军在八里桥激战，再次失利。咸丰皇帝于22日惊慌出逃，行前任命恭亲王奕䜣为议和代表，指示他“总期抚局速成，朕亦不为遥制”。10月6日，英法联军占领北京西郊的皇家园林圆明园，大肆抢掠并放火焚烧。10月13日，北京城沦陷。

在列强的压力下，奕䜣不得不同英法代表进行和谈，实际上是无条件地接受了对方的全部要求。1860年10月24日、25日，奕䜣代表清政府与英法代表分别交换了《天津条约》的批准书，还另外签订了《继增条约》，也就是《北京条约》。

中英、中法《北京条约》的主要内容包括：

（1）对英法的赔款都增加到800万两。（在条约规定之外，清政府还同意向英法分别支付“恤金”30万两和20万两。）

（2）增开天津为通商口岸。

（3）割让香港对岸九龙司一处给英国（即九龙半岛南端界限街以南的地区）。

（4）准许中国人与英法人订立合同，到英法属地或海外其他地方做工。

（5）偿还以前没收的天主教堂财产，“并任法国传教士在各省租买田地，建造自便”。*

---

* 此项规定是法文本《中法北京条约》中所没有的，是由充当翻译的法国传教士孟振生私自加入到条约的中文本中。中方以为这是法国的要求，清政府也就认可了。

第二次鸦片战争并非由鸦片引起，冲突的起源依然还是实行扩张主义的资本主义国家与坚持朝贡制度和闭关自守政策的中国封建王朝的矛盾。在这次战争中，清政府的态度时强时软，往往开头比较强硬，被打败后又妥协投降。造成这种现象的原因是清朝统治者所处的局面。虽然清朝统治到此时已经显著衰弱，但统治者决不甘心退出历史舞台。他们担心的一个是人民的反抗，另一个便是外敌的入侵。在他们看来，这些“蛮夷”不仅威胁到领土完整和经济利益，而且直接伤害了大清统治者的尊严。所以，咸丰皇帝总想把外国人拒之京都之外，越远越好。但是敌人军事力量的强大和第一次鸦片战争的失败历史使咸丰皇帝知道洋人不好惹。他的根本思想是通过妥协来维持和局，表面上的强硬不过是想压对方不突破其底线，尽量为旧制度旧政策保留一些东西。他内心空虚，又没有实力做后盾。这种困境导致了清政府在战争期间对策上的机会主义和最终的失败。

《天津条约》和《北京条约》的签订决定了清政府闭关政策的破产。这场战争和对外交涉的失败既表明西方殖民主义势力侵略成性和清朝统治者妥协求和的本质，进一步反映了旧的封建思想、制度和政策如何给中国带来了巨大的民族灾难。

第二节　太平天国起义与列强的干预

1851年1月11日，为了反抗清朝的封建压迫，洪秀全领导下的太平军在广西金田举行起义。太平军作战英勇，并得到各地人民的广泛支持，迅速攻占一个又一个由清军把守的城市。1852年12月23日，太平军占领汉阳；1853年1月12日攻克武昌；2月9日开始沿长江东下。

太平军势如破竹，控制的地区越来越大，特别是进入长江流域之后，引起了在华外国势力的关注。他们担心这场人民革命会威胁到自身的利益。1853年2月26日，英国驻上海领事阿礼国向英国驻华公使兼香港总督文翰报告称：“这已经不是单纯的武装调停或武装干涉可否扩张我们的利益的问题，而是不去及时地、坚决地采取这类行动，则那些利益——商业的、税收的——会不会被政治的解体和无政府状态所彻底毁灭的问题了。”他主张对太平军起义事进行干预以扭转对外国利益不利的局面。这时，太平军攻下了安庆。3月1日，江苏巡抚杨文定向阿礼国求援，请求立即派遣正停泊在上海的一艘英国军舰开进长江，帮助清军阻止太平军继续东来。3月3日，阿礼国向文翰建议：“大不列颠一国，或是在中国拥有舰队的三个外国联合起来，去制止这个毁灭性的战争，趁皇帝还据有能够缔结条约的地位时，向他取得这种干涉的报酬。”这个利用帮助清政府镇压太平军之机从中国获取新的权益的建议得到香港总督的重视。他一方面向伦敦请示，对清政府给予多大的帮助，另一方面调集英军舰只，并亲自赶到上海了解情况，以决定采取何种干预方式。

3月19日，太平军攻下南京，在此建都，改名为天京。3月21日，文翰到达上海。他见到此前苏松太道吴健彰向上海各国领事转递的杨文定的第二份求救照会。根据这种形势，他判断清政府已经对中国南半部失去控制，如果进行干预只会延长战事和混乱的局面，对英国的利益不利。于是他决定暂时不进行干涉。4月5日，杨文定又一次向各国领事发出照会，恳求各国派军舰帮助清军围剿天京。文翰宣布“完全中立”，拒绝帮助。然后他决定去访问天京，通过了解情况来决定英国政府对太平天国的立场。4月27日，他到达天京，受到太平军的热情接待。文翰在天京逗留了三天，通过面见和书信同太平天国一些领导人进行了接触。他重申英国的中立立场，询问太平天国对英国的看法和意向以及将来进军上海时对英国人可能采取的政策。他也指出，如果英国人的生命财产受到侵犯，“那么必将引起愤慨，正如签订1842年《南京条约》作为结束战争时期所引起的愤慨一样”。他还把一份《南京条约》的中文本送交太平天国当局，要求太平天国承认英国已在中国取得的条约权利。

太平天国领导人都对英国使节做出了友好的表示。北王韦昌辉对英国翻译说：“我们之间不仅可以和平相处，而且还可以成为亲密的朋友。”东王杨秀清在给文翰的照会中说：“天下本一家，四海皆兄弟。”对于通商事务，太平天国指挥罗大纲在给文翰的复信中明确地指出：“不限制商业之交通，不征取商货之厘税。”但他同时不许英国人帮助清政府。他也对英国翻译表示不许贩卖鸦片。至于《南京条约》，太平天国领导人都置之不理。

文翰访问后向英国外相克拉兰敦汇报说，他认为“从任何观点看，中立乃最切要的任务”，“多等一些时候，如果不是唯一的政策，也是最聪明的政策”。他指出，因为形势发展非常快，革命军势力迅速壮大，对清政府除非给予大规模的援助，否则没有用。如果帮助了清政府，而清政府又被打败，那英国人的地位就极其狼狈。另外，他对太平天国也抱有幻想，认为“遇有适当机会和叛党协商时，我们从叛党手里所获得的政治和商务利益，也大可超过皇党”。所以，英国仍然对中国内战保持观望的态度。

在英国公使访问天京之后，法国公使布尔布隆也于 1853 年 12 月 6 日到天京访问。布尔布隆向太平天国当局声明法国在中国内战中“严守中立”的立场，介绍了法国人在中国的条约权利。接待法国公使的顶天侯秦日纲对来访表示欢迎，但对条约也置之不理。由于看不准起义政权的形势，法国也同英国一样继续采取中立立场。

美国一直在形式上同清政府保持着“合作”的态度，因此当太平军占领南京时，美方曾应上海道台的请求派遣轮船帮助清军。美国公使马利沙试图以帮助清政府为由，向清政府提出更多的利益要求，来实现修约的目的。1854 年，美国新任驻华公使麦莲的态度有所变化。他想先了解情况再决定美国的立场。4 月 8 日，他向国务院报告说“我将立即研究革命军的实际情况，决定我在什么时候，对于目前正在发展的重大事件，可以乘机取利”。为此，他于 5 月 22 日也乘舰访问了天京。他在访问报告中指出太平军组织效率很高，其势力会继续发展。对太平军取胜后是否会承认清政府与列强签订的条约的问题，他做出了明确的判断：

“这是极不可能的事。”但为了保护美国的在华利益，美国政府也采取了中立的立场。

1853年9月7日，上海发生了响应太平军起义的小刀会起义。起义军迅速控制了上海城。为了保护自己的利益，各国领事马上宣布租界中立，阻止小刀会进入租界。实际上，他们却在帮助清政府。如美国领事帮助上海道台逃出县城。法国海军协助清军炮轰上海县城。各国切断租界与上海县城的联系，经济上封锁起义军控制区。由于发生战事，上海海关无法正常工作，英国领事就派兵控制上海海关，宣布在战争期间由英美领事代替中国征税。1854年6月29日，上海道台与英、美、法三国领事签订协议，规定由三国领事各派“司税”一人管理海关。外国侵略者乘机把中国海关大权夺到手。在清军的围攻下，孤立无援的小刀会于1855年2月失败。

《天津条约》和《北京条约》签订后，列强对太平天国的态度有了一些变化。虽然英国政府仍然表示采取中立，但开始对太平天国施加压力。1861年3月1日，在华的英国海军司令贺布命令英国舰长雅龄在天京向太平天国提出英舰停泊天京、准许英国商船通过天京驶上长江、英国人在岸上犯法由英国人处理等八项要求。太平天国对这些要求都一一复允。3月13日，天王下诏，申告保护外国商人，并命令担任外务丞相的英国人罗孝全总理一切外国商人事务，各国可以派遣领事官协同办理，并选派一公正裁判官，由天王任命与罗孝全会审外国人犯罪案件，但仍由天王做最后裁判。3月22日，英国领事巴夏礼和英王陈玉成会晤，提出太平军不得进攻汉口的要求，陈玉成也接受了。3月28日，贺布再次下令照会太平天国，要求太平军不得侵入上海、吴淞近百里以内的地区，天王最初不同意，但后来改为同意在一年之内不进攻上海。此时，太平天国由于发生内讧等原因，力量大大削弱，所以尽力同列强妥协，避免他们进行干涉。于是，英国方面得寸进尺。1861年冬天，贺布和巴夏礼一起到天京见天王，向天王提出帮助太平天国打倒清朝，平分中国的建议，遭到洪秀全的拒绝。12月26日，英方再次照会太平天国，要求太平军不得进犯上海、吴淞、汉口、九江周围近百里的地方，并不得扰及镇江英国领事署所在地。这些要求限制了太平军的行动，太平天国一一拒绝。

清政府在第二次鸦片战争之后由洋务派掌权。他们改变了传统的对外政策，开始重视与列强的合作。1862年1月，清廷命令总理衙门与英法在京使节商量镇压太平天国事。这月13日，由苏松太道吴煦与英法驻沪领事商量之后于上海成立了外国商人与江浙官绅合伙的中外会防局。1月20日，太平天国忠王李秀成的部队进攻吴淞时遭到法国兵舰开炮阻击。清廷得知后十分高兴，表示："是其真心和好，固已信而有征。"于是对于借助外国力量助剿太平军一事，清廷指示江苏巡抚薛焕："但于剿贼有裨，朕必不为遥制，其事后有必须酬谢之说，亦可酌量定议。"英法两国此时也决定要协助清政府镇压太平军。3月中，英法公使向清政府表示："情愿帮助官军剿贼，并派师船驶往长江协同防剿。"事实上，英法都已在行动上帮助清政府。此前的2月，慕王谭绍光率部进攻上海浦东时，英法军队和外国雇佣军洋枪队一起作战，击退太平军的进攻。3月，上海"中外会防局"官绅与英国领事商定，租用英国船舶将曾国藩的军队9000人从安庆运到上海。4月，英国天津驻军司令迪佛立同意在天津为清政府训练军队。也就在这个月，太平军从清军手中拿下宁波。英法方面借口太平军炮弹落到租界内，要求太平军把防卫清军的大炮从城墙上移开，遭到太平军的拒绝。于是5月，英法侵略军竟出动兵船和军队帮助清军进攻宁波。在激烈的战斗中，法国舰队司令耿尼重伤毙命，而太平军也因为敌我力量悬殊撤出了宁波。

清政府积极地利用外国人来镇压太平军。1862年7月，英国海军大臣批准英国现役军人海军上校阿思本为清政府服务。8月，英国政府批准英国军官公民和军舰受清政府雇用。于是1863年1月，清政府派人与阿思本订立合同，委托他率领一支由清政府订购的兵船和由他招募的600多名英国海军人员参加镇压太平天国。

后来由于曾国藩和李鸿章同阿礼国争夺这支军队的控制权，引起一场争执，清政府不得不解散船队。清政府还利用了美国人华尔组织的一支雇佣军。这支被称为“常胜军”的军队由苏松太道吴煦督带。在慈谿战役中，华尔被太平军击毙。常胜军改由英国人戈登率领。李鸿章的准军在常胜军的配合下，在1863年接连攻陷由太平军控制的太仓、昆山和苏州，1864年4月又攻下常州，使太平天国丧失了在苏南的根据地。法国人勒伯勒车也率领了一支被称作“常捷军”的中法混合军，效力于清政府。左宗棠的湘军与这支军队联手在1863年从太平军手中夺回严州和金华，1864年3月占领杭州。

在中外反动势力的联合镇压下，1864年7月19日，天京被曾国藩的军队攻陷。太平天国终于失败了。

第三节　沙俄对中国的扩张

在中俄《尼布楚条约》签订以后的150年间，沙俄历代统治者都没有忘记对东方的侵略扩张。辽阔富饶的黑龙江流域一直是他们扩张目标。彼得一世曾毫不隐讳地说：俄国“必须占领”黑龙江口，女皇叶卡捷琳娜二世也把夺取黑龙江作为“远东政策的中心”。进入19世纪以后，沙俄政府的这一政策更为明确。原因是当时世界资本主义处于迅速上升阶段，而俄国的统治者依然顽固地维护封建农奴制度。农民起义和资产阶级革命运动冲击着反动政权的统治，社会矛盾越来越尖锐。在这种情况下，沙俄统治者便希望通过对外扩张来转移国内的矛盾。俄国的武装探险队一再闯入黑龙江流域。1855年，俄国人开始在黑龙江下游建立移民区。清政府曾派代表去谈判，但无效果。1856年，俄国军队顺江而下，强占战略据点，并设立包括黑龙江下游地区在内的所谓“滨海省”。

1856年克里米亚战争结束，俄国是战败国。它在西方的扩张受到阻碍，便积极转向东方，加快了对黑龙江流域的扩张。此时，英法两国对中国发动了第二次鸦片战争，再加上清政府全力以赴镇压太平天国，给俄国推进扩张政策创造了良机。1857年，沙俄开始在黑龙江中下游实行武装殖民，并派出使节普提雅廷同清政府谈判，企图以帮助镇压太平天国为条件，诱使清政府同意将黑龙江以北的中国领土划给俄国。普提雅廷曾到天津向清政府递交照会，要求同清政府谈判。对此，清政府一再重申《尼布楚条约》的效力，谴责沙俄的侵略行径。这并非是清政府不想借助外国力量来镇压太平天国，而是因为俄国野心太大，又直接侵犯到被清政府视为大本营和发祥地的东北地区。对于这个地区，清政府甚至不许汉人移民前往，更何况俄国人。于是，他转往香港，同英法美三国公使一道逼迫清政府让步。

为了加大对清政府的压力，俄国于1858年派出军队逼近瑷珲一带。俄国东西伯利亚总督穆拉维约夫与黑龙江将军奕山谈判时，制造各种借口，企图吞并中国大片领土。奕山开始不允，据理驳斥。穆拉维约夫把事前准备好的条约草案交给中国谈判代表之后，就称病不出，派其随员彼得罗夫斯基出面谈判。俄方坚持"以河为界字样，断不能改"，并扬言"我即撵江左屯户，不准存居"。接着穆拉维约夫又出动军舰在黑龙江上示威，鸣枪施炮，炫耀武力，进行恫吓。他并以联合英国对华作战相要挟，迫使奕山于5月28日在《瑷珲条约》上签字。这个条约把黑龙江以北、外兴安岭以南的领土划给了俄国；瑷珲对岸精奇里江以南至豁尔莫勒津屯的地区，即江东六十四屯仍由中国人永远居住，由中国官员管理，俄国人"不得侵犯"；乌苏里江以东的中国领土为"中俄共管"。6月，穆拉维约夫为庆祝《瑷珲条约》签订，在海兰泡集会，悍然宣布将地名改为布拉戈维申斯克（意为"报喜城"）。后来因其功劳，沙皇亚历山大二世特封他为阿穆尔斯基伯爵。而清政府不承认该条约，奕山被革职。

在这期间，英法联军攻占大沽。俄国代表普提雅廷趁机迫使清政府在6月13日订立《中俄天津条约》。这个条约主要规定：

（1）俄国在上海、宁波、福州、厦门、广州、台湾、琼州七处口岸有通商的权利；

（2）在内地的传教权、领事裁判权和片面最惠国待遇等特权；

（3）对于边界事务规定“以前未经定明边界，由两国派出信任大臣秉公查勘”。

1859年4月24日，沙俄政府委任驻北京东正教会监护官丕业罗福斯奇为全权代表同清政府户部尚书肃顺互换了《天津条约》。俄国代表同时提出了其他要求，包括割让乌苏里江以东地区、俄国在库伦、张家口等地设立领事等。这种要求都遭到清政府的拒绝。于是，俄国任命伊格纳切夫为驻华公使。他于7月初来到北京，继续同清政府进行交涉，但仍无结果。于是，伊格纳切夫便前往上海，同英法一起对清政府施加压力。

1860年10月，英法联军攻占北京。伊格纳切夫以调停人的身份，迫使清政府同英法两国签订了《北京条约》。随后，英法军队退出了北京城。伊格纳切夫就以调停有功为由，向清政府提出新的条约草案，还威胁清政府代表：若不同意新条约，他将让英法联军从天津折回北京。清政府害怕俄国与英法勾结为患，就于11月14日在中俄《北京条约》上签字。其主要内容为：

（1）这个条约不仅确认了《瑷珲条约》的规定，即把黑龙江以北的六十万平方公里土地划归俄国所有，还把乌苏里江以东的四十万平方公里的土地也划归俄国，惟“遇有中国人住之处及中国人所占渔猎之地，俄国均不得占，仍准中国人照常渔猎”。

（2）把俄方提出的中俄西段边界走向强加给中国，“此后应顺山岭、大河之流及现在中国常驻卡伦（哨所）等处，及一千七百二十八年所立沙宾达巴哈之界碑末处起，往西直至斋桑湖，自此往西南顺天山之特穆尔图淖尔（伊塞克湖），南至浩罕边界为界”。这就为俄国日后进一步占据中国西部领土制造了“条约根据”。

（3）俄国取得在库伦、张家口、喀什噶尔等地免税贸易、设立领事并享有领事裁判权。

1862年8月起，清政府勘界大臣明谊和俄国政府全权代表巴布科夫等人在塔尔巴哈台（今新疆塔城）开始勘分西北边界的谈判。俄方代表强硬地要中方接受其划界方案，并多次出动军队袭击博罗胡吉尔等地，还扬言要攻打喀什噶尔和伊犁。但明谊都严正拒绝了对方的要求，谈判中断。1864年10月，中俄重开谈判。俄国派兵威逼塔城，巴布科夫坚持必须按俄国的要求确定边界，并声称："若不照此办理，稍有更改，我们立即起程回国，只好派兵强占。"其时，第二次鸦片战争才结束不久，洋务运动也刚起步，负责总理衙门工作的奕䜣一再指令明谊妥协让步，担心如不接受俄国的要求，"将兵连祸结，必致更难收拾"。10月7日，明谊被迫与俄方签订《中俄勘分西北界约记》。这样连同《北京条约》中的规定，俄国占据了巴尔喀什湖以东、以南原属中国的领土，包括原为中国内湖的斋桑湖以南以北和特穆尔图淖地区，共计44万平方公里的土地。*

《南京条约》等不平等条约没有给列强带来足够的利益，为了能够彻底打开中国门户，英法等列强在修约不成的情况下，不惜找借口对中国发动新的战争。没有从前一次战争接受教训的清政府被迫应战。它仍然力图维护旧的对外政策和体制，时战时和，然而办法用尽都无法阻止用洋枪洋炮武装起来的侵略者的进攻，结果是再次战败，京城沦陷。新的不平等条约将更多的权益，甚至中国的大片领土，交到了侵略者手中。

思考题：

1. 分析第二次鸦片战争爆发的原因。
2. 分析清政府在战争期间时战时和的对策。
3. 为什么清廷不愿意让外国使节常驻北京？
4. 简述《天津条约》和《北京条约》的主要内容。

参考书目：

王绍坊：《中国外交史（鸦片战争至辛亥革命时期）》，河南

* 此前对于该段边界未有条约规定。

人民出版社 1988 年版，第二章。

丁名楠等：《帝国主义侵华史》第一卷，科学出版社 1958 年版。

近代史研究所：《沙俄侵华史》，人民出版社 1978 ~ 1990 年版。

王铁崖:《中外旧约章汇编》，三联书店 1962 年版（1982 年再版)。

《筹办夷务始末（道光朝)》，中华书局 1964 年版。

中国史学会：《第二次鸦片战争》，上海人民出版社 1978 年版。

复旦大学历史系中国近现代史教研组编：《中国近代对外关系史资料选辑》，上海人民出版社 1977 年版。

第四章

建立新的外交体制

两次鸦片战争的失败使清政府受到沉重的打击。对整个封建统治阶级来说，外来的冲击动摇了他们的传统思想意识，侵犯了他们的权益和地位。尽管仍有些人顽固不化，照旧高唱“天朝上国”、“神威远震”的老调，借以自欺欺人，但是严酷的现实使得统治阶级中一部分人的思想开始发生变化。从而，清政府里面产生了一个被称作“洋务派”的政治派别。在他们的主导下，清政府的对外政策发生了重大变化。

第一节 洋务运动

1. 洋务思想的形成

早在19世纪40年代初，在西方侵略势力的刺激下，统治阶级中已有人开始睁眼看世界，他们提出向西方学习，改革弊政，富国强兵的主张。林则徐、魏源便是其中的代表人物。在魏源思想的基础上，冯桂芬的主张更进了一步。他在1861年写成一部以革新封建统治为内容的政论著作《校邠庐抗议》，其内容涉及政治、经济、军事、文化等各个方面。他指出当时的中国“人无弃才不如夷，地无遗利不如夷，君民不隔不如夷，名实必符不如夷”。他认为中国要想富强起来，就要在维护正统封建统治的思想和体制的条件下，“采西学”，“制洋器”。因此，对西方国家要“始则师而法之，继则比而齐之，终则驾而上之，自强之道，实在乎是”。冯桂芬的改革思想归结于一句话就是“以中国之伦常名教为原本，辅以诸国富强之术”也就是一方面必须坚持作为原则的封建伦理道德，即三纲五常，另一方面学习其他国家的有益于国家富强的经验和方法。他们的思想影响了19世纪后半叶中国的思想界，其中某些内容就被后来的洋务派所吸收。

在第二次鸦片战争之后，在朝统治阶级内的一部分人认识到外国侵略势力已经打入中国，“闭关政策”破产了，用土枪土炮、长矛大刀是无法把用洋枪洋炮武装起来的外国人拒之国门之外的。同时，他们看到清朝的“康乾盛世”已经一去不复返了，清政府的统治正在走向衰败没落。国内财政经济困难，统治阶级与广大人民之间的矛盾日益加剧。太平天国起义就是这一矛盾激化的典型例子。为了摆脱内外交困的局面，这些人试图寻求新路，向外国学习，进行自救，以图中兴。这些人就被称作“洋务派”。冯桂芬的思想奠定了洋务派的思想基础，后来洋务派代表人物之一的张之洞把他的主张概括为“中学为体，西学为用”。

洋务派在鸦片战争中、在镇压太平天国的过程中，亲眼看到西方侵略者船坚炮利的“长技”，因为对此极为感兴趣。第二次鸦片战争刚一结束，曾国藩就提出：“此次款议虽成，中国岂可一日忘备？……目前资夷力以助剿济运，得纾一时之忧，将来师夷智以造炮制船，尤可期永远之利。”1861年3月，他又强调购买外国船炮为“今日救时之第一要务”，并且指出“轮船之速，洋炮之远，在英法则夸其独有，在中华则罕于所见”，从而主张在购买之后，“访募覃思之士，智巧之匠，始而演之，继而试造，不过一二年，火轮船必为中外官民通行之物，可以剿发逆，可以存远略”。他的主张得到恭亲王奕䜣的赞赏，被称为“深思远虑之论”。李鸿章也曾表示：“深以中国军器远逊外洋为耻”，“中国文武制度，事事远出西人之上，独火器不能及”。他并明确地指出：“中国欲自强，莫若学习外国利器，欲学习外国利器，则莫如觅制器之器。”奕䜣也认为“探源之策，在于自强，自强之术，必先练兵。现在国威未振，亟宜力图振兴，使顺可以相安，逆则可有备，以期经久无患”。

2. 洋务运动的发展

由于在维护清朝统治方面旧的政策行不通，而洋务派的主张又有新意，因此清廷倾向于接纳洋务派的主张，特别是在对外政策方面。所以，在60年代以后，洋务派在清政府中取得了主导地位。在中央，有恭亲王奕䜣和军机大臣文祥等要员；在地方，有曾国藩、左宗棠、张之洞和李鸿章等封疆大吏。在他们的周围有一批比较了解国内外形势，希望通过兴办洋务达到富国强兵的官僚和知识分子。从而，洋务派在19世纪后半期对中国产生了巨大的影响。

洋务运动的范围相当广泛，包括建立外交机构、兴办军事工业、训练新式海军和陆军、建立学堂、派遣留学生、创办近代工矿交通企业等等。洋务派办的军事工业起始于1861年曾国藩在安庆设立的内军械所和1862年李鸿章在上海设立的三所洋炮局。但这些机构规模小、设备简陋，所以没有生产出现代化的装备。真正发挥作用的企业是1865年曾国藩、李鸿章在丁日昌的建议下，在上海创办的江南制造总局。这年，李鸿章买下了美商的旗记铁厂。他把这家能够修造轮船枪炮的工厂同丁日昌、韩殿甲主持的两所炮局合并组成江南制造总局，创办时投资54.3万两，用于购厂、购地建厂、购买设备和原材料，以及薪金等。江南制造总局逐渐发展成为能够炼钢铁、造快枪、制大炮、造轮船和生产弹药大型企业，后来主要为南、北洋海军修理舰船。该局有工人2000

多人，每年经费少时十几万两，多时达到90多万两。该局还建有兵工学校，专门培养军工技术人员。除此之外，在1865年至1890年间，洋务派在全国其他地方还建立了20个军工局厂，其中规模较大的有金陵机器局、福州船政局、天津机器局和湖北枪炮厂。其中，金陵制造局是李鸿章署理两江总督时于1865年建立的，它主要生产大炮和弹药，常年的经费是10万两，主要为淮军提供装备。福州船政局是1866年，左宗棠在福州建立的船舶修造厂，它后来成为建造轮船和生产水师装备的最大企业。船政局还附设了船政学堂，培养造船人才和轮船驾驶员。左宗棠最初聘用法国人日意格和德克碑等负责监造船只、培训中国工人和学生。当中国学生培养出来后，他们逐步取代了外国人，承担起企业的管理和技术工作。船厂的常年经费为60万两，到1895年共生产了36艘大小船只，从150马力的木壳船发展到2400马力的铁甲巡洋舰。1866年由奕䜣奏请朝廷批准，并于次年由崇厚建立了天津机器局。后来在李鸿章担任直隶总督时，该企业大规模扩充。它的平均年经费是30多万两，主要生产洋枪炮、各种弹药和军事装备。该局一度也生产过后膛枪，由于成本比进口的高，只得停产。1891年，该局还动工兴建一个炼钢厂。湖北枪炮厂则由张之洞建立。1884年中法战争爆发后，就任两广总督的张之洞因沪、津两地生产的弹药供应不足而进口军火又太贵，决定在广州创办一家枪炮厂，后他调任湖广总督，便把厂子建在了汉阳。该厂常年经费40万两，后来加到80万两，设备从德国引进，生产的毛瑟枪和小型陆炮质量较好。再加上其他小企业，洋务派建立的军火工厂遍及全国。虽然这些官办企业生产效率不高，水平也较低，但它们为新式的军队提供了部分装备，而且开了近代工业的先河。

建立新式军队的工作起始于1861年。奕䜣、文祥等奏请训练八旗兵使用洋枪洋炮。次年，在天津成立了洋枪队，聘用外国教练进行训练。随后，上海、广州、福建等地也成立了同样的洋枪队。1864年，总理神机营事务的奕譞在北京建立了“威远队”，使用洋枪洋炮，并按外国军队的方式布阵。在镇压太平天国过程中发挥了重要作用的湘军和淮军也大力引进洋枪洋炮。从1862年起，李鸿章借助上海口岸的方便，大批购进洋枪炮，并雇用外国教习，训练淮军。到1865年底，淮军扩充到5万多人，完全使用洋式武器，成为清军精锐部队。这也奠定了李鸿章在统治集团中的地位。曾国藩率领的湘军也曾大量引入洋枪洋炮，其部队由于1872年他去世而衰落。而另一支湘军在左宗棠的领导下也购入洋枪炮，组织洋枪队。后来左宗棠率军进入大西北，他仍然通过上海购买外国枪弹，并在西安和兰州设厂制造军火，成为清军另一支主力部队。

建立新式军队的另一项工作是组建中国的海军。1874年，奕䜣和李鸿章等人都上奏建议加强海防。第二年，总理衙门决定从建立北洋水师开始，建立三支舰队，每年经费400万两。至1884年，北洋水师、南洋水师和福建水师初具规模。北洋水师由直隶总督兼北洋大臣节制，实际上也就是由李鸿章管辖。其防卫海域为奉天、直隶和山东。李鸿章多次强调："筹办海防，欲与洋人争衡，非治土寇可比，必须时加戒备。方今强邻环逼，藩属倾危，岂可稍存侥幸无事之心，顿忘厝火积薪之诫"；"日本狡焉思逞，更甚于西洋诸国，今之所以谋创水师不遗余力者，大半为制驭日本起见"。1881年，淮系将领丁汝昌被任命为北洋水师提督。这支舰队的主力舰只包括排水量为7350吨的"定远舰"和"镇远舰"，是清朝海军中最大的两艘主力舰，其他主要舰只还有"济远"、"经远"和"来远"等八艘巡洋舰。这些舰只都是德国造的。李鸿章还先后在旅顺口、大连湾和威海卫等地加强防务，修筑炮台，使旅顺口和威海卫成为北洋海军的两个主要基地。但从1888年后这支舰队未添新军舰，1891年后由于海防经费被挪用修筑颐和园，连枪炮弹药也缺乏。南洋水师由两江总督兼南洋海防大臣节制，防御海域为江浙一带。其多数船只由福州、江南两个造船厂建造，其中福州船政局制造的"开济"、"镜清"、"寰泰"和两艘买自德国的巡洋舰都有2000吨以上的排水量。福建水师由闽浙总督管辖，防御海域为福建和广东。它的大部分船只都是福州船政局制造，少量购自英国和美国，排水量都在1000～1500吨之间，是三支海军中最弱的。为了统一海军的指挥权，1885年清政府成立海军衙门，任命奕譞为总理海军事务大臣，奕劻和李鸿章为会办大臣，善庆和曾纪泽为帮办。

在兴办军事工业和建立新式军队的过程中，清政府都遇到一系列困难。首先是经费，政府虽多方筹措，但不保证需要。其次，原材料和燃料的供给、交通通讯的配合和其他后勤保障等，国内都不具备或欠缺。为此，洋务派认识到国家的富强除要学习西方列强的长技外，还要有雄厚的经济实力。李鸿章说："中国积弱，由于患贫，西洋方圆千里、数百里之国，岁入财赋以数万万计，无非取资于煤铁五金之矿、铁路、电报、信局、丁口等税。酌度时势，若不早图变计，择其至要者逐渐仿行，以贫交富，以弱敌强，未有不终受其敝者。"基于这种"寓强于富"的认识，从19世纪70年代以后，洋务派大力创办民用企业，到90年代有了20多个这类企业。其中比较重要的如轮船招商局、开平矿务局、上海机器织布局、天津电报总局和汉阳铁厂，等等。

以"富国强兵"为目的的洋务运动历经30余年，大力引进西方的科学技术和机器设备，为中国建立了一支新式军队的同时，创建了中国的近代企业，在一定程度上推动了中国经济和社会的变革。虽然一些洋务人士也提出要进行政治的改革，但都未能落实，落后腐朽的清朝统治最终制约了中国的富强。

3. 新的对外政策

为了开展洋务，建立和外国的正常联系，洋务派的另一项主要工作便是建立外交机构和制定新的外交政策。第二次鸦片战争刚刚结束，1861年1月，以恭亲王奕䜣为首的官员向皇帝提出了一个重视开展外交工作的长篇奏折"通筹夷务全局"。其中建议对外实行"外敦信睦，隐示羁縻"的政策，也就是对外要以诚相待，保持联系，通过外交上的努力来消除或减轻列强对中国的侵略。恭亲王分析说：列强在交换条约以后都撤到南方去了，他们所要求的东西只是以条约为依据的商业利益，并不危害清朝的统治和疆土，所以可加以笼络。他认为：英国“并不利我土地人民，犹可以信义笼络”。他指出当时对政府威胁最大的是农民起义军，是“心腹之患”；俄国对中国领土有野心，是“肘腋之患”；英国要通商而不服从清政府的命令，仅是“肢体之患”，因此灭发捻为先，治俄次之，治英又次之。洋务派提出这种主张的原因在于两次鸦片战争的失败使其终于认识到保守的排外思想和闭关政策并不能救中国，有必要暂时做出妥协，以便维护清政府的统治和设法振兴国家。他们还认为农民起义是比列强入侵更有害于清朝统治。第二次鸦片战争中，英法联军虽然攻进北京，但没有试图去改变清朝的统治地位，中国内部的统治秩序并未变更。不仅如此，列强反而有帮助清政府消灭起义军的表示。这种情况使洋务派对列强的猜忌心理逐渐减弱，甚至产生了一定的好感。

这份奏折还提出了六项具体建议：(1) 设立总理各国事务衙门；(2) 南北分设通商大臣；(3) 加强关税的管理；(4) 在处理对外交涉事务中，有关督抚应相互照应；(5) 设立专门学校培养语文人才；(6) 各开放口岸要按月把内外商情和各国报纸报道汇报中央政府。这项外交政策具有进步意义，它是从“夷务”向“洋务”的转变开始。新政策主张要有新的观念新的措施，需要主动地开展外交。洋务派希望通过和列强搞好关系，避免发生冲突，为内部的变革和政权的巩固创造条件。当然，这个政策主张并没提出完全抛弃旧的宗藩体制，清廷仍不打算放弃天子的威严，所以依然坚持拒绝觐见外国使节等传统做法。

洋务派（以及早期维新派）官员注意对西方近代外交知识的了解，如薛福成和马建忠等人。他们通过留学或阅读当时翻译过来的国际法著作，如《万国公法》，初步具有了国家主权平等的思想。传统的对外关系思想是强调“华夷之辨”，坚持封建不平等的宗藩体制。到了近代，中外格局发生变化，西方列强通过不平等条约在中国获取了种种特权。洋务思想家批评了这两种状况，指出各国都有自己的主权，不能恃强凌弱。因此，他们主张不能因坚持虚礼而损实利，主张修改不平等条约和保护中国侨民利益。如1879年，薛福成撰《筹洋刍议》，主张发展工商业，实行关税自主，抵制外国商品倾销，扩大丝茶出口，以扭转外贸入超的状况。他在担任驻外使节时，注意考察侨民情形，大力呼吁在侨民聚居地设领事以加保护，并促进清廷革除旧禁，允许华侨“往来自便”，鼓励他们归国“治生置业”。马建忠认为对外交涉应该“理”、“用”兼备，“假公法以求全”。主张“每届修约之期，必加其税，不出十年，中国税则不亚欧洲各国，商民可富，饷可充。中国转亏为盈，转弱为强之基，实在于此”。他们采用均势原则观察国际形势。均势理论是当时西方列强在争夺殖民地过程中为平衡利益要求而形成的一种国际关系理论。他们根据这一理论和当时列强争霸世界而形成对峙的局面出发，主张在外交上联络一个强国，结成联盟，而牵制它国。这些看法对19世纪后半期清政府的外交有一定的影响。

4. 设立外事机构

在洋务派主持大政时期，外交体制有了一定的变化。第一次鸦片战争之后，清政府旧的机构已不适应对外交涉的需要。按照列强的要求，清政府设立“五口通商大臣”负责开放口岸需要同外国人打交道的事务。这个职务是一种类似钦差大臣的兼职，长期由两广总督兼任，在第二次鸦片战争期间改由两江总督担任。设立这个职务表明清政府仍然认为对外交涉只是临时性的。

第二次鸦片战争之后，对外保持经常性联系是不可避免的了。开放口岸增加，交涉事务频繁，外国公使即将驻京，等等，这些都超出了一个通商大臣所能照应的范围，需要一个职权更广泛的专门机构和一批官员来处理这些事务。在这样的背景下，清廷1861年1月20日下令组建“总理各国事务衙门”，简称总理衙门、总署或译署。在体制上，它是仿军机处设置。总理衙门的总理大臣由亲王等皇族兼任，人数不固定，一人为总领。其他大臣则由皇帝从军机大臣、尚书、侍郎、京堂中指派兼任。首任总理衙门大臣是恭亲王奕䜣、大学士桂良和户部侍郎文祥。下一级官员为章京，主要负责办理具体事务。衙门内先设英国股、法国股、俄国股、美国股，1883 年又加设海防股。

严格地说，这个机构还不是一个专门的外交机构。这个机构虽然是个新机构，而参与其工作的人员却抱有新旧两种思想，责任也不清。由于在 1861 年 11 月奕䜣配合慈禧太后进行政变有功，他被任命为议政王，并掌握军机处。在工作性质上，总理衙门时常与军机处混搅在一起，到后来所有的军机大臣都兼总理衙门大臣。从工作范围看，由于负责官员身兼二任，工作内容也就内外不分。总理衙门不仅负责外交、外贸和海关，还要负责铁路、矿务、海军、传教、工厂等事务，因为这些事务的处理都涉及外国人。这样，清政府原有的其他部门仍一概不过问同洋人有关的事务，所有洋务都落于总理衙门的管理范围之内。

由于中国疆域辽阔，不能事事由北京处理。清政府在成立总理衙门时还设置了三口通商大臣，常驻天津，办理天津、牛庄（后改为营口）和登州（后改为烟台）三个通商口岸的事务。三口通商大臣不是钦差，由崇厚担任达 10 年之久。1870 年之后改为北洋通商大臣，加钦差名义，一直由直隶总督兼任。他管理直隶、奉天、山东三省的通商交涉事务，并办理有关外交、海防、关税、北洋海军和兴办工矿等洋务。原有的五口通商大臣在第二次鸦片战争期间改由两江总督兼任。1866 年，五口通商大臣改称为南洋通商大臣，因为东南沿海、沿江的通商口岸已增加多处，这些通商口岸的事务都由其管理，他也管有关外交、海防、关税、南洋海军和兴办工矿等洋务。1873 年，由两江总督兼任该职成定制。南、北洋大臣虽列于总理衙门之下，但并不是其下属，无隶属关系，只是所办之事要由总理衙门转呈。他们小事自办，大事请旨。在交通通讯不便的情况下，这两个职务的设置加快了处理地方上的外事。19 世纪后期在中国外交上发挥重大作用的李鸿章曾担任直隶总督兼北洋大臣长达 28 年之久。由于他的作用和影响，其实际地位远在南洋大臣之上。

总理衙门下属有京师同文馆。1862 年建立同文馆的原意是培养懂外文的翻译人才，先后设置了英文、法文、俄文、德文和日文馆。但清政府后来意识到这些人仅掌握外文还不够，所以从 1866 年起在同文馆内又增加了自然科学的课程，有算学、天文、化学、力学等。同文馆招收八旗十三四岁以下的儿童为学生。洋务派对同文馆寄有很高期望。如李鸿章曾说："将来精熟西文，转相传习，一切轮船火器等巧技，皆可由渐通晓。"所以 1863 年担任江苏巡抚的李鸿章在上海，1864 年两广总督瑞麟在广州，也先后成立了性质相同的"广方言馆"。

1861 年，总理衙门之下成立"总税务司"，即海关。实际上，19 世纪 50 年代中期在英美等外国人的主持下，按照西方模式在上海建立了海关。后来在此基础上组建了总税务司，虽然它归总理衙门管，但大权仍把持在外国人手中。第一任总税务司为英国人李泰国。1863 年，英国人赫德被任命为总税务司，任职长达 40 余年。各地海关的高级职务也由外国人担任。清末，海关税收成了清政府一项重要的财政收入，也使外国人有可能通过关税来影响清政府，尤其是赫德对清政府的影响相当大。1865 年，总税务司署由上海迁到北京。赫德向总理衙门递交了《局外旁观论》说帖，要求清政府认真履行条约，因为"违背条约，在万国公法准至用兵，败者必认旧约，赔补兵费，约外加保方止"，而且"一经动兵，外国有得无失"。他的意见对清政府的外交有很大影响。奕䜣曾这样评价他："臣衙门所设总税务司赫德，系英国人，办理各口各国之事，毫无窒碍。"19 世纪后期，清政府处理对外事务时经常求助于赫德。1868 年，英国公使阿礼国根据《天津条约》的规定提出修约的要求。清政府派赫德和两个总理衙门章京为代表同英国使馆的官员事先协商修约的内容。赫德的影响甚至扩大到中国内政。1867 年清政府先后任命张凯嵩和吴棠为云贵总督和四川总督，其人选就是根据赫德建议而来的。

第二节　列强扩大在华影响

1. 美国的“合作政策”

1861～1865年间是美国的南北战争时期。美国政府全力以赴投入内战，无暇顾及海外事务。即便在战后，为解决国内的种种问题和西部开发，美国政府在相当长的一段时间里对东亚的事务不很关心。美国在东亚的海军舰队几乎已全部撤回本国。在战争期间，美国对外贸易下降，其中对华贸易也急剧下降。1860年中美进出口贸易总额为22472605美元，而1865年仅为7799366美元，减少近2/3。在这种情况下，美国外交官想维护本国利益的最好办法就是同其他列强合作。美国政府在19世纪60年代倡导了对华的“合作政策”。1862年3月，美国国务卿西华德指示第一任常驻北京的公使蒲安臣要与英、法公使“协商合作”。年底，蒲安臣到达北京。他先后拜访了英国公使卜鲁斯、法国公使柏尔德密和俄国公使巴留捷克。他们都积极地支持“合作政策”。蒲安臣对这项政策的具体认识是，西方各国利害一致所以必须相互合作；不采取有损中国领土完整的行动；由于中国文化古老，自视甚高，不要指望中国能很快地接受西方文化；由于中国存在势力雄厚的排外集团，所以总理衙门办外交的官员常有困难，各国应予理解。他在1864年6月给驻上海领事的信中说，在中国工作，与其他国家“对于一切重大问题要协商合作；在维护我们的条约权利所必需的范围内保卫条约口岸；在纯粹的行政方面，并在世界性的基础之上，支持在外国人管理下的那个海关；赞助中国政府在维护秩序方面的努力；在条约口岸内，既不要求，也不占用租界，不用任何方式干涉中国政府对于它自己的人民的管辖，也永不威胁中华帝国的领土完整”。

为了加强列强同中国的关系，蒲安臣等人设法帮助清政府去了解外国。1864年9月，蒲安臣把美国传教士丁韪良翻译的《万国公法》赠送给总理衙门，供它“参酌援引”，也就是希望清政府能按国际法和规矩办事。恭亲王等人看了这本书后认为“其中亦间有可采之处”，决定予以刊行。1866年3月，英国公使阿礼国向总理衙门送交了英国驻华使馆参赞威妥玛写的一份名为《新议略论》的文件。他要求清政府切实保护外国人在华的一切特权和利益，完全按照条约的规定办事。他威胁说：如果触犯了外国的条约权益，他们必须要进行干涉，“一国干预，诸国从之，试问将来中华天下，仍能一统自主，抑或不免分属诸邦，此不待言而可知”。清政府以后再没有与列强就条约的规定发生争议。

美英一起帮助丹麦从中国得到同样的条约权益。1862年，丹麦要同中国签订条约。美国国务卿西华德指示蒲安臣予以协助。丹麦使节来到北京后，蒲安臣和英国公使都积极地从中介绍。蒲安臣还把美国政府的态度告诉总理衙门。由于他们的合作，清政府在1863年7月10日同丹麦签订了《中丹条约》。当天，蒲安臣就高兴地向西华德报告说：“该约内容与英国条约（指1858年天津条约）完全相同，对我们还增加了下述利益，即自英国条约签订以来，凡我们要求的那些改变，都包括在这个丹麦条约之内。”譬如新条约规定中国开放的口岸达到16个，对于改运沿海口岸或运往别国的洋货或土货订立了退税制度，取消了从牛庄及烟台运豆出口的禁令。英美凭借最惠国待遇也就享有了这些利益。事后，丹麦政府向美国表示感谢。

各列强一起支持清政府镇压太平天国。在“白齐文事件”中美国的表现尤为突出。美国人白齐文曾参加了华尔率领的“常胜军”。由于他在镇压太平天国中表现了一定的军事才能，被清政府提升为华尔的助手，并授予三品官衔。1862年，华尔在浙江慈豁被太平军击毙后，蒲安臣亲自出面，向清政府推荐白齐文为“常胜军”统领。但是不久，由于白齐文为索要“常胜军”的欠饷而殴打江苏粮储道杨坊一事同清政府发生纠纷，清政府罢免了他的职务。白齐文跑到北京要求复职。为此，1863年4月2日蒲安臣专门照会恭亲王，支持白齐文的要求。尽管如此，当时任江苏巡抚的李鸿章自己要控制兵权，讨厌这个不服管教的白齐文，坚持不让他复职。白齐文未能如愿，一气之下在苏州参加了反对清政府的太平军。后来，他又投降“常胜军”。李鸿章不敢违反领事裁判权，把他押交美国驻上海领事乔治·西华德。西华德把他赶出中国。可是白齐文1865年2月又从日本返回上海，准备去福建重新加入太平军的余部。在去漳州的途中，他被清军抓获。清政府根据领事裁判权的规定仍打算把白齐文交给美方处理。其时蒲安臣回国述职，担任美国代办的卫三畏本着合作政策的精神，认为白齐文帮助太平军是对清政府的冒犯，同意由清政府审判他。于是，李鸿章命令将白齐文解往上海。中途，因船翻白齐文被淹死。美国方面还配合清政府处理了阿齐思舰队事件，配合英国公使向清政府再次提出修约要求等，从而逐步扩大美国在中国的影响。

2. 蒲安臣使团

根据《北京条约》的规定，1861～1862年间，英法俄美等国的公使相继来京，建立使馆。按照国际惯例，两国建立外交关系，应互换使节。西方列强为了便于向清政府施加影响，也一再催促清政府派出常驻使节。这方面英国人最积极。担任中国海关总税务司的英国人赫德每次到总理衙门办事时总要谈论这件事。1866年3月，英国使馆参赞威妥玛所写的《新议略论》的内容之一也是劝说清政府遣使出洋。总理衙门觉得此事难办，因为朝廷内很多人反对派使。主要原因是礼节问题。因为这类使节不是前往藩属，而是到西洋诸国。清朝官员若向洋人元首行跪拜礼，这有碍于大清帝国的尊严，若按西方的方式行礼，那将来外国驻华使节在面见中国皇帝时便有借口不行跪拜礼，这将违背中国的国体。另外，清政府也难以找到愿意出使的人，因为一般官员都把办夷务视为畏途，避之惟恐不及，谁又肯被派往夷蛮之地呢。清政府第一次派人到西方各国去是在1866年。那年担任总税务司的英国人赫德回国休假，临行前建议清政府派同文馆学生与他一道到英国观光。总理衙门接受了这个建议并经过皇帝的批准，派遣三名同文馆学生随赫德到欧洲游历，并指定总理衙门的63岁的副总办斌椿带领这批学生。斌椿一行费时三个多月，游览了英国、法国、比利时和普鲁士等国。他们看到了轮船、火车、电报和各种机器，大开眼界。西方世界的繁荣和发达使他们意识到那些国家并不比中国落后。回来后，斌椿提交了一份出使日记，虽然他们只是走马观花地逛了一番，但西方的物质文明和上层社会的享受给他们留下了深刻的印象。这次旅行对于中国人第一手了解外国，破除传统的自大思想是有一定的好处的。

斌椿一行回来后不久，清政府便开始考虑向外派出正式代表团。因为1858年的中英《天津条约》规定十年之后可以修约。由于有上一次修约的教训，清政府担心届时可能引起另一起波折，需要提前做准备。1867年10月，总理衙门饬令各省将军、督抚就各国可能在修约中提出的问题，特别是遣使问题各抒己见。这些高级官员普遍认为有必要向国外派出使节，以便了解各国的实情。恭亲王认为，这些年来外国人对中国的情况已经了如指掌，而中国人对外国的情况却知之甚少，因此难以制定正确的政策。然而清政府一时找不出合适的出使人选，选人不当又怕误事。11月，正在总理衙门左右为难之际，美国公使蒲安臣前来辞行。总理衙门大臣突然打起了他的主意。

在总理衙门为他举行的饯别宴会上，恭亲王希望蒲安臣卸任后有机会仍向各缔约国解释中国的困难，转告他们中国愿同各国友好往来的心愿。蒲安臣高兴地答应了。他表示如中国与其他国家发生争执时，他愿为中国出力。于是，大臣文祥说：为什么你不能正式代表中国政府呢？蒲安臣以为这只是开个玩笑，便转向其他话题。宴会之后，蒲安臣获悉清政府方面是认真的。中方通过英国公使馆的中文秘书布朗向蒲安臣表示，希望他推迟行期，就此事进行商议。恭亲王等人认为蒲安臣是个出使的好人选，便报告朝廷说："美国使臣蒲安臣……处事和平，能知中外大体。……遇有中国不便之事，极肯排难解纷。……自言嗣后遇有与各国不平之事，伊必十分出力，即如中国派伊为使相同。臣等因遣使出洋，正苦无人，今蒲安臣意欲立名，毅然以此自任，其情洵非虚妄。……现值修约届期，但与坚明要约，派令试办一年。”这个建议迅速得到清廷的批准。11 月 21 日，谕旨任命蒲安臣为清政府“办理各国中外交涉事务大臣”，前往同中国有条约关系各国，向各国说明中国愿意同他们友好相处，清政府正在努力增进交往。蒲安臣高兴地接受了这项任命。

清政府在急需派人出使之际，选中蒲安臣不仅是出于对蒲安臣个人的好感，也因对美国的印象不错。恭亲王曾指出：“英、法、美三国，以财力雄视西洋，势各相等。其中美国最为安静，性亦和平。”毕竟从鸦片战争以来，美国没有对中国直接使用武力。蒲安臣为什么接受这项委托呢？按他自己的话说是“为了我们国家的利益及文明”。早在 1865 年 12 月 15 日，美国国务卿西华德曾指示他说：“本国政府甚愿接待中国皇帝派来一个与你职位相等的外交代表。……如果他们接受这一建议，美国总统将感到莫大的欣慰。”显然，蒲安臣是想亲自完成这一任务。他将此事报告国内，立即得到西华德的赞同。

第一个清政府代表团，也就是蒲安臣使团的组成包括办理各国中外交涉事务大臣志刚和孙家谷。清政府害怕得罪英法两国，便邀请两国各一人作为使团的顾问，即左协理柏卓安（英国使馆翻译），右协理德善（海关税务司法籍职员）。由于这是中国代表团，而团长则是美国人，清政府特别要求蒲安臣无论碰到什么事都要告诉中国官员，以便他们向总理衙门汇报；对两国有益无损的事情可由他同中国官员一起决定；遇有重大问题，需详细报告总理衙门，由总理衙门决定。

代表团一行约 30 人，1868 年 2 月 25 日由上海出发，经日本于 4 月 1 日到达美国旧金山。中国使团受到了热烈的欢迎。在旧金山的一个月时间里，几乎天天都有欢迎会和宴请。4 月 29 日，加利福尼亚州州长设宴招待使团，有 400 多人参加。蒲安臣在宴会上讲，他的出使意味着中国已经踏上和平与进步的道路，“希望这个伟大民族向西方文明的光辉旗帜伸出它的双手的日子，不久就来临”。代表团在旧金山参观了造船厂、织毡厂和铸钱局，并会见了华侨。5月1日，使团离开旧金山，绕道巴拿马于6月2日到达华盛顿。第二天，蒲安臣一行拜访国务卿西华德。6月6日，美国总统约翰逊在白宫接见了使团，蒲安臣递交了国书。6月10日总统又设宴招待代表团。约翰逊总统在宴会上说：“中国与美国仅隔一衣水，实为近邻，将来交往日久，自必愈见和洽。”

从6月22日到7月20日，蒲安臣一行到纽约和其他城市访问。回到华盛顿后，蒲安臣几次单独会晤西华德，商谈由西华德起草的一份新条约。7月28日，他擅自同美方签订了《中美天津条约附约》（也称“蒲安臣条约”）。事前，他既未与同行的中国官员商量，更未得到总理衙门的同意，严重地违反了清政府给他的指令。但蒲安臣自己却十分得意，大肆吹嘘这个条约。他在8月21日于波士顿发表演说时大谈这个条约所体现的保全中国领土及主权的不割让主义，他还说：“这个条约承认中国是一个平等的国家，……中国人现在可以与英国人、法国人、俄国人、普鲁士人以及一切国家的人，并肩而立了。我很高兴，美国有勇气实行它的伟大平等原则。”

蒲安臣率领代表团于8月18日离开美国前往英国。9月19日，使团到达伦敦。由于英国方面认为《蒲安臣条约》是牺牲英国利益来扩大美国的在华影响和利益，英国政府对使团十分冷淡。直至11月20日，维多利亚女王才在温莎宫接见代表团。12月26日，英国外交大臣同蒲安臣进行了会谈。12月28日，英方照会蒲安臣，声明说：英国政府绝不想用非友好压力加诸中国，但中国必须忠实履行条约规定，保护英国在华侨民。如英侨受到伤害，英国将向中国中央政府进行交涉，而不同地方政府打交道。使团能得到英方这种承诺，自然很满意，因为先前英国方面动辄以军舰大炮威胁中国。蒲安臣在复照中表示同意。

1869年1月2日，蒲安臣使团到法国巴黎。20日，使团同法国外交大臣会晤。1月21日，蒲安臣向法国皇帝拿破仑三世呈交国书。蒲安臣在致辞中表示了中国的友好愿望，但法方答辞空空洞洞。尽管法国方面给予使团很好的接待，但在九个月的时间里，法国方面没有提出订立新约的要求，也没有像英国那样作些正式的表示。

离开法国后，蒲安臣使团先后访问了瑞典、丹麦、荷兰和普鲁士，于1870年2月到达俄国。2月16日在圣彼得堡，沙皇亚历山大二世接见了使团一行，对使团来访表示欢迎。第二天，由于受了风寒，蒲安臣就病倒了。2月21日，病逝。以后，使团由志刚担任首席代表，又继续访问了比利时、意大利、西班牙等国，直到这年11月18日才返回北京。

蒲安臣死后，清政府赏给他一品衔和一万两银，以感谢他驻京时“和衷商办”和出使时“为国家效力”。恭亲王亲自赴美国使馆表示对蒲安臣的哀悼。

由蒲安臣率领的这个中国代表团在两年多的时间里访问了欧美11个国家，向各国首脑转达了中国愿同各国和平往来的愿望。这个主动姿态反映了清政府对外政策的重大变化，也是清政府的一项进步措施。作为洋务运动的一个组成部分，它有利于中国人了解第一手外国的情况，并直接同各国政府对话。然而，这个使团以一个前美国外交官为首，一方面说明中国落后，缺乏了解世界的人才；另一方面也表明清政府尚未有主权意识。随着洋务运动的发展，清政府培养出了自己的人才，以后不再派外国人作为政府代表团的团长。

3.《蒲安臣条约》

《蒲安臣条约》签订之前未经清政府同意，所以签订后清政府迟迟不予批准。美国公使劳文罗斯和代办威廉士都曾向总理衙门询问此事。清政府表示要等到使团从欧洲回来，以便充分对条约进行讨论，做出令人满意的安排。蒲安臣对此事也相当着急，便从欧洲派柏卓安回国说明条约，以求迅速批准。柏卓安向清政府介绍说美国总统已批准这个条约，并指示尽快交换批准书，以示美国对中国的友好和加强两国关系。1869年11月20日，清政府终于批准《蒲安臣条约》，因为“查续立条约八款均与两国有益”。11 月 23 日，由总理衙门大臣董恂同威廉士互换批准书。《蒲安臣条约》的一个特点是它的一些规定明确中美双方权利对等，这为先前的中外条约所没有。其主要内容是：

(1) “大清国与大美国切念民人前往各国，或愿常住入籍，或随时来往，总听其自便，不得禁阻为是”。“美国人民前往中国，或经历各处，或常行居住中国，总须按照相待最优之国所得经历常住之利益，俾美国人一体均沾。中国人至美国，或经历各处，或常行居住，美国亦必按照相待最优之国所得经历与常住之利益，俾中国人一体均沾。”

(2)“嗣后中国人欲入美国大小官学，学习各等文艺，须照相待最优国之人民一体优待；美国人民欲入中国大小官学，学习各等文艺，亦照相待最优国之人民一体优待。美国人可以在中国按约指准外国人居住地方设立学堂，中国人亦可以在美国一体办理。”

(3) 中国可向美国各通商口岸派驻领事。

《蒲安臣条约》有关移民自由的条款的提出无疑是从美国的利益出发的。19 世纪中叶，美国形成西部开发的热潮，十分缺乏劳动力。根据这一条约，大批华工被运往美国，从事开矿、筑路、垦荒等艰苦的工作。单就美国西部的筑路工人来说，1869 年为 1 万人，其中华工为 9000 人。到 1875 年为止，在美国太平洋沿岸的华工共达 10 万之多。这些华工为美国西部的开发立下了汗马功劳。美国旧金山等地的唐人街也就是从这个时期逐步形成的。有必要指出的是，虽然《蒲安臣条约》这项有关华人合法进入美国的规定最初显然是为了美国利益而定的，但是后来在美国发生排华浪潮时，在美国的华人就援引这项规定来为自己的合法地位辩护。

蒲安臣条约重视教育，主要是想通过学校传播美国的思想文化，培养起一批亲美派，扩大美国在中国的影响。从以后的发展来看，这项内容不单是扩大了美国的在华影响，客观上为中国学生赴美留学提供了条约依据，也为中国培养了一批人才。1868年，早年赴美学习毕业于耶鲁大学的容闳抱着教育救国的志愿，向江苏巡抚丁日昌提出派学生出国留学的计划。1870年经曾国藩同意并向清廷奏准，派江南制造局、上海广方言馆总办陈兰彬为留美学生委员、容闳为副委员，又经同李鸿章商量，制定了《挑选幼童前赴泰西肄业章程》。清政府于1872年8月挑选了第一批30名学生赴美国学习。此事开公派留学先河。1873年，福州船政大臣沈葆桢也正式向清政府奏请派遣优秀船政学堂的学生出洋留学，并于1877年后陆续派学生到英国和法国学习。许多留学生日后成为中国著名的工程师、军事指挥官和其他人才，如严复、詹天佑、刘步蟾和萨镇冰等。

4. 列强扩大在华经济利益

清政府推行洋务，注意与列强的合作。在中国门户被打开后，列强得以大规模地向中国倾销商品。进口总值1864年为4600万两白银，1871年增为7010万两白银，至1881年进一步增加到9190万两白银。中国在1864年至1876年间或有过出超，但1876年后年年入超。进口的物品中，起初鸦片还是最多的，其次是棉纺织品、毛织品、金属制品等。以1867年为例，鸦片进口额为3199多万两白银，占全部进口额的46%；棉纺织品进口额为1461多万两白银，毛织品进口额为739万两白银，金属制品进口额为163万两。到1885年后，棉纺织品占据到首位，鸦片退居第二位。这种现象表明外国正常商品已经逐步打开了中国的市场。

在棉纺织品中，棉纱的增长又超过了棉布。棉纱的进口，1872年为5万担，1881年增至17.2万担，增长了244%；而同期棉布进口的增长只有22%，1872年为1224.1万匹，1881年1493.1万匹。外国机器生产的棉纺织品质好价低，特别是棉纱的大量输入对中国自给自足的自然经济形成严重的冲击。通商口岸附近的许多地区，农民和手工纺织业者开始用洋纱织布，有些地方出现停止纺纱的情况。

这个时期中国出口的货物主要还是农产品。出口货中茶叶仍占着重要的位置，但由于日本茶和印度茶在国际市场上竞争，它所占的比重逐渐下降。其次是生丝和丝织品的出口。原料的出口也在增加，使中国逐步成为外国资本主义发展的原料供应地。中国的出口贸易几乎都被外国洋行所控制。

为了便于倾销商品和控制出口，外国公司积极地在中国开办轮船航运公司。1862 年，美国旗昌洋行设立了第一家专业的轮船公司，旗昌轮船公司，垄断我国长江中下游的轮船航运将近十年之久。19 世纪七八十年代，英国太古、怡和两家轮船公司先后成立。它们逐渐控制了中国沿海和长江中下游的大部分航运。

外国资本还纷纷来中国设厂。最初是船舶修造厂，后出现了生产砖茶、糖、革制品的工厂，轧花厂和打包厂等。在上海集中了外国的多家缫丝厂，如美国的旗昌丝厂和乾康厂、英国的公平丝厂和怡和丝厂、法国的信昌和德国的瑞纶等。

外国银行 1848 年便出现在中国，19 世纪 60 年代后大量增加。如 1865 年在香港和上海同时开业的英国汇丰银行，其实力增长迅速，到 1890 年资本已达港洋 1000 万元，还在汉口、天津和北京设立了分行，成为外国在中国资本最雄厚的金融机构。到 19 世纪 90 年代初，德国的德华银行、日本横滨正金银行和法国东方汇理银行又都先后在中国开设分支机构。这些外国银行在中国经营国际汇兑，发行纸币，对清政府贷款，开始操纵中国的金融市场。

5. 新修约谈判

根据 1858 年的中英《天津条约》，十年后双方可以对海关税则和通商条例协商修订。与其他国家的条约中也有类似的规定。1867 年 10 月，在总理衙门就修约问题向各省督抚征求意见的同时，恭亲王向朝廷上奏中对各国修约的情势作了一个分析："各国中财力以英为最强，其所重在通商。性情以法为最悍，其所重在传教。俄则善柔阴狠，时时注意于边界。三者鼎峙，而余群相附和，总不外乎惟利是图。"在对外政策上有重大影响的洋务派官员两江总督曾国藩、湖广总督李鸿章和陕甘总督左宗棠的意见大致相似，认为觐见、遣使、传教可行，曾李二人认为挖煤一事也可试办。但贩盐、内地设栈、内河行轮、造铁路和架电线等事则不可答应，因为它们有碍民生。如曾国藩在奏折中指出："今若听洋人行盐，则场商运贩之生路穷矣；听洋人设栈，则行店囤积之生路穷矣；听小轮船入内河，则大小舟航水手舵工之生路穷矣；听其创办电线铁路，则车驴任辇旅店脚夫之生路穷矣。"经过讨论，清政府决定在对英谈判中采取"窒碍最甚者应行拒绝，其可权宜俯允者，仍与羁縻相安"。

1868 年 1 月至 9 月，中英就修约问题展开谈判。其间，英国驻华公使阿礼国曾三次照会中方，提出英方的要求。1868 年 1 月的照会中，他提出五项要求：免除厘金、改订税则、内河行驶轮船、海关设立货栈、长江增开商埠。此后，他不断地征求英商的意见，到 9 月的照会中，他提出了 19 项要求，其中特别强调内地设货栈、内河行驶轮船和开采煤矿的要求。

清政府接受了对方的多数要求，草约很快达成，但由于英国国内对草约的意见不一致，英国政府迟迟不作正式表态。经清政府一再催促，双方于 1869 年 10 月 23 日签订了中英《新定条约》16 款和《新修条约善后章程》10 款，主要内容为：开放温州、芜湖为商埠；洋布、大呢、洋绒进口交正税和子口半税外，在有通商口岸各省一律免税；英商可雇用中国木船行驶内河、装运货物；中国在南部省区选择两三处地方采煤等。

这个条约的规定有利于英国商品进一步打入中国。但在华英国商人对此远不满意，他们联合国内与对华贸易有关的商业团体和具有政治势力的商人纷纷上书英国政府，反对这个条约，指责新约中开放的新商埠太少、没有注意英商在四川和湖南等地的商业利益、没有为英商取得在中国设铁路和开矿的权利等等。主要由于英商的坚决反对，英国政府于 1870 年 7 月宣布不批准中英新约和善后章程。

1862 年 3 月 4 日，中俄订立了《陆路通商章程》。它主要规定：

(1) 两国边境贸易在百里内概不纳税；

(2) 小本营生的俄商可以蒙古各地贸易，概不纳税；

(3) 俄商运俄国货物至天津，按照各国税则三分减一交进口正税，经张家口时可酌留十分之二在当地销售；

(4) 俄商自张家口贩运土货出口，只交子税，不再重征。

这些规定确定了陆路通商减税的先例，减少了中国政府的税收。但是俄国对此仍不满意，1865 年又提出修约要求。经过几年的交涉，清政府最终考虑“商务所在仍可通融”，对俄方的要求做出让步。1869 年 4 月 27 日中俄签订《改订陆路通商章程》，把原来规定的在张家口可酌留十分之二在当地销售改为可“酌留若干”；把原来给予小本营生俄商的特权给予所有俄国商人。

第三节 教会扩张与教案的处理

第二次鸦片战争后，外国传教士在中国的活动日益活跃。他们的身影遍及全国，特别是天主教传教士。1870 年，在中国的外国天主教传教士有 250 人左右，南至海南岛，北至东三省，西至西藏都有他们的行踪。1876 年，在华的外国基督教（耶稣教）传教士则有 436 人，以美国人居多，其次是英国人。他们的势力主要是江苏、浙江、安徽、江西、湖北、四川、云南、陕西和甘肃等省。外国传教士除了传教外，也开展了其他一些活动，如在各地开办了一些学校，建立了一些医院和育婴堂，并从事恤贫赈灾等慈善事业。教会还创办了一些报纸杂志，如 1865 年在广州办的《中外新闻七日录》，1868 年在福州办的《福州中国记事日报》，1868 年在上海办的《万国公报》等。传教士在中国除从事一般的传教和文化活动外，有些人仗着不平等条约的保护，依靠本国领事和兵舰做后盾，还经常在中国各地为非作歹，欺压百姓，干涉词讼，导致中国民众与教会的诸多矛盾，造成了许多案件。

如 1864 年，美国传教士在山东蓬莱县看中一个黄姓妇女的房产，但该妇女拒绝租贷或出售。于是，美国传教士无视一切，雇用泥瓦工，强行拆毁该宅，另行修建。1871年，总理衙门的一份文件中指出教会“有强指绅士华丽房屋为昔年教堂，逼令民间退让之事。甚至将有碍体制之地及公所、会馆、庙宇为阖地绅民所最尊崇者，均任意索取，抵给教堂”。

由于教会的特殊地位，各地一些非法之徒借机成为教民，仗势欺人，讹诈平民，强占人妻，侵占人产，甚至殴毙人命。教民犯法，被官府拘押，传教士就出面为他们说情，强迫官府予以释放，因此一些地方官府不愿也不敢触及此类事件。外国传教士的这些恶行激起中国民众的极大愤慨，冲突时有发生。在多个省份出现教案，人民群众起来攻击教堂，驱逐传教士，以致出现一股反洋教的运动。1861年的“贵州教案”是《北京条约》订立后的第一个教案。贵州的天主教主教胡缚理骄横跋扈，他甚至乘坐紫呢大轿，雇用鼓吹，盛设仪仗，到贵州巡抚衙门“呈送执照”，援引《天津条约》的保护，表示可到内地传教。他的行径引起当地官绅的极度嫌恶。巡抚何冠英和提督田兴恕发起“灭教”运动，号召全省各级官员驱逐传教士。1861年6月，贵阳青岩镇的一所教会学堂被摧毁，教徒4人被处死刑。1862年2月，在开州又发生法国传教士文乃耳和教堂老师、教徒4人被处死刑的事件。贵州教案发生后，法国驻华公使向清政府提出强烈抗议，要求将田兴恕等负责官员3人拘传到北京处斩，云贵总督亲向胡缚理主教道歉等。英美公使也出来为法国公使说话。在列强的压力之下，清政府不得不在1863年12月答应将负责官员分别交部议处，最终将何冠英和田兴恕革职，并将田兴恕发配新疆，把提督衙门拨给胡缚理作为天主教堂，又赔款1.2万两。

1862年，南昌民众将法国天主教堂和育婴堂捣毁。法国方面又向清政府威胁勒索，清政府答应赔偿1.7万两，并另拨给九江城外地若干亩供教会建造使用。此时，清政府对教案的态度反映在一份上谕中：“外国天主教原属异端，无如咸丰八年以前早已弛禁，况此时既与该国换约，而上海等处复借其兵力以制逆匪，不能不暂示羁縻。”尽管清政府对教会不满，但由于条约的束缚和对借助外国力量维护其统治的实际需要，它还是屈服于教会的压力。

1868年，扬州也发生教案，万余群众焚毁了当地的英国教堂。英国方面在提出抗议的同时派军舰四艘到南京，向两江总督曾国藩提出最后通牒。在侵略者的压力下，曾国藩答应将扬州知府和知县撤职，赔偿教堂损失，并在教堂界内树碑，严禁侵犯。

更为严重的教案是1870年的天津教案。第二次鸦片战争中天津遭侵略军的蹂躏。天津开为通商口岸后，外国人侵占大量土地作为租界，这些事情都引起天津民众对外国人的不满。1870年6月，法国天主教育婴堂所收养的婴孩大批死亡，与此同时又不断有迷拐幼童的事件发生，而拐犯供词多牵涉教堂，于是民众对教堂所作所为极为气愤，反洋教的传单到处可见。6月21日，许多群众到望海楼天主教堂前示威。法国领事丰大业要求三口通商大臣崇厚派兵弹压。因崇厚只派去几名官兵，丰大业竟持枪到崇厚衙门质问，并向崇厚开枪，没有命中。出衙门后，他遇见天津知县刘杰，又开枪行凶，打伤了刘杰的随从高升。丰大业的秘书西蒙也开枪威胁群众。抗议群众怒不可遏，奋起反抗，当场将丰大业和西蒙打死，随后放火焚烧了法国教堂、育婴堂和领事馆，以及英美教堂数所。在这起事件中，打死的外国传教士和商人共20人，其中法国人13名，俄国人3名，比利时人2名，意大利和爱尔兰人各1名。

此案发生后，法、英、美、俄、普、比、西七国联合向清政府提出抗议，并派舰只到天津和烟台一带示威，要求惩办有关官员和民众。法国代办威胁直隶总督曾国藩说：“不将府县及提督陈国瑞即行抵命，早晚该国水师提督到津，即令其便宜行事。”英国公使威妥玛也以兵力为恫吓，迫使清政府接受法国方面的要求。

对于此事的处理清政府内部发生争执。一部分官员认为此时正好利用民意，对法国断交，甚至禁止传教。另一部分官员，主要是洋务派官员认为要对列强妥协和惩办凶手。曾国藩主张："严拏凶手，以惩煽乱之徒；弹压士民，以慰各国之意。"他认为："即便曲在洋人，而公牍亦须浑含出之。外国既毙多命，不肯更认理亏，使在彼有转圜之地，庶在我不失柔远之道。"6月23日，清政府派曾国藩到天津查办，后曾国藩又奏请李鸿章协同处理。他们最终决定判处20人，充军25人，赔款50万两，并由清政府派遣高级官员，带着国书，到法国去谢罪。

这个道歉使团是由三口通商大臣崇厚率领的。当时，法国在普法战争中被打得一败涂地，国内又发生了巴黎公社革命。法国政府躲到凡尔赛去。于是，崇厚一行一直呆在法国巴黎，等到局势稳定下来和法国政府迁回巴黎，向其政府递交了国书并表示歉意后才回国。这是第一个由中国大臣率领的使团，承担了使中国蒙受巨大屈辱的使命。

19世纪六七十年代比较重要的教案还有1868~1869年的四川酉阳教案和70年代后期的福建延平教案。由于清政府在教案的处理上都采取了妥协退让的政策，基本按照外国人的要求办，所以没有酿成较大的中外纠纷。然而，正由于清政府的这种做法，致使教会越来越肆无忌惮，侵犯中国人权益的事情越来越多，也使中国民众积压起对教会更大的不满和义愤。

第二次鸦片战争之后，清政府改变了对外政策。为适应环境的需要，它不得不放弃闭关自守的政策，试图同外国建立起友好的国家关系。主导清政府大政方针的洋务派一方面积极发展洋务，求强求富，寻求摆脱困境和应对威胁的道路。另一方面受不平等条约的束缚和列强的压力，它又经常对列强妥协让步，以求相安无事。于是，列强在中国的势力和影响越来越大。

思考题：

1. 试析产生洋务运动的背景。

2. 第二次鸦片战争之后，清政府进行了哪些对外政策和体制的调整？

3. 分析美国倡导的“合作政策”的原因和影响。

4. 分析蒲安臣条约。

参考书目：

王绍坊：《中国外交史（鸦片战争至辛亥革命时期）》，河南人民出版社 1988 年版，第三章。

王立诚：《中国近代外交制度史》，甘肃人民出版社 1991 年版。

张力、刘鉴唐：《中国教案史》，四川省社会科学院出版社 1987 年版。

王晓秋：《近代中国与世界——互动与比较》，紫禁城出版社 2003 年版。

王铁崖：《中外旧约章汇编》，三联书店 1962 年版（1982 年再版）。

《筹办夷务始末（咸丰朝）》，中华书局 1979 年版。

中国史学会：《第二次鸦片战争》，上海人民出版社 1978 年版。

中国史学会：《洋务运动》，上海人民出版社 1961 年版。

第五章

边疆危机的处理

第二次鸦片战争之后，清政府在洋务运动的影响下对外交政策进行了重大调整，从排斥外国人到积极地发展与列强的关系，并且注意向西方国家学习，建立自己的军工业和新式军队。中外之间暂时没有发生严重的纠纷，再加上国内的民众反抗力量在太平天国被镇压后处于低潮，清政府经历了一段内外基本平静的日子。19世纪六七十年代是同治皇帝的统治时期，史上有“同治中兴”之说。然而，中国没有得到多长的喘息时间，列强侵略中国的势头又卷土重来，甚至越来越严重。不仅西方列强不断地深化对中国的影响和控制，而且新兴的东亚强国日本也开始试图侵扰中国。

第一节　琉球事件与日本侵台

1. 订立《中日修好条规》

日本在历史上同中国往来密切。19世纪上

半叶同中国一样，作为一个弱国，它也遭到西方列强的欺负。1868年，日本开始进行明治维新的改革运动，走上了发展资本主义的道路，并逐步壮大起来。由于受领土的限制，日本急于向外扩张以获得资源和市场。亚洲邻国便成为其进行扩张的目标。

1870年7月，日本政府派外务卿柳原前光来中国进行建交和通商的预备会谈。他于9月先到上海后到天津，分别会见了三口通商大臣成林和直隶总督李鸿章，并把日本外务卿的书信转交北京的总理衙门。清政府最初认为中日之间事实上早在上海开展通商，没有必要订立条约。柳原前光一方面向李鸿章表示："西人强逼该国通商，心怀不服，而力难独抗，欲与中国通好，以冀同心协心。"另一方面，他又向成林暗示，如果中方不同意，日本将请求英法介入。清政府认为既然中国和日本都面临西方的威胁，"中国正可联为外援，勿使西人倚为外府，宜先通好，以冀同心协力"，"与其将来必允，不如此时即明示允意，以安其心"。总理衙门同意日本派代表到天津谈判签订条约以固邦交。

1871年7月，日本派议约专使大藏卿伊达宗臣来华谈判签约事宜。清政府任命李鸿章为全权大臣同其在天津进行谈判。日本方面提出要"与西人同例，一体定约"。所谓"一体定约"，即条约中要包括西方列强同中国签订的条约的内容。清政府官员认为日本与西方国家不同，本来与中国的关系就比较密切，而且历史上中国受过倭寇侵犯之害，不能过于迁就对方的要求。李鸿章就有"日本近在肘腋，永为中土之患"的担心。另外，一些官员仍以上国自居，把日本视为"向来臣服朝贡之国"，因此在谈判中，中方态度比较强硬，拒绝按以往不平等条约的例子签订条约。日本当时也无力强迫中国接受其要求，于是在9月13日和清政府签订了《修好条规》和《通商章程：海关税则》两个文件。这份条约的特点是其规定都是对等的，没有最惠国待遇的内容。其主要内容包括：

（1）两国可互派使节，驻扎对方首都；

（2）中日两国相互享有领事裁判权；

(3) 两国商民只能在指定的彼此口岸往来交易，不得运货进入内地；

(4) 一国的商船货物进入对方通商口岸，应照对方通商税则纳税；

(5)《修好条规》第二条规定：若与他国有纠纷，两国“一经知照，必须彼此相助，或从中善为调处，以敦友谊”。

对于这样一份比较合理的条约，日本统治者极为不满，认为没有充分满足日本的利益。伊达宗臣回到日本后遭到激烈的指责，被迫辞职。一些国家驻日使节也就《修好条规》第二条向日本政府提出质疑。美国驻日使馆代办说这是中日“结成攻守同盟”，德国驻日代表说对中日缔约感到惊异。结果，日本政府迟迟不批准条约。

1872 年 5 月，日本派柳原前光来华要求改约。他提出取消中国在日本的领事裁判权和日本所受的关税约束，以及取消两国相互帮助的条款。中方代表李鸿章表示拒绝，要求对方必须先换约。1873 年 4 月，日本不得不派外务卿副岛种臣来华换约。30 日，他与李鸿章在天津交换了条约批准书。副岛一行的另一个公开使命是祝贺同治皇帝大婚及亲政。5 月 7 日，他来到北京。6 月 29 日在北京举行的外国使节觐见皇帝的大典上，他以外务卿兼特使的身份第一个受到接见。这是自 19 世纪 60 年代各国在北京设立使馆以来，皇帝第一次接见外国使节。

2. 琉球事件的处理

副岛的不公开使命是向清政府就琉球事件进行交涉。琉球位于中国台湾以北、日本以南，是一个由群岛组成的小国，历史上是中国的藩属，定期向中国政府纳贡。1606 年，日本萨摩藩藩主曾用武力征服了琉球，它也被迫向日本进贡，成为该藩侯的属国。明治维新之后，日本就开始着手吞并它，并进而染指台湾。1872 年，日本封琉球国王为藩主。同时，日本准备利用 1871 年发生的琉球船民事件为借口侵犯台湾。那年，一批琉球船民因遇暴风漂泊到台湾，被当地高山族人杀死54人。次年，日本鹿儿岛县当局得知此事后，就要求向台湾“兴问罪之师”。就任外务卿不久的副岛种臣积极推动此事。日本政府聘请曾任美国驻厦门领事的李仙得为外务省二等出仕。李仙得曾去过台湾活动，并搜集过大量资料。他向日本方面建议，若日本要在东亚施展威权，就必须“南据澎湖、台湾两岛”，而琉球群岛在这方面作为军事基地具有重要意义。为此，1873年6月，日本来使副岛种臣在北京就此事向清政府提出质问。总理衙门官员明确指出：“二岛俱我属土，属土之人相杀，裁决固在于我，我恤琉人，自有措置，何预贵国事而烦为过问?”但同时，他们又说：“杀人者皆属生番，姑且置之化外，未便穷治。”于是，日本方面抓住这样一些只言片语，以清政府未能对台湾东部土著居民地区行使管辖而否认台湾东部为中国领土，借口对台湾发动侵略。

1874年4月，日本政府设立“台湾事务局”，派兵侵犯台湾。5月2日，日军在陆军中将西乡从道的率领下向台湾进发。5月19日，日本第一任驻华公使柳原前光也出发前往中国。日本计划采用军事和外交两手对付中国。清政府是从英国公使威妥玛和法国等国的外交官处听说日本出兵的。5月11日，总理衙门致电日本外务省，质问日本如要“兴师前往台湾”，为何不先行讨论?14日，清政府指示福建船政大臣沈葆桢“带领兵船，以巡阅为名，前往台湾生番地一带察看，不动声色，相机筹办”。5月29日，清政府进一步任命他为钦差办理台湾等处海防兼理各国事务大臣，拥有处理这个事件的全权。

5月7日，日军在台湾登陆，遭到当地居民的顽强抵抗，退守龟山。占领军不仅面临后勤供应的困难，还受到疫病的威胁。沈葆桢在台湾一方面派人与日方交涉，另一方面布置全岛的防务，并加强与当地民众的联系。但他的行动全部局限于防御，也没有支持民众反抗日军的斗争，原因在于清政府不想动兵。一直负责对日交涉的北洋大臣李鸿章认为“海防非急切所能周备，事机无时日可以宕缓。”也就是说，加强海防不是一时所能完成的，目前只能通过妥协才能缓和局势。他曾写信给沈葆桢，建议“自扎营操练，勿遽开仗启衅”。总理衙门也同样认为：“不再辩论曲直是非，只应想一了结此事之法。”清政府力图依靠外交的方式来解决这起事件。

总理衙门把中日交涉照会各件抄送各国公使，希望各国出面，制止日本的侵略行动。英国对日本出兵台湾感到不安。它怕中日冲突将影响到英国的在华贸易，更不愿看到日本独占具有重要战略意义的台湾。英国公使威妥玛向日方表示，英国在华商人与台湾有密切的商务关系，英国不能坐视日本占领台湾。拥有菲律宾殖民地的西班牙也向日本提出抗议。

由于日军所面临的困难，日方把解决问题的重点转为谈判。5月底至6月，中日双方在上海和台湾多次交涉都没有结果。于是，日本在8月派内务大臣大久保利通为特使来中国交涉。他于9月到达北京，14日同总理衙门第一次会谈。尽管日方以扩大战争进行恫吓，要求清政府放弃台湾东部领土，但清政府坚决不同意。10月18日，日方终于表示拟将军队撤出台湾，但日本兵不能空手而回。这正符合清政府的意图。总理衙门的答复是，中国可以不指责日本出兵台湾，并愿意给抚恤金若干，但不能补偿兵费，同时日本必须从台湾撤兵。日方要求至少得到抚恤银200万两。在英国公使威妥玛的调解下，10月31日，中日达成《北京专条》，规定日本撤军和中国给予日本赔偿50万两。然而，条约中竟然称台湾居民“曾将日本国属民等妄为加害”，把日本出兵说成是“原为保民义举”。这样，实际上清政府就是默认了琉球居民是日本人。这份协议后来成了日本占有琉球的借口。12月底，日军撤离台湾。

为了加强台湾的防务，清政府在1885年10月正式把台湾改道建省，任命刘铭传为首任巡抚。

3. 日本吞并琉球

1875年，日本政府禁止琉球向清朝进贡，1876年又接管了琉球的司权的警察权。日本逐步吞并琉球的做法遭到许多琉球官员的反对，他们派人向日本政府交涉，同时也派遣使节到中国求援，希望继续保持同中国的传统关系。根据琉球的要求，清政府多次同日本交涉，要求保持琉球的独立。1877 年 4 月，琉球国王尚泰密的姐夫紫巾官向德宏来到福州，向闽浙总督等哭诉日本不准琉球向清朝进贡一事。清政府接到报告时，恰好刚任命何如璋为首任驻日公使，于是指示他到日本后相机处理此事。何如璋到日本后进行了调查研究，他提出日本割断琉球与中国的关系是为了将琉球设县，"阻贡不已，必灭琉球；琉球既灭，行及朝鲜"。根据何如璋的建议，清政府决定对日"据理诘问"。1878 年 9 月 3 日，何如璋向日本外务省提出质问和抗议。10 月 7 日，何如璋再次照会日本，提出日本禁止琉球向清朝进贡是"背邻交，欺弱国"，是"不信不义无情无理之事"，势将"贻笑于万国"。日本指出这份照会失礼，要求中方道歉，否则停止谈判。

中日双方交涉不下。1879 年 4 月，日本政府宣布把琉球群岛改为冲绳县，并命令琉球的藩主移到东京居住，从而把琉球置于日本的行政管辖之下。从 5 月起，清政府多次向日本驻华公使宍户玑发出照会，指责日本灭人之国、绝人之祀，违背中日《修好条规》对两国"倍敦和谊"的规定，蔑视中国以及与琉球有条约关系的其他国家，要求日本停止把琉球改为日本的县。宍户玑反驳说，这是日本的内政，不容他国干涉。1879 年 5 月底，清政府还曾请来华游历的美国前总统格兰特进行调解，但毫无结果。

1880 年 3 月，日本派人来中国提出解决琉球问题的方案：(1) 日本愿意把琉球群岛最南部的宫古列岛和八重山列岛划归中国，中国应当承认琉球的其余部分完全归日本所有；(2) 清政府应同意修改 1871 年的中日条约，给予日本单方面最惠国待遇等特权。8 月，总理衙门开始同宍户玑谈判。此时正是中俄关系因伊犁问题而处于紧张状态，清政府担心日本同俄国勾结。同时，清政府打算把这两个列岛转交琉球国王，以保持"琉祀"。为此，清政府就表示同意日本的方案，并于 10 月同日使宍户玑达成初步协议。总理衙门认为“凡此皆为顾全大局，联络日本起见”。但这份协议遭到清政府中不少人的反对，因为它既破坏了琉球的独立，也伤害了中国的利益。这些官员主张暂缓交涉，因此清政府最终拒绝批准初步协议。日方对此非常不满，1881年3月，日本宍户玑离开北京时说：“中国自弃前议，今后琉球一案，理当永远无复异议。”直到1887年，总理衙门大臣曾纪泽还向日本驻华公使盐田三郎表示，中国仍认为琉球问题尚未了结。但日方根本不予理睬。琉球一案在当时就这样不了了之，日本最终吞并了整个琉球群岛。

第二节 马嘉理事件

英国是当时世界上最强大的国家，也是在中国影响最大的国家。但从19世纪70年代起国际形势发生变化。此时，在国际市场上英国的地位不像在19世纪初那样具有绝对优势，其他列强特别是后起的美国、德国都开始同它相竞争，它的产品在国际市场上受到其他列强的排挤。1873年爆发的经济危机对英国更是一次沉重的打击。英国对华贸易处于不景气的状态，贸易额有下降的趋势。1869～1872年，英国每年平均对华出口为935万镑，而1873～1876年下降到年均822万镑。在这种情况下，英国资本家急于开辟新的市场，把眼光特别关注于中国。英国曾在1824年和1852年两次发动对缅甸的战争，侵占了缅甸的大片领土。英国试图进一步通过缅甸打开中国的后门进入云南地区。另一个世界列强法国也有相似的目的，它从19世纪60年代起也开始寻找一条经过越南进入中国云南的通道，并于1874年强迫越南签订了一项条约，建立了法国对越南南部的保护权。法国的竞争对于英国是富有刺激性的。所以，1874年英印当局派柏郎上校率一支193人的队伍从缅甸进入云南。英国驻华使馆为此向总理衙门申请游历许可，并派马嘉理担任翻译。1875年2月，探路队进入云南腾越地区。当地人民以为英国人要占领这个地区，于是袭击了探路队，22日打死马嘉理和几名随行的中国人。探路队受阻，被迫退回缅甸。事发后，清政府立即下令云南巡抚岑毓英进行调查，后又先后派湖广总督李瀚章和总理衙门大臣薛焕急赴云南协同处理。清政府也把这一措施通知了英国驻华公使威妥玛。

这起事件成了英国向中国勒索新权益的又一机会。英国外交大臣于3月4日指示驻华公使威妥玛向中国提出交涉，并让他“记住印度政府派遣柏郎上校所带的队伍到云南去的目的”。于是，威妥玛利用这一事件，逼迫清政府给予英国更多的利益。3月19日，他向清政府提出六项要求：中国政府派专人去云南调查此案；英印政府可以再派一支探路队；中国赔偿15万两银；商定办法优待外国公使；免除英国商人在正税和半税以外任何负担；解决近年各地未结的争端。这些要求远远超出了对人命案的处理。起初，清政府断然拒绝这些要求。于是，威妥玛先集中要清政府做到前三项。在24日至31日的一周时间内，他接连递交照会十余次。28日，他威胁说，如果不准英方再派探路队入境，英国就与中国断交。这把清政府吓着了，赶紧做出让步，原则上接受前三项要求。

但是，威妥玛并不满足。他前往上海，利用那里方便的电讯条件同英国政府商议办法。他报告说：无论英方怎样说和怎样做，中国政府都绝不可能首先发动敌对行动。他明白，在两次鸦片战争之后，清政府虽然不能说对外国人是百依百顺，但是决不敢真正反抗。是年8月，他北上来到天津，在李鸿章面前大骂总理衙门，表示愿意同李鸿章商办。同时，他再次威胁说：“如没有一个成事的把握，改变的凭据，那时候我只好出京，把云南事交与印度节度大臣办理，各通商事交与水师提督办理，英商税饷概不准完纳。”威妥玛又提出一系列新的要求，主要包括内地要多开商埠；派高级官员到英国道歉；清政府应降旨谴责岑毓英；遣使和责问岑毓英等谕旨须公开发表，在这些谕旨中，凡英国二字都必须“抬写”。在清朝竖写的文件中，凡提到清朝和皇帝的地方，其名称都必须高出其他行两格或距下文两字，以示权威。

然而在提到其他国家时，清政府却不这么做。这被外国人视为不平等。威妥玛提出这些要求，一是为了谋取新的利益，二是竭力打击清统治者的威信与封建体制，以此迫使清政府做出让步。李鸿章害怕谈判破裂，便一再劝清政府对英方妥协。于是清政府做出又一次让步，决定派兵部侍郎郭嵩焘作为使臣到英国道歉，同意下旨谴责岑毓英，但不愿意公开发表谕旨。

威妥玛离开天津到烟台，同英国驻华海军司令赖德商量以武力胁迫中国的办法。同年9月，威妥玛回到北京，继续就其他具体问题同清政府进行交涉。他在优待公使一项上提出驻京公使随时可以觐见皇帝、外国使节可以同贵族王公和各部院大臣往来等要求。通过扩大与清朝王室和高级官员的往来，英国可以更容易对它施加影响。对这些要求，清政府仅仅同意放宽大臣与外国使节的往来。关于商务，英方要求税单对于中外商人应一律有效、整顿厘税（一种地方税）、租界内先禁厘税、沿江河湖海各地增开口岸、云南当局和英方官员协商云南边贸事宜等。他还要求清政府下令各省对到各地游历的外国人妥加保护。在英方的压力下，清政府同意重申保护外国人的命令，同意商议中英贸易问题和中英双方派人会勘边境贸易。虽然中方一再让步，但由于未全部接受英方的庞大要求，威妥玛又气势汹汹地在10月离开了北京，前往上海。

由于威妥玛不遗余力地为扩大英国在华权益而奔波，11月英国政府授予他爵士勋位，以示鼓励和支持。按照威妥玛的请求，英国政府派遣蓝伯率领四艘军舰于1876年2月来华，增加他谈判的实力。春天，威妥玛又来到北京，向清政府胁逼勒索。他声称马嘉理一案的发生主要是由于清朝大臣有排外思想，这次若不打消这种思想，今后还是没保障。因此，他坚决要求把岑毓英等官员押解到北京审判。如果中国方面不照办，那就是姑息犯罪，就要自取大祸。威妥玛的态度极为狂妄，肆无忌惮地攻击清政府和有关大臣。他称："中国如不照办，是国家愿自任其咎，自取大祸。"总理衙门为了缓和气氛，就同意在增加口岸及整顿商务方面满足英国的要求，但坚决不同意把岑毓英押来北京。

1876年6月，威妥玛提出，他可以放弃把岑毓英押来北京的要求，但条件是清政府要接受他在处理马嘉理案件、优待公使和整顿商务方面重新整理出来的八条要求。对于案件本身的处理，清政府原则上同意他的要求。有关通商问题，清政府起初只同意增加宜昌一个口岸，不同意英国在大理、重庆派驻领事，不同意免除厘税。每当清政府对英方的要求提出异议时，威妥玛就重申把岑毓英押来北京的要求，并表示要中断谈判，离京去上海。清政府还真怕他这一手，忙请担任中国海关总税务司的英国人赫德出面调停。在赫德的游说下，清政府又答应增开北海和温州为口岸。威妥玛同意留京继续谈判，但他得寸进尺，竟要求慈禧太后见他，就马嘉理案件向他道歉，或者派大臣到英国使馆来道歉。这一项当然为清政府所拒绝。威妥玛不甘心，又派人向总理衙门提出赔款数额要由英方来定，少至数万，多至数百万，数千万，中国都必须答应无可商量。清政府依然拒绝。谈判双方僵持不下，威妥玛大怒，重提把岑毓英押解北京的要求，还把以前达成的协议一概推翻。15日，他第三次离京去上海，宣告中英谈判破裂。

清政府这次吓坏了，赶紧又请赫德到上海去劝说。赫德回来后建议清政府派李鸿章到烟台去与威妥玛谈判，还说考虑到目前的强弱对比，中国方面能让之处还是让为好。7月28日，清政府委任李鸿章为全权代表，到烟台去谈判。李鸿章行前上奏说："时势艰难，度支告匮，若与西洋用兵，其祸患更有不可测者。"他主张："扩怀柔之大度，屏悠谬之浮言，委曲求全，力持定见。"他的妥协主张得到当时实际掌握朝廷大权的慈禧太后的同意，指示参照赫德的意见去办。对于英国方面提出的要求，正处于同治中兴时期的清政府无论是从维护主权利益还是从固守传统体制来说都不想全部接受。但是，它又不敢得罪英国。因为此时中国元气尚未完全恢复，清军刚刚开始采用新式武器。当政府中有人主张加强海防，以备英国的武力威胁时，李鸿章等人则认为这并非一时所能办得到的。况且，这个时期中国受到来自不同方向的威胁。1874年政府刚刚同日本签约，解决了因台湾和琉球问题引起的争端，而日本又在朝鲜制造新的事端。在西北，来自浩罕外敌的入侵和俄国扩张。清政府为此不得不展开军事行动，并同俄国进行谈判。来自东西两方的威胁使清政府应接不暇。另外，这些年国内灾荒严重，财政紧张，清政府更害怕对外用兵。因此，清政府决定采取避战求和的政策，李鸿章劝总理衙门为了避免交涉决裂，在不妨碍国体的情况下，被迫答应对方一些要求。

其实，威妥玛的处境此刻并不十分好。在欧洲，英国与俄国因土耳其问题发生纠纷，英国的军事力量要首先服从这一需要。所以，英国政府7月初指示威妥玛从速解决云南问题。另外，威妥玛频繁地同清政府交涉，而又不与其他列强驻华公使协商，也引起这些公使的怀疑。他们生怕英国从清政府手中谋得更多的权益，而对他们各自的利益有妨碍。因此，美、德等国公使都有意在中英之间斡旋。这种形势对威妥玛构成一种限制。但他老谋深算，表面上还装得若无其事。

威妥玛前往谈判时，让英国舰队停泊在大连，而英国驻华海军司令赖德及蓝伯与他同行，显然是以武力做后盾。8月21日，谈判在烟台开始，威妥玛首先提出要把岑毓英提解到北京审讯，力图从这里打开突破口，迫使清政府出高价来换取这个要求的收回。果真，李鸿章按照清廷的旨意表示，这一条坚决不行，英方可以提出其他条件作为交换。这正合了威妥玛的心意。他便提出如果清政府能在马嘉理案的处理、优待公使和整顿商务三方面满足英方的要求，提解岑毓英来京一事可以不再提了；至于抬写英国国名的要求，也不强求了，因为上谕只是对中国臣民而言；中国皇帝年龄还小，可以暂缓接见各国公使。

既然在这些最最关系到清廷面子的事情上，英方都做了让步，中方自然会做出相应的妥协。9月4日，威妥玛提出英方的全部要求后，李鸿章只在免除厘税和增开口岸的数量两个问题上同他进行了一些争辩。13 日，双方正式签订《烟台条约》。

条约主要内容分为三个部分。第一部分是关于马嘉理案件的处理。中国赔偿被害人员家属恤款和英方办理此案的经费，并派使到英国道歉。

第二部分是关于商务和其他特权。(1) 赔偿过去历年中国官方欠英商的款 20 万两；(2) 增开宜昌、芜湖、温州、北海四处口岸，开放安庆、湖口、沙市等六处为停泊码头，可以上下货；(3) 租界内废除厘税，洋货运往内地，不论是洋商或华商，都可以申领半税单；鸦片的入口税和厘金在海关一并缴纳；(4) 对于民事和刑事明确了"被告原则"，即被告为哪国人，就到该国官员处控告。同时还规定了"观审制"，即"原告为何国之人，其本国官员只可赴承审官员处观审。倘观审之员以为办理未妥，可以逐细辩论"；(5) 所有开放口岸都要划出租界。

第三部分是关于云南边界开放通商一事。规定由英国政府派官员与清政府商议云南与缅甸边界开放通商的具体规定。

在条约所附的《另议专条》内规定清政府允许英国于 1877 年从北京派人经甘肃、青海或四川进入西藏，或由印度进入西藏。

这个条约签订后的第四天，清政府就批准实行，而英国方面迟迟不批准。因为一方面英印当局和鸦片商人认为这个条约加重了对鸦片的关税。另一方面，1876 年 12 月，美、法、俄、德、西五国公使在北京开会讨论这个条约，他们普遍反对租界免厘一款，认为这意味着中国政府在租界外就有权征收厘金。于是到 1885 年 7 月，英国方面又迫使清政府签订《烟台条约续增专条》，对鸦片的税厘做了统一的规定，即每百斤箱交纳正税 30 两和不超过 80 两的厘金。至于租界免厘事和各新旧口岸划定租界事，日后再行商议。于是到 1886 年 5 月，英国政府才将这个条约和《烟台条约》一起批准。

《烟台条约》是两次鸦片战争后中英签订的最重要的条约。威妥玛一方面凭借威胁和恐吓，不断地增加要求，特别是那些他明知清政府绝不会接受的要求。另一方面，他摸清了清廷的守旧心理，在一些非实质性（对清政府来说却是实质性的）问题上做出适当的让步。二者结合，他逼迫清政府不得不接受对英国最有利的条件。威妥玛的成功意味着中国在半殖民地的泥潭中陷得更深。这一次中国没有因马嘉理案件同英国发生军事冲突，但《烟台条约》却给予英国方面大量新的权益。这是一次外交上的失败。清朝统治者的陈旧意识和委曲求全的政策再次给中国带来了严重损害。

根据《烟台条约》，清政府要派人去英国道歉。但接受上次的教训，清政府不准备派专人去，于是在 1876 年 8 月份任命了郭嵩焘为驻英公使，并承担去英国道歉的任务。然而，郭嵩焘等到这个事件基本平息下来，才于 1877 年起程赴任。郭嵩焘是清政府任命的第一位驻外使节。从此之后，清政府陆续任命驻外使节，到 20 世纪初共向 14 个国家派出了常驻使节。

第三节　伊犁问题

刚刚处理完马嘉理案件，清政府又忙于解决沙俄侵占我国西部领土的问题。19 世纪 60 年代中期，新疆发生大规模的回民抗清起义。抗清武装的领袖多为当地封建主和宗教上层人士。为对付清军的镇压，他们向境外的浩罕统治者求援。浩罕方面就派了阿古柏于 1865 年率兵进入南疆。阿古柏在新疆进军非常顺利，1867 年他建立了喀什噶尔政权。到 1869 年，他控制了全部南疆和北疆的一部分，从而引起我国西北边疆的危机。

当时，英国和俄国正在中亚地区激烈地争夺势力范围。为了向中国新疆扩大其势力，英国送给阿古柏大批武器。1874 年，英国同阿古柏政权签订了条约，规定双方互派使节，英国商人可以自由地在新疆经商等。一个亲英、不断在新疆扩张的阿古柏政权对俄国的利益构成了威胁。它不仅截断了俄国商人同中国进行贸易的通道，而且可能导致俄国境内的回族起来反抗沙俄统治。为此，1871 年 7 月俄国出兵占领了中国的伊犁。这既能扼制受到英国支持的阿古柏政权，也是向中国西部进行扩张的一个良机。但是，当时俄国找不到永久占据这片土地的理由，便向清政府解释说：伊犁不安，波及边界，不得已而动兵，暂时代守伊犁。清政府派伊犁将军荣全前往接收，俄方代表却提出其他要求，如让出塔城以东哈萨克族居住的地方，开放科布多、布伦托海、哈密、喀什噶尔等地通商等。北京的总理衙门也与俄国驻华公使交涉此事，俄方坚持"先议后交"，也是要谈俄国的这些要求。清政府无奈之下，只得暂时搁置。

1876 年，为了消除阿古柏对中国西部的威胁，清政府派左宗棠率军出关作战。到 1878 年初，他收复了被阿古柏所控制的地区。于是，清政府 6 月派遣崇厚作为全权代表到俄国谈判收回伊犁问题。1879 年 10 月 2 日，他同俄方签订了《里瓦几亚条约》。根据条约，中国名义上收回伊犁，但伊犁西部和南部地区都被俄国割去。这不仅使伊犁很难防守，也直接关系到全新疆的安危。条约还规定，中国赔偿俄国代守伊犁的兵费和俄民损失费 500 万卢布；允许俄国在嘉峪关、科布多、乌里亚苏台、哈密、吐鲁番、乌鲁木齐、古城设立领事；在蒙古和新疆各地贸易完全免税；俄商可以从恰克图、尼布楚，或由科布多经过归化、张家口、东坝、通州运货前往天津；也可由伊犁、塔尔巴哈台、喀什噶尔，经由嘉峪关、西安或汉中，运货前往汉口；在张家口、嘉峪关、通州、西安、汉中等处可以沿途销售；俄商由陆路运货至天津和汉口，其进口税都减三分之一，等等。这个条约满足了俄国对华的领土和商业要求，严重伤害了中国的利益，因此在清政府内部引起一场激烈的辩论。

北洋大臣李鸿章明确地主张接受这个条约。他认为：条约既已经由全权代表崇厚签字，中国若不批准，"其曲在我"，势必得罪俄国。由于中俄边界漫长，一旦发生战争，后果将不堪设想。清朝军队没有能力同俄军作战。以"不能战"为理由，主张对俄妥协的还有不少人，但在舆论的压力下多数保持沉默。

反对接受这个条约的是以左宗棠为首的一批地方官吏，主要是在西北边疆任职的一些军政人员。这些人对沙俄的野心有一定的警惕性。左宗棠上书历数沙俄在伊犁问题上不讲信义，主张先重开谈判，不行就采取战争手段。张之洞在其奏报中详细分析了这个条约可能对中国造成的危害，主张重新谈判，加强战备。这篇奏报影响力很大，推动了反对《里瓦几亚条约》舆论的形成。总理衙门也认为如果接受这个条约，“收还伊犁与不收同，或尚不如不收之为愈”。由于官员普遍反对批准这个条约，清廷决定不批准这个条约，并把崇厚治罪，判为斩监候。

1880年1月初，俄国公使凯阳德向总理衙门提出，惩办崇厚一事使俄国认为中国非真心和好。英、法、美等其他国家公使也都要求赦免崇厚。为了避免加深同俄国的矛盾，清政府先是对崇厚暂免斩罪，后又开释。

清政府于2月任命驻英公使曾纪泽兼任驻俄公使，负责谈判伊犁问题。曾纪泽上奏提出他的建议。他认为万万不可战，但也不能放弃伊犁，最好的办法是通过修改条约求得和局。他指出偿款是小事，通商也是次要，最重要的问题是分界，因为商约随时可以修改，而界约则是“长守不渝”的。所以，他主张：“分界既属永定之局，自宜持以定义，百折不回。至于通商各条，惟当即其太甚者，酌加更易，余者似宜从权应允。”总理衙门指示曾纪泽到俄国后先向对方解释为什么不批准《里瓦几亚条约》的原因，争取收回伊犁全境，挽回崇厚所放弃的一些重要权益，主要是边界和通商两个方面。如果这个目的不能达到，中国将暂不收回伊犁，也不批准《里瓦几亚条约》，维持订约以前的中俄关系状况。这是一个折中的方案。

如何解决伊犁问题在清政府内也引起一场辩论。左宗棠等人坚决主张抵抗。他多次致信总理衙门，反对妥协。1880年春夏，他积极在新疆进行战备工作，并具体拟定了分兵三路夺回伊犁的作战方案。5月，他率大本营出关，驻守哈密，以便就近指挥军队。为了支持左宗棠，一些官员在朝廷内不断地建议加强战备，强调在谈判中决不能接受那些严重损害中国主权的内容。当时，清政府仍在与日本交涉琉球问题，所以有些人从“和日制俄”的角度来陈述其主张。如张之洞建议：“俄人远来专恃日本为后路，宜速与联络，彼所议办商务，可允者早允之，但得彼国（指日本）中立两不相助，俄势自阻。”而主张对俄妥协的官员从一开始就宣传中国对外不能战，战争对中国来说是危险的。他们建议接受俄国的要求，甚至说如果曾纪泽的谈判结果仍在前一条约的范围内，清政府就应予以批准。李鸿章则从“和俄制日”角度提出他的主张说：“与其多让于倭，而倭不能助我以拒俄，则我既失之于倭，又将失之于俄，何稍让于俄，而我因得借俄以慑倭。”最终，谈判基本上还是按照总理衙门给予曾纪泽的指示进行。

1880年7月30日，曾纪泽到达俄国首都圣彼得堡。他于8月23日将中国方面对《里瓦几亚条约》的修改意见提交俄方。起初，俄方拒绝在俄国同曾纪泽谈判，要求它驻华公使布策返回中国，直接同清政府谈判。清政府意识到若在中国谈判，其他列强可能利用中国的困难向它勒索新的利益，于是力求在圣彼得堡谈判。9月，俄国取消了让布策立即返回中国的决定。

在谈判中，曾纪泽做出了自己的努力。为了使俄国方面能重新回到谈判桌旁，曾纪泽解释说：崇厚违背了清廷旨意签订了前一个条约，责任不在俄国方面。在谈判过程中，曾纪泽反复辩论，往往同俄方针锋相对。如俄方曾威胁说：如不按照俄方的要求订约，就不如打仗合算。曾纪泽反驳说：那干脆现在不谈了，以后再说，如果那时两国关系好“中国以礼来索，贵国以礼相答”，否则，中国若动兵来索地，索要的就不止伊犁了。为了能满足清政府的意愿尽快收回伊犁，曾纪泽的态度不是简单的强硬，而是做到了有理有节。俄方允许对原约作一些修改，但要中方给予补偿，甚至提出“中国沿海地方何处可让”。曾纪泽断然拒绝了以沿海地方作“补偿”，而根据清政府事前的指示，同意增加补偿“代守”伊犁的费用，满足了俄方的要求。

俄国方面态度虽然强硬，但它也面临多种问题。在国际上，虽然俄国是俄土战争的胜利者，但在欧洲政治中却是一个孤立者。英国、奥地利、德国和土耳其都对俄国采取敌视态度。在1878年的柏林会议上，它们曾迫使俄国让出战争所得的部分果实。因此，欧洲是俄国的外交重心，俄国外交部门急于改变这种孤立状态，并不十分关注伊犁问题。俄国国内问题更为严峻。19世纪60年代初废除农奴制的法令并没有使农奴感到满意，农奴主也抱怨没有得到足够的补偿。资产阶级民粹派的活动日益加剧。民众的激烈反抗使沙俄政府自顾不暇。俄土战争的巨大耗资严重地损害了俄国政府的财政状况。它不得不靠增加税收和举债维持，而增加税收又造成社会不满情绪更加激烈。财政匮乏使俄国不可能发动新的战争。

另外，左宗棠军队在收复新疆失地时的表现和他随后在西北的军事部署，以及清政府当时大量从国外购买军火的消息使俄国人感到中国在准备作战。而在远东的俄国军事力量不足以对中国发动战争。当时西伯利亚铁路还没有修建，把军队调往亚洲十分困难。俄国官员认为没理由去冒险同清军作战。

在这样的背景下，1881年2月，曾纪泽同俄国代表签订《伊犁条约》。根据这个条约中国收回了伊犁地区的绝大部分，但伊犁西部还是让给了俄国。其他主要内容如下：

（1）塔尔巴哈台中俄边界另行勘定，喀什噶尔中俄边界照现管之界勘定。

（2）俄国只在嘉峪关、吐鲁番及中俄旧约所规定地点设领事馆。

（3）俄商陆路贸易可到肃州（即嘉峪关）。俄商在新疆的贸易暂不纳税。

（4）赔款为900万卢布。

这些规定除赔款增加外，其他都比前一个条约有所收缩。曾纪泽能使俄国让出到手的东西，这在清末是相当不容易的。当然，《伊犁条约》对中国来说，虽然比《里瓦几亚条约》伤害小，但它仍然是个不平等条约。

在1882至1884年间，俄国与清政府签订了《伊犁界约》、

《喀什噶尔界约》、《科塔界约》、《塔尔巴哈台西南界约》和《续勘喀什噶尔界约》。这5个条约连同《伊犁条约》使俄国得在西部占去中国7万多平方公里的土地。* 为了加强对新疆的管理，1884年，清政府根据左宗棠的建议，在新疆建省，设置州县，任命刘锦棠为第一任新疆巡抚。

第四节 日本侵略朝鲜引起的危机

从历史传统上看，朝鲜长期是中国的藩属，对外隔绝。进入19世纪中期以后，列强在远东的争夺日益加剧，日、俄、英、美诸国都试图打开朝鲜的门户。日本在侵占琉球之后的第二个目标是朝鲜，并进而向中国东北扩张。1868年，日本政府曾派对马藩主去朝鲜递送国书，以修好的名义试图进入朝鲜，但遭到朝鲜的拒绝。1870年，日本外务大臣柳原前光提出："朝鲜国北连满洲，西接鞑靼清之地。绥服此地实为保全皇国之基础，成为今后经略万国之基石，倘被他人占先，国事休矣。"这年，日本再次派使向朝鲜质询，又遭到朝鲜的拒绝。

1. 应对日朝订立的《江华条约》

1875年9月20日，日本派军舰侵入朝鲜汉江江华岛附近的水域进行测量，朝鲜炮台轰击驱赶。日舰发动攻击，并占领了永宗岛。1876年初，日本派黑田清隆和井上馨率领6艘兵舰和一支远征队到朝鲜，以江华岛事件为借口，强迫与朝鲜订约通商。

同时，日本还派森有礼来华同清政府交涉。森有礼将日本想与朝鲜通商的目的告知中方。总理衙门答复说，中国向不干预朝鲜的内政外交。森有礼抓住这一点说，既然中国不过问朝鲜的事务，那所谓的"属国"只是空名。总理衙门引述《中日修好条约》的规定，"两国所属邦土，亦各以礼相待，不可稍有侵越"，

---

* 此前未有条约明确划分边界。

要求日方遵守。但森有礼指出：条约中没有明指朝鲜是中国的属地，并且说："和约不过为通商事可以照办，至国家举事，只看谁强，不必尽依着条约。"他还强调日本决心以"自主"对待朝鲜，"其与贵国间所有关系事理，我国决不顾及"。清政府无奈之下只得把日本的要求转告朝鲜，由朝鲜自行处理。朝鲜政府在日本的威胁下，不得不接待日使，并于1876年2月26日与日方签订《江华条约》。

《江华条约》第一款开头就是"朝鲜为自主之邦，保有与日本平等之权"。这句话看起来似乎是尊重朝鲜的主权，但实际上是否认朝鲜与中国的传统关系，为日本进一步扩大侵略朝鲜埋下伏笔。条约规定日本在朝鲜有领事裁判权、通商的权力和海岸的测量权等。这个条约不仅是日本侵略朝鲜的开始，而且导致中日之间的一系列纠纷。

与朝鲜毗邻的中国东北地区为清朝统治者的发祥地，两地唇齿相依。对日本在东北的扩张势头，清政府格外重视。为了保护朝鲜以屏御中国东北的安宁，总理衙门建议，把与朝鲜往来公牍中涉及洋务者，从原来的礼部管辖，改为由李鸿章及出使日本公使直接处理，他们可与朝鲜通递文函、相机开导，并将结果报告总理衙门。这样，李鸿章就成为清政府处理朝鲜事务的主要负责人。李鸿章和驻日公使何如璋都主张采用向各国开放朝鲜门户的方法，施展"以夷治夷"的均衡政策，以避免朝鲜成为某个列强的独占物。1879年6月，总理衙门大臣丁日昌首先倡议由朝鲜和各国立约，以牵制日本。他指出："将来两国启衅，有约之国皆得起而议其非，日本不致无所忌惮。"清政府采纳了这个建议。根据朝廷的要求，8月李鸿章致书朝鲜退任领议政李裕元说："为今之计，似宜用以毒攻毒，以敌制敌之策，乘机次第亦与泰西各国立约，借以牵制日本……并可杜俄人之窥伺。"起初，朝鲜方面担心外部势力的侵入，并不接受这个建议。

1880年，美国派海军军官肖孚尔来远东。他打算通过日本的介绍与朝鲜订约，但遭到朝鲜的拒绝。中国驻日公使何如璋闻讯后，向总理衙门建议由中国主持此事。因此，清政府一方面劝说朝鲜派代表来天津与美方谈判，另一方面向美方表示朝鲜愿意与美国订约。1882 年 3 月，肖孚尔到天津，而朝鲜方面的一切交涉则由李鸿章包办。在谈判中，中方想借机弥补《江华条约》中日本否认中国对朝鲜拥有宗主权的问题，要求在条约中申明朝鲜为中国的"属地"，但为美方所拒绝。最后，美方让步同意，由朝鲜国王向美国总统递交一份照会，表明朝鲜是中国的"属国"。5 月至 7 月，丁汝昌奉李鸿章之命，两次率军舰护送道员马建忠前往朝鲜，先是协助朝方在仁川与美国签订《朝美条约》，后又协助朝鲜与英、德、俄、法等国分别签订通商条约。

2. 处理朝鲜"壬午兵变"

《江华条约》签订后，日本在朝鲜获得了许多不平等权利，并对朝鲜统治阶层进行拉拢渗透，引起朝鲜人民的愤怒。朝鲜国王李熙 1863 年 12 岁时登基，由其父大院君李正应摄政。李熙 14 岁时与闵氏女结婚。1873 年，大院君归政。但李熙十分庸懦，大权落入闵妃手中。闵妃引带外戚势力参政，和大院君遂成对立，各树党羽。在外交政策上，大院君是坚定的"尊王攘夷"论者，主张闭关锁国，反对对外开放。闵氏集团则在外国和清政府的倡导下，寻求对外开放。但他们对清政府自鸦片战争以来，屡屡在对外交涉中丧失权益的情况知之甚详，对琉球最近被日本并吞也很关注，所以对能否依靠清政府保护，对付日本、俄国等列强的觊觎心存疑问，以致在不少官员中出现了亲日的倾向。1881 年朝鲜政府派大臣 15 人到日本考察，准备实行改革。1882 年，朝鲜又聘请日本使馆武官崛本中尉训练新军。由于朝鲜内部的矛盾，其对外关系也十分复杂。

1882 年 7 月 23 日，汉城驻军因俸米事件发生兵变。起事士兵杀死日本教官。暴动队伍冲入王宫，杀死闵氏集团大臣，捣毁达官显贵的住宅，袭击日本公使馆，杀害八名日本人。日本公使花房义质趁夜逃往仁川。次日，大院君被暴动群众迎入宫中，掌握政权。大院君乘机杀害其政敌闵妃党人。闵妃在乱兵入宫时，化装成宫女逃往忠州，与朝鲜派在中国的使节金允植联系，敦请清政府出兵。壬午兵变从群众自发的反腐败、反暴政开始，迅速演变成声势浩大的反开放、反日本的政治斗争，带有强烈的排外情绪和党派斗争色彩。

清政府8月1日才从驻日公使黎庶昌的电报中得知朝鲜兵变的消息。此时，李鸿章已回合肥奔丧，直隶总督兼北洋大臣由张树声署理。兵变发生后，总理衙门担心日本借机介入，一面急召李鸿章还津，一面饬令张树声派水陆两军迅赴朝鲜。张树声命令北洋营务处道员马建忠与丁汝昌率军舰东渡朝鲜。8月7日，丁汝昌抵达登州（蓬莱），与帮办山东军务的广东水师提督吴长庆商量支援朝鲜的办法，并转交张树声亲笔信。8月8日，马建忠到达烟台，吴长庆则率幕僚张謇赶往天津与张树声商议。8月9日，马建忠、丁汝昌带领"威远"、"超勇"、"扬威"三舰从烟台出动。此前，黎庶昌致电国内，主张对日强硬，并在解决朝鲜危机后"由我主持国是"。在与吴长庆的会议中，张树声认同黎庶昌的主张。同日，在华朝鲜官员金允植还提出了拘捕大院君的方案。8月11日，吴长庆、张謇返回登州，宣布第二支舰队开拔。清政府试图迅速解决这场事变。

8月10日，中国第一支舰队抵达仁川时，日本的"金刚"舰已先期到港。经过调查，丁汝昌12日乘"威远"回天津汇报局势，马建忠同"超勇"管带林泰曾、"扬威"管带邓世昌坚守仁川。十天中，日本向仁川增派了7艘军舰，1营陆军，形势日益紧张。8月20日，吴长庆、丁汝昌率2000人分乘"威远"、"日新"、"泰安"、"镇东"、"拱北"5船衔尾而来。次日黎明，根据吴长庆的命令，营务处帮办袁世凯带领500人赶往汉城，吴长庆率大军随后出发。8月26日，吴长庆、马建忠、丁汝昌在汉城设计扣留大院君，由丁汝昌护送，冒雨夜行120里，次日清晨抵达南阳，登上"登瀛洲"舰，直送天津，将其软禁于保定。事态平息之后，吴长庆的部队暂留朝鲜。

在清政府介入这起事件的时候，日本也派花房义质带兵到朝鲜交涉。在交涉中，日本拒绝第三方的调解，并再度否认中国对朝鲜的宗主权。清政府只求事件能够早日得到解决，并没有介入朝日谈判，而且敦促朝鲜政府派代表同日方谈判。在日本的压力下，1882年8月30日朝鲜与日本签订了《仁川条约》(也称《济物浦条约》)。条约规定朝鲜向日本道歉，赔偿损失费55万元，允许日本在朝鲜驻兵保卫公使馆，并开放通商口岸。

早在清军发兵之前，清政府即根据金允植的说法，把兵变的祸首推定为大院君。清政府粗暴地干涉朝鲜内政，显然是要强化在朝的宗主权，保证清政府在朝鲜继续推行对列强均等开放的政策，也可以尽快平息事端，防止日本的介入。但当日本对朝鲜进行威胁时，清政府却没有设法制止。当时，中国海陆大军云集仁川、汉城。在取得战略主动的情况下，清政府居然默认日本前所未有地取得了海外驻兵权。尽管清政府以后还向朝鲜派遣商务委员，代朝鲜训练军队，加强了对朝鲜的控制，但容忍日军驻扎朝鲜的结果进一步加深了朝鲜半岛的危机，为后来的中日冲突埋下祸根。

平定朝鲜壬午兵变是北洋创办新式海军以来的第一次对外行动。朝廷从中体会到海军的快速机动作用，甚为满意，以李鸿章创办有功，交部从优议叙。

从19世纪70年代初开始，中国东南西北又面临列强扩张的威胁。刚刚通过洋务运动逐步恢复国力的清政府非常害怕再起战争。为了应付这种不利的格局，它一方面试图通过“以夷制夷”的政策，借助外力的平衡，来保护自己的利益；另一方面采取放弃部分领土、支付赔款和开放更多通商口岸等方法妥协退让，力争息事宁人。这项政策执行的结果不但使中国损失更多的权益，而且让列强以为中国软弱可欺，从此中国四周更不得安宁。

思考题：

1. 简析《烟台条约》的内容。

2. 分析曾纪泽订立《伊犁条约》的谈判。

3. 分析日本侵占琉球和向朝鲜扩张所采用的基本手段。

4. 试析清政府处理这些事件的教训。

参考书目：

王绍坊：《中国外交史（鸦片战争至辛亥革命时期）》，河南人民出版社 1988 年版，第四章。

中国社会科学院近代史研究所：《沙俄侵华史》，人民出版社 1978～1990 年版。

王芸生：《六十年来中国与日本》第 1 卷，三联书店 1979 年版。

中国社会科学院近代史研究所：《日本侵华七十年史》，中国社会科学出版社 1992 年版。

杨昭全、何彤梅：《中国—朝鲜、韩国关系史》，天津人民出版社 2001 年版。

王铁崖：《中外旧约章汇编》，三联书店 1962 年版（1982 年再版）。

王彦威：《清季外交史料》，书目文献出版社 1987 年版。

第六章

中法战争与列强在中国南部的扩张

从19世纪70年代开始的中国边疆危机并没有因为清政府的妥协求和政策得到缓解。相反，随着帝国主义势力在世界上的迅速扩张，列强在中国四周的侵略活动愈演愈烈，特别是法国通过对越南的占领，并进而打开中国西南门户的企图导致中法之间爆发了一场战争。

第一节　中法战争

1. 法国向越南进行殖民扩张

越南同中国山水相连，在历史上有着密切的往来关系，曾经是中国的藩属。第二次鸦片战争期间，法国开始武力侵占越南南部。1858～1860年间，法国联合西班牙进攻越南，占领了西贡。第二次鸦片战争结束后，法国调集军队大规模入侵越南，于1862年6月迫使越南订立第一次《西贡条约》。越南政府割让南部边和、嘉定和定祥三省，并允许法国人航行湄公河。1867 年，法国再次凭武力占据了越南南部的永隆、何仙、安江三省。这样，越南南部完全落入法国之手。

法国的目的不仅在于越南，而且企图利用红河作为入侵中国云南的通道。1871 年，法国军火商堵布益借口为云南当局运输军械，发现红河沿江到海通行无阻，是从越南进入中国西南地区的捷径。于是，他建议法国政府夺取越南北部各省，打通红河航道。1873 年，法国驻西贡总督白雷派海军军官安邺率领了一支雇佣军，在占领红河三角洲的平原地区以后，于 11 月攻陷河内。安邺曾指出："我们如能从这里开辟一条又经济又迅速的路径通往云南和四川，则我们在商务上所能取得的利益将是不可估量的。"面对法国的进攻，越南政府一方面请求清政府援助，一方面请求驻扎在中越边境的中国人刘永福率领的黑旗军协助抵抗法军。黑旗军是太平天国失败后流亡在越南的人民起义队伍。12 月，黑旗军同越南军队联合行动，打退法军，一举收复河内，安邺也被击毙。但是懦弱的越南王朝害怕法国报复，竟于 1874 年 3 月 15 日同法国订立第二次《西贡条约》。条约中，法国承认越南"独立自主"，但由法国主持其外交，法国人得到航行红河的权利。实际上，越南成了法国"保护国"，即殖民地。法国在越南的扩张手段同日本在朝鲜扩张的做法类似，先是通过条约否定中国对越南的宗主权。

1875 年，法国政府把这个条约通知清政府，但不提及保护权问题，而是要求中国允许红河通商。清政府在答复中申明中国对越南负有"宗主"保护责任，但没有明确地否认法越条约，但对通商一事断然拒绝。1877 年，越南仍旧遣使来中国朝贡，法国也没阻止。此后，清政府曾同法国多次交涉，但毫无效果。1881 年 9 月，中国驻法公使曾纪泽明确地向法国外交部表示，中国政府不承认 1874 年法越条约。

法国在远东的扩张受到其国内国际环境的影响。在 1870 年普法战争中，法国战败。战后德法两国的关系一直很紧张。1880 年就任法国总理的茹费理积极推行海外扩张的殖民政策，既为了满足法国发展资本主义经济的需要，也为了减轻国内在战败问题上对政府的压力，缓和同德国的矛盾。茹费理宣称："所有殖民地，哪怕是星星点点，对我们来说都是神圣的。首先因为它是过去的遗产，其次因为它是未来的储备。"1881 年 4 月，法国海军部长说："我以为（在越南）建立一个极确定的保护国，应该是我们冀望达到的主要目的。"法国计划尽快在亚洲建立以越南为中心的法国保护国，扩大在西非的殖民地，然后在太平洋岛屿上建立一批可靠的据点，从而组成法国的殖民体系。

1882 年初，法国派交趾支那海军舰队司令李维业率领一支军队再次向越南北部发动进攻。4 月，法国侵略军又攻陷河内。法军遭到当地民众的反抗，黑旗军也再度起来抗击法军。越南政府要求清政府派军援助。总理衙门的对策是"唯有审时量力保全大局"。清政府命令滇桂两省派兵进扎越南北部的北宁和山西，但强调"衅端不可自我而开"。5 月，驻法公使曾纪泽向法国政府提出强烈抗议。同时，清政府派李鸿章与法国驻华公使宝海进行交涉。双方会谈后，军机处发出的上谕指出："越南孱弱已极，如果法人意在吞并，该国万难自全。论藩属之义，中国亟应派兵救援，而在我鞭长莫及，在彼又弱不能支。揆度情形，势难筹议及此。惟越南北圻各省多与粤滇毗连，若法人尽占北圻，则藩篱尽散，后患将无穷期，强弱安危，关系綦重。"清政府左右为难，态度软弱。法方向其政府报告说："北京对于我们认为应该做的事情抱有非常冷静的态度，只要我们小心对付这些猜忌心重的人，看来他们根本不会变得好斗。"5 月底，法国外长照会曾纪泽，通知他法国政府已下令在越南南部的法国当局严格按照 1874 年法越条约执行，该条约与中国无关，无须向其做出解释。对于法国的这种蛮横态度，清政府未做反应。

中国不断地向越南派出军队一事引起法国公使宝海的关切。11 月 27 日，李鸿章与宝海会谈越南问题。仅两天双方就达成一个草约。其内容包括：（1）中国将驻北越的军队撤退回境，或在离边境若干里之处驻扎，法国声明无侵犯中国领土主权之意；(2) 中国在保胜立关，设立口岸；(3) 中法在滇桂界外与红河中间地带划界，界北归中国巡查保护，界南归法国巡查保护。这个草约上满足了法国的基本要求，也给清政府在边界问题上留了面子。但法国政府不满意这份草约，理由是“对于我们的条约地位没有充分的估量”。它解除了宝海的职务，另派驻日公使脱利古为驻华公使。

1883 年 3 月起，法国侵略军在红河三角洲一带又展开军事行动。驻扎北越的清军都按兵不动，而黑旗军奋起反抗。5 月 19 日，刘永福率黑旗军在河内城西纸桥同法军展开激战，击毙李维业以下法军官兵 230 余名。越南政府任命刘永福为越南三宣提督。

6 月，脱利古到上海与李鸿章重开谈判。他的态度十分强硬，声称：“目下情形，只论力，不论理”，如果中国不答应法国的要求，那么，“即与中国失和，亦所不恤”。法方要求中国不管越南事，不得视越南为属国，也不得给予明助或暗助。为了避免同法国发生冲突，李鸿章在给清廷的奏章中分析说：“使越为法并，则边患伏于将来，我与法争，则兵端开于俄顷，其利害轻重，皎然可睹。”因此在谈判中，他同意“华不必明认属国，法不必明认保护”的做法，但他不敢答应脱利古提出的两点要求：中国不得帮助越南和承认法国在越南北部的地位。李鸿章与脱利古的谈判没有结果。

李鸿章不敢过分让步，在于清政府内部对法国在越南扩张一事采取何种政策辩论激烈。主战的官员强调中越历史上的长期紧密联系和地域上接壤的关键因素，强调援越抗法的必要性，提出援助越南政府和黑旗军，出兵抗法。主和的官员认为法国是海上强国，而中国兵船甚少，又缺乏作战经验，海防空虚，故不可铤而走险与法国交战，建议妥协忍让。由于越南的特殊地位，清政府不愿轻易放弃与越南的传统关系。

7 月，越南国王病死，宫廷发生内讧。8 月间，法国封锁东京湾，同时照会各国指出：“我们已到了不能不干涉东京的事件、并占领这个省份、恢复它的秩序的时候。”法军一方面在北越加紧攻击黑旗军，一方面以军舰进攻越南中部，直逼越南都城顺化。越南王朝投降。8月25日，法国迫使越南签订《顺化条约》，取得了对越南的“保护权”。越南国王在一份咨文中表示：“经已定约，但愿坚固其和好之谊，冀以休兵惠民安于无事。”越南国王还下令刘永福退兵，满足了法国方面要求黑旗军撤走的要求。《顺化条约》签订后，法国立即禁绝了越南与中国的一切关系，造成了与中国直接对峙的形势。9月15日，法国方面向清政府提出一项新的建议，即在北纬21°～22°之间划定一线，以北至中国边界为中立区，两国都不进占，同时中国应开放云南的蛮耗为通商口岸。中方表示反对，而提出以21°即以河内为界，界北由中国进行保护。中法再次谈判仍无结果。

2. 中法战争爆发和天津简明条约的订立

1883年10月25日，法国东京海域分舰队司令孤拔受命为北越法军统帅，决定向红河三角洲中国军队防地发动攻击。

这时，清政府中以左宗棠、曾纪泽、张之洞为代表的主战官员，力促朝廷采取抗法方针。清政府公开奖励刘永福，并下令对其提供军火器械。1883年11月初，清政府明令两广军政当局，如法军来犯，即予抗击。17日，驻法公使曾纪泽正式照会法国政府，确切声明在茹费理宣称要占领的地区驻有中国军队，警告法国慎重行事，以免引起冲突。总理衙门也向法国驻华使馆发出类似的照会。11月底，清政府命令云贵总督岑毓英前往北越，指挥当地的清军。

法国的军事行动第一个目标确定为红河三角洲山西的清军阵地。法军于12月14日发起攻击，中法战争爆发。17日，法军凭借优势的装备，占领山西。1884年2月，米乐继孤拔为法军统帅，图谋侵犯北宁。3～4月间，由于清军互不协调和军纪松弛，在法军的进攻下节节败退，北宁、太原相继失陷，法军进驻兴化。军事上的连续失利使清政府大为震惊。朝廷将滇、桂巡抚唐炯、徐延旭革职拿问，另派云贵总督岑毓英、新任广西巡抚潘鼎新负责前线军事指挥；又罢黜了恭亲王奕訢为首的全部军机大臣，起用礼亲王世铎以及庆亲王奕劻分别主持军机处和总理衙门，并谕令军机处如有紧急事件，会同醇亲王奕譞商办。

法国利用军事上节节胜利的形势，对中国展开了新一轮外交攻势。4月初，法军海军舰长福禄诺从香港托担任天津海关税务司的德国人德璀琳带一份密件给在天津的李鸿章，提出了议和的条件：(1) 云南通商；(2) 中国不要再设法限制或拦阻法国保护越南的权利；(3) 拟订的约章中，措辞可顾全中国体面；(4) 撤掉曾纪泽，因为他时常对法发出战争威胁；(5) 早日议和，兵费可极力相让。福禄诺在函件中甚至威胁说："中国南边三省素有内匪，现既与法国交界，法国如肯接济乱党，中国之边疆必永无肃清之日矣。"李鸿章接信后，认为此时越南政府已经投降法国，越南教民甚至策应法军反对清军，而法国准备占领台湾来勒索巨款，因此中国出兵护越的做法已没有必要了，不如早日与法议和，从越南脱身。于是他向总理衙门建议说："似将来此事收束，亦只能办到如此地步，若此时与议，似兵费可免，边界可商，若待彼深入，或更用兵船攻夺沿海地方，恐并此亦办不到。与其兵连祸结，日久不解，待至中国饷源匮绝，兵心民心动摇，或更生他变，似不若随机因变，早图收束之有裨全局矣。"清廷接到李鸿章的报告后也认为这些条件"均尚无伤国体，事可允行"，于是指示李鸿章同福禄诺谈判。谈判前，清政府对李鸿章的具体指示是："不贻后患，不失国体。"随后，清廷密谕具体指示他：(1) 越南的藩属地位不能改，要保持"世修职贡"；(2) 云南内地通商不能答应；(3) 不能驱逐刘永福；(4) 不赔款。4月28日，清政府下令撤换在巴黎不断地谴责法国政府殖民扩张政策的曾纪泽，暂以驻德公使李凤苞代行职责，满足了法方的条件之一，以示诚意。

5月5日，福禄诺到达天津。为配合他与清政府的谈判，法国兵舰多艘开往上海。次日，中法开始谈判。法方先提出一份草案，李鸿章只对法方的提案做了少量修改。5月11日，李鸿章便与福禄诺在天津签订了《中法会议简明条约》。主要内容是：(1)法国应“保全助护”中国和北越的边界；(2)中国自北越撤兵，即行调回边界，并对法越已定或未定条约“均置不理”；(3)法国不索赔款，中国允许云南边境通商；(4)法国允许在同越南议改条约时，“决不插入伤碍中国威望体面字样”。这个条约的内容显然并不完全符合清政府的指示，但没要求中方对越南地位明确表态，没要求云南内地开放通商，也没要中国赔偿兵费，因此李鸿章在汇报时说内容与密谕“大体不悖”。清廷也表示：“与国体无伤，事允可行，”同意由李鸿章在条约上签字。然而，由于这个折中方案伤害了中国的利益，在政府内遭到强烈批评，有不少官员甚至对李鸿章提出弹劾。可是，清廷急于求和，还是确认这个条约与密谕尚不相悖，下令执行。

条约刚刚签订，5月16日福禄诺根据法国政府的指示提出修改第二款，要求在20～40天内清军撤回，由法军接收越南北部。李鸿章自称对此“不敢应允”，但福禄诺却在给法国政府的报告中说中方答应了撤兵的日期。无疑的是，双方并没有就此重大事项达成书面协议。

李鸿章私下通知边境将帅相机自动撤退，但在主战舆论的压力下，清廷要求边境各军仍驻扎原地，“断不能退守示弱”。这样，驻扎前线的清军不敢私自撤退。然而，法军却如期前来接收中国军队的控制区域。6月23日，法军突然到谅山附近的北黎（中国当时称为观音桥）地区“接防”，要求清军退回中国境内。遭到中国驻军拒绝后，法军开枪打死清军代表，炮击清军阵地。清军被迫还击，击退了法军。

北黎事件发生后，法国政府7月9日照会清政府指责中国违背条约，要求通饬驻越军队火速撤退，并赔偿军费2.5亿法郎（约合白银3800万两），并威胁说如没有满意的答复，法国将采取直接行动来获取担保品和赔款。7月12日，法国驻华使馆还照会总理衙门，以最后通牒的形式要求中方必须7日内照办。清政府急于求和，同意马上撤兵，但决不同意赔款。7月16日，清政府明令滇桂两军在一个月内由北越全部撤回。

清政府邀请法国新任公使巴德诺进行谈判。7月1日就已到达上海的巴德诺后拒绝前往北京，坚持要中方满足法方要求。清政府为了表示诚意，7月初委派赫德到上海与巴德诺会谈，接着又命令上海道台邵友濂与巴德诺会谈。赫德与巴德诺会谈后建议清政府必须赔款，但“名目可不拘定”。这有悖于清政府的决定，为总理衙门所拒绝。于是，清政府派两江总督曾国荃于7月下旬在上海与巴德诺谈判，并指示他不能答应赔款的要求。法方将最后通牒的期限延长至月底。李鸿章依然认为清政府急于恢复和局，便私下建议曾国荃：“至万不得已时，无论曲直，求恩赏数十万，以恤阵亡将士，似尚无伤国体。”在谈判中，法方一直坚持要中国赔款。迫于压力，曾国荃30日答应给对方30万两。闻讯后，清政府指责曾国荃违背旨意，“不知大体”，而巴德诺还认为这个数目太小，拒不接受。所以谈判未有结果。

3. 清政府宣战和中法秘密谈判

在巴德诺与曾国荃进行谈判的同时，法国准备进行新的战争以实现其目标。法国把在中国和北越的舰队合成远东舰队，任命孤拔为统帅。法国通牒期满后，法国政府下令法军攻占台湾基隆。8月4日，法军一支分舰队要求基隆的中国守军交出防御工事，当地清军不加理睬。次日，法军轰击基隆，强行登陆。中国军队在帮办台湾军务大臣刘铭传的统帅下顽强抵抗，法军死伤过百被击退。刘铭传还下令拆毁基隆附近的八斗煤矿设备，以免被法军夺取利用。8月19日，法国政府通过驻北京署理公使谢满禄向中方要求赔款8000万法郎，10年付清，并再次下通牒，限期48小时答复。尽管这个赔款数目比以前大大降低，清政府仍然断然拒绝。8月21日，法国谢满禄离开北京，李凤苞也离开巴黎返回柏林，中法外交关系正式破裂。

战火再起，但清政府仍然幻想能与法国合作尽快恢复和平，因而不顾法军的挑衅，一方面寻求美国、英国和德国等国的调解，另一方面指令沿海各省“静以待之”，“不可先发开衅”。早在巴德诺与曾国荃谈判期间，孤拔以“游历”为名要进入闽江，闽浙总督何璟、福建船政大臣何如璋和会办大臣张佩纶担心若不允许会影响和谈，便允许孤拔在7月15日率领一支由8艘军舰组成的舰队进入闽江口，停泊在福建水师基地不远的地方达一个多月。这些官员还不允许福建水师起锚整训，甚至严令水师“不准先行开炮，违者虽胜亦斩”。在这种情况下，福建水师未做任何防备。8月23日下午，法国先期驶入福州马江以内的兵舰向中国船舰发动突然袭击，中国兵舰6艘当即未及起锚就被击沉击毁。中国水师仓促应战，一些将士表现英勇，但最终还是不敌法军。福建水师全军覆没，共损失大小战舰11艘，商船19艘，官兵殉难者700余人。法舰又炮轰马尾船厂（福州船政局），将中国这个最大的造船厂击毁。沿江两岸的炮台也被法舰轰毁。此后，法军控制了台湾海峡的制海权。

8月26日，清廷颁发上谕，谴责法国“先启兵端”，令陆路各军迅速进兵，沿海各地严防法军侵入。这道上谕实际上是对法国侵略者的宣战书。9月上旬，清政府又令新任两广总督的张之洞激励各军奋勇抗战。

9月中旬，孤拔率法舰再次进犯台湾。由于基隆炮台在8月已被法军轰毁，出于战略地位考虑，清军主动撤离基隆坚守淡水。10月1日，法军进犯淡水，被守军击退。法军不甘，于10月8日又发动进攻，又被击退。法军无法在台湾深入，于10月23日，法军宣布封锁台湾。

在北越的清军同法军展开激烈战斗。但由于法军装备精良，桂军在一度取胜后不得不退出郎甲和船头两地。10月下旬，东下的滇军和黑旗军也被宣光的法军所阻截。

虽然清政府对敌宣战，但军事行动只是它为实现与法国议和的一个手段。清政府面临着财政上的困难。清政府在正式向法国宣战之前，由于筹措军费困难的原因，曾在战与和的抉择上迟迟下不了决心。晚清税收是国家财政的重要来源，但清代全国税收历来由地方经手。因此，财政的实权掌握在地方督抚手里。对外战争筹措军费，中央政府就要求助于各地方官。庞大的军费支出使清政府一度出现过转机的财政又发生很大的困难。由于中央政府难以筹措军费，云南、广西前线的军饷只得靠各省调拨的款项来维持。虽然，左宗棠、张之洞等督抚坚决主战，积极筹款，拨饷支援前线。但大多数督抚都抱消极观望态度，不肯拨饷派兵援助前线。高额的军费支出使积极支持前线的几个省在财政上陷入困境。前线的军队也曾因缺饷而动摇军心。在到战争结束为时六年的援越活动中，清政府曾调动八省近10万兵力，为此而动员的支前民工达到数十万。其中伤亡的人员数以万计。广西、广东和云南及其他省份每年为援越清军开支百余万两。为了进行这场战争，清政府曾以各种名义向香港汇丰银行等借外债7次，总数为1260万两库平银。

清政府还面临着其他列强的压力。在中法战争前后，清政府曾多次请求美国、英国和德国干预，试图避免或尽早结束战争。美国是后起的资本主义国家，为了扩大它对清政府的影响和保护其商业利益，一度主动提出由它来当仲裁，调停这场战争。但由于美国当时在远东的力量还比较小，在世界范围内也没有多大影响，法国不愿接受它的仲裁。结果，美国方面只是劝清政府接受法国的条件：赔款和撤军，理由是法国是世界上第二军事强国，拥有第二大海军力量，还拥有无限的资源。清政府曾想利用英国与法国之间因在世界争夺殖民地而发生的矛盾来约束法国。然而，1880年以来担任英国首相的格莱斯顿采取了“光荣孤立”政策，尽量避免同欧洲其他国家发生纠纷，特别是打算借支持法国侵占越南问题而缓和与法国的关系。英国方面不仅拒绝了清政府请它出兵的请求，而且对清政府施加压力，甚至建议由美英德三国一道对中国施压。它要求中方用退兵来保和局，支持法国提出的结束战争的条件。英国外交大臣威胁清政府：如中国想继续战争，将冒毁灭和瓦解之祸。德国为了减少德法两国因战争结下的怨恨，也积极支持法国在海外扩大殖民地。德国政府甚至表示愿帮助法国夺取越南。德国首相俾斯麦亲自为法国入侵北越出谋划策，还建议法国远征军水陆并进，占领一些中国的岛屿，封锁台湾海峡等等。同时，德国方面则对清政府施加压力。德国政府禁止德国前军官为中国服务，扣住中国购买的铁甲舰不交货，拒绝中国请求调停的呼吁。再加上日本在朝鲜半岛问题上的挑衅，清政府担心法日联合起来。各种压力使得本来就希望妥协求和的清政府不得不考虑尽早停战。

与此同时，法国政府也面临国内矛盾重重。法国政府推行殖民扩张政策在国内遇到了障碍。1882 年世界性的大危机沉重地打击了法国的经济。生产下降、贸易不景气、财政预算也出现了赤字。法国军费预算从 1880 年起就是欧洲各国首屈一指的。实行殖民扩张加重了经济负担，尤其是远东的军事行动加剧了预算的不平衡。据估计，从 1883 年到 1885 年法国在越南和中国进行战争共花了近 3.5 亿法郎。尽管政府采取了一些措施，都未能克服财政困难。茹费理很难筹集到必要的巨额军费，没能力扩大在远东的军事行动。法国政局动荡也制约着茹费理政府。茹费理总理采取了一系列措施改革来减少宗教势力和旧贵族对国家政权的影响，以巩固共和制度。这种改革给茹费理政府带来了一大批反对派。1885 年夏，法国将举行大选，而茹费理的支持者在不断减少。法国在外交上也有问题。虽然英德等国都支持其在越南的扩张，但它们不愿看到在中国沿海的战事长期拖延下去而损害自己的商业利益，所以它们要求法国尽早结束战争。在这种情况下，法国政府急于结束在远东的战争。1884 年 10 月 16 日，法国总理茹费理电告巴德诺说：“无论如何，要紧的是不应放过任何机会。法国舆论的情况，列强的意向，以及我们在他处应照顾的重大利益，都要求我们，如果可能，应赶紧获取一个光荣的解决。”

从 1884 年底到 1885 年初，法国再度加强军事攻势。中法之间的陆上战斗在中越边境和越南北部分东西两线激烈展开。在东线，1884 年 2 月，法军大举进攻谅山，广西巡抚潘鼎新不战而退。2月13日，法军占领谅山，2月23日又侵占中越边境的镇南关（今友谊关）。在西线，中国军队久攻宣光不下，法军在占领谅山后增援宣光。3月3日，法援军解除清军对宣光的包围。战场上的形势有利于法军。

1885年初，法军接连从基隆向台北进攻。与此同时，法国舰队袭击浙江镇海。在镇海之战中，法舰遭到中国军队奋勇还击。3月，法舰封锁北海，并骚扰广东沿海。

与战争同时进行的还有中法之间的秘密谈判。在谈判中陷于僵局的曾国荃致电总理衙门，建议还是由李鸿章出来收拾局面。1884年10月，李鸿章受清政府委派与仍留驻天津的法国领事林椿密谋议和。法方提出的条件是中国军队自北越撤出，批准《天津简明条约》，法国继续占领基隆若干时间作为执行条约的担保等。李鸿章不敢接受法方的要求，在10月24日同林椿讨论另一项和议方案，其中不提法国占据基隆和淡水，允许中国军队暂驻北越的谅山和保胜等地，中国则同意向法国借款，在修建铁路时给法国某些利益。林椿就此去上海同巴德诺商量，法国政府不同意这个方案。

11月初，清政府打算通过英国提出自己的议和条件，即修改《天津简明条约》、重订中越边界、法军退出基隆和越南继续入贡等。但英国方面认为这些条件不可能为法国接受，拒绝转达。12月，法国经英国政府向清政府提出的和议基本条件是完全实行《天津简明条约》；在条约完全执行前，法国占据基隆作为担保。这些要求同清政府的立场截然不同。

最后，总理衙门还是决定通过总税务司英国人赫德来进行谈判。赫德一直在关注中法谈判。1885年1月，赫德派驻伦敦的税务司官员金登干借同法国交涉一艘被法军扣押的海关巡船之机同法国政府交涉结束战争的问题。1月24日，金登干在与茹费理会见时提出是否可以考虑赫德代拟的方案，即在简明条约的基础上作出三点附加解释：一，中法订约用三种文字，各以本国文字为准，有争议时按第三种文字决定；二，越南对中国是否继续入贡，由越南国王自行决定；三，在谅山以南东西划线为中越边界。茹费理表示不能接受，而希望赫德劝清政府提出新的方案。2月初，总理衙门告诉赫德，清政府可以不再争越南朝贡的要求，只希望在中国滇桂外划一条禁止法国人进入的界线。法国不同意这个办法，茹费理再三强调法国必须占有老街，中国必须提供履行条约的担保，但他没提出对赔款的要求。2月28日，赫德向法方提出新的议和草约：第一款，中国批准简明条约，法国别无所求；第二款，双方停战，法国立即解除对台湾的封锁；第三款，法国派公使到天津或北京议订详细条约，然后双方规定撤兵日期。3月3日，茹费理就这份草约向金登干表示："我不以为一个没有赔款规定的条约会为法国的公众舆论所接受，除非把重点放在真正的商务利益上。"这样，双方基本上解决了有关赔款和担保的争执，又回到《天津简明条约》的立场，不过法方更强调商业利益。于是双方对赫德的草约做了一点修改，同时在附加说明中详细规定草约的实施措施。3月25日，茹费理对新方案表示认可。

4. 镇南关大捷与中法议和

在中越边境情况非常紧急的情况下，两广总督张之洞起用年近70的老将冯子材帮办广西军务，出任前敌主帅，指挥前线军队。2月25日，法国焚毁镇南关，退守关外30里的文渊城。而冯子材也在距镇南关10里处利用有利地形修筑工事，统一组织各地的军队。3月23日法军再次进犯镇南关时，冯子材亲率士卒将法军击退，清军乘胜追击，3月27日攻下文渊（今越南同登），3月29日收复谅山，将法军逐至郎甲以南。西线战场的清军在黑旗军的配合下也发起反攻，3月24日在临洮大败法军。法军一时陷入困境。

法军战败的消息传至巴黎后，早就对战争不满的法国民众在3月30日举行了示威游行。茹费理内阁在民众的反对声中倒台。但法国政府继续执行在远东的扩张政策，法国议会通过决议增加拨款，法军得到增援。

清军的胜利令人鼓舞，但局势仍然紧张。张之洞其后报告说，法军在得到增援后准备重新进攻谅山。负责西线战事的云贵总督岑毓英也认为局势依然严重。在台湾，刘铭传部队缺乏弹药和军饷。他3月25日向朝廷报告说，“若无接济，束手待毙”。3月31日，法军又占领澎湖岛及渔翁岛。李鸿章认为：“谅山已复，若此时平心与和，和款可无大损，否则兵又连矣。”连原来主战的曾纪泽也主张乘胜议和。此时担任驻俄、英公使的曾纪泽于4月1日致电总理衙门说：“谅山克，茹相革，刻下若能和，中国极体面，虽稍让亦合算。”尽管镇南关大捷后前线一些指挥官反对撤兵，清政府还是想利用这个机会与法国缔结和约。1885年4月4日，金登干和法国外交部政务司司长毕乐在巴黎签订停战协定——《中法议和草约》。这份协议肯定1884年5月11日的《天津简明条约》有效，规定双方停战，法军停止对台湾的封锁，两国派人在天津或北京谈判和约细节和撤兵日期。4月7日，清政府下令停战，北越驻军分期撤退回国；法国解除对台湾和北海的封锁。中法战争至此停止。当时，张之洞建议缓撤。4月10日，军机处寄给张之洞的电旨中解释说：“纵再有进步，越地终非我有，而全台隶我版图，援断饷绝，一失难复。彼时和战两难，更将何以为计。”

1885年5月13日，清政府命李鸿章与法国政府代表、驻华公使巴德诺在天津开始谈判中法正式条约。6月9日，双方签订《中法会订越南条约》。条约更明确更具体地重申了《天津简明条约》的规定，其主要内容如下：

（1）中国承认越南是法国的保护国；

（2）在中越边境指定两处通商，一处在保胜以上，一处在谅山以北，法商可在此地居住，法国开设领事馆；

（3）滇桂边界货物进出口减税；

（4）中国日后如要建铁路，“中国自向法国业此之人商办”，但申明“不得视此条为法国一国独受之利益”。

（5）法国撤走在基隆和澎湖的军队。

根据1885年6月签订的《中法会订越南条约》，新任法国驻华公使戈可当和清政府特命全权代表李鸿章于10月开始谈判越南与中国两广和云南地区的通商问题。在谈判中，法方要求增开通商口岸、相关的关税减半、获取开矿办厂权利等。这些要求都超出了前一个条约的原则性规定，李鸿章不敢答应。清政府此时了解到法国对越南的占领遭到当地民众的不断反抗，甚至一些法国统治者也考虑放弃越南北部。中国驻法公使许景澄向政府建议说，鉴于法国政府希望早日同中国达成商约，中国应“界务多争，商务不让，使法为难，则迟早必退”。所以，清政府采取了“绝不放松一步”的比较强硬的政策，拒绝了法方的要求。谈判持续到1886年，法方最终放弃了增加通商口岸、开矿和设厂的要求。4月25日，双方签订《越南边界通商章程》。这个条约规定进口税减收五分之一，出口税减收三分之一。法国政府对此不满，迟迟不批准这个条约。1886年中法继续谈判。在法国的压力下，1887年6月26日双方订立《续议商务专条》，将关税再次降低，进口税减收十分之三，出口税减收十分之四，而且在广西龙州和云南蒙自之外，再加开云南的蛮耗为通商口岸。在这期间，中法还进行了勘界工作，达成了《中法界务条约》。通过这一系列不平等条约，中国西南门户洞开，法国侵略势力长驱直入云南、广西和广州湾。

第二节 葡萄牙的扩张和中葡签订条约

1. 葡萄牙强化在澳门的统治

鸦片战争给了葡萄牙进一步扩大侵略中国的机会。1845年11月20日，葡萄牙女王玛丽亚二世擅自宣布澳门为自由港，试图强化对澳门的殖民统治。1846年4月，葡萄牙海军上校亚马留就任澳门总督后，立即对居住在澳门的中国居民强行征收苛税，尤其是向停泊在澳门内港的中国渔船按月强行征收税款，激起了中国渔民的武装反抗，导致流血冲突，大批中国渔民被葡人杀死。1847年，亚马留竟然非法撤销了设立在澳门的中国海关南湾稽查口，公然逮捕中国稽查口的巡役（即海关关员），并于24小时内将其逐出澳门。翌年，亚马留又对澳门的中国居民强行扩大租税的征收，并擅自审判中国居民，进一步侵犯了中国的司法权。1848年12月20日，亚马留借口防止游手好闲之人涌进澳门，命令在澳门的中国人进行户籍登记，对居屋商户编号钉上门牌，实际是侵夺中国政府对在澳华人的管理权。这一侵犯中国主权的行径，遭到中国政府和居民的反抗，结果夭折。1849年2月，亚马留致函两广总督徐广缙，要求取消中国海关。徐广缙警告亚马留不可破坏定制，否则后果自负，但亚马留不予理睬。3月5日，亚马留颁布告示，限粤海关8日内停止征税。3月8日，亚马留再照会徐广缙，要求中国政府立即撤销在澳海关。徐拒绝了这一无理要求后，亚马留便于3月12日派出葡军在税馆门前架设路障，禁止人员出入，又增设哨兵，架设大炮。3月13日，亚马留下令正式封闭中国海关，砍倒海关前的中国旌旗，封存了海关财产。1849年初，香山知县派人来澳门催收地租。亚马留拒绝缴纳。对葡人这一改变300年来旧规的重大无理行径，香山知县没有采取什么措施，而是默认及弄虚作假，将其他地租收入笼统地一起计算，"仍作洋人完税"，欺骗上级。1849年1月，亚马留告诉香山澳门县丞，澳门是葡萄牙当局统治的地方，中国官员入澳不得鸣锣开道。两广总督徐广缙驳斥了亚马留的说法，要求沿袭300年来的做法，中国当局管治华人，葡萄牙当局管治葡人，不能更改。但亚马留不予理睬，反而走出第二步，坚决不允许中国官员以他的上级的身份进入澳门，只允许澳门县丞以领事的资格管理华人。

亚马留种种器张行径导致了中国居民的愤怒反抗。1849年8月，中国义士沈志亮等人乘亚马留外出之机，在其返回的路途中将其暗杀。葡萄牙殖民者借此暗杀事件，派兵占领关闸，逮捕中国士兵，并摧毁了望厦村的香山县丞衙门。由于担心西方列强的干预，对于葡方的挑衅行为，清政府不仅没有采取必要措施来制止，反而杀害了沈志亮。从1849年起，占据澳门的葡萄牙人就无视中国的主权和领土的完整，不再向清朝政府交纳地租。

葡萄牙还逐步蚕食澳门半岛附近的其他岛屿。凼仔岛位于澳门半岛以南2.5公里。1847年5月，亚马留通知两广总督，将在凼仔修一座碉堡，以防御海盗。这当然是个借口，其真正目的是占领该岛，以控制整个澳门港口。两广总督耆英派员赴凼仔巡视后，发现葡人已筑有一个供五六名士兵驻扎的碉堡，只得承认既成事实。1847年9月9日，葡萄牙人在该岛十字门碉堡上悬挂了葡萄牙国旗。1848年，葡澳当局制定了当地的行政管理章程。1851年8月20日，澳督下令占领了整个凼仔岛。路环岛位于凼仔岛以南2公里处，是澳门全境面积最大的地区。葡萄牙占领凼仔后，即以凼仔岛安全受威胁为由，于1864年派兵侵占路环，设置军事据点。1871年，葡澳当局将旧关闸拆毁，另筑新关，建立兵营，派兵把守。1879年，葡人强占半岛北部的龙田村。1883年，葡人强占了半岛最大的望厦村。除扩张地界之外，葡人还一再侵占中国水域。1875年，葡澳当局擅自颁布所谓澳门港口章程，划分水界，禁止中国船只“越界”。1878年，葡澳当局以中国缉私船“侵入”其非法扩张的“领海”为由，将粤海关船只扣留。接着，它宣布凼仔、路环中间海面不许中国船只查私。1887年，葡人进一步侵占了澳门附近全部海域，先拔去浮桩，后驱逐青洲岛守界兵船。至此，葡澳当局全部占有了今澳门半岛全境及附近水域。

2. 中葡《会议草约》

葡萄牙在侵占中国领土的同时一直谋求与清政府签订商约，企图从英、法、美、俄等西方列强对中国的瓜分中分一杯羹。1854年1月，澳督吉马良士被任命为与中国政府进行谈判的全权代表。为了逼清政府谈判，葡方还多方设法让英、法等国出面，向清政府施加压力。1862年5月，澳督吉马良士以葡萄牙公使的名义，不按规定知照天津官府而直接闯到北京，要求与清政府谈判，遭到清政府拒绝。此时，法国公使布尔布隆为葡人撑腰，甚至以降旗断交威胁清政府。在此情况下，清政府被迫于 1862 年 7 月与葡萄牙谈判。由于葡方熟悉澳门情况而清代表对澳门近况所知不多，谈判中葡方占了上风。最后，经法国公使的调停，中葡双方都作了让步。葡方同意“中国仍在澳门设官”，中国同意“纳租一节，彼此具置不论”。总理衙门大臣以为葡方同意中国设官，就是恢复旧制，继续行使主权。但葡方已在这一条款作了手脚，中国驻澳官员，只是如西方各国驻澳领事，而非行使管治权的地方官吏。显然，葡人已将澳门视为自己领土，而将清政府视为外国。但清政府代表由于对澳门情况的不熟及对国际法不了解，于 1862 年 8 月 13 日，居然与葡萄牙代表于天津签署了写有上述条款的《和好贸易章程》。

1864 年 5 月，葡萄牙代表、新任澳督亚马廖赴京与中国换约。葡方提前换约的举动引起清政府的警觉。新任总理衙门大臣的薛焕比较熟悉洋务，认为条约的第九款损害中国主权及利益，要求重新修改，恢复设官旧制后再换约。葡方坚决不同意。双方就换约事反复交涉，在中葡双方都不肯让步的情况下，到 1873 年 4 月，换约谈判遂告中断，中葡《和好贸易章程》也就没有生效。在中法战争前后，葡萄牙乘中国之危再次提出签约的要求。

1885 年，清政府为了缓解财政困难，决定对鸦片实行税厘并征。但当时香港每年有约 3 万箱的鸦片走私，造成关税的巨大损失。于是，清政府派出江海道邵友濂和海关总税务司英国人赫德于 1885 年 5 月前往香港与港英当局谈判。港英当局提出澳门亦应同时实行这个办法，否则，香港单独缉私，鸦片贩子必然流向澳门。由于中国政府从未出让过澳门主权，对于当时来往于澳门港口的中国其他地方的船只，按国内货物征税，而对于来自香港的船货则按照洋货征税。英国人对此早就不满，此次乘清政府有求于他之机提出澳门税收问题，名义上为中国着想，实际上为自己考虑。澳葡当局亦抓住机会，争取拿鸦片税厘并征的规定交换清政府承认其拥有澳门管理权。清政府出于财政收入的考虑，在总税务司赫德的一再鼓动下，派赫德前往澳门与澳葡当局接触，“相机筹商”。

1886年7月21日至8月14日，赫德三次赴澳与澳督罗沙磋商葡方在澳门协办“鸦片税厘并征”事宜。罗沙贪婪地提出一系列苛刻的交换条件：清政府同意葡人永驻管理澳门，租用或割让拱北及其附近马骝洲等三岛，关闭澳门附近的关卡。对这样一些涉及中国主权的无理要求，赫德竟然未经中国政府同意，而擅自于8月10日与罗沙达成《拟议条约》的协议，完全接受罗沙的要求。赫德向清政府报告了这个约稿，清政府同意以此为基础进行谈判。11月，赫德派其亲信、英国人金登干赴里斯本与葡方进一步磋商上述条约。在谈判中，中方不同意葡萄牙占领拱北，也反对正式割让澳门，只允在租赁和按年付款的条件下准许葡萄牙治理澳门。由于中葡双方立场相差较大，经赫德从中斡旋，再三磋商，1887年3月26日，金登干代表清政府在里斯本与葡萄牙政府签署中葡《会议草约》(即《里斯本议定书》)。草约规定中国同意:“葡国永驻管理澳门以及属澳之地与葡国治理他处无异”（第二款)。在签约前，中方再三声明这决非正式割让，而葡萄牙也对此表示同意。所以草约中还规定：“若未经中国首肯，则葡国永不得将澳地让与他国。”

根据草约，中葡要在北京另议商约。1887年7月13日，葡萄牙代表、前澳督罗沙抵达北京，与清政府谈判。谈判伊始，总理衙门官员就见到罗沙拿出一份附有包括所谓“澳门属地”地图的照会。按照这张葡方绘制的地图，“属澳之地”竟扩大到包括关闸以南的澳门半岛和青洲、凼仔、路环、小横琴、大横琴、对面山、马骝洲等7个岛屿。对此，总理衙门大为吃惊，断然予以拒绝，即令两广总督派人到澳门调查实情，据实禀报。广东巡抚吴大徵率领五艘炮船于7月16日对澳门、凼仔、路环等岛屿进行实地考察。他返回后，两广总督张之洞和吴大徵分别向清廷上奏，表示坚决反对签订条约。赫德和罗沙都担心苦心经营的中葡条约半途而废，赫德便一再为罗沙出谋划策。于是，罗沙在中、葡、英三种文字的文本上做了手脚，表面同意放弃“澳门附属地”的条款，条约中文版的第二款删去了“属澳之地”和“与葡国治理他处无异”的字句，但英文版却保留了该款的全部内容。最后，清政府同意将有关澳门地位的条款纳入商约。双方代表于1887年12月1日在北京签署了中葡《和好通商条约》。1888年4月28日，北洋大臣李鸿章与葡政府代表罗沙在天津互换条约文本，条约生效。葡萄牙最终得到占据澳门的条约根据，也得到其他列强在中国所享有的种种特权。

第三节　中英就英国侵略缅甸和中国西藏的交涉

1. 英国侵略缅甸

1885年，英国资助孟买一缅甸公司偷运上缅甸的柚木被缅甸政府课以罚款。11月，英国借口它在缅甸的采木权利受到损害，向缅甸政府提出一系列无理的要求，其中包括缅甸须给予英国经过八莫的对华贸易以“正常的便利”条件。这些要求遭到缅甸政府的拒绝，英国竟以此为由于11月14日发动第三次侵缅战争，11月26日占阿瓦，11月28日陷首都曼德勒，缅甸国王锡袍被俘。1886年1月1日，英国宣布吞并缅甸，将缅甸作为英属印度的一个省，缅甸完全沦为英国的殖民地。

缅甸曾是中国的藩属。清政府听到英国对缅甸发动攻击的消息后，一方面通过赫德向英国表示希望与英国就缅甸问题取得“友好谅解”，另一方面电令驻英公使曾纪泽向英国政府建议，设法调处，劝缅甸向英国道歉，接受英方的要求。英国政府答复称：“英国对于中国与缅甸的关系，事先毫无所知，中国所提出的对缅宗主权现在系第一次听到。”英国拒绝由清政府进行调处，但表示愿意同中国谈判善后措施，以保证中国在缅甸的权益。缅甸被吞并时，清政府没有采取任何措施加以阻止，只是向英国提出抗议，指责其未同中国商量便灭了缅甸是“食言”。清廷更关注与缅甸的宗藩关系，指示曾纪泽与英国谈判时："至开谈须以勿阻朝贡为第一义，但使缅祀不绝，朝贡如故，便无失体。"1886年7月24日，中英签订了《缅甸条款》。这份条约规定，中方承认英国对缅甸的吞并，英方允许缅甸每十年向中国进贡。

这个条约还规定双方将就滇缅界务、商务作进一步的商量。在签约前，英方曾向曾纪泽表示，英国愿将潞江（萨尔温江）以东的地方，自云南南界以外起，南抵暹罗北界，西滨潞江，东抵澜沧江下游归于中国；大金沙江（伊洛瓦底江）为两国公用；中国可以在八莫附近勘明一地立埠设关。

根据这项条约，1893年中国驻英公使薛福成和英国政府进一步就缅甸问题谈判。中方提起英方过去的承诺，英方拒不承认，竟说条约既订，订约之前的事未载入条约的一概无效。薛福成也无可奈何。1894年3月1日，中英签订了《续议滇缅界、商务条款》。这个条约基本上确定了北纬25°35′尖高山以南的一段中缅边界，以北一段留待以后调查后再定。条约还规定，在条约批准后六年内，凡经蛮允和盏西进出中国的货物，出口税减收十分之四，进口税减收十分之三。实际上，这项规定后来一直沿用，未受六年为期的限制。

2. 英国第一次侵略西藏战争

根据1876年的中英《烟台条约》的附款，清政府允许英国于1877年从北京派人经甘肃、青海或四川进入西藏，或由印度进入西藏。但这一条规定遭到西藏地方当局和人民的坚决反对，他们表示对入侵的英人将用武力进行抵抗，所以英国迟迟没有派人入藏。英国商人一直渴望打开中国西南市场。1885年，曼彻斯特、伯明翰和杜斯伯理等地的商会先后上书英国政府，要求尽快打开西藏市场，以缓和英国久已存在的贸易不景气。印度孟加拉省财务部长、英人马考蕾亲自前往伦敦进行游说，英国政府于是决定派他率领"考察团"入藏，并要求他先到北京，征得清政府的同意。清政府鉴于西藏地方当局反对英国人进入西藏，担心引起纠纷，不愿答应。但在英方的压力下，清政府还是同意了。1886年初，马考蕾在印度大吉岭组成考察团，除考察人员外还有卫队印兵300多人。此时英国刚刚对缅甸发动战争，兼并了上缅甸地区。英方组织这么一个大探险队，不禁引起清政府的怀疑。西藏地方当局听说英国人将带兵进入西藏，更为震惊，表示坚决反对。在这种情况下，总理衙门只得请求英方暂停派马考蕾进入西藏，并愿以承认英国对上缅甸的兼并作为交换条件。结果，清政府在7月24日签订的《缅甸条款》中承认英国对缅甸的吞并，而英国同意停止派人进入西藏。

英国政府暂停派人入藏一事引起英国商人的不满。于是，英国政府另找借口派人入藏。1886年，英国在哲孟雄（锡金）修筑一条直通西藏的公路。西藏地方当局在中国与哲孟雄边界、位于西藏一侧的隆卡山设卡，防止英国军队进入西藏。英国公使华尔向总理衙门提出抗议，指责藏军是"越界戍守"，要求清政府下令让西藏地方当局从关卡上撤兵。清政府害怕同英国发生摩擦，下令西藏撤军，遭到西藏地方当局的抵制。他们不仅表示不能撤兵，而且要求英国撤出哲孟雄。于是，英国在1888年3月向隆吐山的藏军守军发动进攻，挑起了对西藏的第一次战争，占领了边界上的一些地方。1886年5月，藏军反攻未能取得成功。9月，英军又调集军队再次进攻，藏军退守仁进岗一带。

清政府获知战争的消息后，一再命令撤卡，并将支持西藏人抗争的驻藏大臣文硕免职，派升泰为驻藏帮办大臣，到西藏同英国人讲和。其后，清政府又派赫德的弟弟赫政去西藏协助升泰办理交涉。升泰到西藏后，压制西藏人反抗英国侵略的决心，下令撤兵撤防，还亲赴前线与英国人讲和。1890年3月17日在印度加尔各答，升泰与英印总督兰士顿签订了中英《会议藏印条约》。条约的主要内容是中国承认英国对哲孟雄的保护权；划定了西藏与哲孟雄的边界；有关游牧、通商、藏印官员往来等问题日后协商。

这个条约订立之后，中英双方又就游牧权利、藏哲（孟雄）

通商和印藏官员往来的问题同中方谈判。英方要求货物进出西藏不纳税，帕里及其附近地区开放为自由市场，英国人可在莫竹河流域自由往来。清政府的谈判方针是西藏能答应的事情就答应英方的要求，但西藏地方当局完全否认英方的要求，以锡金为例，担心此时仅“通商游历所在，将来即为英国之地”。还是在升泰的一再劝说下，西藏当局才勉强同意开放亚东一处为通商口岸。1893年12月5日，清政府的代表参将何长荣、赫政同英印代表柏尔在大吉岭签订了中英《会议藏印条款》。这个条约规定亚东于1894年9月1日开放通商，允准英印派员驻扎此地，置地造屋；藏印间经藏哲边界进出口货物5年之内一概免税；限制西藏人在哲孟雄的传统游牧权利；印度茶叶五年后可以销入西藏；英国商民与中国西藏商民发生冲突时，由中英两国官员“秉公办理”等。就这样，英国初步打开了西藏的门户。

从19世纪80年代起，由于列强在中国南部邻邦的扩张，并压迫清政府开放南部的门户，中外之间又发生尖锐的矛盾，甚至战争。已历经洋务运动二十余年的清政府仍不敢积极应对挑战，害怕大规模的军事冲突，害怕引起经济困难和内乱。虽然它对列强的无理要求也反抗过，但基本方针还是执行妥协退让的政策。其结果是战争不能避免，外国势力进一步深入中国，中国失去更多的权益。此外，传统的藩属也更多地被列强占领。

思考题：

1. 分析中法战争爆发的背景。
2. 为什么中法都愿意谈判结束战争？
3. 葡萄牙如何一步步地扩大对澳门的侵占？
4. 分析英国对西藏发动第一次战争的背景。

参考书目：

王绍坊：《中国外交史（鸦片战争至辛亥革命时期）》，河南人民出版社1988年版，第四、五章。

丁名楠等：《帝国主义侵华史》第一卷，科学出版社 1958 年版。

廖宗麟：《中法战争史》，天津古籍出版社 2002 年版。

中国史学会：《中法战争》，上海人民出版社 1961 年版。

中国近代经济史资料丛刊编辑委员会：《中国海关与中葡里斯本草约》，中华书局 1983 年版。

中国近代经济史资料丛刊编辑委员会：《中国海关与中法战争》，中华书局 1983 年版。

王铁崖：《中外旧约章汇编》，三联书店 1962 年版（1982 年再版）。

第七章

中日甲午战争期间的外交活动

中法战争的后果之一是越南被法国所控制。它促使清政府对列强在藩属的活动提高警惕，特别是日本在朝鲜半岛的扩张行径。清政府不断增进对朝鲜政府的影响，试图通过强化宗藩关系的方法来阻止日本的扩张。其结果不仅加深了与日本的矛盾，而且也造成朝鲜一部分人对清政府不满，给中朝关系留下了阴影。日本乘机发动对中国的战争。

第一节　中日在朝鲜半岛的矛盾不断加深

1. 中日《天津会议专条》

《仁川条约》签订后，日本大力拉拢朝鲜政府。如朝鲜派往日本道歉的使臣金玉均、朴泳孝一行到日本后，日本朝野多方怂恿朝鲜"独立"，并许以财政和武力的支持。日本驻朝鲜公使竹添进一还以取消未偿还的赔款40万元为诱饵，鼓动朝鲜"独立"。在日本和西方国家的影响下，朝鲜人的主权意识不断增长，提出了结束不平等宗藩关系的要求。面对这一系列事态的发展，清政府内一些官员主张要强化对朝鲜的宗藩关系。主要负责朝鲜事务的李鸿章也认为日本是永久大患而需采取防范措施。早在1880年12月，朝鲜设立了统理机务衙门（后改名为机务处），主要负责处理对外事务。1882年6月，朝鲜国王李熙又派问议官鱼允中携咨文赴中国天津，提出允许两国商民"于已开放口岸互相交易"，并提出与西方国家一样"派使进驻京师"。这些要求显然是欲摆脱中国清政府的控制，改变彼此间宗藩关系。清政府本不愿意接受这个建议，但在朝鲜的反复要求下，这年10月，中朝签订《商民水陆贸易章程》。该条约一开头就强调两国传统的宗藩关系，"朝鲜久列藩封，典礼所关，一切均有定制，毋庸更议"；规定两国开放贸易，互派商务委员；中国商人在朝鲜涉讼，由中国商务委员审断，而朝鲜商人在中国涉讼，由中国地方官审断；规定中国的军舰可以在朝鲜沿海航行，并停泊其各港口。以后，清政府还选派曾在中国海关工作过的德国人穆麟德担任朝鲜海关总税务司，派人帮助朝鲜整军练兵等。

1884年，中法战争爆发。日本便想借机扩大在朝鲜的影响，鼓动主张改革的朝鲜"开化派"发动政变。由于朝鲜王朝迟迟不进行改革，以金玉均为首的开化派官僚也想借助日本的力量来实现自己的目标。1884年12月4日，"开化派"人员利用京城邮政总局新厦落成之时，举行政变，杀掉一些守旧的大臣，劫持国王，并让国王召日本兵入卫。他们宣布断绝与中国的关系。驻朝鲜中国防营营务处会办袁世凯闻讯后，于12月6日带兵入宫击退日兵，恢复朝鲜原政府。日本公使竹添带兵自王宫退出时，沿途遭到朝鲜人愤怒的袭击。竹添自焚使馆，带领日兵和日侨逃往仁川。金玉均等逃往日本。

这场甲申政变结束后，日本政府派外务卿井上馨到朝鲜进行交涉。1885年1月9日，日朝达成《汉城条约》。条约规定朝鲜向日本道歉，支付恤金，捉拿凶手，为日本新建公使馆和领事馆拨给地皮和工费等等。

日本接着派参议伊藤博文为全权大使、农商大臣西乡从道为副使来中国交涉。清政府派李鸿章同日方进行谈判。清政府当时的政策是“剖析中倭误会打架，以释衅端，为第一要义”。清政府不追究事变原因，对中日矛盾的这种定性是为了避免和日方发生冲突。在谈判中，日方要求清政府从朝鲜撤兵，李鸿章表示如果日本撤兵，中国也可照办。日方要求中国永不派兵，李表示不同意。双方最终做出妥协，并于4月18日订立中日《天津会议专条》，内容为：

(1) 中国驻扎朝鲜之兵和日本在朝护卫使馆之兵四个月内各自全部撤回；

(2) 双方劝朝鲜国王教练士兵、自护治安，由朝鲜国王聘用外国军事教练，但中日两国均无派员在朝鲜教练；

(3) 将来朝鲜国若有变乱重大事件，中日两国或一国要派兵，应先互行文知照，及其事定，仍即撤回，不再留防。

这个条约的核心就是确认中日在朝鲜权力对等，双方都可以出兵朝鲜。日本就是如此一步步地扩大了在朝鲜的势力。甲申政变对以后中日韩关系产生了重大影响。

2. 清政府强化与朝鲜的宗藩关系

从19世纪70年代起，日本通过《江华条约》、《仁川条约》和《汉城条约》等三个条约奠定了在朝鲜进行扩张的基础，其关键在于否认中国与朝鲜的藩属关系。面对这种挑战，清政府不断强化与朝鲜的宗藩关系。1885年9月，考虑到长期将朝鲜国王的生父羁押在中国不是办法，清政府将大院君释放回国并想借此牵制朝鲜政局。11月，清政府任命袁世凯为“驻扎朝鲜总理交涉通商事宜”(后来改为驻韩办事大臣)，常驻汉城。给他这样一个大头衔就是要“餍服属邦人心”。他在朝鲜国王面前只需行三揖礼，侧坐，以别于其他各国的使节，体现朝鲜是中国的属国。袁世凯后来实际上对朝鲜行使“监国”的权利，直接干预朝鲜政务，伤害了朝鲜人的民族感情。按袁世凯的话说就是：朝鲜“谬欲自主，时派小人唆使各国讪谤中国”。甲申政变后，对中、日都不放心的闵妃及其支持者在朝鲜海关总税务司兼外务署协办德国人穆麟德的鼓动下有依靠俄国的意思。清政府把大院君释放回国一事使闵妃对中国更加仇视，因此便通过当时俄国驻朝公使韦贝夫人的关系，试图与俄国接近。1886年8月，前英国驻朝鲜代理总领事贝德禄趁机制造朝鲜寻求俄国保护的传闻，企图挑拨中俄的关系。袁世凯闻讯后就向朝鲜政府提出质问，甚至称中国已决定发兵问罪，迫使朝鲜把一些亲俄的大臣逮捕治罪。

1887年，朝鲜政府决定向有约各国派驻公使。朝鲜政府怕遭中国反对，7月先派闵泳骏为驻日本使臣，等他到达日本后才向清政府报告，以试探清政府的态度。8月，朝鲜又任命朴定阳为驻美公使。清政府闻讯后于9月23日电谕袁世凯：“朝鲜派使西国，必须先行请示，俟允准后再往，方合属邦体制。”袁世凯指责朝鲜政府事先未同清政府商量，要求朝鲜派人到北京讨论此事。在谈判中，中方不允许朝鲜的驻外使节具有“全权”，朝方不同意。最后双方协议，朝鲜使节到达欧美国家后，同驻当地的中国使节之间仍遵守旧制。具体说，朝鲜使节到外国后要先到中国使馆报到，在各国使节参加的宴请等场合要列位在中国使节之后，遇到重大的事情需先请示中国使节等等。朝鲜使臣朴定阳到美国后未按照这个规定执行，直接拜会美国官员，开展活动。清政府要求朝鲜国王信守协议，迫使朝鲜政府不得不召回朴定阳。1889年朴定阳回到朝鲜后，袁世凯立即强迫朝鲜政府予以处分。朝鲜打算向欧洲派遣使节的计划也因袁世凯的干涉未能落实。1890年，朝鲜赵太妃去世。清政府照例派使节到朝鲜祭奠，袁世凯又蛮横地坚持朝鲜国王必须到城外迎接中国使节。

不仅在政治事务上，而且在经济事务上，清政府也对朝鲜进行干预。如袁世凯设法使朝鲜的陆上电报线都归中国管理。1890年，美国人李仙得试图取得朝鲜海关的控制权，遭到清政府的强烈抵制，袁世凯表示坚决反对。1892年，李仙得又伙同日本人秘密商量开放平壤为通商口岸，设海关，而关员都用日本人。当时，袁世凯正好请假回国，驻韩代理大臣唐绍仪闻讯后向朝鲜政府提出质问，同时李鸿章在国内也向日本提出交涉，结果李仙得的计划再次落空。为阻止朝鲜向法、英、美等国借债，1892年清政府两次利用在朝鲜的中国商号出面贷款给朝鲜政府，以朝鲜海关收入作为担保，实际这些钱都来自清政府的拨款。

这类措施的初衷是加强中朝关系，防范外来势力的侵入，但它们超越了传统的宗藩关系的界限，直接干预了朝鲜的内政，破坏了中国同朝鲜的友好关系，给外国势力提供可乘之机。

3. 日本“大陆政策”的形成

日本实行明治维新之后，经济发展非常迅速，国际地位也迅速提高。1889年，日本先后与美、德、俄等国签订新约，得到这些国家放弃它们在日本所享有特权的承诺。1890年，英国也改变反对日本修约的态度，同意定期废除它在日本享有的领事裁判权。随着实力的增长，日本不断地加强军备。1878年，日本建立军队参谋本部。参谋本部长与政府首脑太政大臣一样直属天皇，不受政府控制。1879~1880年，参谋本部派遣十余名军官以学习语言为名到中国各地进行调查。这些人归国后写成《邻邦兵备略》、《与清朝斗争方策》等报告。这些报告成为日本军国主义扩充军备的根据。此后，日本不断地派人来中国进行调查。1885年，日本把陆军的编制确定为常备队、预备队和后备队，使陆军兵力事实上扩大了一倍半。1883年，日本制订了8年内建造48艘军舰的计划。1886年，日本开始建设吴和佐世保两军港。针对清政府的北洋舰队，日本建造了火力凶猛的严岛、松岛和桥立三舰。1893年，又在天皇的支持下，政府进一步扩大造舰规模。在1886~1894年间，日本中央政府的财政预算每年支出总额在8000万日元上下，而每年的军费开支一直保持在2000万日元以上。

日本一些人不断地为扩张制造舆论。如1884年10月，《自由新闻》报发表长篇社论，提出“国权扩张论”，提出有必要“在独立权以上扩张国权”。这种国权主义思想很快在日本广泛传播。1885年3月，日本思想界著名人物福泽谕吉发表“脱亚论”，主张：“对待中国、朝鲜之方式，亦不必因邻国之故而特别和善，应按西洋人之对待之法予以处置。”10月，柴四郎的国权主义小说《佳人之奇遇》成为畅销书。作者主张：“当今燃眉之急是，与其内张十尺之自由，不如外伸一尺之国权。”虽然日本对韩国和中国的贸易在不断增长，但由于日本资本相对弱小、技术落后，无法同西方列强展开竞争。为保证获取大陆的市场和资源，只有建立排他性的贸易圈。1891年4月，《东京日日新闻》提出：“要知我国人口多于土地，已经进入社会生存竞争的最困难地步。”1892年，自由党总裁板垣退助发表《殖民论》，声称日本的人口不久即将过剩，因此推进殖民是当务之急，日本为了同世界富国进行竞争，也必须取得海权与商权，为此也有殖民的必要。日本国内支持政府推行军国主义的呼声日渐强烈。

1889年，日本公布了《帝国宪法》。它赋予天皇以无限的权力，包括统帅陆海军。统帅权由参谋总长和军令部长辅佐天皇行使，军事不在内阁的职权范围之内。军部成为首相不能过问的一个机关。宪法规定天皇有宣布交战、媾和和缔结条约的权利。早就主张强兵优先、历任陆军要职的山县有朋1889年12月出任内阁首相。他在1890年第一届帝国议会的施政报告中提出国家“主权线”和“利益线”的概念。“主权线”指国家的疆域，“利益线”指与主权线的安全紧密相关的区域，即邻近的国家。他宣称，要维护国家的独立，只守护主权线是不够的，“必须进保卫利益线，经常立足于形胜之地位。”他在此前的一篇文章中已明确地指出日本的“利益线之焦点在朝鲜”。在这个时期，日本的大陆政策基本成形。为了推行这项政策，山县有朋还以天皇的名义发布了《教育敕语》。教育领域与军事领域一样由天皇直接管辖。有关教育的法规都是以不经议会审议的敕令形式发布。日本政府在教育中大树天皇的权威，宣扬对天皇的绝对服从，宣扬武士道精神。

1893年4月，日本参谋本部次长川上操六带一批军官到朝鲜和中国以休假为名做开战的实地调查。川上回国后，陆军上将山县有朋根据其意见提出一件《军备意见书》，称不出十年中国就将被英法俄等列强瓜分，提出日本“应做好准备，一有可乘之机，即应主动采取行动，收取利益”。

第二节　日本挑起战争

1. 金玉均事件

金玉均是朝鲜开化党领袖之一，甲申政变后逃亡日本，朝鲜政府多次要求引渡，都遭到日本的拒绝。1894年3月，朝鲜政府派人诱使金玉均前往上海加以刺杀。事后清政府应朝鲜政府的要求，根据1882年中朝《商民水陆贸易章程》的规定，将刺客洪钟宇引渡给朝鲜政府。清政府还应朝方的请求，派船将金玉均的尸体运往朝鲜，费用由朝方承担。根据朝鲜的惯例，由于金玉均犯下了“大逆”之罪，须受车裂的惩处。日本外相陆奥宗光指示驻朝公使大鸟圭介劝阻朝鲜政府不要戮尸。受日本驻华公使小村寿太郎活动的影响，在北京的各国公使也纷纷致电朝鲜，宽宥金玉均的尸体。袁世凯得知此事后，担心引起日朝冲突，建议朝方听凭各仇家私自报复，不必援例车裂。朝鲜政府同意只将金玉均的尸体传示八道各邑，并且不刊登朝报，但朝鲜国王的承诺并未得到实行。4月14日夜，在各大臣和闵氏戚族的支持下，金玉均的尸体被肢解，其头与躯干枭未于杨花津，而四肢分枭于各道。

由于朝鲜开化党人同日本的密切关系，金玉均被杀和被肢解的消息传到日本后，日本一些便借机煽动反华反朝的气氛，指责此事是对日本的侮辱，散布此事受到清政府的指使，要对朝鲜和中国进行报复。福泽谕吉发表评论说，朝鲜将金玉均凌迟一事是“日本人的感情所完全不能谅解的”。自由党领袖求见首相伊藤博文，敦促其马上向中国和朝鲜宣战。5月20日，金玉均的日本支持者举行集会，煽动“援朝惩清”的情绪。在第六届议会上，犬养毅等议员纷纷就此事向政府提出质询，鼓动政府对中国开战。虽然外相陆奥宗光在答辩中表示日本无法干涉此事，但日本政府本身也在做战争准备。早在3月10日，文部相井上毅致伊藤博文的信中就提出“朝鲜政局演变至今之情势，极早筹谋方策，毁天津条约，向汉城派遣保护侨民的军队为紧要之事”。5月2日，日本驻英公使青木奉命试探英国对朝鲜问题的态度。英国表示不在朝鲜要求权益，而是担心俄国占领朝鲜和取得煤炭贮藏所。陆奥宗光由此认为日本推行其朝鲜政策，不会受到英国的牵制。军方更在加紧做战争准备。参谋次长川上操六派遣人员去朝鲜收集军事情报，并让寺内正毅大将等做好出兵的准备。

2. 东学道农民起义

1894年2月，朝鲜全罗道古阜郡的农民举行暴动，遭到政府的镇压。4月初，农民领袖全琫准取得在朝鲜民众中影响极大的“东学道”的支持，发动大规模起义。这场东学道农民起义迅速得到朝鲜各地农民的响应，四五月间几乎席卷整个国家。起义军发展迅速，朝鲜政府无力应付。5月31日，起义军攻占全罗道首府全州。一直鼓吹发动侵朝战争的日本团体“玄洋社”在日本军方的鼓动下，派人到朝鲜，以帮助东学道为名，试图将起义的斗争目标转向以袁世凯为代表的清政府势力，为日本在朝鲜的扩张创造条件。

6月3日，朝鲜政府正式向清政府求援。袁世凯本来就打算由中国出兵为朝鲜政府镇压起义，以强化对朝鲜的控制，但担心日本也会乘机干涉，犹豫不决。日本方面早就料到朝鲜政府会向中国求援，便制造一个圈套，为日本出兵朝鲜准备理由。这就是多方鼓动中国出兵。6月初，日本驻朝代理公使杉村濬先是派下属后是亲自向袁世凯表示，日本盼望中国帮助朝鲜镇压起义，并说日本政府“必无他意”，袁世凯因此认为日本“重在商民，似无他意”。他还认定日本最多是派一些士兵去保护日本使馆。日本驻天津领事也向李鸿章作出同样的表示，怂恿清政府出兵朝鲜。6月3日，驻日公使汪凤藻还向清政府报告说，日本国内党争严重，决无对外生事能力。李鸿章根据他们的报告，在接到朝鲜政府的求援信后，决定派兵前往朝鲜，并按1885年《天津会议专条》的规定于7日由驻日公使汪凤藻通知了日本。日本政府在接到中国出兵朝鲜的照会后，立即对清政府照会中提到"保护属邦"一词提出异议，要求清政府修改。李鸿章认为："文内'我朝保护属邦旧例'，前事历历可证，天下各国皆知。日本即不认朝鲜为中属，而我行我法，未便自乱其例，固不问日之认否，碍难酌改。"于是，陆奥宗光在给中国的复照中声明"帝国政府从未承认朝鲜为中国属邦"。6月9~12日间，中国军队2000余人分批到达朝鲜的牙山。清政府的这项决定正好中了日本的圈套。

6月2日，日本驻朝使馆报告朝鲜政府已请中国出兵。日本内阁开会讨论出兵朝鲜问题。陆奥宗光提出意见说：日本"必须向朝鲜派遣相当的军队，以备不测，并维持中日两国在朝鲜的均势。"这个意见得到其他内阁成员的支持。于是伊藤博文又请来参谋总长炽仁亲王和次长川上操六。会议决定以保护使馆和侨民为名出兵朝鲜。会后，日本组织兵力和成立大本营，并派出三四百名军人以护送大鸟公使为名于10日进入朝鲜京城。日本大批军队紧接着进入朝鲜，至16日到达朝鲜的日军已有4500人，远远多于中国军队。

6月7日夜间，陆奥宗光训令日本驻华代理公使小村寿太郎照会清政府，表示由于朝鲜发生重大事件，日本也决定出兵朝鲜。6月9日，总理衙门复照强调："查中国因朝鲜之请，派兵助剿，系保护属邦成例。且专剿内地土匪，事定即回。"中方希望日本不要太多出兵，也不要进入朝鲜内地。而日本方面却针锋相对地指出：日本并未承认朝鲜为清国属邦，日本出兵朝鲜是根据《仁川条约》规定的权力，并声称："有关于出兵事件，除遵照天津条约行文知照外，我政府唯行其所好而已，故关于其军队之多少及进退动止，毫无受清国政府掣肘之理。"

日本出兵引起朝鲜政府的警觉。朝鲜政府一方面通过照会与日本代理公使杉村濬进行交涉，另一方面派人阻止大鸟进入汉城。但日本公使大鸟还是坚持率兵进入汉城。他发现城内局势平静，东学道农民起义已基本被朝鲜政府用招抚的办法平息下去，清军驻扎在远离汉城的牙山，而日军大量进入汉城却引起了其他外国人的怀疑。因此，大鸟认为如果日本再派来大军，会引起其他列强的干预。大鸟一方面建议国内不再派军队登陆，另一方面于6月12日拜访袁世凯。袁世凯乘机提出限制增兵和撤兵的问题。这时，朝鲜政府也分别照会中、日两国，请求双方撤兵。

在中国方面，李鸿章在6月12日接到袁世凯关于同大鸟会谈的报告后认为日本没有其他意图，双方可以撤兵了事，于是立即停止续派军队，并命令已抵达朝鲜的叶志超和聂士成的部队停止进兵，准备回国。但是日本政府在接到大鸟的报告后却不同意撤兵，反而要求他向朝鲜政府建议用日本军队镇压东学道起义，作为大军进驻朝鲜的理由。虽然6月15日，大鸟与袁世凯达成了中日一起从朝鲜撤兵的协议，但大鸟以未奉政府命令为由不在协议上签字。实际上，大鸟已改变看法，他同日向日本政府建议先要中国撤兵，如果中国不撤，便用各种理由驱逐中国军队。

日本进一步制造向中国挑战的理由。就在6月15日这一天，日本内阁通过决议，主要内容是：同清政府一起尽快镇压朝鲜乱民；在平定乱民后，中日两国各派常设委员若干名驻于朝鲜，共同改革其内政；就此事与清政府进行协商，在取得成果前不撤回日本在朝鲜的军队；如果清政府不赞成日本的意见，日本政府就单独迫使朝鲜实行政治改革。6月16日，日方向清政府提出这个方案，次日，陆奥宗光也向汪凤藻提交一份正式照会。6月21日，清政府答复说，朝鲜变乱已平，中日共同镇压已无必要；至于朝鲜自身的改革，“中国尚不干预其内政，日本最初承认朝鲜为自主国，更无干预内政之权”。中方提出两国都从朝鲜撤兵。这就给日本制造决裂提供了借口。日本根本不想撤兵，6月22日，日本召开御前会议，会议认为由于“日清两国之相互合作，已非我国一厢情愿所能为力”，决定向中国发出绝交书，并向朝鲜派遣足以粉碎牙山清军的军队。会后，日方照会中国驻日公使汪凤藻，声明由于与中国政府所见相背，“帝国政府断不能下令撤退现驻朝鲜的军队”。

随后，根据日本政府的旨意，大鸟公使在朝鲜采取了两个措施：一是进一步借宗藩关系问题向中国挑战，二是提出内政改革问题，制造中日冲突。6月27日，大鸟致书朝鲜国王，提出日本要保护朝鲜的“独立自主”。次日，日本要求朝鲜政府表示是否同意清政府6月7日给日本的照会中所说的“保护属邦”四字，并限期一天答复。日本的用意在于，若朝鲜答复是独立自主的国家，那清兵以保护属邦为名进入朝鲜，就是侵犯朝鲜的独立自主权，于是日本就可根据条约以保护朝鲜的独立为名出兵驱逐清兵。若朝鲜承认是中国的属邦，日本也可以强调平息内乱是属于内政的范围，清国借保护属邦为名派兵，是干涉内政。在日方的威胁之下，朝鲜政府在征求袁世凯的意见后，只得答复说朝鲜尊重《江华条约》，作为自主之邦，朝鲜请中国援助是在行使自己的权力。日本在这一点上没有得到想要的东西，干脆于7月3日向朝鲜政府提出所谓的改革方案，直接干预朝鲜内政。方案涉及朝鲜中央到地方的政制、财政、法律、军队和教育等，并要求朝鲜国王任命大员和日方协商改革细节。在日本的威胁下，朝鲜政府只得派出15名高级官员与日方协商。在商议中，日本又提出详细方案，包括朝鲜给予日本修建铁路、架设电线等特权。朝鲜政府不愿接受，婉辞拒绝，并要日本撤兵。7月17日，日方照会朝鲜政府提出：“今后我政府当唯我利害是视，欲以独力执其手段。”日本决心用武力来实现对朝鲜的操纵。

日本的姿态咄咄逼人，而清政府则越来越被动。大鸟拒签同袁世凯达成的协议之后，袁世凯意识到形势的危急。6月18日，他一连向李鸿章发出4份电报，报告朝鲜局势，要求增兵和寻求列强调停。李鸿章下令北洋海军向朝鲜仁川增派3艘军舰，并考虑事态严重时向朝鲜派援军，但他还是寄希望于同日本交涉撤兵，并活动其他列强调停。6月28日起，袁世凯见日本来势汹汹，朝鲜的亲日派十分嚣张，而在牙山的中国军队势单力薄，形势很难挽回，再三请求回国。他还建议清政府先行撤军，另谋对策。直到7月18日，清廷才批准他回国，由唐绍仪代理。

3. 清政府寻求列强调解

6月25日，清廷在上谕中表示："现在情形看去，口舌争辩已属无济于事，"要求李鸿章妥筹办法。6月30日，李鸿章上奏称中国海军落后于日本海军，难以打赢，中国陆军力量单薄，不能出击。他一方面主张清政府筹备军饷，集中军力，另一方面还是强调寻求列强"转圜"。

清政府请求英、俄、美、法、德等列强进行调解，其中最重视的国家是俄国和英国。6月20日，李鸿章请俄国驻华公使喀西尼电告俄国政府，劝日本与中国约期同时从朝鲜撤兵。为了争取俄方的支持，李鸿章还诡称："英国已提议愿充调停者，但中国认为俄国在此次事件中有优先权。"喀西尼认为这是提高俄国在远东地位的一个好机会，并可防止英国插手，于是欣然表示："俄韩近邻，亦断不容倭妄行干预。"俄国政府接到报告后，考虑到俄国的西伯利亚铁路还没有完工，运兵到远东非常困难，认为在这种情况下，最好是能保持远东的现状，所以赞同喀西尼的建议：由俄国出面调停。6月24日，俄国政府指示驻日公使希特罗渥尽力促使日本政府与中国同时从朝鲜撤兵。希特罗渥却有不同的看法，他回电称："一旦我国以任何方式表示援助中国时，英国很可能站在日本一边。"次日，希特罗渥向日本提出撤兵的劝告。陆奥宗光当即表示：除非清政府保证同意共同承担"改革"朝鲜内政，或同意不干涉日本以独力完成改革，日本军队决不自朝鲜撤退。为避免俄国不安，他向俄国保证日本绝不想占有朝鲜。俄国驻日公使希特罗渥在报告中指出"看来谁也不要战争"。他甚至说："根据许多迹象来观测，若干强国倒很乐于见到我们牵连到远东问题中去。"希特罗渥的意见对俄国政府产生了影响，它担心被人利用，卷入朝鲜的纠纷，特别是担心由于俄国支持中国，英国就去支持日本。英国是俄国在远东最大的对手。如果英日合作，对俄国的利益将是严重的威胁。俄国调整了对日的立场。结果，7月9日，俄国方面向李鸿章表示：虽然俄国政府知道日本是无理的，但俄国只能从友好的角度对日本进行劝阻，而不能动兵强迫。李鸿章对此非常失望。7月21日，俄国政府指示希特罗渥通知日本：若日本对朝鲜所要求的东西违背了朝鲜以独立国资格与列强所缔结的条约时，俄国将不能认为它是有效的。这使日本方面意识到：只要日本不抛弃“维护朝鲜独立”的幌子，俄国政府决不会用武力阻止日本在朝鲜的行动。

另一个李鸿章想依赖的对象是英国。6月初，李鸿章就曾请英国政府出面阻止日本出兵朝鲜，但对方的态度并不积极。因为当时英国在远东扩张的主要对手是俄国，而在英国看来，无论中国还是日本在这方面都是可以加以利用的缓冲力量。英国确实不希望中日之间发生战争，这样会给俄国在远东的扩张造成机会，因此首先关注俄国对此事的态度。6月中旬，中日关系越来越紧张，英国开始担忧，也怕俄国插手。6月23日，英国外交大臣金伯利约见日本驻英公使青木周藏，希望他向日本政府转达避免日中冲突的建议。

这期间由于俄国公使喀西尼在这个问题上积极活动，英国驻华公使欧格纳也活跃起来。6月28日，他劝告总理衙门以“整理朝鲜内政”和“同保该国土地勿令他人占据”为基础，速与日本谈判妥协。英方这么做是为了避免中日之间发生战争。奕劻起初委婉地拒绝了，但后来改变态度答复说：“中国本意原欲保全朝鲜，但必须无碍中国体制权力，尽可相商。惟办法有无窒碍，须俟届时斟酌，如果事不能行，仍可罢议。”奕劻征求了李鸿章的意见，李认为可以接受英国的调停，但无法接受日本就整理朝鲜内政所提出的内容。于是，英方通过驻日代理公使巴柴特向日方提出：如果日本方面的意向是“仅限于朝鲜国独立及预防变乱，而不涉及属邦问题时”，清政府将不拒绝就日本的建议开始谈判。几经交涉，日方坚持要就“共同改革朝鲜内政”问题同清政府谈，而且强调“日本国于朝鲜凡有关政治上及通商上事项，与清国享有同样特权”。欧格纳意识到日本只是拖延时间，根本无意谈判解决问题，但他还是没有放弃调解的希望。

李鸿章也亲自试图推动英国的调解。7月1日，他请驻天津英国领事转告欧格纳：英国海军天下第一，英国外交部应该命令海军司令率领舰队到日本的横滨，然后同驻日大使一起到日本外务省，谴责日本出兵朝鲜，扰乱了东方的商业贸易，影响了英国的利益，要求日本从朝鲜撤军。在这次会谈中，李鸿章还对英国领事说：如果英国这么做，能促进同中国的友好关系，千万别让俄国在这方面领先。他的打算是利用英俄两国在这个地区扩张的矛盾，诱使英国帮助中国。然而，这只是李鸿章一厢情愿的想法，反映了他对国际形势缺乏全面客观的分析。其实在此之前，英国政府就已通知俄国政府：英国绝不愿采取威胁的手段来强迫日本撤兵。这不仅表示英国方面不愿为此事引起俄方的误会，而且暗示不希望俄国方面同中国站在一起对日本施加压力。可见，在朝鲜问题上，英俄的政策是基本一致的。

中方最后还是不得不按欧格纳的建议，由总理衙门于7月7日、9日与日本驻华代理公使小村寿太郎直接举行谈判。日方同意谈判的做法只是在敷衍英国。在会谈中，双方并没有讨论实质性问题，小村却以需要将总理衙门的意思电告本国请训为名中止了会谈。事后，日方指责中方没有诚意。7月14日，日本驻华代理公使小村寿一郎向总理衙门提出强硬照会，指责清政府坚持撤兵是“有意滋事”，声明“嗣后因此即有不测之变，我政府不任其责”。

在这种情况下，清政府虽知战争不可避免，还是希望争取时间，并尽可能避免战争。7月16日，欧格纳前往总理衙门，建议清政府继续与日本谈判。总理衙门表示同意。于是，欧格纳派人到天津与李鸿章商议办法。双方议定：平定变乱；为进行内政改革及兵制、财政革新，任命协同委员，该委员向各自政府报告，清政府仅劝朝鲜国王使其改革，而不能强迫其实行；中日两国在朝鲜通商上有相同的权利。中方还坚持谈判开始便商定撤兵事，不提出属邦问题。7月19日，英方将这些办法提交日方。中方的让步出乎陆奥宗光的预料。为了促成决裂，实行开战，日方进一步要求：中国不许干涉日本已在朝鲜内政方面采取的措施，不许再增兵朝鲜。日方强硬地表示："朝鲜形势所以演变到这样紧张的地步，全由于中国政府以阴险手段及因循方法使事情延宕不决而造成的。因此，中国政府对我国此次提议，非从本日起，于五日内以适当方法表明态度，则日本政府将不再与中国进行会商。"在日本的威胁下，李鸿章接受这两点，但坚持要求日本承认，"遇朝鲜大典时，日本不能与中国平行"，也就是中国在朝鲜名义上地位要高于日本，以及改革朝鲜内政"仅能劝告朝鲜国王照行，不能强迫"。对此，日本当然不会同意，日方坚持：关于朝鲜内政改革，中日两国政府必须迫使朝鲜国王遵行；关于朝鲜大典，两国必须平行。

对于日本的过分强硬态度，英国政府7月20日指示驻日代理公使巴柴特向日本提出抗议，指出日本要对发生战争的后果负责。日本反驳说，绝不承担这个责任。英国政府知道日本决心开战，放弃了调解的打算，于7月23日照会日本政府："上海是英国在华利益的中心，因此当日后中日两国开战时，希望日本政府同意不在该港及其附近作战。"这个照会明显地表明英国不会制止日本发动战争。

4. 甲午战争爆发

7月中旬之前，日本还在担心它的朝鲜政策是否会妨碍与英国的关系。7月16日，日本在长期交涉之后终于与英国签订了《通商航海条约》，基本实现了日本的自主权利。这起成功使日本感到它在远东采取的行动不会引起英国的干涉。次日，日本又召开御前会议，决定对华开战，并通过了作战计划。同一天，天皇特诏以主战著称的预备役海军中将桦山资纪为海军军令部长。7月19日，桦山组建了联合舰队，大本营派出舰队控制朝鲜西海岸，阻止清军增援。此时，日本已在朝鲜作好发动军事行动的准备。7月20日，大鸟公使向朝鲜递交两份照会。一是称中国用“保护属邦”的名义出兵朝鲜是无视朝鲜的独立、损害了朝鲜自主权，也是无视日韩条约中有关朝鲜是自主之邦的规定，要求朝鲜政府驱逐中国军队，并限22日前答复；二是中朝通商条约中都认定朝鲜为中国属邦，为保护朝鲜的权利，并尽日本对日韩条约的义务，要求朝鲜尽快废除同中国的一切条约。朝方没有给予日方满意的答复，特别是回避了中朝间的宗藩关系问题。

7月23日凌晨，大鸟下令日军占领朝鲜王宫，囚禁国王和闵妃，威逼大院君出任朝鲜王国摄政，组织傀儡政府。7月25日，大院君被迫宣布废除中朝条约，勒令代理袁世凯职务的唐绍仪撤回，还“委托”大鸟驱逐驻守牙山的清军。

日本早已作好同中国开战的准备。7月中旬，清政府意识到战争不可避免之后才由李鸿章开始做战争准备。清军万余人开向平壤，另有2000多人增援牙山。为避免日本海军袭击增援牙山的部队，李鸿章决定租用英国的商船三艘运兵，而由北洋舰队护送。李鸿章没有迅速增派更多的军队是他对调解还存在幻想。当7月20日牙山清军首领叶志超报告日军派兵驻守各要隘，开战在即时，李鸿章答复说：“日虽竭力预备战守，我不先与开仗，彼谅不动手，此万国公例。谁先开战即谁理诎，切勿忘记，汝勿性急。”

7月25日这天，游弋在朝鲜东海岸的日本舰队在丰岛海面发现了完成护航任务返航的中国海军“济远”和“广乙”号军舰。日军旗舰吉野号发出战斗信号，并率先向济远舰开火。中国军舰顽强反击，但寡不敌众，先后被击伤，“广乙”号搁浅焚毁。此后，日本军舰又发现并击沉清政府租来运送军队的英国商船“高升”号，船上清军800多人殉难。甲午中日战争由此爆发。7月29日，日军大规模从汉城南下，向从牙山移驻成欢驿的清军发起进攻，迫使清军后退至平壤。

7月26日，李鸿章获知朝鲜发生政变和日军在海上袭击中国军舰的情况时，仍指望英俄等国的调解，因为前一天英国公使欧格纳对总理衙门表示，英俄两国约同德法意等国共同进行干预。清廷也对宣战一事犹豫，因为是日下午总理衙门征求欧格纳的建议时，他让中方稍缓几天。

几天过去，列强调解一事未见进展。7月29日，清廷电令驻日公使汪凤藻下旗回国。翌日，清政府向各国发出照会，谴责日本发动战争。8月1日，清廷发布上谕，宣布对日本开战。同一天，日本天皇也发布向中国宣战的诏书。

9月12日，日本大本营从东京迁往广岛。9月15日，明治天皇随营驻跸，亲征督战。中日甲午战争包括海战和陆战。在海上，9月17日，日本联合舰队在黄海大东沟附近与护送援军赴朝后返航的北洋舰队遭遇。双方激战五个多小时，日军先退出战场，但清军损失惨重，以后再也不敢出洋作战。1895年1月下旬，日本联合舰队封锁山东威海卫，并派兵登陆向威海进犯。北洋舰队的官兵进行了顽强抵抗，但在提督丁汝昌和总兵刘步蟾自杀之后，2月12日美国顾问和一批军官以丁的名义向日军投降。2月17日，日舰进入威海卫，北洋舰队全军覆没。

在陆地上，9月15日，日军对驻扎平壤的清军发动总攻击，第二天，日军就突入城内，清军败北，向后溃逃。至9月底，清军全部撤出朝鲜。10月下旬，日军越过鸭绿江，攻入我国东北。10月25日，日军占领九连城和安东，11月6日攻陷金州，次日占据大连战略要地，11月22日攻占旅顺，12月13日攻入海城，12月16日占领复州，1895年3月2日夺取鞍山，5日后占领牛庄、营口等地。至此，日军基本控制了辽东半岛，直逼山海关。

5. 签订《马关条约》

战争爆发后，清军节节败退，清政府的态度又转向求和。它仍是先请俄国出面，但被拒绝了。1894年10月初，清政府又请英国政府出面调停。为此，总理衙门大臣孙毓汶、徐用仪10月6日还找到总税务司赫德。两位大臣几乎痛哭流涕，表示愿意接受任何可行的建议。正好，此时英国也不希望战争长久拖下去而影响中英贸易，还怕走投无路的清政府索性倒向俄国一边。因此10月中，英国公使欧格纳劝清政府早日议和，以“各国共保朝鲜，中国赔偿日本军费”作为基础进行谈判。英国政府向俄法德美等国建议共同出面调解，只有俄国接受，因为俄国对“国际共同保证朝鲜独立”感兴趣，认为这可以防止日本独占朝鲜。但由于德美两国拒绝合作，英国又不愿单独与俄法合作，因为俄法是同盟国，若它们的意见在调解过程中占上风，对英国反而不利。结果，调解计划失败。

10月底，清政府再次请求列强调解，又未成功。在这种情况下，清政府只好直接派代表向日本求和。11月18日，清政府派天津海关税务司德国人德璀琳带着李鸿章致日本首相伊藤博文的求和书，前往日本。显然，清政府仍想沿用中法战争后期启动中法和谈的办法。11月26日，德璀琳到达日本。但日本政府拒绝接待他，理由是德璀琳是西人，李鸿章的书信也不是国书。日方指出非中国著名大员，由皇帝钦派来日，决不开议。清政府只得按照日本的要求，经美国驻华和驻日公使与日方沟通，于12月20日通知日本，派遣曾任驻美公使的户部侍郎张荫桓和曾任驻俄代办的湖南巡抚邵友濂同为全权大臣赴日议和。随后，清政府又聘请美国前国务卿科士达为代表团顾问。1895年1月31日，中国和谈代表团到达日本指定的议和地点广岛。这时日军正在进攻威海卫，日方根本不想谈。于是，首相伊藤博文和外相陆奥宗光与中国代表会见时，对其全权证书进行挑剔，认为全权不足，拒绝开谈。伊藤向中国代表团参赞伍廷芳表示，必须恭亲王或李鸿章亲自来才能谈。2月7日，清政府表示愿意按照日本的要求修改张荫桓二人的全权证书，但日本仍不允许他们“滞居日本”。2月12日，张、邵被逐回国。

在日本的压力下，清政府不得不任命李鸿章为议和全权大臣。2月17日，日本通过美国驻华公使田贝提出议和先决条件，不但要清政府确认朝鲜“独立”和赔偿军费，而且要求割让土地。对此，清政府内部意见不一。李鸿章知道割地必遭全国民众的反对，表示“不敢承担”，仍是主张请求各国干预。李鸿章在临行前，逐一拜访驻京的各列强公使馆，乞求帮助。他在拜会英国公使欧格纳时甚至提到由英国传教士李提摩太代拟的一个方案，即为酬谢英国的帮助，在一定年限内把中国的行政管理权交给英国。然而，李鸿章的求乞活动都没得到积极响应。

3月14日，李鸿章偕带儿子李经方、美籍顾问科士达前往日本下关（马关）。3月20日，他与日本全权代表伊藤博文和陆奥宗光会谈。李鸿章要求在议和前先休战，但日方不同意，而是提出十分苛刻的先决条件：由日军占领大沽、天津和山海关，上述各地的清军全部缴械，天津至山海关铁路交由日本军务官管理，停火期间日本一切军费全由中国负担。李鸿章在请示清政府后于3月24日的会议上表示拒绝，并撤回了休战的要求。他在返回寓所途中被一日本极端分子刺伤。此事使日方十分着急，担心引起国际干预。于是日方在3月28日同意无条件停战。3月30日，双方签订停战协议。协议规定停战至4月20日。

此后，李经方（4月6日他被任命为全权大臣，代表李鸿章办理交涉）与日方就程序问题反复协商，直至4月1日，日本代表才提出了具体的议和条件。中方反复恳求日方在割地和赔款上降低要求，日方指责中国代表拖延谈判，要对谈判破裂负责。4月10日，日方提出最后修正案，伊藤只允许中方四日内作出接受还是拒绝的明确答复，条款本身“无可再行商议”。在日本的压力下，清政府只得同意在修正案上签字画押。4月17日，中日代表正式签订《马关条约》。其主要内容如下：

（1）中国承认朝鲜为“完全无缺之独立自主”，“该国向中国所修贡献典礼等，嗣后全行废绝”；

（2）中国割让辽东半岛、台湾全岛及所有附属岛屿、澎湖列岛给日本；

（3）赔偿日本军费库平银二万万两，七年内分八次交清，在第一次付款后，其未付之款应按年加抽百分之五利息，如三年内能全数还清，或免除利息；

(4) 开放沙市、重庆、苏州、杭州为商埠，日本得在这些通商口岸设立领事馆；

(5) 此条约经双方批准后于5月8日在烟台换约，换约后日军从中国境内撤出，但为保证本条约各款的“认真执行”，中国应“听允日本军队暂行占守山东省威海卫”，直至中国交清赔款、双方订立通商行船条约并批准互换为止，中国还应付日本驻军费用，每年50万两。

《马关条约》是继《南京条约》和《北京条约》后中国签订的最屈辱的不平等条约。根据这个条约，1896年7月中日双方签订《通商行船条约》，清政府给予日本领事裁判权和片面的无条件的最惠国待遇，日本从此同西方列强一样在中国享有种种特权。

6. 三国干涉还辽

《马关条约》的签订在全国引起极大的愤慨，京城内外的官员奏参李鸿章父子和反对批准条约的不计其数。清政府多方征求意见，以备决策。这时发生了清政府久盼的国际干涉。就在《马关条约》签订的同一天，俄国建议德法两国一起联合要求日本放弃占领辽东半岛。三国干涉是各有自己打算的。俄国认为日本占据辽东之后会进一步占领全部朝鲜，从而威胁俄国在远东的领土和利益，因而有必要加以制止。俄国也想借此向中国讨取新的权益。法国是出于盟友关系而支持俄国的。德国则是想在中国东部或东北部谋取一块领土。为此，它既不愿看到日本势力在这个地区的扩张，也希望通过干预，中国方面会以一个港口为酬劳。4月23日，三国驻日公使分别向日本政府递交照会，劝告日本放弃对辽东半岛的占有，同时还通知清政府暂缓批准条约。

在这种情况下，清政府内部对是否批准和约更加分歧，甚至产生新的幻想。4月26日清政府致电俄德法三国政府，询问是否要展暂换约日期。4月27日，清政府电驻俄公使许景澄，让他向俄国方面表示：如果俄国能以兵舰来泊辽东海面，中国愿与俄国订立密约，酬谢俄国。4月29日，清政府又电令李鸿章与日方商改割台条款。李认为这可能导致日本决裂兴兵，回电表示反对。由于三国迟迟没有答复，清政府害怕耽误了换约日期，招致破裂，不得不于5月2日批准条约。

日本接到三国的照会后决定在军事上不能和三国对抗。5月1日，它向三国提出保留金州，并要中国给予补偿，在中国未履行条约义务前日本还要暂时占领辽东半岛。这个要求遭到三国的反对。日本最终于5月5日同意放弃对辽东半岛的占有。

清政府获知日本接受三国的要求，对于换约一事又产生犹豫，5月7日照会日本请求延期交换。日本政府根据一步不让的原则坚决不同意。此时，三国虽然压日本退还辽东半岛，但它们不想过分得罪日本，也催促清政府尽快批准《马关条约》，不理睬清政府要求收回台湾的请求。5月8日，清政府代表伍廷芳和日本代表伊东美文治在烟台举行了换约仪式。换约后，伍廷芳以照会形式向伊东提出三点：条约可照三国和日本商定的情形随时修改；台湾之事另作商量；中国已得三国通知，日本允退还辽东半岛，中国即准备收回。伊东将这份照会干脆退回不收。

在日本的催促下，清政府特派李经方为全权委员，办理交割台湾事宜。6月2日，李经方在基隆口外日本的“横滨”号军舰上向日本所派的台湾总督桦山资纪递交割台清单。中国领土台湾就这样断送在清朝手中。台湾爱国军民为阻止日本的侵占，浴血奋战五个多月，到年底台湾终于失陷。

俄法德三国和日本的谈判到1895年10月19日达成协议，随后中日之间按照这个协议，由李鸿章和日本代表林董于11月8日订立《辽南条约》。清政府以库存银3000万两的巨大代价赎回了辽东半岛。

早在《马关条约》签订之前，1894年底，日本内阁决定把本为中国领土的钓鱼岛划归冲绳管辖。位于台湾基隆以北102海里的钓鱼岛是中国大陆土地及台湾岛向海内的自然延伸，中国人关于此岛的最早记载见于1403年的《顺风相送》航海图，台湾渔民常年在这里打鱼。日本政府趁取得对华战争优势之机占据了钓鱼岛。

第三节 中俄结盟

由于俄国带头发动三国干涉还辽，在清政府内出现了亲俄的气氛。众多官员上奏提出联俄的主张。1895年7月，两江总督刘坤一在奏折中主张联俄拒日，以保东三省。他说："俄疆宇已广，且信义素敦，与我修好二百数十年，绝无战事，实为前古所未有，前以伊犁还我，此次与法德争还辽东，其为德于我更大。""中俄邦交永固，则日与各国有所顾忌，不至视我蔑如，狡焉思启矣"。湖广总督张之洞也上奏提出相同的主张。他说：俄国"举动阔大磊落，亦非西洋可比"，对中国素来友好，干涉还辽，"较之他国袖手旁观隐图商利，相去远矣"，因此要"力加联络，厚其交谊，与之订立密约。凡关于俄国之商务、界务酌与通融"。这些主张影响到清政府对俄政策。

1896年5月，沙皇尼古拉二世举行加冕典礼。清政府原定派湖北布政使王之春为专使前往祝贺。俄国公使喀西尼提出王之春的地位太低，难于接待，指定要李鸿章担任致贺专使。于是，清政府任命李鸿章为"钦差头等出使大臣"，除赴俄国参加沙皇的典礼之外，还出访英、法、德、美等国，加强关系。李鸿章出使前，慈禧太后召见他。李鸿章表示："联络西洋、牵制东洋是此行要策。"

李鸿章到俄国后，俄方即向他提出修建东北铁路的计划。此前，俄方曾多次向中方提出这个建议，但中方都表示要自建。5月3日，李鸿章开始与俄国财政大臣维特谈判。维特讲：中日战争中，俄国有意调兵相助，但因没有铁路，行动过缓，待到吉林时，战争已告结束。他一再强调，在三国干涉还辽事件中俄国给予中国巨大的帮助，并宣布中国领土完整的原则。他建议中俄缔结军事同盟，以对付共同敌人日本，为此要求中国允许俄国西伯利来铁路穿越中国东北北部，以便今后能更有效地向中国提供军事援助。沙皇在李鸿章递交国书之后，也亲自提出铁路问题。他说："东省接路，实为将来调兵捷迅，中国有事，亦便帮助……将来英日难保不再生事，俄可出力援助。"劝诱之外，俄方还向李鸿章行贿。俄方的建议与李鸿章一贯的联俄制日的思想相符。5月14日，李鸿章致电总理衙门称："条约谈判，甚少歧见。俄方动机，纯欲与我成立友好关系。我若拒绝，彼必深憾，且将为我之害。"他答应了俄方的要求。6月3日，双方在莫斯科秘密签订了《御敌互相援助条约》（一般称为《中俄密约》）。条约主要规定：

（1）如日本对俄国东亚领土或对中国领土实行侵占，两国应以全部海陆军互相援助；战时允许俄国军舰驶入中国的一切口岸。

（2）中国允由华俄道胜银行承办经理在黑龙江、吉林两省建造铁路以达海参崴；战时俄国可以利用这条铁路运兵、运粮、运军械，平时也可用以运过境的兵、粮。

（3）本条约自铁路合同批准日起有效期15年。

根据这个条约，9月8日中国驻俄公使许景澄与华俄道胜银行的代表签订《合办东省铁路公司合同章程》。其中主要规定：

（1）成立中国东省铁路公司，章程照俄国铁路公司成规，股票只准华俄商民购买；

（2）铁轨宽度照俄国铁轨一律五英尺；

（3）俄国经此铁路运往中国或由中国运往俄国的货物都享有减税三分之一的优待。

（4）铁路公司建造、经营、防护铁路所必需的土地，官地由中国政府免费拨给，民地由公司收购。这些地段"由公司一手经理"。俄方后来利用这句含混的规定加以曲解，获取对这个地区的行政管理权。

这个条约为俄国在中国东北北部建立势力范围打下了基础。

后来俄国政府又制定了《中东铁路公司章程》，规定在铁路地区内，公司任命警察维持治安、公司得制订警察法规、公司可兴办其他工矿企业等。铁路公司董事会又拟定了组织护路军的章程。1897年底起，护路军进驻铁路沿线。中俄盟友关系除了便利俄国在东北的扩张，并没有给中国带来保护自己的利益、防止外来侵略的好处。

李鸿章在结束对俄国的访问之后又前往德、荷、比、法、英、美等国访问。在这些国家，他一方面表示要同各国加强友好关系，另一方面希望各国同意提高关税。但各国都没给予承诺。

日本推行大陆政策，向朝鲜积极扩张是导致甲午战争的主因。但清政府坚持古老的宗藩关系，直接干预朝鲜内政，给日本提供了制造战争的借口。在面临日本威胁的情况下，清政府不是积极扩军备战，而是乞求列强调解，甚至对日本的要求一让再让，助长了日本的扩张气焰。在甲午战争前后，野心勃勃的日本咄咄逼人，而腐朽的清政府处处被动，这一势态也就决定了战争的结局。《马关条约》签订后不久，李鸿章作为清政府的替罪羊被解除了直隶总督兼北洋大臣的职务。洋务运动未能实现富国强兵的理想。清政府统治下的中国日趋衰弱。

思考题：

1. 分析甲午战争前在朝鲜半岛问题上的中日矛盾。
2. 从外交角度分析中日战争清政府失败的原因。
3. 分析《马关条约》及其后果。
4. 试析战后清政府寻求与俄国结盟的政策。

参考书目：

王绍坊：《中国外交史（鸦片战争至辛亥革命时期）》，河南人民出版社1988年版，第五章。

王如绘：《近代中日关系与朝鲜问题》，人民出版社1999年版。

近代史研究所：《日本侵华七十年史》，中国社会科学出版社1992年版。

孙克复：《甲午中日战争外交史》，辽宁大学出版社1989年版。

王芸生：《六十年来中国与日本》第2卷，三联书店1980年版。

中国史学会：《中日战争》，上海人民出版社1957年版。

王铁崖：《中外旧约章汇编》，三联书店1962年版（1982年再版）。

第八章

义和团与八国联军入侵

甲午战争之后，帝国主义列强看中国软弱可欺，纷纷提出各种要求，从各个方面扩大其在华利益，甚至开始谋求建立势力范围。清政府为求得表面上的和平同外国签订了大量的条约协定，或用照会形式接受了列强的利益要求。中国领土面临被瓜分的危险，中华民族遭受更沉重的压迫和欺凌。为了拯救国家，中国的社会上层出现了一个要求改革的改良主义运动，但1898年的维新变法仅百日就被反动的顽固势力所镇压。在这种形势下，在社会下层一场轰轰烈烈的反帝群众性运动逐渐形成。

第一节　帝国主义列强企图瓜分中国

1. 列强纷纷在中国强取租借地

中日战争之后，列强都以各种理由要求占据一块中国领土。首先是德国进占胶州湾。德国早就想在中国沿海得到一个基地，以便它在太平洋的扩张。它积极参加俄国创议的“三国干涉还辽”的目的就在于此。1896 年 12 月，德国公使海靖向总理衙门正式提出用租赁 50 年的方式在沿海得到一个储煤站的要求，并指明要胶州。清政府以怕各国援例为由婉言拒绝。1897 年 8 月，德国向俄国提出要派舰在中国胶州湾停泊的问题，得到了俄国的认可。于是，德国伺机采取行动。

就在此时，因德国天主教传教士在山东曹州各县唆使教徒欺压当地居民，在当地引起公愤。11 月 1 日，两名德国传教士在钜野县被杀，随后济宁、菏泽、单县等地也发生了群众焚毁教堂，打伤传教士的事件。德国便以保护德国侨民为由下令舰队开往胶州湾。曹州教案发生后，清政府担心德国以此为借口挑衅，立即要求当地政府破案，但还是发生了德国派兵占领胶州湾的事件。11 月 14 日，德军逼迫中国守军退出炮台，清军奉命没有进行抵抗。次日，德军进占胶州城。11 月 16 日，德国公使海靖向总理衙门提出六项要求：山东巡抚李秉衡撤职；在钜野县等三处建立教堂，并赔偿传教士的损失；在钜野、菏泽、郓城、单县等多处地方为传教士建立住房；保证今后不发生类似事件；由中德两国出资设立德华公司，修建山东全省的铁路及开采铁路附近的矿产；清政府负担德国办理此案的全部费用。11 月 20 日，清政府同意就对方的要求进行谈判，但要对方先撤兵。

为尽快解决这个问题，清政府根据中俄盟约请求俄国出面干涉。俄国政府不愿看到德国占领胶州湾，劝告德国撤军，并建议德国在上海以南取得一出海口，但德国拒不接受。清政府不得不与德国进行谈判。12 月 4 日，总理衙门与德国公使达成初步协议，接受德国的前三项要求。德国方面趁机进而提出租借胶州湾作为迫使日本还回辽东半岛的报酬，中方只好同意了。1898 年 3 月 6 日，中德两国签订《胶澳租借条约》，主要内容如下：

（1）中国将胶州湾一带地区租借给德国，以 99 年为期。租期内胶州湾由德国管辖。离胶州湾沿岸潮平 100 里内，德国军队可以自由通过，清政府在此区内发布命令，采取任何措施，派驻军队，事先都必须得到德国的同意。

(2) 准德国在山东建筑两条铁路，一条自胶州湾直达济南及山东边界，另一条自胶澳经沂州至济南。在铁路两旁30里内，准德国人开矿。

(3) 山东省内举办任何事业，如需用外国人或用外国人资本或用外国料物，须先商德国厂商承办。

德国通过这个条约不仅以租借地形式占据了胶州湾，而且把山东全省变成它的势力范围。

趁清政府向它求援之际，俄国也提出自己的要求，“请中国指定海口，俾泊俄舰，示各国中俄联盟之证，俄较易借口，德或稍敛迹。”清政府听信俄方，允许俄国舰艇驶入旅顺水面，并命令旅顺守将：“俄船在旅所有应用物件，随时接济，勿听将弁讹言，致启衅端。”。12月14日，俄国舰队开进旅顺港。俄国政府对外称这是暂驻待命。然而，俄国并没采取实际措施来帮助中国对付德国。清政府意识到俄国的意图。12月29日，总理衙门要俄国代办巴布罗福作出俄国无意取得旅顺口的书面保证。巴布罗福称，一旦政治形势允许，俄舰就撤离，同时要求清政府拨给地方，建立煤栈。清政府认为事态严重，立即派许景澄为特使到俄国进行交涉。1898年2月17日，沙皇尼古拉接见许景澄时称：“俄船借泊，一是为胶事，二为度冬，三为助华，防护他国占据。”他在许景澄的一再追问下才表示春天后撤离。此时，俄方尚未提出租借该地，因为还需得到英日两国认可。在俄国与英日交涉取得进展之后，1898年3月3日巴布罗福正式照会总理衙门，提出租借旅顺和大连、建筑中东铁路南满支线的要求，并限五日内答复。3月12日，巴布罗福又到总理衙门进行威胁。3月15日，沙皇接见许景澄。许要求俄方实现诺言，尼古拉称形势已发生变化，“俄国在东方不能不有一驻足之地”，坚持要中国接受俄方的要求。俄国政府还采用了金钱收买中方代表的手段。清政府曾先后请日本和英国调解，都遭到拒绝。在俄国的压力下，1898年3月27日，中俄两国代表在北京签订了《旅大租地条约》，

5月双方在俄国又订立《续订旅大租地条约》。这两个条约的主要内容是：旅顺口、大连湾及其附近海面租与俄国，租期25年，如经双方同意还可延长；在租期内旅顺口和大连湾完全由俄国管辖；允许中东铁路公司修筑一条支线，以连结旅顺口和大连湾。于是，东北三省成了俄国的势力范围。

早在1895年，法国以参加三国干涉还辽有功要求清政府就商务方面给予好处，清政府同意了对方的要求“以示酬答之意”。6月，双方订立《续议商务专条附章》。在这份协议中，清政府同意加开口岸和减少税收，更重要的是同意中国将来在云南、广西、广东开矿时先和法国商量，越南境内的铁路可经两国商量修进中国境内。这就为法国取得西南三省的势力范围打下基础。1897年3月，法国政府强迫清政府宣布不把海南岛割让给他国。为了进一步与英国和俄国竞争，1898年3月，法国代办吕班向总理衙门提出四项要求：云南、广东、广西等省就照长江之例不得让与他国；中国邮政总管由法国人充任；准法国修筑自越南至云南省省城的铁路；法国在南省海面设立“趸船”之所。法国外交部也对中国驻法公使进行威胁。4月上旬，清政府不得不在两份照会中答应了法国要求。第一份照会同意（1）法国自越南边界至云南省城修一条铁路；（2）将广州湾租借给法国99年；（3）中国将来设立邮政大臣时会请外国人相助，“所请外国官员，声明愿照法国国家所请嘱之意酌办”。第二份照会同意“越南邻近各省”，“绝无让与或租借他国之理”。1899年11月16日，法国正式与清政府订立《广州湾租界条约》。它规定广州湾及其附近水面为法国租借地，为期99年。这样，中国南部三省就成了法国的势力范围。

德俄两国在中国沿海强占租借地的活动严重地威胁到英国在华的长期优势，英国政府决定也要在中国获得同样的利益。早在1898年2月，英国就迫使清政府宣布不将长江沿岸各省割让或租借给其他国家，因此长江流域成了英国的势力范围。3月，英国在得到德、日谅解之后，于28日由英国驻华公使窦讷乐借口北抗沙俄向清政府提出租借威海卫的要求。三天后，窦讷乐又到总理衙门威胁说，如果4月2日不定，英国将派兵到烟台。清政府一是不敢拒绝，二是许多官员以为这样便可以牵制俄德。总理衙门于4月2日答应了英方要求，但提出威海卫的租期应与俄国租借辽东半岛的租期一样等条件。经过一番交涉，1898年7月1日，两国签订《订租威海卫专条》。英国取得威海卫海湾连同刘公岛和威海卫沿岸10里宽地段的租借权，租期25年。

与此同时，英国还提出租借九龙半岛的北半部。早在1895年，英国军方就作出了要在九龙扩界的决定。1898年4月，清政府同意把广州湾租借给法国。这就给英国提供了一个借口。英国方面以法国租借广州湾危及香港安全为由，向清政府提出租借九龙半岛的要求。在英国的压力下面，清政府于6月9日同英方签订了《展拓香港界址专条》，同意把新界租借给英国。当时条约没有对展拓范围作详细的规定，只有一张附图标出大致的地区。1899年3月订立的《香港英新租界合同》才明确了展拓的界限，即把九龙半岛深圳河以南、界限街以北的广大地区及周围大小二百多处岛屿全部租借给英国。这个地区后来便被称为"新界"，租期为99年。当时，清政府仍保有对九龙城的管辖权和码头一处，但到年底，英国殖民者又无理赶走在九龙城的中国官员，最后完成对整个九龙半岛的占领。

日本于1898年4月以福建邻近台湾为借口，强迫清政府声明不将福建割让给其他国家。这样，福建成了日本的势力范围。

2. 列强争先向清政府贷款

这个时期列强还纷纷介入向清政府的借款，因为收益巨大。《马关条约》规定的赔款为库存银两亿两，在条约批准后半年内清政府要先付5000万两，余下的分期付清，年息5%。后来清政府为赎回辽东半岛又要在半年内付出3000万两。当时，清政府的财政收入全年还不到九千万两。为了交付赔款，清政府的唯一办法就是举借外债。于是，各列强争先通过在华开设的银行，获取借款项目。以后的四年间，清政府共向外借了七笔外债，其中三次数额最大：1895 年的俄法借款，1896 年的英德借款和 1898 年的英德续借款，每次都近 1 亿两银。1895 年 1 月，俄国向中国驻俄公使许景澄表示，中国借款事“先商俄国，方见友谊”，而俄国也作好了借款的准备。当时三国干涉还辽正在进行中，清政府不想得罪任何人，便建议由三国共同借款，而俄国坚决主张由俄法一道借款。7 月 6 日，许景澄代表清政府与俄国方面签订了《四厘借口合同》，从俄国与法国处借 4 亿法郎（折合近 1 亿两银），年息 4 厘，36 年内还清，以海关收入为担保。英国见到俄法从中国获得利益，就联合德国向清政府施加压力。1896 年 3 月 23 日，清政府和汇丰银行、德华银行签订了《英德借款详细章程》，借款总额 1600 万英镑，年息 5 厘，36 年还清，用海关收入担保。借款的一个附加条件是“在此次借款未付还时，中国总理海关事务应照现今办理之法办理”，这就意味着英国人要继续长期控制中国海关。1898 年，清政府准备再次向外借款，英、俄、法等国都来争抢，但提出的条件都非常苛刻。清政府拒绝后，英国依然坚持不论能否借款都要实现其提出的一些要求。2 月，清政府不得不同意不将长江流域各省抵押、租借或割让给他国。同时，清政府还保证在英国对华贸易在中国对外贸易中占有首位期间，海关总税务司继续由英国人担任。清政府本想在国内举债不成，其后还是向汇丰银行和德华银行联系。3 月 1 日，《续借英德洋款合同》达成，债额又是 1600 万英镑，年息 4.5 厘，45 年还清，除了用海关作担保之外，还以苏州、九江等七处地方的厘金和盐税收入作为担保。

19 世纪末的五年内，清政府除了上述三次大借款后，还以其他名目向外借款，总债额 4.51 亿两，加上利息则高达 7 亿两。这些借款不仅利率高，而且有各种附加条款，使债权人能有很大的、稳定的经济收益。对清政府来说，则是更加沉重的负担。作为主要担保物的海关税收当时每年两千多万两，是清政府的一项主要财政收入，现在却不得不大量转交给债权人。外国人控制中国海关收入就基本能左右清政府的财政。

3. 列强争夺铁路修建权

列强迅速扩大在华的经济利益。大量外国商品输入中国，中国外贸逆差越来越严重。1895 年至 1900 年，中国每年平均进口总值为 2.1 亿海关两，而出口总值为 1.5 亿海关两。由于关税过低，民族工业和手工业得不到保护。外国公司也来中国设厂，在这五年里达到 900 多家。它们利用中国的廉价劳动力和资源，以及享受各种免税特权，获取巨大的利润。这同样阻碍了中国民族工业的发展。为了进一步巩固各自的势力范围和保障长远的经济利益，各国还在争夺铁路修建权。清政府在列强的高压下把一条条铁路的修建权拍卖出去。

1896 年 6 月，俄国通过《中俄密约》得到自俄境经由黑龙江、吉林到达海参崴铁路的修建权。法国在签订商务条约后不久就根据其规定，要求清政府准许法国费务林公司修筑自越南同登至广西龙州的铁路。1896 年 6 月，中法签订《龙州至镇南关铁路合同》。费务林公司取得根据清政府的指令，以政府的名义，修造和经营铁路的权力。1897 年 6 月，总理衙门又通过交换照会的方式同意法方的若干要求，包括在上述铁路修成后可延修至南宁、百色，还可以修建平河口至蛮耗、蒙自至昆明、滇越边界至昆明的铁路。1897 年月 5 月，俄国联合法国，由比利时银行团出面与清政府签订了《芦汉铁路借款合同》。订立后不久，比利时方面就提出修改合同的要求，落实有关修建铁路的一些事项。英国政府得讯后坚决反对，驻华公使窦讷乐向总理衙门警告说："如果在把满洲和山东的特殊利益分别给予俄国和德国的同时，又给予这些国家或其他外国以在长江的特别机会或特权，女王陛下政府便不可能在与中国有关问题上，继续以友好的态度进行合作。"然而在俄法的压力下，清政府还是于 1898 年 6 月同比利时财团签订了《芦汉铁路借款详细合同》和《芦汉铁路行车合同》，使这些国家取得了对芦汉铁路的投资、修筑和经营的权利。

英国为了抗衡俄法的扩张，1898 年 8 月向清政府提出修筑天津至镇江、山西经河南至长江沿岸、九龙至广州、浦口至信阳、苏州经杭州至宁波等五条铁路的要求。9 月 6 日，清政府答应英国修建除津镇铁路以外的其他铁路。没有同意英国修建津镇铁路的原因是该铁路穿越山东，这个计划遭到德国的反对。1898 年，德国通过《胶澳租界条约》得到在山东修建铁路的权力，不容许其他国家在其势力范围内修铁路。于是，英国的中英公司与德国银团经过协商达成协议，英国的利益范围是在长江流域、长江以南各省和山西省包括自山西至芦汉线上正定以南和穿过黄河流域连接长江流域的铁路；德国的利益范围是山东省、黄河流域和自黄河流域至天津及正定和芦汉线上其他地点的铁路。双方同意津镇铁路的天津到山东南境一段由德国来修，而山东南境到镇江一段由英国来修。全线修通后，由两国共同经营。根据英德的协议，1899 年 5 月，清政府与英德银团签订《津镇铁路借款合同》。

1899 年 4 月，英国与俄国之间也达成协议：英国不在长城以北，俄国不在长江流域谋取铁路利权，或阻止对方取得铁路利权。

美国是后来者，美国的华美合兴公司于 1898 年 4 月得到修建粤汉铁路的投资修建权。同年 9 月，英国中英公司得到修建广九铁路的权益。但两家还是发生利益争执。于是它们经过谈判，于 1899 年 2 月达成协议，规定今后双方对彼此在中国获得任何企业上利益，应以其一半许给对方，包括粤汉铁路和广九铁路。

19 世纪末，由于清政府的软弱，列强纷纷以威胁手段争先恐后地、肆无忌惮地榨取新的权益。主要强国都在中国获取了各自的势力范围，在经济上不断地扩大利益，在政治上不断增强对清政府的影响。中国有从半殖民地沦为殖民地的危险。

第二节 义和团运动

1. 义和团运动的兴起

19 世纪末，随着帝国主义列强在中国的势力大大加强，广大民众反对和仇视外国侵略者的情绪也日益高涨。多年来由于外国向中国大量倾销商品，如洋纱、洋布等，从市场上排挤了中国的产品，严重摧毁了农民的手工业，破坏了农村的自然经济，铁路的修建也使传统的运输工人失业，农民和其他劳动者生活艰难。再加上吏治腐败，苛捐杂税，以及严重的自然灾害，广大民众处在水深火热之中。

与此同时，随着列强侵略的加深，外国教会势力也不断增长。到 19 世纪末在中国已有 3300 多名外国传教士，设有 40 个教区，60 多个教会。入教的中国人达 80 余万。经过传教士长期的努力，教会的影响大大增加。一些传教士和依赖教会势力的教徒为非作歹，而教会却干涉词讼，曲庇教徒。他们甚至任意出入地方衙署，斥责官员，擅建武装。中国各阶层民众同教会的矛盾越来越尖锐。

在这样的背景下，中国民众把斗争目标集中针对洋教，在山东，反洋教斗争的声势尤为突出。19 世纪末，山东有大小教堂 1300 余处，遍及全省 72 个州县，外国传教士 150 余人，教徒 8 万多。长期以来，群众对教会积恨成仇，教案不断。在曹县，大刀会自 1894 年起反对教会，影响遍及鲁西南一带，后遭按察使毓贤镇压。1898 年，在郯城、沂州、日照等地陆续发生反抗教会的斗争，德国派兵与当地官府一起镇压。反洋教斗争最后形成了义和团运动。

义和团原名义和拳，是农村民间的一种秘密结社。义和团一名最早见于 1898 年 6 月山东巡抚张汝梅的奏折。从 1898 年起，义和团在山东冠县、长清、高唐一带开始活跃。义和团运动是一场农民运动，但它同历史上其他农民运动不一样，其打击的对象是外国人，即灭洋，而不是封建的统治政权。这场群众性运动最初打的是“反清复明”的口号，后来转为“扶清灭洋”或“保清灭洋”，凸显当时帝国主义与中华民族的矛盾上升为主要的社会矛盾。从它的标语、揭帖、告白、咒语等之中都可以看到它鲜明的反帝立场，如“保护中原，驱逐洋冠”，“三月之中都杀尽，中原不准有洋人”。“扶清灭洋”的口号对于身受帝国主义列强压迫的广大群众能起到鼓舞和动员的作用。但它反映出以农民为主体的反抗者只能凭狭隘的直接经验煽起对外国侵略势力的仇恨，他们没有看到中国的封建统治者已成为帝国主义压迫和剥削中国人民的工具。因此，他们无法正确地处理反帝和反封建之间的关系问题。

义和团运动没有统一的组织，其基层组织是坛口，团民分属各个坛口，首领就是大师兄、二师兄等。义和团的成员多数是农民，也有一些失业的手工业者、脚夫、水手、小商贩等。在义和团发展的高潮中，不少中小地主甚至政府官吏和清官兵都参加进来。义和团活动分散，一般以坛口为单位，需要时大家联合行动。各坛口都设有神坛，所请的神五花八门，如玉皇大帝、关羽、孙悟空等。义和团的主要活动是烧教堂，驱赶外国传教士和外国人，并且普遍地敌视信洋教的人，甚至对从外国来的东西一律采取敌视的态度。义和团民众杀死了一些传教士和不少教徒，还破坏铁路和电线设施等。这些做法表明，参加义和团的民众对外国侵略者有着强烈的仇恨，但他们未能找到有效的反帝方式，更不懂得在反对外国帝国主义侵略的同时，要承认资本主义生产方式要比封建主义生产方式进步的事实。义和团的反帝斗争停留在感性认识的低级阶段，从而采取了排外主义的行动。

1897 年“曹州教案”发生后，清政府曾给各省督抚下了几道谕旨，严令各地保护教堂，“此后不准再有教案，倘仍防范不力，除将该地方官照总理衙门奏定新章从严惩办外，该将军督抚责无旁贷，亦必执法从事”。1898 年 6 月在长清县，朱红灯率领拳众攻打该县的徐家楼教堂，成为当地义和拳的重要首领。10 月在冠县，赵三多等人率众攻打黑刘村教堂和红桃园教堂。义和拳的发展引起当地传教士的恐惧，他们要求清政府进行镇压。清政府下令山东巡抚张汝梅“加意弹压，随时防范，以弭衅端”。但张汝梅却建议清政府把义和拳改为团练，并名为义和团。1899 年 3 月，清政府用毓贤取代张汝梅任山东巡抚。毓贤对付义和团反抗行动的政策也类似前任。他主张对义和团以“抚”为主，因为“东省民风素强，民俗尤厚，际此时艰日亟，当以固结民心为要图”。义和团设厂练拳被默许，但武装反抗者就要被镇压。这种做法使义和团得到半合法的地位。义和团迅速发展起来。

义和团的迅猛发展引起列强的恐慌。他们一再强烈要求清政府进行镇压，并要求撤换毓贤。于是，毓贤赶紧派兵保护教堂，并捕杀了朱红灯等人。1899 年 12 月，清政府调袁世凯署理山东巡抚。他对义和团残酷镇压。如 12 月 30 日，在肥城发生了英国传教士卜鲁克斯被杀案。袁世凯逮捕了多人，将其中两人处死，其余的判刑；又向教会赔银 9000 两，并拨地 5 亩用于建教堂，再用 500 两建立一座“纪念碑”。不仅如此，慈禧太后还写信给英国公使，对卜鲁克斯的死表示遗憾。

在袁世凯的残酷镇压下，义和团力量不得不转移到直隶或改为秘密活动。这使得直隶的反洋教斗争更为激烈，义和团也更为强大。1899 年，河间府景州、献县、故城等地都发生了攻打教堂的情况。1900 年春，义和团延展到保定地区，并向北发展到涞水、涿州，接近北京；向东发展到霸县、静海等地，逼近天津。

2. 清政府政策的转变

对于义和团的发展，清政府内部主张不一，有主张“剿”的，也有主张“抚”的。清政府一度采取折中的做法。1900 年 1 月 12 日，清政府在列强的压力下发布谕旨，要求各省督抚严厉惩办义和团，但强调在处理有关案件时“只问其为匪与否，肇衅与否，不论其会不会，教不教也”。

在这种情况下，清朝统治集团的内部斗争影响到了对义和团的政策。1898 年戊戌政变后，慈禧太后已经在实际上剥夺了光绪皇帝的权力，但她还想在形式上废除他的皇帝地位，以便进一步巩固自己的统治。但这种企图一直遭到列强的阻挠。1900 年 1 月，慈禧太后决定立瑞王载漪的儿子作同治皇帝的继承人，让他入宫，称为“大阿哥”。这是为废除光绪皇帝而采取的一个步骤。

但当清政府派李鸿章前往各国使馆，请使节参加祝贺仪式时，各国驻京公使都拒绝了，以显示他们对光绪皇帝的支持。废立计划失败，慈禧太后及其追随者对列强不满。清政府1月12日的谕旨遭到列强的指责，美、英、法、德、意五国公使分别照会总理衙门，要求清政府在《京报》上公开发布取缔义和团的禁令。总理衙门却复照，拒绝这么作。4月6日，英、美、德、法四国公使联名向清政府发出照会，要求清政府"两月以内，悉将义和团匪一律剿除，否则将派水陆各军驰入山东、直隶两省，代为剿平"。4月12日，英意舰各两艘，美法舰各一艘到大沽口示威。在列强的军事威胁下，清政府不得不在4月14日的《京报》上登载了光绪皇帝命令直隶总督取缔义和团的上谕。直隶总督裕禄派兵到冀州、河间等地弹压义和团。义和团一方面同清军展开斗争，另一方面继续到处攻打焚烧教堂。5月20日，义和团在涞水大败清军，5月27日攻占涿州城。义和团继续北上，沿途焚毁所有铁路、车站、桥梁和电杆。5月29日义和团占领丰台车站，逼近北京。5月底，义和团还控制了保定城，所有教堂都被付之一炬。

面对日益壮大的义和团运动，军机大臣兼刑部尚书赵舒翘建议："拳会蔓延，诛不胜诛，不如抚而用之，统以将帅，编入行伍，因其仇教之心，用作果敢之气，化私忿而为公义，缓急可恃，似亦因势利导之一法。"慈禧太后阻止裕禄继续镇压，并于6月5日派刚毅和赵舒翘到涿州一带了解情况，进而劝说义和团。她发布上谕："教民拳民，均为国家赤子，朝廷一视同仁。"清政府撤走了部分镇压义和团的清军，实际上认可义和团的存在。6月10日，清廷下令由端王载漪主管总理衙门。在清政府的默许下，京城附近的义和团大批涌入京城。

1900年春，北京城内已出现义和团人员，他们设坛练拳，张贴揭帖。从6月上旬起，义和团开始陆续进入北京，三五成群，手执刀械，游行市中，聚散无常。到6月下旬，北京全城共设坛口1000多个，团民不下10万余人。义和团搜杀教民，焚毁洋货店。6月中旬，义和团在大栅栏烧德记药房，导致大火烧毁市房数千间。义和团的力量同时也在天津聚集。4月间，天津到处出现义和团的揭帖，有的说："兵法易，助学拳，要摈鬼子不费难，挑铁路，把线砍，旋在毁坏大轮船，大法国心胆寒，英吉、俄罗势萧然。"到6月下旬，天津已是神坛林立，家家铸刀。义和团在天津禁洋货、毁洋行、烧教堂。他们甚至在天津划界管辖，几乎控制了这个城市。除此之外，东北、山西、内蒙、河南等地也都爆发了义和团运动。

义和团的兴起直接威胁到列强在中国的利益，以及外国人人身财产安全。清政府虽然答应镇压，但一直未能控制局势。5月21日，外交团向总理衙门提出镇压义和团的一系列具体措施，要求立即答复。5月24日，总理衙门答复外交团，表示要立即剿办，并严禁义和团。但外交团对此并不满意。5月28日，英、美、俄、法、德、日、意、奥八国驻华公使举行会议，决定联合出兵镇压义和团。他们一面调集卫队进京保护各国使馆，另一方面请求各国政府加派军队。5月31日至6月2日，各国侵略军350人以保卫使馆为名陆续由天津进驻北京东交民巷使馆区。6月5日，总理衙门官员向英国公使窦讷乐表示：太后受到顽固分子的包围，总理衙门已无能为力。

在各国政府的支持下，6月10日上述八国组成2000多人的联军，在英国驻华舰队司令西摩尔的率领下乘火车开向北京。八国联军沿途遭到义和团和清军的顽强阻击。由于铁路、桥梁、车站早已被义和团焚毁，电线被砍断，侵略军只好边修铁路边前进。6月20日，损失严重的联军不得不徒步向天津撤退。6月17日，另一批侵略军向大沽炮台发起进攻。几个小时的激战后，清军寡不敌众，炮台失守。

形势越来越紧张。为此6月16日至20日，慈禧太后接连四次召集大臣举行御前会议，商讨对策。6月17日，慈禧太后接到谎报称：洋人将要求慈禧太后把权力交还给光绪皇帝。这触怒了本来是被迫看洋人脸色行事的慈禧。她恐怕外国军队越来越多地进入北京，会导致不利于她的地位的结果。尽管光绪皇帝和一些大臣反对向外国开战，慈禧太后在19日的会上还是表示了向列强宣战的意向，派兵部尚书徐用仪等人前往各国使馆，“谕以利害，若必欲开衅者，即可下旗回国”。当日大沽失陷消息传到，慈禧太后决定宣战。她于6月21日下了一道宣战谕旨，谴责帝国主义在中国的侵略扩张，号召清军和义和团一起向列强开战，“与其苟且图存，贻羞万年，孰若大张挞伐，一决雌雄”。6月24日，清廷又向各省督抚发出《招集团民谕旨》，要求各地将义和团“招集成团，筹御外侮。”

在北京，清政府向义和团发放粳米2万石，银10万两，令其与清军一起共同防御北京。清政府还下令义和团成立总团，由载勋和刚毅统帅。义和团和清军向东交民巷外国使馆区和西什库教堂发起进攻。西什库教堂是法国天主教在直隶北部的总堂，教堂内此时有武装起来的外国传教士和避难的中国教徒。义和团对该教堂恨之入骨。从6月15日至8月15日，义和团和清军围攻教堂两个月，战斗时断时续，打死打伤了一些外国人，但始终未能攻下教堂。

东交民巷是各国使馆集中的地方。义和团和外国人之间的摩擦不断加剧。6月11日，董福祥的甘军在义和团的影响下杀死日本使馆书记官生杉山彬。6月14日，德国公使克林德与随从在城内开枪打死义和团民20余人。6月15日，美国兵包围义和团聚会的一所大庙，杀死团民几十人。同日，外国使馆卫队把东交民巷和东长安街干脆一带封锁起来，强迫界内的中国居民迁出或闭门不出，并到处张贴告示：“往来居民，切勿过境，如有不遵，枪毙尔命。”外国军人还在附近挑衅滋事，而义和团及其支持者的情绪更加激昂。20日，克林德前往总理衙门的途中在东单牌楼被清军拦住，他拔出手枪向清军开枪。愤怒的清军士兵当场将他击毙。当天下午，慈禧太后下令清军向外国使馆发起总攻，由义和团配合。在不到三天的时间里，就有四个使馆被烧毁。7月13日，义和团又攻入并烧毁法国使馆，还曾一度攻入德国使馆。虽然清政府派兵攻打使馆，但实际上只是做做样子，吓唬外国人。

清军围使馆区四面扎住，控制了主要通道，不许义和团全力攻打。6月30日，董福祥曾为进攻使馆向荣禄的武卫军借大炮，遭到拒绝。董福祥诉之于慈禧太后，反被斥责。因此，使馆区被围56天，始终未被攻下。

天津城南的租界在6月中旬已集结联军2000多人，清驻军与义和团在大沽被占领之后就开始围攻租界，清政府命令直隶提督聂士诚率武卫前军进攻天津租界。受宣战上谕的影响，在直隶、山西、辽宁的一些地方发生了传教士和教民被搜杀的事件。

3. 东南互保

虽然慈禧太后宣布对外开战，但从不想真正同列强斗争。虽然她表面上支持义和团，只是想暂避义和团的锋芒，并借义和团来发泄私愤。6月20日，两广总督李鸿章致电总理衙门，建议"先定内乱，再弭外侮"。长江巡阅使李秉衡也联合两江总督刘坤一、湖广总督张之洞等致电清廷，主张镇压义和团。6月25日，慈禧太后在答复李鸿章等人的谕旨中称："此次之变，事机杂出，均非意料所及，朝廷慎重邦交，从不肯轻于开衅。"次日，她又在上谕中一方面称赞他们"度势量力，不欲轻搆外衅"；另一方面又解释说义和团"同声与洋教为仇，势不两立；剿之则即刻祸起肘腋"，埋怨他们"不谅朝廷万不得已之苦衷"。

清廷的这种两面政策得到各地高官的理解。他们相约不执行宣战谕旨。6月21日、22日，李鸿章和张之洞先后发电给驻英、法、德、俄各国的公使，要他们向各国政府解释，清政府决无和各国作战的意思。6月26日，张之洞和刘坤一指定上海道余联沅为代表，与驻上海各国领事协商，达成了《东南保护约款》和《保护上海城厢内外章程》。约款和章程规定"上海租界归各国公同保护，长江及苏、杭内地归各督抚保护，两不相扰。以保中外商民人民产业为主"。"租界内华人以及产业，应由各国巡防保护，租界外洋人教堂、教民，应由中国官妥为巡防保护，遇有警急之事，互相知照妥办"。刘坤一把水师炮船摆在黄埔港口，并调军队驻扎徐州和皖北一带，防止义和团南下。张之洞在湘鄂两省城乡到处张贴“弹压乱民”的布告。

闽浙总督许应骙也与列强订立了《福建互保协定》。两广总督李鸿章和山东巡抚袁世凯对“东南互保”表示支持，浙江巡抚刘树棠也宣布参加“东南互保”。四川、陕西、河南等省督抚也表示赞同。于是，“东南互保”的地区扩大到江苏、江西、安徽、湖北、湖南、浙江、福建、广东、四川、河南和山东等十多个省。

“东南互保”的做法得到清政府的支持。清廷在接到有关东南互保的报告后，在答复中说：“朝廷本意，原不欲轻开边衅。故曾致书各国，并电谕各疆臣，及屡次明降谕旨，总以保护使臣及口岸商民为尽其在我之实，与该督等意见正复相同。”

4. 八国联军进攻北京

八国联军攻占大沽炮台后，派兵解救被围困在天津租界的联军，并大举进犯天津。当地的义和团和部分清军进行了顽强的抵抗，打死打伤大批侵略军。7月14日，八国联军占领天津，7月30日联军在天津组织了“临时政府”，实行殖民统治。

由于慈禧太后作出宣战决定是出于一时的愤怒，其态度很快就发生变化，并开始着手向列强求和。6月25日，载漪等人带领义和团60人进宫，试图杀害光绪皇帝，被慈禧太后斥退。她意识到义和团已威胁到宫廷的安全。当天，她就派军机大臣荣禄前往使馆要求停战。6月29日，清政府命令驻外使节留驻各国，并向各国政府解释：“朝廷非不欲将此种乱民下令痛剿，而肘腋之间，操之太蹙，深恐各使馆保护不及，激成大祸。”“中国即不自量，亦何至与各国同时开衅，并何至恃乱民以与各国开衅”。7月3日，清政府电令驻日、英、俄三国公使分别向驻在国请求“排难解纷”，以“挽回时局”。7月8日，清政府任命李鸿章为直隶总督兼北洋大臣，指望由他来处理中外关系。天津失陷后，清政府害怕了。7月17日，清政府下令各地督抚、将军“查明各国洋商教士在通商各埠及各府州县者，仍按照条约，一体认真保护，不可稍有疏虞”。同日，又向法、美、德三国提出调解的请求。7月20日，慈禧太后甚至派人给使馆送去蔬果食物，以示体恤。

由于北京的使馆区和教堂仍处在义和团的包围之中，列强根本不理睬清政府的求和请求。8月2日，八国联军4万余人，沿运河两岸向北京进犯。途中，义和团和部分清军对八国联军展开阻击，但八国联军还是在8月12日占领通州，次日到达北京城下。8月14日，联军攻入城内，慈禧太后带着光绪皇帝逃离北京，前往西安。八国联军在北京大规模搜杀义和团团民，甚至中国平民，与此同时到处劫掠财宝。

慈禧太后在逃亡途中，于9月7日发布上谕宣布：“此案初起，义和团实为肇祸之首，今欲拔本塞源，非痛加铲除不可。”清廷责令直隶等省官员对义和团“严行查办，务净根株”。同时，清廷催促李鸿章尽快北上，由他和庆亲王奕劻担任议和大臣，与列强和谈。

5. 签订《辛丑条约》

八国联军占领北京后，继续四处出击，占领了保定、张家口和山海关等地。在保定，代理直隶总督廷雍投降，但联军还是指责他纵容义和团，斩首示众。

1900年10月16日，清政府的议和全权大臣庆亲王奕劻和李鸿章向各国代表提出和约草案：中国承认围攻使馆的大错；中国承允赔偿各国损失；重新制定今后通商和交往条约；中国可与各国分别订约，赔款议定后各国军队陆续撤退；和议开始前宣布停战。各国公使认为中方太“狂妄”，根本不理睬其议和请求。作为外交团的领袖，西班牙公使葛络干对李鸿章讲：“此何时耶，既已一败涂地至此，尚欲议和，惟有凛遵所示而已。”清廷一直急于得到和谈的消息。11月21日，清廷指示议和大臣“款议可成不可败”，“补救一分是一分”。12月5日，清廷又向他们表示：“如有为难之处，不妨据实直陈，朝廷必能审时度势，酌夺办理，切勿迁延日久，致大局益难收束。”

和约的谈判实际上主要是在列强之间展开。列强经过讨论拟订了《议和大纲十二条》。12 月 24 日，俄、美、英、法、日等 11 国公使向中方提出联合照会，声明这些条款是“无可更易”的。奕劻和李鸿章立即将 12 条的内容通知在西安的慈禧太后，并称：列强“会商已成，翻腾不易”，恳求清廷允准。慈禧本来担心列强会把她当作祸首，听说大纲后十分高兴，12 月 27 日就批准答应条约内容。她同时发出上谕称：“今兹议约，不侵我主权，不割我土地，念列邦之见谅，疾愚暴之无知。事后追思，惭愤交集，”提出今后要“量中华之物力，结与国之欢心”。

此后，中外就细节问题展开讨论，但更多的讨论还是在列强之间进行。清廷最重视的问题是惩办祸首。最初列强提出一个处死 12 人的名单。经中方一再恳求，最后商定载漪、载澜二人以发往新疆永远监禁代替死刑，拥有兵权的董福祥留待以后定罪，其余人员都由清廷以各种方式处死，业已死的，亦须宣布撤销其原有官职。列强之间讨论的最主要问题是赔款数额和赔付方式。

最终于 1901 年 9 月 7 日，俄、英、美、法、德、日、意、奥、西、比、荷 11 国的代表与清政府的全权代表奕劻、李鸿章签订了《辛丑条约》。条约包括正约和 19 个附件，其主要内容是：

（1）清政府向各国赔款白银 4.5 亿两，分 39 年还清，年息 4 厘，本息共 9.8 亿多两，以关税、盐税和常关税作担保。

（2）将北京东交民巷划为“使馆区”，允许各国驻兵，不准中国人在此居住。

（3）拆毁大沽炮台及大沽至北京沿线的所有炮台。从北京至山海关铁路沿线 12 个战略要地，准许各国派兵驻守。

（4）惩办在义和团运动中与列强作对的官吏；凡曾发生外国人被害的城镇一律停止文武各项考试 5 年；清政府分别派人到日本和德国就生杉山彬和克林德被杀事道歉；永远禁止中国人成立或加入“仇视各国人民各会”，违者一律处死。

（5）改总理衙门为外务部，班列六部之首，以办理对外的各种交涉。

《辛丑条约》的订立使中国政治、经济、安全等方面都更多地受制于列强，半殖民地化程度更为加深。

6. 门户开放政策

19世纪末当其他列强在中国瓜分势力范围的时候，美国于1898年发动了美西战争。新兴的帝国主义国家美国打败了西班牙，夺得关岛和菲律宾，把扩张的目标伸展到远东。但是，当时美国在中国的影响还相当弱，无法同其他列强在中国竞争，而又不甘心坐视其他列强瓜分中国，自己一无所得。在这样一种形势下，美国驻华公使田贝在1898年1月31日向国务院报告说："我们在中国有相当大的利益。我们在那里有1500名传教士，他们和商人一样都要由我们保护。（中国的）瓜分将进而消灭我们的市场。太平洋在它广阔的胸怀中注定要承担比大西洋更多的商业交往。"美国政府了解这种局面。总统麦金莱在1898年的国情咨文中宣布他将采取一切手段，"维护我们在那一地区（指中国）的巨大利益"。

在这种情况下，美国国务卿海约翰分别于1899年9月和11月通过美国驻英、法、德、俄、日、意六国使节向这些国家的政府送出第一次"门户开放"照会。在这个照会中，美国明确地提出了其原则主张：（1）"切望美国公民的利益不因任何强国在其所控制的在华势力范围内的排他性待遇而受到损害"；（2）中国的市场要对世界的商业保持开放；（3）各国在北京应联合或协调行动，支持为加强清政府而急需的行政改革。照会并希望各列强能够同意三点具体要求：

（1）它们对于在华各自势力范围或租借地之内的通商口岸和既得利益一概不加干涉；

（2）中国现行税则适用于在所有势力范围内一切口岸装卸的货物，而不论其属何国所有，此种税款由中国政府征收；

（3）在各自势力范围的任何口岸，对他国入港船舶不得征收高于本国船只的入港费，在各自势力范围的铁路上，对他国臣民运输的货物不实行不同的运费标准。

应美国的请求，各国分别做出了答复。它们原则上同意美国的主张，但除意大利外同时对美国所要求在各国势力范围内实行平等待遇一点，附有各种各样的保留。意大利与美国一样，在中国没有势力范围和租借地。其他列强都提出要以别的国家接受和遵守这同一原则为条件，因为深怕自己的势力范围被别的国家的势力渗入，而自己却不能在别国的势力范围内分沾利益。英国同意在威海卫租借地可以实行这一原则，而根本不提九龙。法国不愿放弃它根据 1896 年的中法商约取得的在广西和云南通商减税十分之四的特权。俄国只提到关税，完全避开了关于港口费和铁路运费的问题。

美国在和各国进行这起有关中国的交涉时，把清政府完全丢在一边，置之不理。清政府获悉这个消息后，于 1899 年 11 月指示驻美公使伍廷芳向美国政府询问“门户开放”的政策内容。这样，海约翰才不得不写给伍廷芳一封私函进行解释，力图把美国说成是中国主权的维护者。但他又提出：“对于将来，我现在不加预测，如果我们要和贵国政府商量取得沿海一带的任何便利时，我们愿意直接向中华帝国政府提出。”对于美国的这个政策，清政府没有提出反对。

1900 年 6 月八国联军开始对中国发动军事进攻。这时，美国真担心列强会试图瓜分中国，于是在 7 月 3 日向各国发出了第二个“门户开放”照会。其主要内容是要求“保持中国领土和行政的实体，保护由条约和国际法所保证于各友好国家的一切权利，保障全世界与中华帝国各部分进行同等的公平贸易的原则”。* 这一次，美国方面未要求各国做出答复。与第一次照会相比，这个照会更强调维持中国和清政府的存在。因为没有中国的存在，美

* 阎广耀、方生选译：《美国对华政策文件选编》，人民出版社 1990 年，第 416 页。其中，Chinese territorial and administrative entity 有时被译成“中国领土和行政完整”，意思上略有差别。

国的门户开放政策便失去了意义。在美国发出照会后不久，八国联军占领了北京。在各国争论议和方针时，10月英国和德国达成了一个关于中国政策的协约，提出了类似"门户开放"政策的原则："中国的内河和沿海的港口对一切国家的贸易及其他各种经济活动，都应无差别地自由开放，以谋各国共同永久的利益"，并同意"维持中国的领土不变更政策"。英德两国把这个协约送交其他国家，希望它们也承认这些原则。美国当然同意。日本一向不愿意看到西方列强瓜分中国，而愿意让中国这块肥肉完整地保留在它的近旁，所以它表示完全赞同美国的门户开放政策，也赞同英德提出的原则。法国这时虽然很想趁机吞并云南，但无力对抗其他各国所同意的原则，所以也接受了上述建议。俄国正在设法侵吞东北三省，但是它认为没必要去反对英德协约提出的原则和美国的政策主张，也就表示接受，但出发点是"以不变更基于现存条约的状况为基础"，这就是要保持它在东北的特殊利益。这样，美国倡导的"门户开放"政策满足了列强之间为缓和矛盾的需要，成为列强同清政府进行谈判的基础。

第三节　沙俄侵占中国东北

当八国联军进攻北京的时候，俄国不仅派兵参加联军，而且突然对中国东北边境地区采取军事扩张行动，制造了海兰泡和江东六十四屯事件。海兰泡1858年后由俄国占领，当地居民3万多人，半数为中国人。1900年7月15日，俄国军队突然封锁黑龙江，扣押所有船只，不准中国人过河，同时开始到处搜捕中国人。7月17日，俄方以遣送回国为名，将被捕的数千名中国人赶到江边，强令他们过河。由于河流湍急，下河者多数被淹死，不下河者遭到俄军的屠杀。至21日，被杀和淹死的中国居民达5000多人，只有80多人泅水过江幸存。位于黑龙江东岸的江东六十四屯居住着中国人2万多，根据《瑷珲条约》这些人仍由清政府管理。7月16日至21日，俄国军队强行将中国居民赶往江对岸。被杀和淹死的中国居民7000余人。俄国从此占据了江东六十四屯。

7月底，俄国以保护中东铁路为名，调集10万大军大举入侵东北。30日，俄军占领海拉尔和珲春，8月占领哈尔滨、齐齐哈尔和营口等地，9月占领吉林和辽阳等地，10月先后占领沈阳、铁岭和锦州。到10月底，东北主要城市和交通线全部落入俄军控制之下。

随后在俄方的胁迫下，盛京将军增祺派已革道员周冕赴俄营商议收回失地事。11月8日，俄方迫使周冕在事先拟订的《奉天交地暂且章程》上草签，后逼迫增祺画押。这份并未经清政府事先同意的条约主要规定：当地的清军一律解散，拆毁全省的炮台和兵工厂，俄国在奉天设总管一员，盛京将军要办的事必须经俄国总管的同意。这份文件将把奉天（辽宁）置于俄国控制下，严重地伤害了中国权益。

此后，俄国提出与清政府商议交地撤兵事。1901年1月2日，流亡在西安的清朝政府任命驻俄公使杨儒为全权大臣，办理接收东三省事宜。当时，清政府尚不知道增祺擅自签订《奉天交地暂且章程》一事，还对俄方允诺交还土地一事表示感激。1月4日，杨儒会晤俄国财政大臣维特。当杨儒问到交收东三省之事时，维特假惺惺表示不要中国寸土，同时却辩称清政府还没完全安定，俄军不能从东三省撤退，拒绝了杨儒提出俄国从东三省撤军的要求。

1月8日，杨儒在西方报端见到披露出来的《暂且章程》，不禁大吃一惊，急忙约见维特，探询和证实其内容。这次维特倒十分爽快，立即承认确有此事。杨儒当即表示强烈反对，指出所列各款决不会是清政府的本意。杨儒立即报告清政府。1月18日，清廷在上谕中指出增祺事前没有报告此事，而周冕系已革道员，无权订约。清政府还下令将增祺革职查办。清政府不承认这个条约的消息传出时，其他国家出于各自利益也对这个条约表示反对。日本公使小村寿太郎还警告奕劻和李鸿章说：此事关系重大，如果中国接受条约，其他国家将起而效尤。

1月19日，沙俄外交大臣拉姆由黑海返回彼得堡，杨儒即前去会晤。他正式向俄方声明：《暂且章程》系一已革职的官员订立，政府全不知情，实属擅行妄订，不能作数。经过杨儒坚持不懈的抗争，终于迫使维特做出让步，答应不再提批准条约事。2月9日，杨儒前往俄外交部，与拉姆会谈，商订有关正式谈判开始日期、条款内容及约稿文本等问题。杨儒再次声明了原则立场，即所订条约各款不得有损清政府兵权、利权、吏治之权。拉姆则含糊其辞，企图蒙混过关。2月16日，杨儒拿到了俄方草拟的约稿12条。他一面仔细研究约稿内容，一面将约稿发回国内，指出该约稿侵犯中国主权的条款极多，请求政府给予指示。此后，杨儒又赴俄国外交部，约见拉姆，对约稿进行了批驳。2月23日，杨儒会晤维特。维特以出兵满洲威胁杨儒尽快签约，见杨儒不为所动，又以断绝外交关系相恐吓道："贵国现在只有两条路可走，或即刻签约，或者与俄国决裂，以致兵戎相见。"3月12日，应俄方的召见，杨儒如期赴俄外交部会晤拉姆。在这次会晤中，俄方向杨儒呈递了最后约稿，并发出了限期14天签字的最后通牒。俄方的最后约稿虽在一些条款上稍作修改和让步，但仍试图控制中国东北的政治、军事、经济大权。此后，杨儒屡次约见俄国外交部官员，均以无暇辞绝，所送去的约稿商量改动之处，仍原封送回，不收不阅。俄方坚持"不易一字，不展一日"。

尽管俄方在谈判期间要求对约稿内容保密，但其内容还是很快被其他列强获知。各国起来阻挠，尤其是英国和日本。英国外交大臣向中国驻英公使罗丰禄表示，未得各国同意，中国不得批准俄约。日本外交大臣也向中国驻日本公使李盛铎警告说，如果清政府接受俄国的条约，日本将提出类似的要求，结果必将引起瓜分。德、美、奥、意等国也作了类似的表示。

清政府内部就这个问题引起一场辩论。张之洞、刘坤一等督抚大员竭力反对签约。李鸿章认为：再稍作推敲，即可定议。清朝政府面对两难选择，拒签恐激俄怒，签约又恐各国效尤。清廷谕令奕劻和李鸿章通知各国："中国势处万难，不能不允"，希望各国劝俄国延长期限，并表示东三省收回后可实现"开门通商大兴矿路工益一切事宜"。李鸿章接到朝廷指示后认为"内意已松"，便于3月22日致电杨儒："尊处明告英及各国驻使，势处万难，不能不允，一面即酌量画押，勿误。"刘坤一、张之洞等人却纷纷致电杨儒，劝他不要轻率签约。根据慈禧太后的意见，军机处电复杨儒，指出如展限商改二事都办不到，"惟有请全权定计，朝廷实不能遥制也"。清政府试图让杨儒个人承担签约责任。在这种情况下，杨儒抱定宗旨：没有明令，决不签字。

清政府再三权衡利弊，直到3月24日才电令驻俄使馆："婉告俄外部，中国为各国所迫情形，非展限改妥，无碍公约，不敢遽行画押。"清政府决定不签约，同时又向俄国求情，"总冀俄谅我苦衷，顾全友谊"，并答应"以后交涉之事，苟可以相商相让者，皆当惟力是视"。3月26日，驻俄使馆参赞陆征祥将清政府决定不签约的电报送交俄外交部。俄外交大臣拉姆威胁道："请贵政府自看以后情形可也。"中俄谈判没有结果，俄国继续占据东北地区。

19世纪末，帝国主义的侵略和扩张导致中国面临被分割的危险，中华民族的危机日益逼近。在这关键时刻兴起的义和团运动原本是一场群众性反帝运动，但由于它的历史局限性，它在口号主张、组织形式和斗争方式上所具有的特点使它受清政府招抚，并演变成清政府的工具。慈禧太后利用义和团，鼓动排外，发泄小集团的私愤。清政府的错误政策成为八国联军进攻北京的理由。20世纪之初，《辛丑条约》使中国进一步陷入深渊，而中国东北地区则被俄军占领。

思考题：

1. 分析19世纪末中国面临的局势。
2. 分析义和团斗争的特点。
3. 分析清政府对列强"宣战"的原因。

参考书目:

王绍坊:《中国外交史(鸦片战争至辛亥革命时期)》,河南人民出版社 1988 年版,第六、七章。

丁名楠等:《帝国主义侵华史》第二卷,人民出版社 1986 年版。

林华国:《历史的真相:义和团运动的史实及其再认识》,天津古籍出版社 2002 年版。

近代史研究所:《沙俄侵华史》,人民出版社 1978 ~ 1990 年版。

陶文钊:《中美关系史 1911 ~ 1950》,重庆出版社 1994 年版。

中国第一历史档案馆:《义和团档案史料》,中华书局 1990 年版。

中国史学会:《义和团》,上海人民出版社 1957 年版。

王铁崖:《中外旧约章汇编》,三联书店 1962 年版(1982 年再版)。

第九章

王朝外交的终结

《辛丑条约》签订之后，中国几乎沦陷为列强的殖民地。苟延残喘的清政府不得不卑躬屈膝地迎合外国侵略者的要求，同时也试图模仿欧日进行改革，通过实行新政，延缓其封建统治。然而，列强的不断扩张使清政府穷于应付，尤其是日俄对东北控制权的争夺使中国领土主权面临严重威胁。面对贪婪无厌的帝国主义势力和软弱无能的清政府，广大中国民众再次掀起反抗高潮。

第一节 清政府调整对外政策

1. 建立外务部

在义和团运动带来的政府危机期间，清廷向列强表示今后要“力行实政”。这不仅是要满足列强深化对中国政府控制的要求，而且是要缓和国内日益增长的不满情绪。对内，清政府在以后的几年间模仿西方，提倡和奖励私人资本办工业，废除科举，设立学堂，提倡出国留学，改革军制和改订律例等。对外，首先根据《辛丑条约》的规定，1901 年 7 月清政府把总理各国事务衙门改为外务部，“班列六部之前”。由一名亲王或军机大臣负责该部的全面工作，具体主管的是尚书和左右侍郎。下面还设有左右丞各一人，左右参议各一人。组织上分有司、厅、股、差四类。司有和会、考工、核算、庶务四司。它们是外务部的主要部门。和会司管各国使臣觐见、会晤、使臣派遣、更换领事、文武学堂、本部人员升调等工作。考工司管铁路、开矿、电机制造、军火生产、船政聘请外国专家等项。核算司管关税、商务、轮运、借款、财币、邮政、经费等项。庶务司管界务、防务、传教、旅游、保护、赏恤、警巡等项。厅设司务厅，负责收发、监印、领事等事务。股分秘书、机要、英国、法国、德国、日本、俄国等七股。差包括收文处、电报处、银库、清档房、领洋文、监印处、收掌等七个部门。外务部比起总理衙门来说是更专门化了，组织结构也更为周密，但所管辖的内容还是太泛一些，没有完全摆脱“洋务”的影响。为了向列强显示友好，清廷同意由皇帝接见各国公使，甚至皇太后也同意接见各国公使夫人。长期争论不休的觐见问题就这样解决了。

2. 签订新商约

按照《辛丑条约》第 11 款的规定，清政府派工部尚书吕海寰和左侍郎盛宣怀同英国代表马凯谈判订立新商约的问题。中英谈判于 1902 年 1 月 10 日在上海正式开始。英方提出 24 个应讨论的项目，随后又提出许多条款的草案。其基本内容有：扩大外国在华的通商利益；扩大外国在华的航运利益；扩大外国在华投资及经营企业的便利；改造中国的邮政、货币制度，制定海商法和建立有关部门等。谈判集中于加税免厘和内河航行两个问题。9 月 5 日，中英双方签订了《续议通商行船条约》主要条款有：

（1）中国除常关对出口土货一次征收 2.5% 的附加税（连正税总共 7.5%）和对不出洋的土货在销售处征收一次销场税外，

废除对货物所征收的一切厘捐。

(2) 对进口货物除征关税5%外，还征收7.5%的附加税，此后无论是由外国人或是中国人经手，都免除其他税捐。

(3) 加开长沙、万县、安庆、惠州、江门为通商口岸；准许外国轮船在通商口岸之间航行和上下客货。

(4) 英国应禁止把吗啡任意运入中国。

(5) 英国派人与中国一道查办教案。

(6) 英国帮助中国按照西方的法律整顿律例，“一俟查悉中国律例情形及其审断办法及一切相关事宜皆臻妥善，英国即允弃其治外法权”。

这个条约有利于英国扩大在华的经济利益和政治影响。条约后面三项内容是清政府代表在谈判中提出的。英方之所以同意中方的要求，特别是有关治外法权一条，是想笼络人心和改造清政府的统治。显然，最后一条的主动权是掌握在英国手中。

新的中英商约签字后，中美和中日之间也开始谈判新的商约。清政府的原则是以中英条约为范本。在谈判中，美国和日本都提出了一些新的要求。1903 年 10 月 8 日，清政府同美国和日本的代表分别签订了新的商约。这两个商约接受了中英商约关于裁废厘金和提高关税的规定，但这个方案未被其他国家所承认，所以一直没有实行。中美和中日商约还规定了开放中国东北的奉天和安东两处。这是先由美国提出的，立即得到日本的响应，目的是冲击俄国在这一地区的独霸地位。

第二节 中俄《交收东三省条约》的签订

俄国对中国东北地区的占领构成对英国在华势力的挑战。为了对付俄国的扩张势头，英国一直在寻找同盟者。它曾同德国多次商谈，但都没能成功。于是，它把目标转向日本。自甲午战争以来，日本和俄国在中国的东三省和朝鲜一直进行着明争暗斗，俄国带头搞的三国干涉还辽事件使日本非常恼火，1900 年俄国对东三省的占领更使两国的矛盾空前尖锐。《辛丑条约》签订后不到一个星期，日本就主动表示愿同英国结成同盟关系。两国在伦敦进行正式谈判，于1902年1月30日缔结了同盟条约。它规定：当英国在中国的特殊利益和日本在中国或朝鲜的特殊利益受到其他国家或这两国内部动乱妨碍时，英国或日本都得进行干预，以保护其利益；缔约国一方为保护上述利益而与某一国发生战争时，他方应严守中立，并尽力防止其他国家参战反对其盟国；如其他一国或数国参加反对该同盟国的战争，则缔约国另一方应给予该盟国以援助甚至共同作战。英日同盟的形成对俄国来说无疑是一个沉重的打击。2月1日，美国向中国、俄国和其他列强也发出了一个备忘录，强烈反对俄国一国对中国东北利权的独占。这样，俄国在远东的扩张受到更重的国际压力，迫使它不得不考虑从东北地区撤兵。

英日同盟形成后，外务部总理大臣庆亲王奕劻对英国公使萨道义表示满意，认为有了英日同盟，俄国必将退出东三省。一向主张依靠英国的刘坤一和张之洞更强烈地要求拒俄。在这种形势下，俄国为了摆脱困境做出了一点让步，同时对外务部会办大臣王文韶和其他官员进行贿赂。1902年4月8日，中俄代表在北京签订《交收东三省条约》，规定俄军在订约后一年半时间内自东三省分三批撤退。俄军撤退后，中国在东三省驻兵人数如有增减，须通知俄国。条约还规定今后清政府如在东三省南段续修铁路或增修支路等都要同俄国一起商办。在条约签订后，俄国政府发表了一篇附带声明，它一面高唱友谊，一面叫嚣如中国政府违约，俄国方面则不受这项条约的约束。这说明俄国并不甘心退出东三省，随时都可能找到理由不撤兵或重新占领东三省。

1902年10月，第一批撤兵期满时，俄国按约撤走了奉天省西南段至辽河所驻的俄国军队，并将关外的铁路交还了中方。但是，它没有按照原先所同意的那样提前交还营口。11月，清政府向俄国提出三项要求，一是要如期执行第二三批撤军计划；二是请及早交还营口；三是指出东三省电线系商办，应一并交还中国。1903年初，俄方的答复对第一条所涉及的事极力辩解，对第二条不加理睬，对第三条则断然拒绝。俄国根本无意认真执行上述条约的规定。

1903年4月第二批撤兵期满，清政府照约俄国应撤走奉天省其余各段和吉林省的驻军，但俄国拒不执行。4月18日，俄国驻华临时代办柏兰孙向清政府外务部提出新的七项要求，作为继续撤兵的条件。这些要求是：(1)退还的各地，特别是牛庄及辽河沿岸各地，不得以割让、租借、让予或任何方式转给其他国家；(2)蒙古现行体制不得变更；(3)未得俄方同意，不得在满洲开放新的通商口岸及允许领事进驻；(4)中国如聘请外国人管理任何部门的行政，其权力不得施及华北（满蒙），华北事务应另成立机构，由俄国人指导；(5)俄国保持管理现有的旅顺—营口—沈阳电线；(6)牛庄交还后，俄华道胜银行应照旧执行该地海关银行的职能；(7)俄国人或俄国机构在占领期间在满洲所取得的一切权利，于俄军撤走后仍然有效。这些要求的目的显然是想保持俄国在东北三省的独霸地位，而且把俄国的势力范围扩大到包括蒙古在内的整个中国北方。

清政府认为这七条远远超出了《交收东三省条约》的规定，其内容太苛刻，有损主权，并且担心其他国家借此进行干涉，带来新的麻烦，因此，4月22日清政府回复俄国方面：交还东三省一事已有条约，应该按照条约的规定办，没有必要再讨论了。这样，清政府拒绝了重新谈判的要求。同时，清政府把这七条内容悄悄地泄露给日、美等国使馆。日本公使内田康哉闻讯后，马上同清政府交涉，强烈要求中国不能接受。日本还和英国联合警告清政府不得对俄国做出让步。同时，美国、英国和日本都向俄国提出抗议。俄国的无理要求也在中国国内引起人民的强烈愤慨，纷纷要求清政府拒绝俄国的提议。1903年4月在上海，爱国士绅和一些知识分子召开拒俄大会，致电清政府外务部表示，如接受俄国的无理要求，则“内失国权，外召大衅，我全国人民，万难承认”，并通电各国表示：“即使政府承认，我全国国民万不承认。”尽管在谈判过程中，俄方代表表示愿意做出让步，把七条要求改为五条，但在内外的压力之下，清政府最终还是回绝了俄国的要求。10月3日，中俄谈判中止，俄国政府强订新条约的阴谋未能得逞。于是，10月28日俄国军队重新占领沈阳。11月3日，清政府命令其驻俄公使胡惟德面见俄皇，说明情形，请求俄国照约撤军。但是俄国外交部拒绝安排觐见。清政府再三要求俄国撤军，俄国根本不加理睬。

第三节　日俄战争与清政府的“中立”

1. 日俄战争

在列强中，对俄国在中国东北进行扩张最为不满的是日本。在中俄签订《交收东三省条约》以后，日本政府在1902年8月4日曾向俄国政府建议，废除以前日俄两国间的各项协定，以日本承认俄国在东北的最高权益和俄国承认日本在朝鲜的最高权益为基础，订立一项新协定，通过协定确定两国的势力范围，协调两国的关系。可是，俄国打算在朝鲜进行扩张，认为朝鲜对俄国的利益有巨大的重要性。因此，俄国对日本的提议迟迟不作回答，还指望日本会重新提出谈判，从而在谈判桌上取得最有利的结果。在1903年同清政府就东北问题的谈判中，俄国政府意识到对付清政府不是太困难，而主要的威胁是来自日本。所以，俄国一方面大力扩充在远东的军事力量，显示其准备维护在满洲的独占地位的决心；另一方面，俄国接受日本于7月提出直接交涉的建议。

8月12日，日本向俄国政府拿出了六条提案。该提案要求俄国承认日本在朝鲜已经取得的特权地位并保证同意使朝鲜成为日本的保护国，要求中国东北地区对各国开放，表示若在东北南部日本与俄国有同等权利的话，日本将承认俄国已取得的在东北经营铁路的特权。10月3日，俄国驻日本公使在东京把俄方的对案送交日本政府。俄国的这个反提案是要求日本承认俄国在中国东北独占地位的条件下，俄国将有限度地承认日本在朝鲜的优先权益。日俄双方的提案针锋相对，都试图缩小对方的势力范围。其实，双方都是一方面积极准备进行战争，另一方面继续保持交涉。

1904年1月11日，日本政府召开元老和内阁会议，决定提出最后一次建议。1月13日，日本方面把一份备忘录交给俄国政府。备忘录反对俄国对日本利用朝鲜的限制，承认满洲及其沿海地区不属于日本的势力范围，但强调俄国必须尊重中国在满洲的领土完整，而且不得妨碍日本和其他国家在满洲享有的条约利益。2月3日，俄方的复文除仍坚持不能把朝鲜用于战略目的外，在其他各点上都做出了让步。但是，在俄国的复文到达日本之前，日本已经决定对俄国开战，用战争手段来解决问题。2月5日，日本外务大臣通知俄国公使，中止谈判，断交撤使。日军也接到开始军事行动的命令。2月8日，日本海军向驻扎在旅顺的俄国海军发起进攻。2月10日，两国正式宣战。

这场战争主要是在中国领土上进行的。日军封锁并进攻旅顺，俄军在港内死守。1904年4月底，日军由朝鲜强渡鸭绿江，进入我国境内，与防卫九连城的俄军发生激战。以后，日军又在大孤山等地登陆，对辽宁南部和沿海地区的俄军展开全面进攻，俄军节节败退。1905年1月初，旅顺俄军投降，日军控制了奉天省大部分地方。5月底，俄国第二太平洋舰队在对马海峡被日军海军一举歼灭。在这场战争中，虽然俄国失败，但双方伤亡都极其惨重。

战争给中国居民带来了严重的危害，但腐朽的清政府既无力预防战争在本国领土上发生，也不敢在战争爆发后制止战火的蔓延。1904年2月12日，以光绪皇帝名义宣布中立的上谕说：“日俄两国失和用兵，朝廷轸念彼此均系友邦，应按局外中立之例办理。”同日，外务部通电各国声明“东三省疆土权利，两国无论胜负，仍归中国自主，两国均不得占据”，要求日俄两国在战争中“对东三省城池衙署、民命财产”均不得损伤。清政府担心本来就对外国列强在华扩张不满的中国民众会采取反抗行动，便在这一天发了一份对内的上谕，要求各省各地及京师对外国人及其财产、教堂、使馆等都应严加保护，“倘有匪徒造谣滋事，即着迅速查拿，从严治罪”，“重者立即正法”。很快奉天地方当局颁发了《两国战地及中立地条章》，划出辽河以东的地区为交战区。虽然条章中规定日俄两国军队只能在指定的区域内驻扎和作战，不能逾越战区界限，但是实际上清政府对它们的行动未能加以限制。在战争开始时，俄国军队就占据了东北各地的中国官府，要求地方上遵守俄国的政令，强迫中国官吏听从俄方的指挥，实际把它控制的区域当成了由其直接统治的殖民地。待日本军队占领辽东半岛以后，也如法炮制，在各地成立军政局，在旅顺口设关东府，实行军事管制。对这些直接的、严重的侵犯中国主权的事情，清政府都没有过问。1904年8月11日，俄国驱逐舰“列事特意内号”从旅顺港突围逃到烟台，按照国际法接受了中国海军的查询，同意拆卸枪炮和机件，官兵解除武装。随后两艘日本军舰来到烟台，强行拖走俄舰，严重地侵犯了中国的主权，对此清政府提出过抗议，但日方毫不理会。这样的事件在战争期间多次发生，由于清政府不敢采取强有力的行动，结果自己卷入了无休止的外交纠纷之中。

美国对这场战争非常关注。它对俄国控制东北，破坏“门户开放”政策不满，也不愿意看到日本趁机占据东北。1904年3月20日，西奥多·罗斯福总统曾对德国驻美大使说：“我们的利益是：俄日间的战争应拖下去，使两国尽量消耗，而且在缔和后，它们在地理上的摩擦地区不致消灭。至于它们的势力范围，它们应仍对立，使它们保持战时状态，从而消减它们对其他领土的野心。”看到日俄被战争消耗的差不多，1905年6月，美国正式向日本和俄国提出讲和的建议。当时，俄国已被打败，日本虽取得军事上的优势，但人力财力上也感到力不从心。于是它们接受了美国的建议。在美国的调解下，两国于8月9日在美国的朴茨茅斯开始谈判。

在得知日俄即将举行谈判之后，6 月底清政府发动各省督抚和驻外使节筹议对策。上书言事的人不少，基本的观点有两种。一种主张全面开放东北，使各国在这里都享有利益，即实行所谓的利益均沾，以保持列强间的均势，避免东北被一国独占；另一种意见主张联合日本来抵制俄国，认为俄国比日本对中国的危害更大。这两种看法清政府在以后都加以采纳。7 月 6 日，清政府电令驻日本和俄国的公使分别向两国政府声明："现在议和条款内，倘有牵涉中国事件，凡此次未经与中国商定者，一概不能承认。"9 月 20 日，外务部电令驻俄公使向俄国政府声明："满洲铁路一带驻兵与约不符。"但是，这些声明都未能对日俄谈判及其结果产生影响。

9 月 5 日，日俄双方签订了《朴茨茅斯条约》，其主要内容有：俄国承认日本对朝鲜的垄断大权；俄国把旅大让给日本；俄国把从长春至旅顺段的中东铁路支线及其附属财产等都移交给日本；日俄两国为守卫各自的铁路线，每公里可派兵 15 名驻守。这个条约是背着中国和朝鲜签订的。它把我国东北的南部划为日本的势力范围，北部仍保留为俄国的势力范围。《朴茨茅斯条约》规定，关于转让旅大租借地和南满铁路利权的条款"须商请中国政府允诺"。

所以在条约签订之后，日本政府就派外务大臣小村寿太郎和驻华公使内田康哉为全权代表到中国谈判。清政府任命外务部总理大臣庆亲王奕劻，会办大臣兼尚书瞿鸿玑、直隶总督兼北洋大臣袁世凯为全权大臣。谈判从 11 月 7 日起，中日双方于 12 月 22 日签订了《会议东三省事宜正约》三款及附约十二款。正约规定：清政府"概行允诺"俄国按照《朴茨茅斯条约》转让给日本的一切权益。附约则规定了清政府新给日本的一系列利权，主要有：

（1）在日、俄军队撤走后，将从速开放东北辽阳、沈阳、满洲里等 16 处商埠；

（2）战争期间日本铺设的安奉铁路日本可以继续改良和经

营，以1923年为期，届时卖给中国；

(3) 允许设立一个“中日木植公司”在鸭绿江右岸地方采伐木植；

(4) 中朝边界陆路通商，“彼此应按照最优国之例办理”。

在谈判中，清方代表要求日本缩短撤军期限，并且取消护路兵而由中国承担护路之责。日本方面以种种理由拒不同意，只应允如俄国将护路兵撤退，或中俄两国另有妥善解决办法，日本政府愿一律照办。这样就把责任推到中国和俄国的身上，日本巧妙脱身。这个问题后来一直没解决。从此，在东三省境内长期驻有俄国和日本的军队。

2. 日本巩固在东北的势力范围

日本在日俄战争胜利后，加紧了在东北地区的扩张，首先是在其南部建立统治机构。1906年6月，日本着手组建满铁公司。7月，天皇下令在已改为关东州的旅大租借地设立关东都督府。前者名义上是个铁路公司，实际上经营的范围包括铁路、工厂、学校、邮电、矿业、试验所等等，是对东北进行经济侵略的大本营。后者不仅是对旅大租借地实行殖民统治的中枢，而且是对东北进行政治军事扩张的指挥部。

满铁公司成立后便同清政府谈判修建新奉（新民屯到奉天）铁路和吉长（吉林到长春）铁路的问题。1907年4月，清政府与日本签订了《新奉、吉长铁路协议》，同意从日本手中买回新奉铁路加以改造，改建其辽河以东一段所需费用和修建吉长铁路所需费用的1/2向日本借，借款期间两铁路的总工程师等须聘用日本人，借款以铁路作抵押。

1909年2月，日本向中国外务部提出关于东三省六案的交涉要求，内容包括铁路、矿务、界务三个方面。在谈判期间，中方曾据理驳斥日方的无理要求，但在日方的压力下，一再让步，最后于9月4日由外务部尚书梁敦彦与日本驻华公使伊集院彦吉签订了《东三省交涉五案条款》和《图们江中韩界务条款》，基本上满足了日方的要求。这两个条款规定：如中国修建新法（新民屯至法库门）铁路，应事先与日本政府协商；中国承认大石桥至营口铁路为南满铁路的支线；同意日本对抚顺烟台两处煤矿有开采权，至于安奉铁路和南满铁路干线沿线各矿，除抚顺烟台煤矿外，都由中日合办；京奉铁路展建至奉天城根问题由两国另行商定；日本承认图们江为中朝边界，而中国要开放延边四处为商埠，准许日本在那里设立领事馆等。

日俄战争的发生反映出势力范围的争夺进入更为激烈的阶段。日本不惜通过战争夺取中国东北。《朴茨茅斯条约》和《会议东三省事宜正约》为它今后在这一地区的全面扩张打下了基础，日本巩固东北势力范围的做法显然是走向殖民统治。

第四节　五大臣出洋考察宪政

清政府实行新政时最主要的事情是改变统治体制。1904 年起，一些官员陆续奏请立宪。直隶总督袁世凯、湖广总督张之洞和两江总督周馥联衔奏请立派重臣分赴各国考察宪政，作为中国改变政体，实行立宪的借鉴。1905 年 7 月，清廷决定派镇国公载泽、户部侍郎戴鸿慈、兵部侍郎徐世昌、湖南巡抚端方出国考察，稍后又加派商部右丞绍英参加。此举虽得立宪派的一片喝彩，却遭到革命派的大力抵制。热血青年吴樾认为这是清政府“假文明之名，行野蛮之实”，决心暗杀五大臣。虽然暗杀没有成功，北京正阳门火车站吴樾的炸弹吓退了徐世昌和绍英。清廷又另补山东布政使尚其亨和顺天府丞李盛铎代行，仍补足五大臣。五大臣分为两路，戴鸿慈、端方赴美、德、意、奥诸国，载泽等人赴日、英、法、比诸国，于 1905 年 12 月起程。此前 11 月，清政府还专设了考察政治馆的机构。

这五位大臣既对外国情况毫无了解，也完全不懂宪政，让他们去考察宪政，实在困难。于是，热心新政的熊希令就被任命为参赞。熊希令自知单凭他一人之力来完成出国考察的各种文件也是力所不及的，所以又在五大臣的准许下，跑到日本东京，找到当时被誉为深知宪政的杨度。但杨度也怕力不胜任，又获准去找梁启超。有了杨度与梁启超作为枪手，五大臣自然就可以放心了。五大臣出访期间，广泛了解了各国的政治制度，搜集了许多政治类图书和参考资料。但主要报告是由杨度和梁启超在国内起草的。

清政府派遣出国使团已有多次，但派出如此高级的政府代表团并以学习西方宪政为目的，还是第一次。有关各国政府在介绍其政治体制时都着眼于维护和扩大其在华利益。载泽等到日本后，伊藤博文貌似殷勤，大讲宪政，当说到有关给人民自由问题时说："此自由乃法律所定，出于政府之界与，而非人民之可以随意自由也。"又说："贵国为君主国，主权必须集于君主一人之身，万不可旁落于臣民。"惟恐中国强盛的日本，无疑是在教唆清政府应继续实行专制独裁，继续保持落后状态。戴鸿慈、端方在德国时，德国亨利亲王与王妃"因设宴府中，席次，亨利亲王为言：中国今日当注重练兵，尤在皇帝以身倡之，练兵之道，不在于务远略而在于保太平，与前德皇所言同意"。德帝国军事工业特别发达，这位亲王显然是要向清政府兜售军火，但他只希望中国的军事力量仅能够对内镇压以"保太平"，决不允许达到足以"务远略"抵御外来侵略的程度。俄国同样不希望中国真正实行立宪，以求中国继续保持贫弱的状态。俄国前财政大臣维特对戴鸿慈、端方说：中国要想实行立宪"约计总以五十年准备，谓欲速不能，过迟不可。上急行而下不足以追步，则有倾跌之虞，上不行而下将出于要求，则有暴动之举"。

1906年夏秋间，五大臣先后回到上海。但因杨度、梁启超的文章还未交稿，无法返京复命。于是又以"考察东南民气，并征集名流意见"为名逗留上海，直到杨梁文章送到，五大臣才放心地返回北京。五大臣返京后上的《奏请宣布立宪密折》中说："以今日之时事言之，立宪之利有最重要者三端：一曰皇位永固……一曰外患渐轻……一曰内乱可弭……。"其中关于"外患渐轻”之说，完全是欺人之谈，而实行立宪之真正目的乃在于“皇位永固”与“内乱可弭”。

7月，清廷召集御前会议，同意了这份报告，颁布了预备立宪的诏书。就慈禧来说，她是宁死也不愿见宪政这两个字，所以她只肯勉强地同意了“预备立宪”。清政府并无立宪之实意，而且国内形势已孕育着巨变，立宪的做法也无法维持清廷的统治。

第五节　英国再次入侵西藏

1. 英军占领拉萨

1893年中英《会议藏印条款》订立后，英国初步实现了打入西藏的目的。随着藏印边界上的亚东开为商埠，藏印之间的贸易逐渐增多。在日俄两国对中国东北地区展开激烈争夺的时候，英国进一步加紧了对西藏的扩张活动。自从英国第一次侵藏战争并随后逼订两个有关西藏的条约之后，西藏各阶层对英国侵略者恨之入骨，并对清政府强迫地方当局屈从英国的要求极为不满，这样西藏地方的统治者便倾向于依靠俄国。俄国利用这一机会以友好的姿态来获取西藏上层的好感。它通过派人到西藏学经，向这个地区渗透。1895年，成年亲政的达赖十三世的一名侍讲便是俄国人。由于他的活动，西藏上层同俄国政府的关系加强了。1900年和1901年达赖两次派代表团去俄国，都得到沙皇尼古拉二世的接见。俄国在西藏的活动引起英国的不安。为了同俄国争夺在西藏的权益，担任印度总督的英国殖民者寇松主张要采取武力和引诱的两手加强对西藏的扩张。

1899年到1901年间，寇松多次通过各种渠道同达赖联系，但都没有成功。1902年，他便决定利用边界问题对西藏实行强硬政策。6月，英国驻锡金专员怀特率人占据西藏与锡金边界上的甲岗，强行驱逐住在当地的藏民。7月，清政府派代表三品知府何光燮谈判，准备在改进通商条件上作让步，要求英国方面交回甲岗。1903年1月，中国代表来到藏锡边界，但英方故意迟迟不派人来。4月6日，驻藏大臣致书印度总督，催促英方速派代表到亚东谈判。为了表示中方的诚意，信中提出中国代表愿到锡金或英方指定的任何地点会晤。于是，英方指定要到西藏境内的干坝宗举行谈判，并且蛮横地说如果清政府和西藏地方的代表不来，就要到江孜或日喀则去谈判。6月3日，寇松派怀特和荣赫鹏为代表率领武装卫队200多人和输送队300多人越界进入西藏，不顾中国官员的劝阻，直奔干坝宗。7月22日会谈开始。中方代表指责英方的卫队太大，要求把谈判地点放在边界上。西藏地方的代表表示若不做出改变，他将拒绝接受英方代表的任何书面文件，并拒绝将英方的意见向拉萨转达。驻藏大臣裕钢尽力说服藏人妥协，因为“如战端一开，祸患将不堪设想”。然而，英方不仅不接受这些合理要求，而且挑剔清政府代表何光燮的职位太低。由于英国方面并不真心来谈判，而是要寻找进行侵略的借口，所以谈判没有任何进展。

在此期间，英方代表不断借故寻衅，如指控西藏自英国使团入藏后便关闭了亚东的市场，并蛮横地要求驻扎在边境的藏兵撤退。英国殖民主义者还不断制造谣言说俄国要扩大在西藏的侵略或说俄军正在开往西藏的途中。11月6日，英国政府批准英印使团通过春丕前往江孜的计划。于是，英国方面组成一支2000多人的军队，连同工兵和后勤人员等共7000余人，在武装护送使团的司令官麦克唐纳的率领下于12月中旬越过则利拉，于14日占领春丕，开始了大规模的入侵西藏。

英国发动新的侵略之后，西藏地方当局立即动员藏军准备抵抗。可是驻藏大臣裕钢却要求沿途官员以理说服英军撤退，而不许藏民同英军发生冲突。西藏军民对英国侵略者都十分痛恨，不顾驻藏大臣的阻挠，起来英勇地抵抗英军的入侵。由于藏军装备落后等因素，未能有效地阻止英军的前进。1904年7月初，英军攻下江孜，8月3日，英军攻占拉萨。在此之前几天，达赖十三世出逃，英军找不到当地的交涉对象。这时，新任驻藏大臣有泰便出面接待英军。在英军进入拉萨的第二天，有泰就亲自赴英军兵营表示慰问，并拜会荣赫鹏。次日，有泰派人送去牛羊米面犒劳敌军。有泰在会见荣赫鹏时表示愿意合作，尽快达成条约，对英军在江孜等地遭到藏军的阻击表示歉意。12日，荣赫鹏向有泰提出八项议和条件。有泰强迫达赖出走后负责西藏事务的摄政噶尔丹寺长罗桑坚赞与荣赫鹏谈判。藏方代表坚决反对向英国赔款和增开商埠等，而有泰竟帮助英方说话，指责藏方代表无理，提出开辟商埠对西藏有利。英方担心冬季来临，急于在9月中旬前达成条约。9月1日，荣赫鹏重提约款，并声称谈判每拖延一天就增加5万卢比的赔款，这也得到有泰的支持。

在英方的压力下，西藏地方代表不得不同意了英方的条件。9月7日，罗桑坚赞等西藏地方官员和荣赫鹏在布达拉宫签订了《拉萨条约》。

《拉萨条约》的主要内容是：

(1) 西藏承认1890年条约对藏锡边界的规定；

(2) 除亚东外，加开江孜、噶大克为商埠；

(3) 西藏对英赔款50万英镑，合750万卢比，分75年付清，未付清之前，英军留守春丕；

(4) 西藏同意将从印度边界至江孜和拉萨一线的所有炮台和山寨削平，撤走所有防卫设施；

(5) 条约第九款规定，在没有得到英国同意的情况下，西藏不得以任何方式向其他国家出让西藏土地，不得允许外国干涉西藏事务或派人进入西藏，不得把铁路、道路、电线、矿产或其他利权给予其他国家，否则英国也要同样享有，不得以西藏各项税收给予或抵押予任何外国或外国人。这个条约显然是要把西藏变成英国的独占势力范围。

条约有一附件，规定英国政府驻江孜的代表，必要时得以前往拉萨与清政府或西藏官员讨论商务问题。这样英方就达到直接同西藏同局建立联系的目的。

事前，有泰曾把草约内容请示清政府，由于没有接到回电，有泰未敢在条约上签字。清政府在得知英军入侵西藏的消息后，没有向英国提出抗议。直到9月13日，外务部才发电给有泰，指出这一条约有损中国的主权，命令有泰不能签字。外务部提出西藏问题涉及中国的主权，应由中国中央政府同英国谈判，而不应由西藏地方当局同英国方面直接订约。荣赫鹏没能诱使有泰在条约上补签，于9月23日率领英军撤离拉萨。

对于英军入侵西藏，特别是订立《拉萨条约》，俄国、美国和其他列强都纷纷表示反对。在各国的抗议之下，英国政府对条约作了小小的修改，把赔款数额减为250万卢比，允许在三年内还清。此后，英军由春丕撤退。

2. 中英签订《续订藏印条约》

由于清政府未在《拉萨条约》上签字，而西藏地方当局又没有对外缔结条约的权力，因此这项条约无效。为此，英国政府在事后一再对清政府施加压力，催促它予以承认。清政府的态度是英国必须明确承认中国在西藏的主权，并且必须修改条约的第九款。当时，其他列强都对这一条款极不满意，因为它所指的外国显然不包括英国在内，各国反对英国独占在西藏的利权。清政府担心如不修改这条，其他国家可能纷起效尤。1904年底，清政府派外务部侍郎唐绍仪为代表，赴印度进行交涉。

1905年2月，中英双方在加尔各答举行会议，英方代表为英印政府外事秘书费礼夏。中方要求重订条约，而英方要中国在条约上签字。唐绍仪强调西藏主权在中国，提出在第一款中加入英国承认中国在西藏原有和现有的权利的字句，并将第九款加以修正，规定中国政府为印藏间一切交往的唯一中介，但英方坚持只能承认中国对西藏的“宗主权”。英国这么做就是要否认中国对西藏的主权，以便今后对西藏的进犯。由于在这一关键问题上谈判陷入僵局，9月唐绍仪回国，留下他的副手张荫棠继续谈判，但仍无进展。11月，谈判中止。

清政府在交涉失败后，为了保持对西藏的主权，通知英国方面准备承担西藏对英国的赔款。英国于是又乘机要以清政府承认

《拉萨条约》作为交换条件，双方未能达成一致意见。

这时，英国所处的国际环境发生了变化。由于俄国在日俄战争中的失败，它对英国在亚洲利益的威胁减弱了，而德国在欧洲对英国的威胁却越来越严重。为了集中力量对付德国，英国希望同俄国改善关系。从这一根本利益出发，1905 年底上台的英国新政府决定在西藏问题上采取较为和缓的政策，因而愿意对清政府做出一些让步。1906 年初，中英双方在北京重开谈判。中方代表仍是唐绍仪，英方代表为其驻华公使萨道义。4 月 27 日，中英签订《续订藏印条约》。这一条约的主要内容是：

（1）清政府承认《拉萨条约》，但把它作为附约；

（2）英国承诺不侵占西藏的土地，不干涉西藏的内政；

（3）只有中国才能享有在西藏的铁路、道路、电线、矿产和其他权利；

（4）英国同意由清政府在三年内偿还赔款。

虽然，条约中没有写进中国对西藏拥有主权这一条，但把《拉萨条约》改作附约这一事实和正约中的内容都说明了中国政府在西藏的主权地位，没有中央政府的同意，任何地方政府订立的所谓条约都是无效的、非法的。

在这次英国入侵西藏之后，清政府开始注意到西南边疆的安全问题，着手加强在西藏的统治。1906 年，清政府任命赵尔丰为川滇边务大臣，张荫棠为查办藏事大臣，加强行政管理。1907 年清政府着手在西藏举办新政，完善地方政府机构，整顿财政、学务和通商等。1909 年，清政府派川军进入西藏，加强防务。

同时，为了巩固对西藏的主权，清政府采取了防止英国人直接同西藏当局打交道的措施，对各市场所设的办理交涉和商务的官员都派汉人而不派藏人担任。英国对此极为不满。根据《拉萨条约》的原有规定，1907 年，清政府派张荫棠到加尔各答与英方谈判新商约。英方首先提出必须有有权画押的藏官参加的要求。张荫棠认识到其目的所在，“若一经承认直接交涉，西藏即成为独立国性质，所有从前代偿赔款，改订藏约，均成画饼”。但由于英方的坚持，清政府还是同意派藏官汪曲结布等八人随同张荫棠参加谈判，但明确他们行事必须得到中国钦差大臣的允许。谈判从1907年9月到1908年4月。4月20日，中英双方签订《修订藏印通商章程》。条约的主要内容为：

（1）各商埠治理权应归中国官督藏官管理。如果西藏地方官员与英国商务委员之间发生分歧时，应请西藏大吏与印度政府核办，但印度政府要通知中国驻藏大臣，只有在西藏地方当局与印度当局不能解决时，才由中英两国政府处理。

（2）英国人可在各商埠内租地建屋；英印人民在西藏享有治外法权；英国在已开和将来新开各商埠的商务委员可安排往来中印边界传递邮件的人员；英国商务委员可设置卫队，但在中国于各商埠及沿途筹办巡警之后即行撤退。

（3）自印度边界至江孜沿途英国所建造的旅店11处，由中国原价赎回，但仍须租与印度。

这个商约进一步扩大了英国与西藏地方当局交涉的权力，同时还保持了在重要事务上由中国中央政府出面与英国交涉的权力，实际上保全了中国在西藏的主权。

由于英国两次入侵西藏都遭到西藏军民的顽强抵抗，英国注意改变策略，拉拢西藏上层人士，特别是利用他们对清政府的不满。于1904年出逃的达赖十三世在1908年到北京朝见清朝皇帝，英国驻华公使朱尔典乘机对其拉拢。达赖1909年底回到拉萨。他对清政府在西藏实行的政策极为不满，下令藏军阻止清军入藏，并与一批阴谋分裂的大农奴主公开叛国。1910年2月，在清兵进入拉萨前，达赖出走，逃往印度。2月25日，清政府下令宣布达赖的罪状，革去他的名号。这时，英国公使朱尔典竟出来干涉中国内政，对清军入藏提出质问，并要求对革去达赖名号一事做出解释。清外务部在答复中指出前者是为了保护治安，后者是中国的内政，与英国无干。于是，英国便借口保护英国驻藏官员，于6月间派兵进驻位于西藏和不丹交界处的那塘，形成对中国西南的威胁。

1911年1月，英国又派兵2000人进占云南省片马地区。1894年中英《续议滇缅界、商务条款》对中缅边界只划定了北纬25度35分尖高山以南的一段，对于以北一段则规定以后查明情况再定。双方勘界时，英方知道片马是通往云南、四川和西藏的要道，便坚持要以高黎贡山为界，以便据有片马。清政府方面不同意这个主张。英国擅自占据片马的消息传出后，中国各地民众表示抗议，但清政府仍坚持“审时度势，未便轻启兵端”，要求云南官员不得“卤莽责事”，未采取相应的措施来制止英国的侵入。中国驻英公使刘玉麟多次同英国进行交涉，毫无结果。

英国一步步地扩大对西藏的侵略，加重了中国的边界危机，并威胁到中央政府对西藏的管理。

第六节 列强争夺铁路修建权

20世纪初，各列强为了巩固在中国的势力范围和扩大自己的经济利益，都想方设法在中国得到更多的铁路修建权。这次争夺最激烈的地区是东北和华中华南地区。

1.美国试图打入中国东北

一贯主张门户开放的美国试图通过修建铁路将其影响打入到各列强的势力范围内。它对东北地区感兴趣。为了打破俄国的垄断地位，在日俄战争时期，美国坚决支持日本。美国资本家大量吸收日本的债券，铁路大王哈里曼买的最多。随着日本在战争中占上风，美国政府主动地提出为两国进行调解，就是担心日本取代俄国，出现新的独占局面。1905年10月，哈里曼和日本首相桂太郎拟就了一项备忘录，日本允许哈里曼按照日本法律组织一个银行团，出资收买南满铁路及其附属设备，铁路经营权，日美各半。但不久，日方变卦，日本政府不想把到手的成果分给美国一半，取消了这一约定。

哈里曼并不罢休，打算直接从中国政府取得在东北建造一条新铁路的让与权，他通过美国驻奉天总领事司戴德于1907年向第一任奉天汉人巡抚唐绍仪接洽，提出建造新铁路的计划。唐绍仪正想吸收欧美的资本，来抵制日本，所以同意了这项计划，还建议由美国贷款2000万美元成立一个“东三省银行”，经营铁路和其他各项实业的投资活动。1907年8月，双方达成了一项备忘录，司戴德立即把它寄给哈里曼。这时正好赶上美国发生经济危机，哈里曼只得暂时搁置这项计划。1908年美国经济危机过后，司戴德又恢复同唐绍仪就成立东三省银行的谈判。8月间达成一项协议，由美国出资2000万美元作为银行资金。银行任务是稳定东北的金融，开发东北资源和修建铁路。9月，司戴德奉召回国磋商，11月，清政府也派唐绍仪去美国活动。唐绍仪出使美国名义上是去感谢美国政府退还庚子赔款。这件事的起因可追溯到1894年中美两国订立的华工条约，它规定以10年为期，禁止华工前往美国。1902年，美国国会通过了新的更严厉的排华法，把禁止华工的区域由美国本土扩展到它的各个属地。这首先在旅美华侨中引起强烈的义愤，随后中国东南各省也出现抗议美国虐待华工的浪潮。1904年初，清政府向美国交涉，提出1894年的条约期满即行终止，愿与美国谈判，签订新约。可是，美国政府反对废约。1905年初，美国华侨冯夏威回国后得不到返美的签证，便自杀于上海的美国领事馆前。这些事件激起中国人的愤慨，掀起一场抵制美货的反美爱国运动。1905~1906年间，美国对华出口下降了3/7。这场运动迫使美国政府答应改善对华侨出入境的限制。为了进一步缓和中国人民的反美情绪，美国政府决定将根据辛丑条约所得的赔款的一部分退还给中国。1908年5月，美国国会通过一项法案，批准把2400万元庚子赔款中的1078万元退还中国，用于发展教育事业。1909年7月，中国外务部与学部一起设立留美学务处，会同考选第一批留美学生派往美国，并设立清华留美预备学校。以后中国每年派学生到美国留学，就是以这笔款项作为基金。

唐绍仪到美国的实际目的一方面是争取美国金融巨头对成立

东三省银行的支持，另一方面是试探与美国、德国成立三国同盟的可能性。这一计划最初是由德国提出的，得到美国的欢迎，两国都想以此来抵制日本的扩张。但是当唐绍仪到达美国时，形势发生了变化。为了防止中美等国间的合作，日本主动建议同美国就远东问题进行谈判，美国也不愿意因中国问题而与日本发生冲突，日美两国便于1908年11月底达成了《罗脱—高平协定》，同意维持太平洋地区的现状和中国领土的完整和独立，同意各列强在中国的商工业机会均等。这样，美国不可能同中国结盟了。11月中，中国国内政局也发生变化，光绪帝和西太后先后死去。清政府1909年1月召回唐绍仪，他的集资使命未能完成。

哈里曼一直没有放弃在中国修铁路的打算，1909年再次通过司戴德与中国东北当局协商。当时，清政府为了限制日俄对东北的控制，8月19日密谕东三省督抚，指示在东北广开商埠，吸引其他国家的资金，利用这些国家的力量来牵制日俄。东三省总督锡良、奉天巡抚程德全也都认为“非借外人之款不足经营东省，尤非借外人之力无由牵制日俄”。他们正考虑修建一条自葫芦岛经锦州、齐齐哈尔到达瑷珲的铁路。10月20日，锡良同司戴德签订了《锦瑷铁路借款草合同》，规定资金由美国银行团提供，工程由英国公司承包，借款年息5厘，以铁路作保，借款期间铁路由公司经营，只受邮传部节制，公司由中美英国人组成。但是协定上报后，外务、度支、邮政三部都认为这项合同侵损权益太重，主张将其作废。

美国国务卿诺克斯以为这一合同已获清政府批准，便于11月6日向英国，12月14日向日、法、俄、德、中等国提出“满洲铁路中立化”的方案。美国建议或由各有关国家联合贷款给中国并共同管理满洲铁路，或由英美联合支持锦瑷铁路计划并邀请其他国家参加此铁路和今后其他铁路的投资。这个方案显然是要打破日俄对东北地区的垄断和扩展美国的势力。清政府对此表示欢迎，德国也赞同。但它遭到日俄的强烈反对，英法不予支持，所以这一计划失败了。

美国想打入东北地区的企图使日本感到不安，为了巩固它在东三省的地位和缓和同俄国的矛盾，1907年7月30日，日本与俄国达成了《日俄协约》和《日俄密约》。前者是公开的，双方宣布互相尊重领土完整和遵守日俄间缔结的各项条约，还宣布承认中国的独立和领土完整，保持列强在华工商业机会均等的原则。在后者中，双方私下划分了在满洲势力范围的分界线，即北满与南满，同意都不在对方的区域谋取利权，而且日本承认俄国在外蒙古的特殊权利，换取俄国不干涉日本在朝鲜的自由发展。

1910年7月4日，日俄两国订立了第二次《日俄协约》和《日俄密约》。协约规定两国要加强合作改进满洲的铁路；尊重日俄间和日俄与中国间签订的所有条约，及由条约形成的东北的现状；若现状受到威胁，两国要就认为有必要采取的措施进行商议。密约规定两国相互尊重各自的势力范围及在此范围内的利益；双方在满洲的特殊利益受到威胁时，为维护该利益要进行协商，采取共同行动和互相援助。

日俄间的两次协约显然是做做样子，用来欺骗世界的舆论。而两次密约则具有实质意义，特别是第二次密约，其目的是建立一个攻守同盟，防止第三国介入满洲。在日俄第二次协约公布后，中国外务部于7月27日分别照会日俄两国及其他国家的驻华公使，重申要坚持《朴茨茅斯条约》和《会议东三省事宜正约》所提出的，维护中国的主权和坚持各国在华机会均等的原则。清政府当时只知道公开的协约，不知道密约的存在。实际上，“门户开放”政策已经无法在东北三省贯彻。

2. 中外签订《湖广铁路借款合同》

由于列强加紧扩张，清政府在华中地区也遇到铁路修建权问题。1905年，清政府以650万美元高价把在1898年曾让与美国的粤汉铁路修建权赎回。湖北等省的绅商对自修该铁路很有热情，积极筹集资金。但到1908年，清政府认为民间办铁路进展缓慢，便派原湖广总督张之洞督办粤汉铁路。

张之洞1905年曾向英国驻汉口总领事法磊斯许诺在修建这条铁路及湖北、湖南境内其他铁路时将优先向英国借贷资金。1908年10月3日，他致书法磊斯，表示要借款。双方就此事开始谈判。由于法、德两国财团也极为重视这一铁路，便展开争夺。最后各方于1909年5月14日达成协议，由英法德三国财团联合借款给中国，不仅修建粤汉铁路，而且修建川汉铁路，借款额为550万英镑。6月6日，四方代表签订了《湖广铁路借款草合同》。

美国政府听说此事后，很不甘心美国被排斥在外。国务院找出1903年和1904年清外务部给美国公使的两封信，硬说当时清政府已许诺日后若借款修铁路，要优先向美国公司商借。5月下旬，美国驻华公使受命一周三次到外务部纠缠。6月，美国又同英国交涉，表示要参加对川汉等铁路的借款。7月，美国代表威胁担任外务部总理大臣的庆亲王说：如果美国的愿望实现不了，中国应负全部责任。在美国的压力下，清政府迟迟不批准借款草合同，并通知英法德三国财团驻北京的代表去与美国银行团协商解决这一问题。

四国财团间经过将近一年的争执，终于取得一致意见。1910年5月23日在巴黎，四国代表达成协议，组成四国银行团，借款600万英镑，由四国财团平均分担一切材料的购买，应尽可能由四国财团平均分配；粤汉铁路总工程师由英国人担任，川汉铁路则划分为若干段，由四国分别指派总工程师和副总工程师。协定达成后，四国急于得到清政府的批准。这时，湖广铁路事已由邮传部接管。10月初，邮传部尚书等人向四国财团代表声明，要对草合同进行修改才能批准，否则会在湖北、湖南引起骚乱。四国代表对此极为不满，双方谈判没有结果，借款一事暂时搁置下来。

1910年5月24日，清政府决定改革币制。但由于缺乏资金，度支部出面向美国商借。这个时期，清政府想借助列强来抗衡日俄的扩张，但当时英国和法国都已分别同这两个国家签订了协议，表示不对它们在华的行动进行干涉。于是，清政府只能考虑找美国或德国。美国提出的东三省铁路中立化的计划曾得到清政府的赏识，所以清政府仍然倾向于美国。10 月 27 日，中美双方签订了 5000 万美元的币制借款草合同。美国把此事非正式地通知了其他国家，希望得到它们的支持。11 月上旬，美国银行团与英、法、德三国财团代表在伦敦商议共同借款问题。虽然清政府仅想拉拢美国，但美国一是无力单独筹集这么一大笔资金，二是想联合其他三国的力量去对付日俄。清政府对美国的这个做法非常失望，拒绝同四国银行团谈判。可是在美国的压力和日俄扩张的威胁下，1911 年 4 月 15 日，清政府不得不同四国银行团达成《币制实业借款合同》，借款总额 1000 万英镑。签约后，清政府急需用钱，英法等国同意先垫借 100 万英镑，条件是正式缔结湖广铁路借款合同。在谈判中，四国银行团同意放弃原草合同中所包括的川汉铁路的支线，而清政府方面将川汉铁路干线由宜昌向西延长至四川夔州作为补偿。这样，5 月 20 日清政府正式同四国银行团订立了《湖广铁路借款合同》。

这两个协定立即遭到日本和俄国的反对，它们向四国提出强烈抗议。同时，这两个协定在中国国内也引起震动，特别是湖广铁路借款合同。舆论纷纷谴责清政府卖国。1908 年，湖北绅商听说有关借款的谈判后就向地方政府表示反对，要求将湖北铁路改归商办。1909 年，湖南咨议局 800 多人联名致函张之洞，明确提出："铁路借款，湘人决不承认。"1910 年 1 月，湖北人民组成请愿团到北京，通过都察院要求该省境内的粤汉铁路和川汉铁路改归商办。请愿代表情绪激昂，痛斥卖国政府。1911 年 5 月借款合同签订的第二天，四川成立了"保路同志会"，发表宣言。宣言指出："政府铁路借款合同，实葬送人民死地之合同。"一场轰轰烈烈的保路运动由此而始，整个中国形势动荡。在这种情况下，四国银行团除给了 40 万英镑的垫款外，不愿再执行合同，也不把已经发行的湖广铁路债款交付。清政府卖国的对外政策最终导致了它的灭亡。

20 世纪初，列强表面上接受"门户开放"政策，但都在巩固各自的势力范围，并试图打入其他列强的势力范围。它们之间的矛盾日益突出。在新形势下，清政府仍想借助以夷制夷政策来维护自己的利益，特别是在涉及西藏主权这样的关键问题上也还能坚持正确立场。但它的反抗越来越弱，更多的是妥协退让，甚至不惜牺牲国家的利益来维护自己的统治。清政府无心实行体制的转变，其腐朽卖国的面目越来越遭到中国各阶层民众的不满和痛恨。争夺铁路路权的斗争由此形成新一轮反列强侵略反清朝统治的人民运动。

思考题：

1. 日俄战争表明列强侵华的什么新特点？
2. 20世纪初中英谈判西藏问题的关键是什么？
3. 分析清政府对付日俄在东北扩张的政策。
4. 中外围绕铁路修建权的斗争说明了什么？

参考书目：

王绍坊：《中国外交史（鸦片战争至辛亥革命时期）》，河南人民出版社1988年版，第八章。

丁名楠等：《帝国主义侵华史》第二卷，人民出版社1986年版。

近代史研究所：《沙俄侵华史》，人民出版社1978～1990年版。

陶文钊：《中美关系史1911～1950》，重庆出版社1994年版。

王立诚：《中国近代外交制度史》，甘肃人民出版社1991年版。

王铁崖：《中外旧约章汇编》，三联书店1962年版（1982年再版）。

第十章

辛亥革命时期和民国初年的外交活动

腐朽的清朝统治导致中国不断遭受列强的欺凌，国势渐微，民不聊生。清政府无力走出任由列强摆布的困境，中华民族的命运危在旦夕。20世纪初，虽然中国暂时避免被列强瓜分，但在半殖民化的道路上越陷越深。以孙中山为首的革命党人为了拯救中国，打出了推翻清朝统治的大旗。在一场爱国护路运动中，爆发了资产阶级革命。

第一节　革命党人的外交

20世纪初，随着帝国主义侵略不断加深，中国的自然经济日益解体，社会危机越来越严重。大半个中国沦为列强的势力范围，到处是外国的租借地和租界，外国人在中国享有领事裁判权，中国的主权无法体现；外国军队驻扎在山海关至北京的沿线，外国军舰可以随意进入中国沿海和内河，中国的安全根本没保障；

中国海关把持在外国人手中，关税要由中外协商决定，长期实行低关税，再加上巨额的战争赔款，国家财政严重不足，民族经济的发展受到制约。

为了拯救中国，代表民族资产阶级的革命力量逐渐走上历史舞台。早在1894年11月，孙中山就组织了最早的革命团体“兴中会”，指出民族面临危机，“方今强邻环列，虎视鹰瞵，久垂涎于我中华五金之富，物产之饶，蚕食鲸吞，已效尤于接踵，瓜分豆剖，实堪虑于目前”。1905年成立的革命组织同盟会提出了“驱除鞑虏，恢复中华”的奋斗目标。革命党在全国各地多次组织武装起义，都遭到清政府的残酷镇压，先后失败了。

1. 革命军政府的外交政策

1911年5月，清政府宣布“铁路干线国有”的政策，名义上由清政府借外债来修建川汉，粤汉两条铁路，实际上是要把路权出卖给外国。这引起全国各阶层人民的激烈反对和抗议，从而形成了声势浩大的保路风潮。长沙各地群众万余人集会，一致要求清政府收回成命，准许铁路商办。湖北谘议局也召开数千人的大会，反对铁路国有政策。四川的保路运动最为强大。6月17日，川汉铁路股东在成都召开大会，成立“四川保路同志会”，参加人数达数十万。8月，成都罢市，数十县卷入了这场斗争。9月，保路斗争发展成为全省的抗粮抗捐运动。不少同盟会员则联合会党，准备发动起义。为了镇压四川的群众运动，清政府下令从湖北调集军队前往。保路运动发展成为保路同志军起义。

武汉地区的革命党人便会同新军中的革命骨干趁机在1911年10月10日在武昌发动起义。起义军成功地占领了武昌。这一胜利揭开了辛亥革命的序幕。到12日，武汉三镇全部光复。革命党人建立了湖北军政府，并强推原清军协统黎元洪为湖北军政府都督。

湖北军政府采取了避免同外国人发生冲突的对外政策。军政府在《刑赏令》中明确规定“伤害外人者斩”，“保护租界者赏”，

“守卫教堂者赏”。10 月 12 日，军政府派外交司长胡瑛等人前往汉口，以湖北军政府都督的名义向驻在汉口的各国领事发出照会，宣布革命政府的外交政策。它指出“对各友邦，益敦睦谊，以期维持世界之和平，增进人类之幸福，所有国民军对外之行动，特先知照，免致误会。一、所有清国前此与各国缔结之条约，皆继续有效。二、赔偿外债照旧担任，仍由各省按期如数摊还。三、居留军政府占领地域内之各国人民财产，将一律保护。四、所有各国之既得权利，亦一体保护。五、清政府与各国所立条约，所许之权利，所借之国债，其事件成立于此次知照后者，军政府概不承认。六、各国如有助清政府以妨害军政府者，概以敌人视之。七、各国如有接济清政府以可为战事之物品者，搜获者一概没收”。这些规定是取之于同盟会 1906 年所制定的《革命方略》。军政府的对外政策尽管在维护国家主权方面有严重缺陷，但它在不给帝国主义以干涉革命的口实方面具有策略性意义，有助于革命的展开。

在武昌起义之前，驻汉口的各国领事就已密切注视革命党在武汉一带的活动。英、德、法等国领事都曾请求速派本国军舰前来保护各国侨民的生命与财产安全。武昌起义后，汉口道台奉湖广总督瑞瀓之命照会驻汉口的五国领事，请求停泊在当地的各国军舰在江面巡逻，阻止革命军渡江，各国领事都未接受。瑞瀓逃离武昌抵达汉口后，声称“义和团复起”，要求德国领事下令开炮轰击革命军。德国领事本来同意这一要求并与德国海军进行了磋商，做了开炮的准备。但是考虑到各国间在 1901 年达成的不单独在华采取行动的协议，德国领事建议召开领事团会议。10 月 13、14 日两天，各国领事开会商量对策。会上，德国领事主张进行干涉，防止义和团事件重演。法国领事侯耀（即罗氏）出于对孙中山的了解，指出这场革命是要进行政治改革，不同于义和团的暴动。他反对进行干涉。这一主张得到英俄两国领事的赞同。日本领事起初支持德国领事的意见，但未坚持。领事团考虑到清政府的衰败和革命政府温和的对外政策，决定持中立态度。

14日，湖北军政府又派夏维松等人分别拜会各国领事，请其承认革命军为交战团体。胡瑛也就此同各领事馆进行接洽。16日，驻汉口各国领事再次集会。18日，英法俄德日五国领事正式联名布告中立。军政府照会各领馆对此表示感谢，因为列强的这一立场有助于革命声势的发展。军政府同时重申："凡有欲限帛本军政府之意思，使本军政府不得独立自由者，本军政府用如何损害之手段，亦是我民族应有之权利。"当时，革命阵营中许多人误以为外国已承认革命军为交战团体。但据11月8日英国驻华公使的一份电报所说："至其自谓各领事已认彼军为交战团，据本大臣所闻，则实无其事。"列强其实无意承认革命军为交战团体。11月7日黎元洪发给各地军政府的通电中也提到各国尚未承认军政府为交战团体。尽管如此，湖北军政府能争取到列强的中立就足以使革命声势大震，也避免了同列强发生直接冲突。全国各地纷纷响应武昌起义，一个多月内湖南、陕西、江西、云南、江苏等十几个省份宣布独立，脱离清政府统治。

2. 孙中山的外交活动

在领导中国资产阶级革命中，孙中山非常重视外交的作用。他认为处理国家关系的首要方法是外交手段，只在外交手段用尽时才能使用战争手段，战争结束后仍应恢复外交手段。常言弱国无外交，而他却强调外交对弱国的重要性。他认为中国虚弱，非善用外交不得自立。他还指出外交是革命党争取革命成功的重要手段，他曾说："革命的成功，一是靠武力；一是靠外交。"孙中山做出如此主张的原因，一是中国饱受外来侵略，帝国主义列强在这里有很大势力；二是中国民族资产阶级的力量比较弱小，又同列强有着千丝万缕的联系。革命党不可能两个拳头出击。

武昌起义发生时，孙中山先生正在美国。他听到消息后非常激动，本想立刻回国参加革命战争，但考虑到新政府在外交和财政方面可能遇到的困难，特别是担心列强会干涉革命，他便决定留在国外，设法争取几个大国对革命的支持。他做了一番分析，认为美法两国会同情革命，俄德两国反对革命，日本民间同情而政府反对，英国也民间同情但政府未定。其中关键在英国，它的态度关系到中国革命的成败，因为英国在中国，特别在长江流域有很大影响。不仅它自身态度举足轻重，而且它能影响到日本的态度。

在美国，他先到纽约会见了一些政界和财界的人士，向他们介绍了中国革命的宗旨，争取他们的同情和帮助。他打算会见美国国务卿，但其请求未被接受。11 月，他到英国广泛活动，通过他人同英国外交大臣葛雷进行交涉并取得了一定的成果。以英国为首的四国银行团同意停付给清政府的借款，英国政府将制止日本援助清政府和取消各处英属政府对孙中山的驱逐令。他还提出由英国借款给中国新政府和新政府同英国合作的请求，未能得到英方的支持。在这期间，孙中山发表了"通告各友邦书"，说明革命政府的对外政策。他在英国的工作沉重地打击了当时正因财政困难无法有力镇压革命军的清政府。此后，他又来到法国，同政府官员和一些议员进行了接触，希望法国能承认中华民国政府。

3. 袁世凯在列强支持下上台

袁世凯从朝鲜回国后，由清政府委任去编练新军。这是使用西式武器装备，由德国军官为教习训练出来的军队。袁世凯利用这个机会培植了以他为核心、以北洋新军为主体的军阀集团。1901 年 11 月，袁世凯继李鸿章之后署理直隶总督兼北洋大臣，成为能够左右清朝政局的人物。1908 年 11 月，光绪皇帝和慈禧太后先后死去。不满 3 岁的宣统皇帝继位，由其父载沣摄政。1909 年，因当年帮助慈禧太后镇压百日维新，拥有军政大权的袁世凯被罢黜。

武昌起义后，清廷把镇压革命的希望放到兵力强大的北洋军上，而真正能够指挥得动北洋军的人只有袁世凯。为此，清廷考虑重新起用袁世凯。这种看法与列强不谋而合。虽然武昌起义之后革命政府一再阐述其温和的对外政策，但列强对它并不真正信任。它们认为只有大军阀袁世凯才能控制中国的局势，尽快恢复和平。英美等列强便利用清政府向它们求援之机，表明对袁世凯的支持。美国驻华公使嘉乐恒会见了摄政王载沣，英国公使朱尔典多次拜访内阁总理大臣奕劻，都表示希望看到清政府起用袁世凯。1911年10月14日，清政府任命袁世凯为湖广总督，指挥清军前往汉口镇压革命军。11月1日，清政府又任命他为内阁总理大臣。

袁世凯主掌大权后，他一方面指挥对革命军的镇压，另一方面试图同革命党人进行和谈，既为瓦解革命力量，也为巩固自己在清政府内的地位。早在10月27日，英国外交大臣葛雷就曾电告英国驻华公使朱尔典，目前的战乱如果持续下去势必妨碍外国贸易，建议由列强出面调解。这正符合袁世凯的意思。11月26日，袁世凯同朱尔典会见。然后，朱尔典指示驻汉口领事葛福同革命军接洽停战议和一事，并告诉他为了避免英国侨民受战争之害，袁世凯已同意在双方都满意的条件下实行停火。次日，葛福向朱尔典报告了革命军提出的停战初步条件：推翻清政府，主张共和政体，礼遇旧皇室，以人道主义对待满人。12月1日，袁世凯提出了他的停战条件，并提议由英国领事葛福担任停战的见证人。经英国的调停，清政府与革命军双方于12月2日达成停战协议。随后，南北双方又同意在上海举行谈判。

会谈是从1911年12月18日在上海南京路的市政厅开始的。12月20日，驻上海的英、美、德、法、俄、日六国领事分别向南北双方代表递交同文照会，提出："本国政府认为中国目前斗争之继续，不惟使中国本身并使外人的物质利益与安全遭受严重之威胁。本国政府迄今采取严格中立的态度，认为有义务非正式促请双方代表团注意，必须尽速达成和解，以终止现在之冲突。"列强这么做显然是想迫使南方革命党人接受不利的和平局面。收到照会后，作为南方代表的民国外交总长伍廷芬对各国领事发表谈话。他说："列位须知此次中国人系争自由，并欲得一良好政府，若一旦和议潦草订结，将来遗害不浅。今日革命了结，他日第二次革命又来，当较此次更甚。故民军对于和议不得不从慎，不但于中国内之外人有益，即各国亦受其利。深望各国领事及其政府，务于评语上谨慎从事，谅各国必皆赞成鄙人今日议和方向，惟有依人民之命为去取。”列强对此无动于衷。

各国表面上虽表示中立，实际上它们都倾向于支持袁世凯。英国外交大臣葛雷曾致电朱尔典表示：“我们对袁世凯怀有极友好的感情和尊敬。我们希望革命的结果在中国建立一个政府，有足够的力量能无所偏倚地对待各国，并能维持国内秩序和保持对发展贸易有利的条件。这样的政府会得到我们所能给予的一切外交支持。”在和谈期间，英国驻上海总领事傅磊斯同北方代表唐绍仪保持着非常密切的联系。每当有重大问题出现时，唐绍仪总是立即通知傅磊斯。和谈双方发生争执时，唐绍仪也是请他出面调和。法国政府也认为惟有袁世凯可以维持秩序。法国驻华公使藩荪纳曾拜访袁世凯，鼓动由他来主持政府。美国公使嘉乐恒认为袁世凯得不到财政支持就难以维持对军队的掌控，谈判就可能失败，主张贷款给袁世凯。日本的做法与其他国家略有不同。日本驻华公使曾会晤袁世凯，表示日本将全力支持他。但同时，日本也私下里“援助”革命军，借此对袁世凯施加压力，以便从中渔利。

4. 中华民国临时政府的外交方针

1911年11月30日至12月7日，脱离清政府统治的各省派代表在汉口英租界开会，推选老同盟会员谭人凤为议长，讨论通过了《临时政府组织法大纲》，并同意停火和谈。由于11月27日汉阳失守和12月2日南京的光复，4日各省代表会议立即决定以南京为临时政府所在地。会议还决定选举临时大总统。此时传来消息说，袁世凯也主张共和，于是会议暂缓选举临时大总统。实际上，各省代表想把大总统一职留给反正后的袁世凯。12月25日，孙中山返回上海。形势发生变化，由于革命党人有了众望所归的领导人，大家一致推选孙中山为临时大总统。

1912年1月1日中华民国正式成立，孙中山在南京就任临时大总统。1月3日，他发布的第一张布告宣示了临时政府的内外政策，其中对外交方针作了全面阐述："临时政府成立以后，当尽文明国应尽之义务，以期享文明国应享之权利。满清时代辱国之举措，与排外之心理，务一洗而去之。持和平主义，与我友邦益增睦谊，将使中国见重于国际社会，且将使世界渐趋于大同。"同日，孙中山向参议院提出各部首脑的名单。新政府设外交部，第一任外交总长由王宠惠担任。直至4月份，外交部新机构才组成，设两厅四司：承政厅、参事厅、外政司、通商司、编译司和庶务司。

1月5日，临时政府发表《对外宣言书》，其基本政策同军政府的对外政策一样，"一、凡革命以前所有满政府与各国缔结之条约，民国均认为有效，至于条约期满而止；其缔结于革命起事以后者则否。二、革命以前，满政府所借之外债及所承认之赔款，民国亦承认偿还之责，不变更其条件。其在革命军兴以后者则否。其前经停借事后过付者亦否认。三、凡革命以前满政府所让与各国国家或各国个人种种之权利，民国政府亦照旧尊重之；其在革命军兴以后者则否。四、凡各国人民之生命财产，在共和政府法权所及之域内，民国当一律尊重而保护之。"革命政府表示了同世界各国和平往来的真挚愿望，"深望吾国得列入公法所认国家团体之内，不徒享有种种利益与特权，并且与各国交相提挈，勉进世界文明于无穷。"11日，南京临时政府向各国发出照会，希望得到承认。孙中山亲自以大总统名义致电法国政府，表示愿意与其建立友好关系，希望它接受张翼枢为驻法全权代表。1月17日，临时政府又再次呼吁承认问题，指出："民国政府已稳固建立。为求有助于我们同外国的往来，并更好地履行我们的国际义务，早日承认将是得策的。"1月19日，外交总长王宠惠表示，希望列强及早承认民国，"以避免政权交替期间发生祸乱"。然而这些请求都没有得到外国的任何答复。

尽管如此，临时政府还是着手履行自己的外交职责。2月19日，荷属爪哇岛泗水市的华侨集会，升起五色旗，鸣放爆竹，庆祝中华民国的成立。荷兰军警出来干涉，造成死伤十几人，被捕百余人的惨案。当地华侨采取闭门罢市的行动以示抗议，荷兰政府出动军警强迫开市，并逮捕了四百多人。事件发生后，泗水华侨分别向北京清政府、南京民国临时政府发电请求保护。由于临时政府尚未被荷兰承认，它便立即致电主掌清朝政府大权的袁世凯，请他与荷兰驻华公使严正交涉，并要求驻荷兰中国公使刘镜人与荷兰政府交涉。2月26日，民国政府召开紧急会议，提出对荷交涉的四项条件，由王宠惠发电荷兰外交部：(1) 限三日内释放被捕华侨；(2) 赔偿财产损失；(3) 对被害者给予赔偿；(4) 恢复人权，华侨与欧侨和日侨等一样看待。此案由于中国政府立场强硬，民众情绪高昂，经公使刘镜人据理力争，荷兰当局不得不释放所有被捕者，并答应以下条件：(1) 惩办枪杀华侨的荷兰人；(2) 优礼安葬被害者，并抚恤其家属；(3) 荷兰政府负责医治受伤者；(4) 如数赔偿华侨的财产损失；(5) 荷兰政府对旅居荷属地的华侨与荷兰人同等看待。这次中荷交涉是中华民国建立后在外交上的第一次胜利，也使近代中国外交有了生机。

孙中山和革命政府曾在一些场合提出要收回租界主权、取消领事裁判权和改革关税制度等。然而，由于害怕引起列强的敌意和期望得到外国的帮助，他们并没有在收复主权方面做出任何决定，而是恪守宣言中许下的诺言。1912年1至2月间，南京临时政府对德交涉就采取了妥协的态度。1898年，德国从清廷手中强借了以青岛为中心的胶东半岛租借地。1912年1月下旬，革命党人占据了位于这一地区的即墨县。当时，德国派骑兵100多人前往即墨，以条约为据，要求革命党人解除武装，同时电告山东巡抚胡廷福这一情况。清政府闻讯后派兵突袭即墨，杀害革命志士30余人，并将附近村庄烧毁。当地革命军请求南京临时政府与德国政府交涉。虽然临时政府外交部对德方提出了抗议，但拘于对条约的承认和实力不足，孙中山不得不于2月10日下令革命军自即墨撤退。

5. 清帝退位

孙中山当选临时大总统对袁世凯是一个重大打击。在孙中山就职之日，他让部下冯国璋、段祺瑞等发表通电，反对民主共和，主张君主立宪。他甚至撤销唐绍仪的议和代表职务。1912 年 1 月中旬，袁世凯征求英、法、美等国公使的意见，想了解他们是否支持他。这些公使都表示对他的信任，建议他同革命党人取得妥协。

此时，一批旧官僚、立宪派人士都站在袁世凯一边。大多数革命党人也认为自己力量不足，还担心列强的干预。于是，南北双方在会谈中达成了一项协议：革命党人同意让出政权，袁世凯则同意宣布赞成共和，并逼清帝退位。在这种形势下，孙中山为了能尽早结束清朝的封建统治并保持革命的成果，多次表示如果列强承认中华民国政府，他即举袁世凯为总统。但这个主张未被接受。袁世凯主张清政府与南京临时政府同时解散，由他另立统一的共和政府。南京临时政府拒绝了这个要求，但孙中山同意在清帝退位后立即由袁世凯重组政府。袁世凯在得到南方同意让权的确切保证之后，利用全国的革命声势，立即对清帝实行逼宫。1912 年 2 月 12 日，清帝宣布退位，结束了清王朝对中国 260 多年的封建统治。这天，袁世凯便以“全权组织临时共和政府”的名义，将清帝退位的情况通知各国驻京公使。次日，孙中山向南京参议院提出辞职和举荐袁世凯的咨文。2 月 15 日，临时参议院选举袁世凯为临时大总统。

为了防止袁世凯在其老巢实行封建军事独裁，孙中山再三催促袁世凯到南京就任，可是他却玩弄手段，迟迟不行，其中包括请列强出面干涉。英国驻南京总领事向南京临时政府外交总长王宠惠表示，迁都南京是“过分的要求”。在袁世凯的密谋下，2 月 29 日北京驻军发生兵变，随后保定和天津等地也发生兵变和骚动。北京外交团立即采取措施，加强巡逻和增调军队入京。北洋将领通电要求临时政府设在北京。在这种形势下，革命党人又做出妥协，放弃定都南京的打算。3月10日，袁世凯在北京宣誓就职。4月1日，孙中山正式解职。次日，临时参议院决定政府迁往北京。新生的中华民国政府在形式上完成了国家的统一，但革命没有再向前一步，袁世凯利用革命阵营的软弱和帝国主义列强的支持窃取了革命的成果。

第二节　列强进一步在中国获取新权益

1. 关于承认中华民国的交涉

虽然中华民国政府已成了中国的惟一合法政府，但是列强仍迟迟不肯承认新政府。2月23日，日本分别照会美国等国，就承认中华民国政府的条件进行协商。日本主张：(1) 中国新政府要保证继续承认外国人根据条约、法律成例或习惯所得到的权利、利益和特权；(2) 向新政府取得借用外债的预约；(3) 列强采取共同行动。3月23日，日本政府下令各驻外使节向英、美、俄、法、德等国提交了《关于承认中国新政府的条件细目》的建议。其主要内容就是中国新政府应承担并履行清政府、临时政府及各地方政府、团体或法人缔结的一切条约、协定、租界权利及偿还外债，并须全部确认治外法权、领事裁判权及其他种种特权。对于日本的建议，英法两国立刻表示原则上同意。德国也表示同意。美国虽然表示同意，但附带声明：以这个方针不致对于承认中国新政府引起不必要的延缓为限。俄国先是表示同意，后又增加了附带条件：惟日俄两国的特殊权利得另行要求。实际上，此时日、俄、英三国都无意迅速承认中华民国，它们正分别同中国政府就满洲、外蒙古和西藏问题进行商谈，试图借承认问题进行要挟。日本的建议实际上成了列强承认中华民国的原则。

只有美国在承认问题上比较积极。1912年1月3日，美国众议院外交委员会主席向国会提交一份提案，祝贺中国爱国者所取得的成功，主张尽快承认中华民国。2月29日，美国参众两院通过一项决议，庆贺中国共和政府的成立。美国亚洲舰队司令训令在中国沿海的美军舰艇受到悬有中华民国国旗的中国舰艇敬礼时应该回礼。5月6日，美国政府向驻华公使嘉乐恒询问应否承认的意见，他的回答是“应该从速承认”。6月间，袁世凯内阁中许多成员为反对他的专横独裁而提出辞职，政局发生动摇。为稳定政权，继任国务总理兼外交总长的陆徵祥向美、日等国重新提出承认民国的要求。美国政府根据这一请求于7月20日照会英法俄日等国政府，询问是否愿意立即承认中华民国政府，并指出美国的民意都主张立即承认，美国政府不便久违民意。但是各国复电都不赞成立即承认，认为时机未到。俄国主张要等到中国政府正式成立才能承认。法国同意俄国的主张，并强调在新政府对外国在华权益和条约未予正式做出保障之前不能承认。英国借口袁世凯政府没有履行条约义务的能力。日本认为：当前的中国政府只不过是临时性质，尚无建立持久政府制度的基本法规，而且目前政权也不够稳定，如果此时承认，不仅妨碍中国正在进行的行政改革，也不利于外国利益。在这种情况下，美国政府决定等中国临时政府结束，中国宪法公布后再予承认，以维护所有列强在华共同行动的原则。

1913年1月，美国国会通过参议员培根立即承认中国新政府的提案。3月4日，美国新总统威尔逊宣誓就职。3月18日，美驻华代办威廉士致电国务院，主张迅速承认民国政府，他指出这样做有助于增进中国人对美国的感情，若与其他国家一致行动，只会损害美国利益，而使别人的阴谋得逞。3月28日，威廉士向美国国务院报告，中国政府请求立即给予承认，“袁世凯相信，这个承认将大大加强他的政府在人民中和即将召开的国会中的威信”。于是，威尔逊总统决定抓住这个机会采取行动。4月2日，美国政府通知各国，美国已决定立即承认中华民国政府，望各国合作。4月6日，美国告诉中国：在中国召开国会，完成组织议院之后便正式承认中华民国政府。其他国家试图阻止美国采取单独行动，希望它能坚持一致行动的原则。日本试图改变美国的既定态度未能成功，便于4月19日提出承认条件草案，除了在1912年2月间提出的那些条件外，又建议在北京举行各国外交代表会议以达成一项共同的决定，然后才能给予承认。它强调“各国尽可能同时承认中国政府”。日本的这项提议得到英、俄、意、奥等国的支持，而美国未予理睬。4月8日，中国国会正式在北京开幕，参众两院先后组成。5月2日，美国驻华代办向中华民国总统递交国书，正式承认中华民国。在此之前由于受美国的影响，巴西已于4月8日首先承认中华民国。5月2日墨西哥、5月4日古巴等国也承认了中华民国。

9月30日，北京外交团开会时，日本方面提出如果中国正式承认外国在华历来得到的权利特权，日本愿意在中国总统选举之后即承认中华民国。它建议非正式地劝告中国内阁总理，中国方面在通知各国关于总统选举的照会内要附上一件保证外国利益的声明。日方甚至草拟了声明的内容：“所有前清时代及临时政府公司私人所订一切条约合同以及其他约定，均将严格尊重。所有外人在华依据国际约束本国法令固定习惯所享之一切权利特权自由，特此保证承认。”10月2日，驻京各国公使再度开会，大家赞同日本的建议。于是，日本公使与袁世凯的亲信梁士诒商定在袁世凯10月10日的就职演说中发表日本方面所建议的声明，其内容先行征得各国的同意，随后各国立即承认中华民国。10月6日，袁世凯正式当选总统。外交部向各国政府通报此事，并将上述声明的内容通知各国驻华公使。10月7日，英、俄、法、德、日、意、匈、荷、比、葡、西、丹、瑞典13国同时宣布承认中华民国。10月10日，袁世凯发表就职演说，他声明：“所有前清政府及中华民国临时政府与各外国政府所订条约、协约必应恪守，及前政府与外国公司、人民所订立正当契约亦当恪守，又各外国人民在中国按照国际契约及国内法律，并各项成案成例已享之权利，并特权豁免各事，也切实承认，以联交谊而保和平。”

2. 日本在东北获得新权益

辛亥革命爆发后，日本便想利用中国的内乱来巩固和扩大它在东北地区的地位和利益。1911 年 10 月 24 日，日本西园寺公望首相召开内阁会议讨论中国问题。这次会议基本上按照内田康载外相的意见制定了“关于对清政策”。它的主要内容是：首先，日本要永久地保持在中国东北三省的权益，设法延长满洲租借地的期限，并取得所有铁路的铺设权。为完成这一计划，日本政府将不惜任何代价，并等待时机来加以解决。其次，维持日本在中国的经济优势地位，若有不测事件发生，日本政府要采取断然措施。根据这一政策，日本千方百计地利用革命期间中国的动乱来巩固和扩大它在东北三省的地位和利益。1912 年 1 月 16 日，日本内阁决定与俄国缔结新的密约。双方经过讨论于 7 月达成了第三次日俄密约，进一步明确划分两国在满洲和蒙古的势力范围。

随后日本向中国提出了新的要求。1905 年《中日会议东三省条约》的附约中规定“满韩交界陆路通商，彼此应按照相待最优国之例办理”。因此，该约订立后日本方面一再要求对通过满韩边界的贸易给予减税三分之一的待遇。这是因为 1896 年签订的中俄《会办东省铁路公司合同章程》中曾规定经由该铁路在中俄间运输的货物享受减税三分之一的优待。当时清政府答复说，中朝之间有鸭绿江相隔，不是陆路通商，不能援例而行。1911 年 11 月，日本在鸭绿江上架设的铁桥竣工。1912 年日本方面提出既然大桥已建成，满韩之间的铁路运输与陆路无异，来往货物应按照中东铁路减税之例办理。这时，袁世凯政府正在竭力巩固它的统治地位，争取列强的承认，不敢得罪日本，便同意了这一要求。1913 年 5 月 29 日，由中国海关总税务司安格联与日本驻华公使伊集院彦吉签订了中日《朝鲜南满往来运货减税试行办法》，规定来往东三省与朝鲜之间的货物减税三分之一。这项优惠待遇为以后日本垄断东北地区南部的贸易提供了条件。

1913 年 7 月，中国发生反对袁世凯的二次革命。在平息革命期间，9 月 1 日，北军的张勋军队攻入南京，大肆烧杀抢掠，误杀了三名日侨。同期，在湖北汉口和山东兖州等地也发生了日本人违禁而被当局扣押的事件。于是，日本政府向中国提出六点要求，主要是：(1) 惩办南京肇事的军队指挥官；(2) 中国中央政府和张勋都要正式向日本道歉；(3) 赔偿损失。对于这些要求，除了撤换张勋一条外，9月15日北京政府都答应了。在日本的继续压力之下，12月16日张勋的江苏督军一职也被撤掉。

在二次革命被平定之后，袁世凯出于对争取日本承认的希望和对日本可能帮助革命党的担心，派孙宝琦和李盛铎二人为特使访日，进行秘密交涉。日本趁机提出修建满蒙铁路问题。10月5日，外交总长孙宝琦与日本驻华公使山座圆次郎在北京秘密换文，订立《铁路借款修筑预约办法大纲》。大纲规定中国政府将用日本的资本修建四平街至洮南、开源至海龙、长春至洮南的三条铁路，还保证中国今后若修建洮南至承德和海龙至吉林省城两铁路时必先借用日本的资本。这个借款大纲有助于日本巩固在南满的实力地位和向内蒙古扩张。

3. 外蒙古问题的交涉

外蒙古自古以来直到20世纪初一直是中国领土的一部分。清朝统治时期，清政府在那里设有三位高级官员：将军、办事大臣、参赞大臣，他们分别驻在乌里雅苏台、库伦和科布多，掌握地方上的军政大权。其中，库伦的大臣还拥有办理中俄交涉的权力。根据1727年的中俄《布连斯奇界约》的明确规定，广大的蒙古地区是中国的领土。然而从19世纪中期起，沙俄一直试图对外蒙实行扩张。通过腐败的清政府，沙俄在外蒙取得越来越多的权益。名义上由中俄两国合办的由恰克图经蒙古地区到北京的邮路，为俄国开辟了一条深入到中国首都的通道。俄国在作为交通枢纽的库伦设立了领事馆。俄国在外蒙得到修建铁路、开矿和在边境地区免税贸易的特权。20世纪初，它向外蒙派遣各种调查团，笼络当地的王公贵族，培养亲俄势力。1907年和1910年俄国两次同日本达成密约，使日本承认俄国在外蒙古的特殊利益。从此，沙俄加快了在外蒙古的扩张步伐。

辛亥革命前，由于清政府的腐败统治和它在蒙古地区推行的所谓新政，在蒙古人中引起普遍不满。1911年7月，以哲布尊丹巴活佛为首的十几个蒙古封建王公和活佛在库伦召开秘密会议，讨论脱离中国搞独立的计划。会议决定派代表去俄国争取援助。会议的召开和通过的决定都由会议组织者通知了俄国的外交代表。8月3日，俄国内阁总理大臣科科夫佐夫指示代理外交大臣尼拉托夫：在同蒙古代表谈判时要试图使此事符合我们的愿望，这对我们进一步同中国谈判或许是十分有用的。8月15日，外蒙叛国分子到达彼得堡。沙皇尼古拉二世和一些大臣会见了这批人。双方经过密谋，外蒙叛国分子以承认俄国保护和给俄国种种特权为代价，换取俄国以武力支持外蒙的独立行动。8月17日，俄国政府召开有关会议，为了不削弱俄国在欧洲的实力和集中力量解决中近东问题，俄国政府决定不直接用武力而是通过外交途径来支持外蒙的独立。8月28日，俄国驻华公使廓索维慈向清政府递交照会，要求清政府立即停止在外蒙实施移民、练兵和整顿吏治等，否则“俄断不能漠视，势必在交界等处，筹对付办法”。这期间，俄国已向库伦增派了数百名军人。几天后，清政府在答复中指出蒙古问题是中国的内政，与俄国无关。然而在俄方的一再威胁下，清政府不得不同意停止新政的实施。

10月10日，武昌起义爆发，尼拉托夫指示俄国公使廓索维慈“俄国应该利用满清政府由于南方革命运动所面临的困难，使中国承认俄国在外蒙的既得利益”。驻库伦的俄国外交人员煽动外蒙上层王公喇嘛尽快宣布独立，否则内地革命成功，外蒙古就将“立见奇祸”。在他们的唆使和支持下，外蒙的王公和僧侣决定组织临时政府。11月30日，驻库伦的清朝大臣三多被限令三日内离开外蒙。面对俄蒙的大量军队，三多只好撤离。12月3日，外蒙宣布建立以哲布尊丹巴为首的“独立”政权。12月28日，哲布尊丹巴在库伦即位，自称“大皇帝”，成立“大蒙古国”。不久，俄国便通过对外蒙的军事、财政和经济各方面的“援助”，把这个地区控制在其手中。正如俄国外交大臣沙查诺夫所说：“于俄国有利的是蒙古宣布独立成为中俄的缓冲国。有了这样一个国家，俄国将能容易建立有利的商务关系。”

1912年1月，孙中山就任中华民国临时大总统。他明确指出，“蒙古为中华民国五大民族之一”。新政府多次劝告外蒙的王公活佛不要投靠俄国，希望他们取消独立。为了维护统一，民国政府曾准备出兵外蒙，但遭到俄国的反对。外蒙叛军在俄军的支持下，先后侵占了乌里雅苏台和科布多。6月，俄国照会中国政府，提出三个谈判条件：(1) 中国不得在外蒙驻兵；(2) 中国不得向外蒙移民；(3) 外蒙实行自治，中国不干涉其内政。鉴于这三个条件意味着剥夺中国对外蒙的主权，民国政府拒绝谈判。

为了推行在蒙古的扩张政策，俄国频繁地展开外交活动，争得日本和英国的支持。7月，俄日签订第三次密约，进一步规定以东经116度27分为界，把蒙古划为东西两部分，分别为日、俄的势力范围。俄国把扩张的区域从外蒙沿伸向内蒙西部。9月，俄国派廓索维慈为全权代表前往外蒙进行谈判。9月28日，外蒙的哲布尊丹巴以前所未有的隆重仪式欢迎俄使来访。11月3日，俄国代表与外蒙当局在库伦签订了《俄蒙协约》。协约的主要内容有：(1) 俄国政府扶助蒙古保持现已成立的自治政府，帮助蒙古编练国民军，不准中国军队进入蒙境；(2) 俄国人在蒙古享有特权，而其他外国人则不能享有超过俄国人的权利；(3) 如蒙古政府要与中国或其他外国订立条约时，不经俄国政府的允许，条约内容不得违背或更变该协约的规定。随后，俄蒙签订的《通商章程》和开矿合同给予俄国在外蒙各地自由居住迁移、经营工商业、开采矿产、免税贸易、租买土地、开设银行、设立邮政等等权益，俄国人在外蒙享有领事裁判权。这样，外蒙实质上成了俄国的半殖民地。

《俄蒙协约》签订之前，中华民国政府就已听说此事，曾尽力对外蒙当局加以劝阻。11月2日，中国政府向俄国驻华公使提出抗议，并电令中国驻俄公使刘镜人向俄国政府正式声明：外蒙为中国领土，不能与他国订立条约，不论俄蒙之间达成何种协定，中国政府概不承认。11月6日，俄国驻华公使把《俄蒙协约》一事正式通知中国政府。他指责中国无视俄国在蒙古的重要地位，所以俄国不得不同外蒙直接打交道。他同时威胁道：如果中国政府还不承认这项协约，俄国将被迫加强蒙古政府。次日，中国外交部再次声明，表示不承认这一协约。11月8日，刘镜人公使拜会俄国外交大臣沙查诺夫。刘镜人建议是否可抛开这个协约，重新谈判一项协议。沙查诺夫则坚持再谈判也必须以此协约为基础。沙查诺夫蛮横地指责中国从日俄战争以来一直对俄国不友好，在蒙古问题上拖延交涉，而俄国在那里有“特别利益”。11月18日，沙查诺夫对刘镜人说：贵国如愿根据此约及早协商，尚可存上国体制，若再因循则驱令蒙古更进一步，势必达到独立而后已。

《俄蒙协约》的消息在全国激起一场爱国热潮。各界民众纷纷提出抗议，要求保护中国对外蒙的主权，谴责政府外交失利。外交总长梁如浩引咎辞职。11月15日，北京蒙古王公联合会通电国内外，声明全体蒙古人并未承认《俄蒙协约》，库伦当局没有代表蒙古的资格，该伪政府与外国签订的任何条约一概无效。然而，袁世凯此时正想得到列强的承认和支持，不敢同俄国发生冲突，便希望通过谈判解决问题。新任外交总长陆徵祥11月19日向俄国公使建议，如果俄国否认《俄蒙协约》，中国政府愿意同俄国讨论蒙古问题。俄国公使答复这是不可能的，仅建议根据这一协约两国达成一个新条约。中方同意谈判一个新条约，但坚持新条约达成后，《俄蒙协约》便自动失效。这又为俄方所拒绝。

11月30日，俄国公使向中国提出要求：(1)《俄蒙协约》有效；(2) 蒙古行政改革的借款由俄国提供；(3) 俄国人在蒙古有行动自由；(4) 俄蒙间修筑铁路，中国不得干涉。这些要求为中国政府所拒绝。从那时起，中俄双方的谈判历时半年之久，会议30余次，直到1913年5月20日才拟定条文，主要内容有：(1) 俄国承认蒙古为中国领土完全的一部分，除了领事馆卫队外，俄国不派兵进入外蒙古；(2) 中国同意不变更外蒙古历来就有的地方自治制度，许其拥有军队和警察；(3) 中国愿用和平方式在外蒙施用主权；（4）俄国保持根据俄蒙通商章程在外蒙所得的商务利益；（5）俄国如要与外蒙官员订立国际性条约，要由中俄两国直接商议。这个条约草案虽然承认了中国对外蒙的主权，但同时承认了俄国在外蒙的既得利益。因此，民国参议院拒不批准。政府不得不继续同俄方交涉。7月11日，俄国政府指示其驻华公使向中方建议：由于中国内部意见不一，可以采用简单的交换声明的形式来表达基本态度，作为今后举行三方谈判的基础。于是按照俄方的建议，中俄双方拟定了一份声明，共五款，另有附件四款。其内容经过袁世凯的批准，使用“声明”的形式来避免提交国会批准。11月5日，中俄双方代表在声明上签字。声明的基本内容为：（1）俄国承认中国在外蒙古的宗主权；（2）中国承认外蒙古的自治权；（3）中国不在外蒙驻军，不派文武官员，不办殖民，只能任命高级官员驻库伦；（4）中国承认俄国的调处，按照以上各款和1912年的商务章程来确定中国与外蒙古的关系；（5）凡属于俄国及中国在外蒙古的利益，均应另行商订。附件的主要内容是：（1）俄国承认外蒙古的土地为中国领土的一部分；（2）凡关于外蒙古政治、土地交涉事宜，中国政府允与俄国协商，外蒙古亦得参预其事；（3）外蒙古自治区域以前清库伦办事大臣、乌里雅苏台将军和科布多参赞大臣的管辖范围为限，具体界限日后商议。这个声明严重地损害了中国对外蒙古的主权。

根据这个声明，中俄双方还应就一些具体问题进行商议。1914年9月，在恰克图召开会议，参加者不仅有中俄政府的代表，由于俄国方面的坚持，还有外蒙当局的代表。在会议召开之前，俄国已经私下里与外蒙当局达成或即将达成关于出售武器、派军事人员、贷款、开通电报和修建铁路等一系列协议。俄国代表从会议一开始就居于优越地位。他以调解者面目出现，支持外蒙“代表”，来对付以毕桂芳和陈箓为首的中国代表团。中方代表为了争取捍卫中国的主权做出了一定的努力，他们不愿意接受俄方提出的无理条件，曾多次向中央政府建议中止谈判。然而，当时的袁世凯政府内外交困，特别是在高压下同日本进行有关二十一条的谈判。袁世凯急切想结束同俄国的纠纷，他甚至恳求俄国公使不要在中国困难之际再提出更多的要求。由于袁世凯政府坚持这起不利的谈判和同意俄方的条件，1915 年 6 月 7 日，会议达成了《中俄蒙协约》。条约共 22 条，实际上确认了俄蒙协约、商约和中俄声明的内容，还进一步同意外蒙当局有与各国订立关于外蒙工商事宜的条约的专权。外蒙古的自治是由沙俄炮制的，正如 1914 年 1 月 30 日俄国外交大臣给驻库伦领事的信中所说的："蒙古之所以能够自主，全靠俄国一国之努力。"袁世凯政府的行为日后给中国带来无法弥补的重大损失。

俄国在向外蒙扩张之时，还趁机把位于外蒙西北、原属于乌里雅苏台将军管辖的唐努乌梁海划归俄国。1914 年初，俄国政府单方面地宣布：唐努乌梁海人是"俄罗斯保护下的臣民"。随后，俄国向那里派遣军队和官员，并大量殖民。中华民国政府无力阻止。

4. 西藏问题的交涉

辛亥革命的爆发也冲击了清政府在西藏的统治。受到英国殖民主义者支持的西藏上层集团中的一些王公喇嘛便趁机于 1912 年初举行大规模的叛乱，试图脱离中国。6 月间，原来逃往印度的达赖喇嘛起程返回西藏。鉴于西藏的危急情况，中华民国政府曾于 4 月发表声明，宣告西藏是中国的领土，随后派军进入西藏东部地区讨伐叛军。政府军在川边区域取得节节胜利。这种情况使英国政府感到不安，原因正如英国外交大臣格雷曾写给英印政府外交秘书麦克马洪的一封信中所讲的，"虽然我们承认中国对西藏的宗主权，但西藏仍应该继续作为印度和中国间的一个自治的国家。我们要按照情况需要通过外交途径向北京强烈地表达这个看法"。8 月 16 日，英国驻华公使朱尔典会见袁世凯，指责中国政府在西藏的军事行动。次日，他又照会中国外交部，提出五点要求：（1）中国不得干涉西藏内政；（2）中国官员不得在西藏行使行政权，中国不得视西藏与内地各省相同；（3）中国军队不得无限制地留驻西藏；(4) 中国应根据以上几点订立协定，然后英国才能承认中华民国；(5) 中国经由印度前往西藏的交通暂时断绝。英国方面还宣称，如果中国政府不愿就此进行商洽，英国政府就不承认中华民国，而且将直接同西藏订立条约。

这时袁世凯政府的地位尚不巩固，他迫切希望得到包括英国在内的列强的承认和支持，因此在这个问题上采取了妥协的态度。袁世凯下令入藏军队停止前进，并于10月28日恢复达赖被革去的名号。12月23日，中国政府答复英国8月17日的照会，一方面表示对英国干涉中国主权的要求的不满，另一方面又声明：中国政府无意把西藏改为行省；中国有权出兵西藏以维持秩序，但无意以大量军队留驻西藏；中国政府认为前清与英国所订的条约已经很详尽，没必要再订新约；希望英国尽早承认中华民国。然而，英国以直接与西藏谈判作要挟，迫使袁世凯政府于1913年8月同意在印度的西姆拉召开有中国、英国和西藏当局参加的会议。在此之后，英国才同意承认中华民国。

1913年10月13日，西姆拉会议召开。参加者为英方代表麦克马洪，中方代表陈贻范，以及西藏地方代表伦兴香托拉。在会议上，中央政府代表同西藏地方代表就西藏的管辖问题展开了激烈的辩论，前者强调西藏是中国领土的一部分，后者坚持西藏要独立。双方争执不下。1914年2月17日，英方代表便以调停者的面目提出划分“内外藏”的主张。其内容是内藏包括西康一部分、川边和青海的大部分，外藏包括西藏和西康的大部分；内藏由中国管辖，外藏实行自治。3月7日，中国代表根据外交部“内外藏之名不可用”的指示斥责了这种主张。11月11日，英方提出正式调停方案，其主要内容仍是划分内外藏。会议就这个方案进行了长时间的讨论。中方代表先强调西藏历来就是中国的领土，不应划分疆界，后来也同意划出由西藏自治的区域，并一再做出让步。4月27日，英方代表通知中方代表，如果当天不在条约草案上草签，英国方面将单独与西藏订约而不再与中国磋商。在英方的压力下，中方代表陈贻范不得不在草约上草签，但同时声明这与正式签约不同，正式签约必须得到中央政府的指示。草约的主要内容有：(1) 中英两国都承认中国对西藏的宗主权和外藏的自治权，外藏内政由拉萨政府负责；(2) 英国因西藏地理上的位置而与西藏有特别关系，中国在外藏不驻军队不派文武官员；(3) 中国可继续先前办法派简任大员带有不超过300名的卫队驻扎拉萨；(4) 西藏政府可与英国议定外藏通商章程；(5) 为订立此约在附图内绘明西藏边界和内外藏的分界。此约附件的声明的主要内容是：(1) 西藏为中国领土的一部分；(2) 外藏官员由西藏政府选派。这份草约的要害是否认了中国对西藏的主权，并借划分内外藏之机扩大了西藏的范围。这些都有助于英国在亚洲和中国的扩张。北京中央政府闻讯后，4月28日即电告陈贻范不能承认这个草约。陈贻范马上把政府的决定通知了英方代表。5月1日，中国政府照会英国驻华使节，指出中国政府不承认这个条约。后中国政府又照会声明，这个条约若未得到中国政府的同意，即便英方代表与西藏地方代表签字了，中国也绝不承认。

中方虽然拒绝签约，但不放弃继续谈判。6月13日，中国外交部向朱尔典公使提出有关内外藏范围的界务节略。随后，外交部派顾维钧与朱尔典协商，除了提及划界事外，着重希望在正约中明确西藏为中国领土的一部分。朱尔典认为这是苛求，拒不接受，坚持要中国政府在约稿上签押。英方反对进一步商议，不断地对中方施加压力。7月2日，英方通知中方定于3日召开最后一次会议，陈贻范重申不能在草约上签字。于是7月3日，英方代表同西藏地方代表签订了所谓的《西姆拉条约》，它与原来的草约并不完全相同。对此，中国代表正式向会议声明，凡英国与西藏本日或它日签订的条约或类似文件，中国政府一概不承认。中国驻英公使也于7月3日、7日照会英国政府，作了同样的声明。由于中国拒绝签约，会议未能真正解决问题。英国方面1915年承认："事实上去年在西姆拉举行的谈判垮了"。那个未经中国政府签字的"西姆拉条约"便从来不具有法律效力。

在西姆拉会议期间，西藏地方代表背着中央政府同英国代表就西藏与印度边界问题进行会谈，并于 1914 年 3 月 24、25 日和英国代表在德里举行了秘密换文，私下里划定了中国西藏和印度的东段边界线，后来这条线被称之为“麦克马洪线”。该线把西藏东南门隅、洛隅、察隅地区约 9 万平方公里的土地划归英属印度。在“西姆拉条约”的附件中有一份为标明内外藏范围的示意图，英方不声不响地把中国西藏与印度的东段交界按麦克马洪线的走向标画，试图以此占据这大片领土。西姆拉会议根本没有讨论中印边界问题，所谓的麦克马洪线是在未经中国中央政府知晓和同意的情况下炮制的，也从未得到中国政府的承认。因此，西姆拉条约是无效的，麦克马洪线也是非法无效的。

5.《善后借款合同》的签订

1912 年初，袁世凯政府为了巩固政权，向英、法、美、德四国银行团提出借款的请求。3 月 9 日，四国银行团同意向袁世凯政府先垫款 110 万两，条件是此后中国政府若急需用款，要首先向四国银行团请求提供。袁世凯急于得到这笔款项，同意了这个条件。3 月 14 日，袁世凯政府又同比利时一财团达成一项以京张铁路（北京—张家口）为担保借款 100 万镑的合同。英、法、德、美四国政府闻讯后，向中国政府提出抗议，指责其不守诺言。4 月 18 日，四国驻北京的使节联合照会外交部，以不许四国银行团继续同中国商议借款为要挟。袁世凯政府于 4 月 27 日被迫放弃同比利时财团的合同，表示要遵守 3 月 9 日的诺言。

正当袁世凯政府与四国银行团继续商谈大借款之时，四国银行团与日俄两国银行的代表则在伦敦商量六国合作对华借款的办法。这是因为四国担心利益分沾不均引起日俄的反对。经过一番讨价还价，六国银行代表于 6 月 18 日在巴黎达成合作协定，六国银行团正式成立。六国银行团决议先垫借给中国政府 8060 万两白银，要求中国政府遵守下列条件：（1）指定垫款用途；（2）作为担保的税收应由海关或类似的机构管理；（3）借款的用途应由六国银行团监督；（4）垫款应视为大借款中的一部分，六国银行团对大借款有优先应募权；(5) 明定大借款的一般原则；(6) 在大借款未发行之前，中国政府不得向他处借外债；(7) 上述条件都是必要的，中国政府并应承认六国银行团为中国的财政代理人，以五年为期。6月24日，六国银行团把监督管理中国借款用途的计划通知中国财政总长，并提出中国的盐税也应由外国人来管理。这种无理要求遭到中国方面的拒绝。7月1日，中国政府向各国建议：减少大借款的总额，并请对方放宽借款条件。英法等国拒不同意。六国驻北京使节于7月9日一起拜会中国内阁总理及财政总长，转达各国政府的意旨，即只有按照银行团提出的条件办理，否则各国政府不能赞助各国国民借款给中国政府。列强提出的这些借款条件实际上就是要把持中国的财政大权。它无疑将遭到全国人民的强烈反对。财政总长熊希令曾向六国使节表示，若政府接受了这样的条件，其命运将同清朝政府一样。袁世凯政府终究不敢承认这些条件，大借款的交涉陷于停顿。

急于用款的中国政府不得不分头向其他银行商借。8月30日，中国驻英公使刘玉麟和伦敦一财团签订了克利斯浦公司借款合同，借款额为1000万英镑，以盐余为担保。六国驻华使节闻知此事后，于10月23日联名向中国政府提出抗议，反对以盐税作为担保品，理由是银行团在同中国商谈大借款的时候已垫借中国政府180万英镑之多，这些垫款是用盐税作担保的，应对盐税有优先权。由于六国政府的反对，克利斯浦借款所发行的债票应募者寥寥无几。袁世凯政府不得已，乃于10月25日向六国银行团表示愿取消克利斯浦借款合同，重与六国银行团商议。

借款谈判到1913年2月大体上议定合同，银行团已准备签字。这时，俄法政府又为雇用外国人问题提出异议。根据原来商议的结果，中国应雇用三名外国人，丹麦人、德国人和意大利人各一，分别担任盐务稽核总所的总办、外债室的稽核和审计处的顾问。俄国主张至少雇用一名俄国人，法国主张中国政府应雇用六人，即每个借款国应有一人。3月3日，列强之间经过调整将结果告诉中国方面，中国政府因其与原议不符拒绝接受。

美国方面鉴于六国银行团的内部纠纷妨碍实际工作，有悖于美国的一贯政策，特别是在借款问题上美国同日俄的主张相反。日俄反对银行团在其势力范围东北三省和蒙古地区活动，而美国主张银行团的投资活动应遍及整个中国。日本还主张借款以行政性质者为限，经济性投资应除外，这又与美国主张控制中国全部对外借款相对立。在这种矛盾之中，美国认为不如退出银行团，采取自由行动更为有利。3月18日，威尔逊总统向新闻界发表声明，声称由于六国银行团的借款条件触及中国的行政独立，干涉了中国的财政与政治，美国政府不赞同美国银行参加，美国愿以合法方式从银行和财政方面支持美中通商关系，以维护门户开放政策。根据美国政府的旨意，美国银行退出六国银行团。

美国银行的退出促使五国银行团在态度上不得不做出让步。同时，袁世凯政府面临财政危机，许多省都督都来电催饷，主张迅速达成借款合同。于是，4月26日国务总理赵秉钧等作为中方代表同五国银行团的代表签订了《善后借款合同》。这笔大借款的总额为2500万英镑。同日，两方签订一善后借款垫款合同，由银行团立即垫付200万英镑，以应中国政府的急需。

借款合同规定：(1) 债券发售价值不少于九折，扣除佣金百分之六，中国政府到手不少于百分之八十四。借款期限四十七年，年利五厘。(2) 借款的用途包括偿还到期的外债与垫款，赔偿在革命期间外国侨民的损失和支付行政费用等。(3) 以盐税作为担保。为此中国政府在北京设立盐务署。在盐务署内设立稽核总所，在各产盐区设立稽核分所。总所或分所都设负责官员两名，中外各一。盐务进款只有经总所中外两名负责官员的共同签字之后才能提取。

帝国主义列强通过大借款掌握了中国的盐税，而当时的盐税是中国政府除田赋和关税外一项最大的税收。关税本来已由列强所掌握，列强持执盐税就进一步控制了中国的财政。这一卖国丧权的大借款遭到中国各界的反对。众议院投票反对合同有效，参议院院长通电反对这一借款。尽管如此，袁世凯却独断专行。不久，他便可以用这笔款子来巩固其统治地位和镇压二次革命。

总之，由于中国民族资产阶级的弱小，革命党人不断的妥协，导致辛亥革命虽然推翻了清朝建立了中华民国，但是并没有结束封建势力在中国的统治，更没有在废除不平等条约、争取民族独立方面取得任何进展。新建立的中华民国政府虽然在捍卫中国主权和领土方面做了一点努力，但无法制止列强的扩张行动，甚至在列强的威胁下出让了更多的权益。

思考题：

1. 分析湖北军政府和南京临时政府的对外政策。
2. 试析中华民国在争取承认问题上的教训。
3. 简析《中俄蒙协约》的背景和影响。
4. 分析“西姆拉条约”的性质。

参考书目：

吴东之：《中国外交史（中华民国时期）》，河南人民出版社1990年版，第一章。

石源华：《中华民国外交史》，上海人民出版社1994年版。

李约翰：《清帝逊位与列强1908～1912》，中华书局1982年版。

《沙俄侵略我国蒙古地区简史》编写组：《沙俄侵略我国蒙古地区简史》，内蒙人民出版社1979年版。

杨公素：《中国反对外国侵略干涉西藏地方斗争史》，中国藏学出版社1992年版。

中国史学会：《辛亥革命》，上海人民出版社1957年版。

王铁崖：《中外旧约章汇编》，三联书店1962年版（1982年再版）。

第十一章 第一次世界大战与中国

20世纪初的世界处于一个弱肉强食的强权政治时代。西方列强在全世界建立了庞大的殖民体系，在瓜分和重新瓜分殖民地的争夺中，欧洲形成尖锐对立的两大军事集团，终于导致帝国主义重新瓜分殖民地的第一次世界大战的爆发。以德、奥为首的同盟国和英、法、俄为首的协约国在欧洲互相搏杀，暂时无暇顾及远东，给日本造成全面侵略中国之机会，妄图把中国变成它的保护国。北京政府也因此与日本进行了一场空前的屈辱卖国的外交活动。美国不愿日本独占中国，双方在中国进行了激烈的争夺。

第一节 关于日本所提“二十一条”要求的交涉

1. 世界大战爆发与日本对山东的侵占

1914年8月初，第一次世界大战爆发，欧洲列强都集中力量从事战争。只有日本虎视眈眈地注视着中国。中国外交的局面，由过去以欧洲列强为主要交涉对象，变为以日本为主要交涉对象。

大战爆发后，由于主要参战国在中国都有势力范围，北京政府担心战事会蔓延到东方。1914 年 8 月 3 日，袁世凯向美、德等国使节表示希望租借地和租界中立化。8 月 6 日，袁世凯颁布大总统令，正式宣布“对于此次欧洲各国战事，决意严守中立”，并颁布《局外中立条规》二十四款。同时，又向美、日两国建议，希望它们代为设法“限制战区，保全东方。劝告交战各国，勿及东方”。北京政府担心日本趁欧战之机扩大对中国的侵略，向美国表示希望增加美国在华军队以防日本借口保护外国利益占领南满和直隶。美国鉴于需要集中精力处理欧洲战事，不愿与日本公开对立，表示拒绝。日本政府认为中国想利用美国来扼制日本。8 月 10 日，驻华公使小幡酉吉奉命到中国外交部，指责说：“此等关系东方重大事件，中国何迳先向美邦提议？”日本舆论也抨击北京政府想“挟美制日”。

事实上，日本正想利用这次战争来扩大其在华势力范围。日本元老井上馨向大隈内阁建议利用这个时机“确立日本对东洋之利权”。大战爆发后，日本向英国表示愿意根据日英同盟的条约义务对德国宣战。英方表示如果威海卫和香港等地遭到德国攻击，将要求日本帮助。8 月 7 日，英国商船在中国沿海遭到德舰的攻击，英方照会日本要求出动军舰并消灭德舰。但到 10 日，英方又撤销了这个邀请，担心日本的扩张意图。然而，日本趁此机会于 8 月 15 日向德国发出最后通牒：（1）撤退在日本和中国海面的全部军舰；（2）9 月 15 日之前把胶州租借地交给日本以备将来交还中国。日本要求德国在 23 日前做出答复。日本试图抢夺德国在胶州湾租借地的目的昭然若揭。

北京政府对日本企图夺取山东的野心，既担心却又无能为力。当德国驻华使馆代办马尔参向中国表示愿将胶澳租借地提前交还中国，中德之间为此进行非正式磋商时，日本公使警告北京政府，此事不与英日商量而与德国商量，“必生出日后重大危险”，要求马上停止此项活动。北京政府慑于日本威胁，急电驻日公使陆宗舆：要他向日本声明“并未与德直接商议”，并停止了同马尔参的谈判。中德直接交涉受阻后，北京政府曾试图取得美国的帮助，以抵制日本侵占胶州的阴谋。8 月 20 日，北京政府邀请美国出面向英、德建议，将德国在胶州的权利让给美国，再由美国转交中国。美国不愿因此开罪日本，再次婉言拒绝。

8 月 23 日，德国未有答复，日本便向德国宣战。9 月 2 日，日军强行在龙口登陆。日本要求北京政府把山东境内黄河以南地区划为中立外区域，以便日军行动。北京政府不敢拒绝，仅只就缩小中立外区域与日方交涉，还表示如临时发生问题需要协商时，中方“苟可通融，无不竭力”。9 月 3 日，北京政府照会各国，宣布按 1904 年先例，在龙口、莱州，连接胶州湾附近各地不负完全中立责任。9 月 5 日，中国外交部再次照会各国驻华公使，要求在交战期间，各交战国应饬在战人员尊重保护战区内中国官商人民财产。由于北京政府无法制止战争，国家主权再次受到侵犯。

日军占领龙口后不是南下攻打青岛，而是向西迅速推进。10 月 6 日，日军进占济南车站，胶济铁路完全落入日本之手。沿途，日军欺侮中国百姓，强夺财产。这期间，北京政府外交部数次提出抗议，谴责日军破坏中国的中立和侵占胶济铁路。外交次长曹汝霖还与日公使交涉，但日方全然不理。9 月 23 日，英国军队在崂山湾登陆，进攻德国租借地。11 月 7 日，英日联军攻占青岛，德国的胶州湾租借地全部落入英日军队手中。1915 年 1 月 7 日，外交部正式照会英、日两国，声明取消特别中立区，要求英日军队撤走。英国军队不久撤走，但日本指责中方的通告是“独断不当”。日本在山东俨然以战胜国自居，铁路员工换上日本人，控制青岛海关，侵占沿线的矿藏，并设立民政部门进行直接管理。

2. 日本提出“二十一条”要求

1914年下半年，日军大举进攻德国在中国的胶州湾租借地时，日本民间右翼浪人、元老们纷纷提出对华政策建议。日本参谋本部第二部部长福田雅太郎提出了《日中协约案要纲》草案和陆军大臣冈市之助提交的“日华交涉事项备忘录”，则更加系统地提出了对华要挟的主张。日本外务省也紧锣密鼓，以对华方针为中心，进行种种研究和酝酿。此后，日本外相加藤高明指示外务省把军部等各方面的意见综合在一起，三易其稿，最后归纳为五号二十一条要求。

日本占领青岛后，加藤外相认为等待已久的交涉时机已经来临。11月11日，大隈重信首相主持内阁会议，讨论通过了对华交涉“二十一条”及《对华交涉训令案》。12月2日，加藤拜谒天皇，密奏对华交涉事宜，完成了最后批准手续。次日，加藤将“二十一条”及《训令》面交专程归国候命的驻华公使日置益，并详细提示了对华交涉要点。《训令》明确指出：“二十一条”内第一至四号内容为“绝对必要的”，日本政府“具有无论如何也要将它贯彻下去的坚强决心”；第五号内容则系“劝告中国实行的事项”，“亦应尽最大的努力使我方的希望得以实现”。

12月15日，日置益回到北京，开始为“二十一条”的交涉进行准备。当他看出袁世凯称帝的野心后，便决定把支持帝制作为引诱袁世凯俯首就范的重要手段。因此，他向曹汝霖表示：“敝国向以万世一系为宗旨，中国如欲改国体为复辟，则敝国必赞成。”

1915年1月18日，日本公使日置益觐见袁世凯。在会见中，日置益提出了“二十一条”要求。他详细说明了每条要求的主旨，还威胁袁世凯说：“日本人咸疑袁总统一向反对日本”，在接受要求问题上如果“中国政府万一迁延迟疑，恐将发生不虞的事态”。日方要求袁世凯对此严守秘密。袁世凯接过来看后，仅答以“容详细考虑，再由外交部答复”。按外交惯例，外交使节一般只能向外交部提出要求或进行交涉，无权向国家元首提出要求。日本公使直接向袁世凯大总统提出要求，此举反映了它对中国政府的蔑视，也表现了它想直接向北京政府最高当局进行外交讹诈的阴谋。

这一文件共五号二十一条，主要内容是：

第一号共四条涉及山东问题：要求将德国在山东的一切权利和利益让与日本，整个山东及其沿海土地和岛屿不得让与和租与他国。第二号共七条涉及东三省及内蒙古：要求确认日本在南满和东部蒙古享有优越地位，日本人可以任便居住来往和经营工商业，将旅顺大连租借期限并南满洲及安奉两铁路期限展至九十九年为期，日本管理经营吉长铁路为期九十九年，南满和东蒙聘用政治、财政、军事各顾问、教习，必须先向日本国商议。第三号共两条涉及日本势力进入华中地区：中日合办汉冶萍公司，未经日本同意该公司所属矿山不得让公司以外之人开采。第四号仅一条，要求中国不得将所有沿岸港湾及岛屿让与或租与他国。第五号共七条，涉及日本在整个中国的独占：中国中央政府须聘用日本人充当政治、财政、军事等各顾问；在必要的地方日中合办警政或警署聘用日本人；由日本帮中国采办军械或在中国设立中日合办之军械厂；将接连武昌与九江、南昌路线之铁路，及南昌、杭州，南昌、潮州各线路铁路之建设权许与日；日本在福建省内筹办铁路有优先权；日本在中国内地所设医院、寺院和学校等拥有土地所有权，允许日本国人在中国传教等等。

“二十一条”要求的条款涉及政治、军事、经济和文化各个方面，有如战胜国对战败国的压迫条款。这充分显示日本想称霸中国的野心。

3. 关于“二十一条”的交涉

18 日当晚，袁世凯召开会议，讨论应付办法，参加者有外交总长孙宝琦、次长曹汝霖、税务督办梁士诒、国务卿徐世昌、陆军总长段祺瑞等。次日至 21 日，又连续开会提出种种方案。外交次长曹汝霖、参事顾维钧、伍朝枢、章祖申还和外国顾问有贺长雄、古德诺会商，拟定说帖，对于各条款逐条分析利害，提出应付办法。北京政府的方针是凡日本的要求不与各国约章内容相抵触，而且不侵害中国主权和独立者可以尽量答应，否则一概拒绝；对于第五号要求绝对不讨论。具体对策是：一方面在交涉中逐条讨论，不笼统做出决定，恳求日本降低要求，节节让步；另一方面将"二十一条"内容有意泄露给西方列强，力图让欧美等国起来干涉，限制日本的要求。在总统和外交总长的同意下，外交部参赞顾维钧与英美驻华公使馆保持密切联系，不断秘密地向英、美驻华使节通报交涉情况。新任外交总长陆徵祥亲自向俄国驻华公使通报了日本的要求内容。

中日"二十一条"交涉自2月2日至5月初进行，共开会24次之多。会议完全采取秘密的形式进行，日本以外交讹诈和武力恐吓并用，试图造成强大的压力，迫使北京政府就范。日方代表为驻华公使日置益、参赞小幡酉吉、书记官高尾亨；中方代表为外交总长陆徵祥、次长曹汝霖和秘书施履本。事实上，整个交涉事宜均由袁世凯在幕后直接主持。

2月份双方先后进行了三轮交涉。交涉一开始，双方即在交涉程序上发生争执。根据会前北京政府确定的逐项逐条商议的交涉方针，中方表示"对于第四号、第五号绝不能商议。第三号事关汉冶萍公司，纯系商人财产，政府无权加以干涉，故亦不能为国际之商议。其余各条许予逐条讨论，再订可允与否"。而急于求成的日本代表却蛮横地"否认逐条讨论，坚请为大体之讨论，表示诺否之意"。中方只得同意先行发表对于全案之意见，再行逐条讨论。在第二次会议上，陆徵祥提出了对于"二十一条"全案之意见，指出第一、第二号可以商量，第三、四、五号不可商议。对此日方表示强烈反对，日本驻华公使日置益甚至到北京外交部妄称，中方必须对于五号全部提出修正案，方能开议。北京政府不得不做出让步，开始逐条讨论前四号，争执最多的是胶济租借地权益归属问题、东蒙与南满并论问题、东北路矿问题、东三省增开商埠问题和内地杂居问题等。北京政府一让再让，仅对第五号表示“仍难商议，坚请撤回”。日本方面则强硬指明“非将第五号同议不可”，并威胁说，如不迅速对日方要求给予满意的答复，恐生不测之事。日本外相加藤甚至蛮横地向中国驻日公使宣称，“五号作为中国政府任意实行，不为明约亦可，但决不能全体拒绝”。

这时，全国掀起反对“二十一条”交涉的浪潮，社会舆论沸腾。北京政府既不敢轻言让步，又不敢得罪日方而加重危机，只得请求已回日本活动的北京政府顾问有贺长雄拜会日本政府要人及元老，奔走说情。与此同时，北京政府将“二十一条”内容向国际舆论泄露，企图利用美、英等国来牵制日本。原来日本在提出“二十一条”时，仅将一至四号的内容通知美、英、俄、法四国，故意隐瞒了第五号内容。真相暴露后，各国一致不满。在这种情况下，日本感到长拖下去对自己不利，遂同意将第五号内容暂予搁置，而与中方恢复谈判。在3月份的交涉中，在日方的压力下，中方在旅大及南满和安奉铁路问题上完全接受了日本的要求，即将日本权益的期限延长至99年，并愿意在东蒙问题上妥协。但日本方面并不满足，为进一步胁迫中国尽快全部接受“二十一条”的要求，竟以换防为名，大量增加在山东坊子、东北奉天和大连的驻军，公然进行军事威胁。

4月26日，日方提出《最后修正案》共24款，做了一点小让步。对于第一、二、三、四号要求，文字上略有修改，实质内容没变。对于第五号要求，日方撤下了其中五条，另两条改为三项换文。日方强调这是“最后修正，务请同意”，并称中国政府“如全体同意”，日本政府亦“以交还胶澳预为声明”。然而，北京政府则以有一些条款与中国主权、其他列强之条约上权利以及机会均等主义均相抵触，特别是第五号各款仍包含在该修正案中，仅将若干条文改为换文或中方声明之形式，表示不能接受。5月1日，北京政府提出对案，基本上接受了日方的要求，但要求日本将胶济地区归还中国，撤回日军，在华日本人应服从中国违警律及违警章程等。中方也提出勿可再让之理由，深盼两国交涉迅速解决。

尽管中方做了大量让步，但还不能让日本政府满意。日本内阁5月4、5两日连续开会，决定向中国提出最后通牒。闻讯后，北京政府于5月6日派遣曹汝霖面晤日置益，表明中方愿意再做让步，甚至同意继续讨论第五号。就在双方会见时，曹接外交部电话得知日本准备撤回第五号。他立即改口，表示那是个人意见。5月7日下午3时，日置益将最后通牒及递交北京政府，要求对日方最后修正案中第一至四号，以及第五号中已达成协议的有关福建的换文，“不加任何更改，即行应诺”，而第五号其余各项以后再行商议。日方限9日午后6时前答复，否则“将执认为必要之手段”。

面对日本的最后通牒，北京政府曾指望欧美列强的干预。5月7、8两日，英国政府分别向中国驻英公使和陆徵祥做工作，劝说中方接受，指出如果中国对日作战，得不到外援。美国在得悉日本即将提出最后通牒时，5月6日在“不以武力介入”的前提下，劝告中日双方继续“以耐心与友好的精神进行谈判”，并公开指出日本曾保证无意妨碍门户开放政策。

列强出于各自的利益不愿反对日本扩张的要求。而中国各地民众对北京政府在“二十一条”谈判中的软弱无能、屈辱卖国怒不可遏，纷纷向北京政府提出谴责。全国范围内开展了一场声势浩大的抵制日货运动，形成了爱国救亡运动的高潮。

4.“民四条约”的签订

作为一个具有浓厚封建色彩的军阀政府，其外交的特点就是将最高统治者军阀的个人利益置于国家利益之上。为了获得日本对其恢复帝制的支持，袁世凯终于决定做出彻底让步，答应日本的要求。5月8日，袁世凯主持政府紧急会议，讨论日本提出最后通牒一事。会议决定接受日本的条件，理由是“我国国力未充，目前尚难以兵戎相见”。次日下午，日本使馆派人到外交部审阅中方文件，提出关于第五号要求应加上“日后协商”字句，北京政府只得照办。当晚11时，由外交次长曹汝霖亲自将复文交给日本使馆。北京政府接受了最后通牒所提出的要求。

11日，美国分别照会中国和日本指出：“美国政府不能承认中日两国政府间已订或将订的任何有损美国及其公民在中国的条约权利、中华民国的政治或领土完整、或一般称之为门户开放政策的关于中国的国际政策的协定或成约。”美国担心日本的扩张会妨碍到它的在华利益，所以用和缓的语言表示了它的态度。5月13日，根据顾维钧的建议，北京政府外交部发表长篇声明，向各国宣布中日交涉之始末，指出中国政府的原则是保持中国主权独立和领土完整以及各国在华机会均等，但日本政府“不惜取最后手段以相胁迫”，中国不得不勉从。这就为中国今后再交涉留下了基础。

5月13日，北京政府先以“大总统令”声明的形式满足了日本的第四号要求，“嗣后中国所有沿海港口湾岸岛屿，无论何国，概不允租借或让与”。5月25日，中日双方在北京正式签订了两个条约:《关于山东之条约》、《关于南满及东部内蒙古之条约》以及所附中日两国的换文13件。因这些条约和换文是在中华民国四年达成的，故被统称为“民四条约”。其主要内容是：

(1) 中国政府将承认日后日本国政府同德国政府就德国在山东省根据条约或其他关系所享有的一切权益的让与和处理所做出的协定。

(2) 旅大租借地和南满及安奉铁路的租借期限扩展至99年。日人可任意经营工商业，租用土地，开办矿区。优先聘用日人作政治、财政、军事、警察顾问。

(3) 日人可在东蒙与华人合办企业。

(4) 若在南满和东部内蒙古修建铁路需要外资，应先向日本商借。

(5) 不允许外国在福建沿海地区建立造船厂和设立军事设施。

(6) 中国政府允许将来汉冶萍公司由中日合办，该公司不得借用除日本以外其他国家的资本，不经日方同意不得收归国有。

"民四条约"实际上满足了日本"二十一条"要求中第一、二、三、四号和第五号第六条的要求，严重地伤害了中国的主权和独立。袁世凯为了推脱责任，5月26日，即订约后的第二天发表"罪己申令"，把屈从日本的原因归之于"积弱招侮"，自己的责任则说成是"薄能鲜德"。

5. 郑家屯事件

日本通过"民四条约"在中国获取了前所未有的巨大利益，但贪得无厌的日本军国主义者并不以此为满足，仍伺机图谋新的权益。"郑家屯事件"的发生则是日本扩大其对中国东北控制的一个新步骤。郑家屯位于南满铁路以西100公里左右（今双辽市境内）。1916年8月13日，因一名日本商人殴打中国儿童，当地中国驻军同非法驻扎此地的日本军警发生武装冲突，双方互有伤亡。事件发生后，日本方面强烈要求把这一地区的中国军队全部撤走，东北当局被迫照办。中央政府接到郑家屯事件的报告后，不愿将事态扩大，指令由地方政府处理。可是，日本方面坚持与中央政府直接交涉。9月2日，日本驻华公使林权助无理指责这起事件是中国军队进行挑衅，包围袭击日本军队造成的。他向中国外交部提出一系列要求，除惩办负责军官和赔偿损失外，还要允许日本在南满和东部内蒙古的必要地方派驻警察，这个地区的中国军队应聘日本军官为顾问，中国的士官学校应聘日本军官为教习等。显然后面这些要求与此案无关，中国外交部表示拒绝。日本方面一再重申这些要求，并威胁要采取必要的行动。事实上，在事件发生后日本已于四平街至郑家屯一带设置了警察署。1917年1月12日，中国外交部就日本设警一事表示"碍难允认"，请日本政府不要再提。外交部的这份照会中没有明确禁止日方设警，实际上就是对日本行动的默认。从而，双方不久交换照会结束了对这起事件的处理。日本逐步得以在南满和内蒙古东部等地设置警察。

“民四条约”充分暴露了日本独占中国的野心，也可看出日本已开始直接付诸行动。日本的野心导致了它与欧美列强、特别是美国的矛盾日益突出，成为远东局势长期动荡不安的根源。这场屈辱外交与袁世凯谋求日本支持其复辟帝制有着密切关系，从而彻底暴露了以袁世凯为首的北京政府对内专制独裁和对外妥协投降的丑恶面目。由此，一个声势浩大的反日爱国运动随之兴起，并与反袁斗争相结合，促成了袁世凯政府的垮台。

第二节　中国参加世界大战

第一次世界大战爆发后，英法俄曾希望中国参加协约国集团对德宣战。袁世凯原本也想通过加入协约国，取得英法俄对其帝制活动的支持，并以收回山东权益来捞取政治资本。但是，日本坚决反对中国参战，它怕中国参战后取得协约国集团的支援，不利于它借机推行大规模侵华的阴谋。为此，日本向袁世凯表示：中国既已宣布中立，无参战必要。同时照会英法俄三国，声明关于中国问题，非得日本同意或至少日本参加，不得达成任何协议。

1. 中国与德断交

大战以来，美国与中国一样都是中立国。1917年1月31日，德国外交部照会中立国政府，宣布自2月1日起将在英伦三岛、法国、意大利和地中海东部附近指定海域内实行无限制潜艇战。2月3日，美国以反对无限制潜艇战为由宣布与德断交，进而要求北京政府与美国政府采取一致行动。次日，美国驻华公使芮恩施奉命多次劝说黎元洪总统和段祺瑞总理赞同美国建议，他说：“断交系代表正义的一方，参战可使中国忘掉无穷尽的竞争，在将来和会得一发言权。”芮恩施还致函北京政府外交部，表示美国政府将考虑中国改善兵工厂的1000万借款要求，可以退还庚子赔款，并将保证中国主权的独立与军备的设施不受外人的控制等。虽然他在函尾称“此非确定的允诺”，但仍给北京政府以很大的影响。2月9日，北京外交部照会德国驻华公使，就德国潜艇封锁公海一事提出抗议。同日，北京政府复照美国驻华公使，表示“与贵国政府毅然附和，取一致行动”。

日本政府曾于1916年7月3日与俄订立第三次协定和第四次密约，1917年2～3月间与英法俄意达成秘密谅解，保证日本战后继承德国在山东权益和太平洋赤道以北的岛屿的权益。它担心美国在华政治势力增长，极谋把中国参战权掌握在自己手中，借以同美国争夺对北京政府的控制权。所以当它获悉美国政府插手中国对德外交后，在中国参战问题上发生180度大转弯，极力鼓励中国与德断交，并支持中国参战。2月9日，日本外相本野一郎对中国驻日公使章宗祥就对德抗议不事先与日本协商提出批评。同时又怂恿说：“仅提抗议，于中国地位似非得计，不如即行宣布断绝国交，并不必经抗议回答。”段祺瑞立即急电章宗祥向日方表示，以后如何进行将与日本商量，从而稍释日本对其政府的愠怒。

日本支持“中国参战”引起了美国的猜忌，美国政府对此立即做出反应，2月10日，美国国务卿兰辛指示芮恩施向北京政府表示：美国不愿意看到中国参加世界战争，中国政府在与美国政府协商之前，“不要采取进一步的行动”。日本和美国的不同态度引起了北京政府总统与总理之间的争执。亲美的总统黎元洪倾向于接受美国的主张；而亲日的总理段祺瑞为解决财源、扩充军队，倾向于接受日本的主张。这样，美日之间在中国参战问题上形成了对立，而亲美的北京政府总统黎元洪与亲日的总理段祺瑞也因此而发生冲突，从而形成所谓的“府院之争”。

“府院之争”第一个回合，是在对德绝交问题上。2月14日，北京政府致电驻日公使章宗祥，要求转告日本：“政府已决定，如德国潜水艇有击中立船只事，即为中国与德绝交时期。”2月28日，段祺瑞与协约国公使谈中国参战条件：（1）逐步提高关税至

7.5%；（2）废止《辛丑条约》中有碍中国防范德国行动的部分条款；（3）延缓十年偿付庚子款。在此条件下，中国可以原料及劳工支持。英、法、俄、日、比、意、葡七国公使复照表示原则同意，要求中国应先宣战，再讨论条件。

3月初，一艘法国邮船被德国潜艇击沉，船上有500名中国劳工。为此，北京政府召开内阁会议讨论与德绝交问题，黎元洪不支持绝交，段祺瑞便以辞职相威胁，黎被迫让步。于是，北京政府制定了《加入协约国条件节略》：（1）永远撤销德奥方面庚子赔款，暂缓10年偿付协约国方面赔款，10年后仍照原有金额递付，不另加利息；（2）承认中国即时将进口关税额增至7.5%，待裁撤厘金后增至12.5%；（3）取消《辛丑条约》及附属文书关于不允许中国在天津附近驻军等条款。

3月10日，德国驻华公使辛慈就中国对德抗议事复照北京政府外交部，说明德国不能放弃无限制潜艇战的苦衷，表示"愿依照中华民国政府特愿，商议保护中国人民生命财产办法，俾尽力顾及中国航业利益"。这是德国采取有分寸的争取中国的政策。然而此时北京政府已下定决心对德绝交。3月14日，总统黎元洪发布布告，宣布"自今日起，与德国断绝现有的外交关系"。段祺瑞在第一回合较量中获胜。3月15日和17日，荷兰驻华公使与北京政府外交总长互换照会，确认中德绝交后，由荷兰照料所有德国在华利益。

北京政府对德绝交后，对德国在华享有的特殊政治权利和该国人士享有的通常合法权利作出分别处理的方针：（1）取消德国在华驻兵权，对于所有可作军事用途的德国公私财产一律查封；（2）命令海关、盐务署停止拨付德国借款及赔款本息；（3）命令湖北、直隶当局收回汉口、天津德租界，改设特别区；（4）没收在上海、厦门、广州港停泊的德国船舶多艘，禁止挂德国国旗的船只通航于中国内河。同时，北京政府又通令各省当局，对于所有德国侨民予以相当保护。稍后，它又颁布了《保护德国商人教士的章程》及附则，准许德国人照常留住原地，从事他们的职业；德国商人教士还可带着原地交涉署发的护照，到内地游历；只有违反法律，或破坏和平，或从事有害于中国利益行为者，才被逐出国境等。

2. 中国对德奥宣战

北京政府宣布对德绝交后，参战问题提上了议事日程。但由于国会内外、朝野上下的各派反战势力竭力反对参战，致使对德宣战延缓了五个月之久。对于参战与否，“府院之争”展开了第二回合的较量。黎元洪暗中通过国会梗阻段祺瑞的参战提案。段则利用他在军队中的威望，在京召开各省督军会议，4月25日通过一项对德宣战决议，与国会抗衡，进而胁迫众院通过参战案。

4月末，各省督军团开始胁迫黎元洪和国会同意对德宣战。这种举动得到了日、英、法等国驻华公使的赞助，使事态益趋严重。5月1日，日本驻华公使登门威胁总统黎元洪说：国会如果否决参战案，政局将发生纷扰。黎元洪被迫同意将该提案交国会辩论。但由于当时国会中反对对德宣战力量已占优势，故在辩论时有意拖延。督军团无耐心等待，便策划“公民团事件”，实行强硬干涉。5月10日，打着各种“请愿团”旗号的数千暴民包围众议院，国会内几个反对参战的有名议员均遭侮辱。接着，内阁阁员相率辞职。19日，众议院复会，鉴于内阁阁员多数辞职，内阁实已无法负责，建议暂缓讨论对德参战案，先行改组内阁。这意味着国会对内阁的不信任，逼段下台。然而，段祺瑞以督军团为后盾，不仅拒不辞职，反而以督军团的名义呈请总统解散国会。在这关键时刻，美国出面表示反对。黎元洪得到美国的支持，拒绝各省督军解散国会的要求，并下令免去段的总理职务，以伍廷芳暂代。段祺瑞被免职后，旋即离京赴津，策动各省督军脱离中央，唆使一些省份“独立”。黎元洪无法控制局势，只得召张勋入京帮助，反而酿成“张勋复辟”丑剧。张勋逼迫黎元洪解散国会，又扶植清廷搞复辟。黎元洪被迫离京，宣布由冯国璋代理大总统职务。这时，段祺瑞在日本的支持下，组织讨逆军，打垮张勋，重掌北京政权。7月6日，冯国璋在南京宣布就任代理大总统，并重新任命段祺瑞为国务总理。“府院之争”第二回合，段祺瑞又取得胜利。

1917年8月2日，国务会议通过对德宣战决议。8月14日，北京政府正式宣布：中国政府“自中华民国六年（1917）八月十四日上午十时起，对德国、奥国宣告立于战争地位”。对德、奥宣战后，北京政府立即发布声明，废除1861年《中德条约》、1880年《中德善后章程》、1869年《中奥条约》以及1901年《辛丑条约》及其他同类国际协约中涉及中德、中奥的部分。8月14日，北京政府颁布《审理敌国人民民刑诉讼暂行章程》。同日，北京政府命令地方当局，扣留驻在北京使馆区的奥匈兵员及在中国港内的所有奥匈船只，没收在北戴河的德国营房及大沽口的奥国营房，接收了天津奥租界，改设特别区。接着，它又颁布《天津、汉口特别区行政管理局简章》，将原德、奥租界纳入正常的地方行政管理系统。8月17日，北京政府又颁布了《处理敌国人民条规》及《实施办法》、《应注意办理事件》等法规。同日，北京陆军部也以通电形式颁布了《保护敌国人民出境办法》、《临时检查办法》、《俘虏收容所规则》、《解除奥国军人武装办法》、《处理敌国武装办法》、《处置敌国兵营办法》等条规。北京政府实际设置了收容所5处，收容俘虏400余人，俘获敌舰2艘，押收敌国商船13艘。

中国对德奥两国宣战后，协约国和美国分别向中国政府表示：“本国政府欣愿趁此机会，将友谊及连带责任并协助之外，特向中国政府确实表明，自必尽力赞助中国在国际上享得大国当有之地位及其优待也。”北京政府继续就开战条件同协约国交涉。9月7日，英、法、日、意、葡、俄、比诸国共同照会北京政府，表示协约国方面对中国以前所提的要求，正式答允三条：（1）庚子赔款缓付五年。缓付期内不加利息，但俄国仅愿缓付其所得赔款的1/3，永撤德、奥两国之款；（2）关税照实值百抽五；（3）必要时中国可在天津周围二十里内驻兵以防德、奥敌侨。作为对这些条件的报答，它们要求北京政府承诺：公布对无约国的一般税则，禁止中国人民与敌国通商，拘留协约国使馆指定的外国敌人，籍没并完全清算德奥商店，改组前德奥租界为公共租界，出资转移在中国港内扣留之敌船于协约国；中国尽量与协约国实行正式的完全合作等。

9月28日，美国照会中国，要求北京政府保证“中国之一切军备、军需。将完全由中国政府支配、管理。任何对于此次战争的军事措置，将由中国政府自行处理”。显然，美国是预防中国的军权落入日本之手。

北京政府参战后，其职责是在粮食供应和供给劳工方面给予协约国帮助。因此，北京政府于1918年1月特设战时粮食出口筹办处，隶属于农商部。此外，北京政府又特设侨工事务局，颁布各种保护劳工章程，奖励华工出洋，前后约有17万劳工远赴欧洲，支持协约国，其中遇难、阵亡或积劳殉身者成千上万。* 北京政府还曾派遣一军事代表团去法国。

3. 兰辛—石井协定

日本利用世界大战爆发之机迅速在中国扩张，引起美国的忧虑。无论是在“二十一条要求”还是在中国对德宣战问题上，美国的态度明显是不赞同日本的政策。日美两国关系还因为美国排斥日侨而紧张。美国在对德国开战后，希望能避免同日本的冲突。而日本经济的繁荣有赖于与美国的贸易。两国政府都愿意通过谈判，来解决在中国问题上的矛盾。1917年6月14日，日本政府决定派前外相石井菊次郎为特使前往美国。8月11日，石井到达旧金山，受到热烈欢迎。为了表明对美日关系的重视，石井在华盛顿访问时，美国安排他到参议院发表演讲，美国总统威尔逊

---

* 关于第一次世界大战期间前往欧洲的中国劳工数量有不同说法，一般从十几万到二十来万，最多为70.5万，参见吴东之：《中国外交史（中华民国时期）》，河南人民出版社1990年版，第53页；石源华：《中华民国外交史》，上海人民出版社1994年版，第134页。

两次接见他。美日谈判从9月6日持续到11月2日，美国谈判代表是国务卿兰辛，讨论重点是中国问题。谈判中双方作了妥协，在11月2日以互换照会形式达成了协议，即“兰辛—石井协定”。这份协定采取了模棱两可的外交辞令。它的主要内容包括两项原则：一、两国承认，“领土的接近产生国与国间的特殊关系，因此，美国政府承认日本在中国，特别在中国之与日本属地接壤的部分，有特殊利益”。二、“日本政府并无意对于其他国家的通商权利加以歧视，或对于中国与其他国家所订条约所计划调节的通商权利加以蔑视”。两国政府都表示“永远遵守所谓门户开放或在华工商业机会均等的原则”。与协定同时达成的还有一份秘密备忘录，两国保证“不会利用当前的形势在中国谋取有碍于另一个友好国家的臣民的权利的特别权利或特权”。

“兰辛—石井协定”中强调的两条原则并不是新东西。它们反映了美日之间的矛盾。当兰辛对新闻界就这个协定发表谈话时，他强调双方对门户开放政策的确认，一字未谈日本在华的特殊利益。而日本的报界却大肆宣传这是日本外交的重大胜利，日本政府也指出美国承认日本的特殊利益加强了日本在华地位。11月6日和8日，日本和美国政府分别照会中国政府，并附有这个协定。日本照会中指出：“美国正式承认日本在中国之特别地位。”美国照会的解释是：日本在华的工商业比其他国家的“占有某种便利”。

兰辛与石井谈判期间，美国国务院官员把美日谈判的情况告诉了中国驻美公使顾维钧，但没有讲谈判细节。顾维钧一再提醒美方注意日本的真正意图。当“兰辛—石井协定”达成后，中国政府担心这会导致列强对中国的逐步瓜分。11月9日，中国政府分别照会日美两国，声明“中国政府对于各友邦皆取公平平等之主义，故于各友邦基于条约所得之利益无不一律尊重。即因领土接壤发生国家间特殊关系，亦专以中国条约所以规定者为限。并再声明，嗣后中国政府仍保持向来之主义，中国政府不因他国文书互认，有所拘束”。中国政府还向美国政府提出抗议。对此，美国国务卿兰辛对顾维钧解释说："地理上的毗连必然使一个国家对其邻国具有特别的利益，把这个说出来只是说明一个明显的道理。"美国对日本的这种态度遭到中国民众的谴责，中国官员也表示失望。

第三节 "西原借款"与山东问题的换文

1. "西原借款"

段祺瑞重新当政后，国内形势发生了巨大变化。1917年9月10日，在广州成立了以孙中山为首的护法军政府，中国出现南北对峙局面。北京政府谋求以武力制服南方，因财政困难，便试图向外国借款以支持它的行动。这时英法等国陷于战争，无力借贷。美国通过经援法案正对协约国提供援助，也无能为力。北京政府只有向日本商借。段祺瑞为了向日本借款，着力改善对日关系。亲日派首领曹汝霖曾向他建议："我们应该将中国关于农工商矿有价值的开列出来，同日本商量，何者中国自办，何者中日合办，何者让日本人办。一方面日本帮助中国，一方面日本亦获得利益，不必枝枝节节，遇事麻烦，以达到中日亲善之目的。"这一建议为段祺瑞接受。

这时，日本因大隈重信内阁过激的侵华政策遭到中国人民的广泛反对，抵制日货运动使日本在经济上遭受重大损失。1916年10月，寺内正毅上台组阁，调整对华策略，实行以经济渗透为主的所谓"中日亲善政策"，企图通过给予中国"财政援助"，缓和中国人民的反日情绪，为进一步在华扩张创造有利条件。另外，在第一次世界大战期间，日本通过向协约国供应军需品，使其外贸迅速发展，大量出超，带来了巨额资金，日本政府必须为大量的剩余资本寻找出路。这成为日本大规模对华资本输出的重要原因。但日本是五国银行团成员国之一，若以政治借款名义对华贷款，势必违反银行团垄断对华借款的成约，并将与英、法、俄等国发生冲突。因此，日本政府采取经济借款形式，以避免国际的干涉。

“西原借款”正是在中日关系出现上述情况下进行的。1917年初，日本开始与北京政府频繁接触，以秘密的方式商谈贷款事宜。1917~1918年，日本对北京政府贷款共有20余起，总额达3.8645亿日元，其中大部分重要贷款（1.45亿）多为日人西原龟三经手接洽订立，故这时期日本对中国的贷款统称“西原借款”，这项借款是寺内内阁实施的对华政策的主要组成部分。

“西原借款”大致有以下几类：

(1) 交通银行借款：第一次500万日元；第二次2000万日元等。

(2) 铁路借款：第4次吉长铁路借款650万日元；四郑铁路短期借款260万日元；吉会铁路垫款1000万日元；满蒙四铁路借款2000万日元；济顺、高徐二铁路借款2000万日元等。

(3) 电讯借款：有线电报借款2000万日元；交通部电话借款1000万日元等。

(4) 矿业耗材借款：吉黑两省金矿及森林借款3000万日元；凤凰山铁矿借款1000万日元等。

(5) 军事借款：泰平公司第一次购械款1701万日元；第二次购械款2000万日元；参战借款2000万日元等。

(6) 政治借款：善后借第一次垫款1000万日元；善后借第二次垫款1000万日元；善后借第三次垫款1000万日元等。

(7) 实业借款：陕西实业借款300万日元；财政部印刷局借款200万日元等。

(8) 航运借款：包括加入中美运河借款250万美元等。

(9) 财政部借款：第一次财政部证券借款1000万日元；第二次财政部证券借款1000万日元等。

(10) 地方借款：东三省借款300万日元；直隶省借款100万日元；山东省借款150万日元；直隶水灾借款500万日元等。

此外，还有许多以其他名目提供的较小贷款。

1917～1918 年两年间，中国向一个国家借贷如此高额的款项，且涉及范围如此之广，是中国对外关系史上空前的。为了得到这些借款，北京政府把许多国家权益让给日本，如 1917 年 10 月的吉长铁路（吉林省城到长春）借款，北京政府只借得 65 万日元，而把这条铁路委托日本公司经管 30 年；1918 年 8 月的吉黑两省金矿及森林借款，借款金额为 3000 万日元，而以吉黑两省的金矿及国有森林并其收入为担保，北京政府还允诺聘用日本人为采金局和森林局的技师。也正因为想得到日本的借款，段祺瑞政府积极策划对德奥宣战。西原本人也直接插手中国内政。在 1917 年的“府院之争”中，段祺瑞被免去总理职务。在这关键时刻，6 月 8 日西原到达天津，入住曹汝霖家，同段祺瑞一起商量恢复权力的问题。日本藏相胜田在东京直接操纵此事。6 月 11 日，寺内政府通过章宗祥电报转告段祺瑞，要他坚持以武力夺回政权。它还密令北京正今银行和天津三菱洋行借给段祺瑞大量军费。

这些巨额借款进入中国后，日本侵华势力进一步扩张。寺内正毅首相在下台时得意地说：“本人在任期间，借与中国之款，三倍于从前之数，实际扶持日本在中国之权利，何止十倍于二十一条。”

2. 山东问题的换文

日本为了继承德国在山东的一切权益，处心积虑地采取了一系列措施。1917 年 10 月 1 日，日本天皇下达第 175 号谕旨，在青岛设立日本行政总署，并在张店、李村、济南等地设立分署，受理当地人民的民刑诉讼，抽收捐税，并于署内设立铁路科，管理胶济铁路及附近之矿产等，企图造成既成事实，逼迫中国及国际社会承认日本在山东的控制地位。由于日军在山东各处滋扰，中国地方政府要求中央解决。由于中国对德宣战，中日同为协约国成员，日本在山东的地位也发生问题，所以日方也希望能就此同中方达成一个协议。

1918 年夏秋，利用北京政府热中内战，急于借款之机，日本秘密向中国驻日公使章宗祥提议在讨论“济顺”（济南—顺德）、“高徐”（高密—徐州）铁路借款时就山东问题举行换文。日方表示：在订立铁路借款协议时，日本宁愿“十足交款，并无回扣”；允将日本在山东之军队除留一部分于济南外，其余全部撤退至青岛，又将日本所设之警察及民政署一概撤退；还允先垫款2000万日元以解北京政府燃眉之急。北京政府为得到这笔借款命驻日公使章宗祥与日本外相后藤新平商谈。双方于1918年9月24日秘密议定了中日《关于处理山东省各问题换文》，一般简称《山东问题换文》，主要内容如下：

（1）胶济铁路沿线的日本军队，除济南留一部分外，其他全调集于青岛；（2）胶济铁路由中国巡警队担任警备，但在巡警队本部及重要站所应聘用日本人；（3）胶济铁路所属确定后由中日两国合办经营；（4）现行的民政署撤销。

特别要指出的是，章宗祥代表北京政府在致日方的复文中表示：“中国政府对于日本政府上列之提议，欣然同意。”通过这一换文，北京政府不仅默认日本侵占山东的非法地位，而且日本的权益还超过了“民四条约”的规定。表面上看，日本是作了让步，但实际上日本攫取的这些山东权益远远超过了前德国掠夺的山东权益。换文的严重性还不止于此，它给整个山东命运带来更大祸害。换文是在中国参战后实行的，由于其中的“欣然同意”一词，成为以后日本在巴黎和会上诬指中国已承认日本在山东取得合法地位的借口。

3. 中日签订军事协定

1917年11月7日，俄国发生十月社会主义革命。列宁领导的布尔什维克党建立了世界上第一个无产阶级专政的国家。12月3日，新政府公布了《告俄罗斯与东方全体伊斯兰教劳动人民书》，提出“苏维埃政府永远摈弃奴役、掠夺和瓜分被压迫人民领土的帝国主义政策，并将和他们在相互尊敬、友好平等基础上建立相互关系”，同时宣布废除沙俄政府与中国、伊朗、土耳其等国所缔结的一切不平等条约，放弃沙俄在这些国家里所享有的特权。苏维埃政府的友好态度没有得到中国北京政府的响应。在西方列强的影响下，它仍同代表帝俄政府的驻华公使库达摄夫保持关系，把沙俄所得的庚子赔款部分交由他支配。北京政府还曾按照英美的要求对苏联实行禁运。

对苏维埃政权也采取敌意的日本正好利用这一机会来控制中国的军队。1917年底苏维埃俄国同德国媾和，退出了第一次世界大战。1918年2月，日军参谋次长恐吓北京政府说，德苏单独媾和后，在西伯利亚的十余万德国战俘一旦解放，将威胁到远东的和平。德国阴谋从西伯利亚侵入东方，而且在新疆、甘肃鼓动回教徒闹事，这对中日两国的国防都是严重的威胁，两国应该迅速订立军事合作协定。2月22日，北京政府答复说：中国境内的事情，中国自行处理，中国境外的事情，可与日本共同处理。北京政府害怕日本的恐吓，特别担心日本找借口在中国的领土上与俄国人或德国人作战。因此，它同日本就这个问题进行谈判。日本为了与中方能尽快达成协议，决定“按照中国政府的建议”来办。在交涉过程中，中方提出以从速和平解决山东问题和东三省悬案作为交换条件，日方表示“可予磋商”。中方要求在协定上写明“有效期间以欧战期内为限”，日方表示可以另函声明，因为共同防敌而在中国境内的日军于战争终了后一律撤退。但实际上，日方根本无意讨论东北问题。

虽然双方谈判是秘密进行，但消息还是被传了出去。中国各界民众对此非常愤慨，纷纷要求拒签条约。日本政府非常着急，驻华公使林权助不断地催促北京政府签约。于是，北京政府还是在5月16日同日本签订了《中日陆军共同防敌军事协定》，19日又签订了《中日海军共同防敌军事协定》。到9月6日，双方又签订《陆军共同防敌军事协定实施上必要之详细协定》。这些协定的内容主要是：鉴于敌国势力蔓延于俄国境内，危及远东，中日两国陆海军采取共同防敌的行动；凡在军事行动区域内中国地方官吏要大力协助日本军队，日军要尊重中国主权；中日军队互相供给武器、军需品和原料，互相交换军事情报、人员和地图；中国军队参与日军在西伯利亚的军事行动时“应入日本军司令指挥之下”等。这就为日军开进中国领土及日本控制中国军队创造了合法途径。

1918 年 11 月在欧洲战场上，德奥两国分别向协约国求和。11 月 12 日，第一次世界大战以协约国方面的胜利正式宣告结束。中国成为战胜国。北京政府首脑与协约国元首相互致电庆贺。

中日与德奥之间的战争状态这时实际上已结束，根据中日两国的共同防敌协定的规定，日本在中国境内的军队在“战争终了时”一律撤退。由于日本方面主张延期，中日两国军事当局在 1919 年 2 月 5 日商定，战争状态终了是“指中日两国批准欧洲战争和平会议所订结之和平条约，中日两国陆军由俄境及驻在同地方协约各国陆军撤退之时而言”。所以，这两个军事协定拖到 1921 年 1 月 27 日才由双方陆海军代表分别交换节略，宣布终止。

从“二十一条”的交涉和“民四条约”的签订，到参加第一次世界大战、对日大举借款和日本占领山东，突出体现了北洋军阀政府为满足个人私利，出卖国家利益的丑恶行径，同时也反映了日本企图全面控制中国的野心和美日两国在争夺在华利益中的矛盾。

思考题：

1. 分析日本的“二十一条”要求。
2. 如何认识“二十一条”交涉中北京政府的外交？
3. 从中国参加第一次世界大战的过程分析美日矛盾。
4. 在中国参加世界大战的过程中日本通过什么手段进一步扩大对中国的控制？

参考书目：

吴东之：《中国外交史（中华民国时期）》，河南人民出版社 1990 年版，第一章。

石源华:《中华民国外交史》,上海人民出版社 1994 年版。

近代史研究所:《日本侵华七十年史》,中国社会科学出版社 1992 年版。

陶文钊:《中美关系史 1911~1950》,重庆出版社 1994 年版。

章伯锋、李宗一(中国史学会):《北洋军阀》,武汉出版社 1990 年版。

王芸生:《六十年来中国与日本》,第 6、7 册,三联书店 1980 年版。

王铁崖:《中外旧约章汇编》,三联书店 1962 年版(1982 年再版)。

第十二章

巴黎和会与华盛顿会议

第一次世界大战后，西方列强通过召开巴黎和会和华盛顿会议，在世界范围内重新瓜分了殖民地，划分了各自的势力范围，建立了所谓的凡尔赛—华盛顿体系。作为半殖民地的中国，虽然是一战的战胜国，却未能摆脱列强的任意摆布，中国外交在恶劣的国际环境中艰难应对。

第一节　中国外交在巴黎和会上的失败

第一次世界大战，以协约国战胜同盟国战败而结束。1919 年 1 月 18 日，协约国在巴黎召开和平会议。和会实际上是一个战胜了的强国之间进行的一场调整欧洲力量对比和在世界范围内重新瓜分殖民地的分赃会议。所涉及的不仅包括战败国及其殖民地，还包括战败国在其半殖民地——如中国——所享有的侵略权益。

会议共有27国派代表参加，中国以参战国的资格派代表出席了会议。

1. 关于山东问题的辩论

1919年1月18日，在法国巴黎凡尔赛宫召开协约国共同解决战后和平问题会议。会议分三种：一、全体大会；二、最高会议，“十人会”，由五大国首脑和外长参加，后来演变成“四人会议”，由美国总统威尔逊、英国首相劳合·乔治、法国总理克列孟梭和意大利首相奥兰多参加；三、专门委员会。

日本曾企图阻止中国参加和会，致使中国迟迟得不到邀请。北京政府最早在1918年12月就派代表到巴黎，直到会议开幕后三天会议才公布中国代表的名单。与会代表名额是美、英、法、日、意五大国各五名；比利时、巴西、塞尔维亚各三名；希腊、暹罗（今泰国）、葡萄牙、中国等国各两名。中国虽派出五名正式代表，但遭到主导会议的西方列强的轻慢，代表名额只与小国相同，仅两名，使得中国代表团的五名代表只能轮流参会。北京政府对这次会议极为重视，组成50多人参加的代表团。中国的正式代表共5位：团长为外交总长陆徵祥，首席代表顾维钧（驻美国公使）、施肇基（驻英国公使）、王正廷（南方军政府代表）、魏宸组（驻比公使、外交部和会筹委会秘书长）。这是中国历史上第一次出席大型国际会议，并派出大的代表团。因团长陆徵祥多病极少参加会议，出席会议发言的主要是顾维钧和王正廷。

中国参加会议的方针是，依靠美国，争取收回被攫取的山东权益。具体方案包括四方面：（1）收回战前德国在山东省内之一切利益，不由日本继承；（2）取消“民四条约”一部分或全部；(3）废除外人在华一些特权，如领事裁判权，协定关税等；（4）结束德、奥两战败国在华之政治经济特权。日本与中国针锋相对，它是“十人会”和“五人会”的成员，占有比中国有利的地位。它参加和会的目标主要是：（1）继承德国在山东的特权；(2）攫取德国在太平洋的属地；（3）提出种族平等法案，解决美国加州日裔受排挤的问题，并利用“种族平等法案”，压迫美国在山东问题和太平洋岛屿问题上让步。北京政府担心日本会在和会上为难中国，故在国务会议上决定，有关事宜中日两国应协商，采取同一步调。

然而在会议初期，日本就想方设法为难中国代表。1月27日，“十人会”讨论处理德国殖民地问题时，美国总统提议在讨论胶州问题时，应邀请中国代表列席。日本代表即表示反对，但未得逞。这天下午开最高会议，顾维钧和王正廷列席。日本代表牧野伸显先提出要继承德国在太平洋赤道以北及德国在山东的一切权益。他的理由是日对德作战“牺牲不小”，而且英、法、俄、意与日有密约承认日本继承山东权利。1月28日继续开会，听取中国代表意见。顾维钧发言，他以流利的英语慷慨陈词，“三千六百万山东人民，有史以来为中国民族，用中国语言，信奉中国宗教”，“以文化言之，山东为孔、孟降生地，中国文化发祥之圣地”；“以经济言之”，“人口既已稠密，竞存已属不易”，“不容他国之侵入殖民”；他还把孔子比作耶稣，山东比作耶路撒冷，阐明中国之不能放弃山东犹如西方之不能失去耶路撒冷一样，以此争取西方代表的同情。牧野辩解说，胶州湾自日本占领后事实上已为日本领属，更何况中日两国对于胶州租借地和铁路问题已有成约。针对日方“中日已有成约”之说法，顾维钧大义凛然地称，所谓《中日关于山东省条约》及换文，系由“二十一条”产生，是在日本最后通牒胁迫之下签订的，不能视为有效；纵使该约有效，自中国对德宣战后，情况业已大变，中德间一切条约已告作废，胶州租借条约自亦失效；纵令该约不因中国对德宣战而废止，该约亦有明文规定，胶州租借地不准转让，胶济铁路可以由中国收回等。他坚定地表示：“本全权代表绝对主张，大会应斟酌胶州租界地及其他权利之处置，尊重中国政治独立、领土完整之根本权利”。顾维钧有力的论证，缜密的推理和无可辩驳的事实，申明了中国收回山东权利的正当要求。美国总统询问，双方愿否将各自所存的成约公布，以便审查。中方代表立即表示可公布成约，日方则要请示政府，双方辩论告一段落。

2月2日，日本驻华公使小幡酉吉向北京政府代理外长陈箓提出抗议，说顾维钧未得日本同意而愿发表中日密约，是违反外交惯例。日方要求北京电令中国代表注意，并称顾维钧以外国压日本，“殊予日本以不快之感”。陈箓不敢开罪日本，表示：“大总统注重两国邦交，已嘱外交部电令该代表等无得过于激烈。”美国对日本的活动有警惕。2月7日，美政府电驻华公使要中国政府坚定不移，并让驻日本大使表示反对日本在北京的活动。

由于小幡的行动在外界引起议论纷纷，各地舆论表示愤慨，2月10日，北京政府外交部被迫发表声明：“顾本国之利益，为正确之主张。为今日国之独立自存应有之义，他国绝无干涉之理。”也表示中日“正谋亲善”“更不应有误会”。全国舆论对日本的讹诈极为愤慨，要求北京政府公布密约。北京政府只得训令中国代表对公布密约“就近斟酌办理”。2月15日，中国代表正式向大会提出“关于山东问题的说帖”。主要内容是：德国租借地及其他关于山东省权利之缘起及范围、日本在山东军事占领之缘起及范围、中国何以要求归还、何以应直接归还四部分。中方要求将胶州租借地、胶济铁路和德国在山东的其他权益一并直接交还中国。

2．会议对山东问题的处理

日本看压迫中国的一招不奏效。便直接与美国做交易。早在1月29日日本代表在会见美国国务卿时，便抱怨美国不支持日本。不久，日本又提出一个“种族平等”的提案为难实行种族主义政策的美国和英国。4月11日，日本的这项提案在国际联盟委员会上遭到否决，日本便以拒绝参加国际联盟相要挟。为了缓和日本的敌意，美国改变了对中国支持的态度。本来在4月10日，美国全权代表会议已决定完全同意把山东直接交还中国的规定列入和约。然而4月16日五国外长会议再度讨论山东问题时，美国代表兰辛提出了把山东交五强托管的建议。中国代表未被邀请参加这次会议。会上，日本拒绝了这一提议。4月21日，日本代表拜会美国总统威尔逊时强调山东问题必须按日本的主张办理。

4月22日，“四人会议”讨论山东问题，日本代表也参加了。日本代表强调日中两国1915年订的条约和1918年的合同与换文并未因中国对德宣战而废止。英国首相劳合·乔治建议把德国在山东的租借地让予国联，由国联以委托统治地的方式管理。日本代表立即提出警告说：日本政府已有训令，如果山东问题不能获得圆满解决，日本将不在和约上签字。下午，中国代表也列席了会议。美国总统威尔逊在发言中指出：中国与日本在1915年的条约和1918年的换文中都已同意日本在山东的权利，特别是后者，中国方面使用了“欣然同意”一词，而且英法等国也与日本订立协定，同意日本的有关条约，所以中国对德宣战不能取消中日间的成约。威尔逊还强调条约的神圣性。劳合·乔治甚至威胁说：“中国如像具斯曼贺尔维格（战前德国首相）那样把条约看作为废纸，不需要时即予推翻，那对中国是没有帮助的。”列强便在“四人会议”上对列席的中国代表联合施加压力，也拿出与日本相同的理由逼中国代表让步。劳合·乔治提出两个解决办法：（1）按英法与日本协议让日本继承山东的权益；（2）按中日条约行事。中国代表表示这两个方案都对中国不利，中国不能承认。

中国代表团看到美国在山东问题上的态度转变，感到山东问题已不可能得到美英的支持，不得不做出让步。4月23日，中方提出了一个妥协方案：（1）德国在山东的权益由五大国暂收；（2）日本承认于对德和约签字之日起一年内交还中国；（3）日本在胶州的军事费用中国愿意偿付；（4）开放胶州湾。中国代表试图以此争取达成妥协的努力，并未取得效果，因为和会内部大国间的纠纷日益严重。意大利因与英国对领土的争执撤回了其代表。4月24日，日本乘意大利退出和会之机，提出一份书面主张，要求山东问题必须尽快解决。美国担心日本会仿效意大利的行为，从而破坏它试图建构的战后国际秩序，便进一步改变立场。在4月25日的“四人会议”上，英法代表都表示有支持日本在山东的权利的义务。4 月 26 日，英国外交大臣贝尔福同日本代表谈判中，日方表示如果在山东问题上日本的要求得到满足，那么在国联问题上日本就不坚持“种族平等”的原则。同时，日方保证在青岛实行门户开放，不排斥其他国家的工商业。

4 月 28 日的“四人会议”上，贝尔福汇报了与日方会谈的结果。美国总统威尔逊表示只要日本放弃在山东的军事权利，只保留经济权益，美国可以同意日本的条件。同日下午，和会全体大会通过《国际联盟盟约》，日本代表没有坚持它的“种族平等”原则。4 月 30 日，日本以口头方式声明：日本的政策是将山东半岛的完全主权交还中国，只保留原来给予德国的经济利益，并在青岛建立一个居留地。于是美英法三国通过了对德和约中关于山东问题的条款，承认日本继承德国在山东的权利。

这样，列强间通过牺牲中国的利益，相互达成妥协。5 月 1 日，“四人会议”让英国代表通知中国代表，列强已就山东问题做出决定，并在《对德和约》第 156、157、158 条中作了明确规定。

在巴黎和会期间，中国代表团还提出了另外几项议案，一是要求废除“民四条约”，因为这个条约是日本胁迫中国的结果，它破坏了中国领土的完整和政治的独立；二是要求废除战前中德间的所有约章、德国在中国境内的官产无条件地转让中国、德国放弃由《辛丑条约》而获得的一切权益和赔款、归还辛丑年间掠去的天文仪器和美术作品等；三是要求取消外国在华特权。关于对德要求的提案，4 月 28 日，大会委托英美专员与中国代表商议。最终在《对德和约》中的第 128～134 条做了相关规定，但并没有完全按照中方的要求办，如第 130 条规定中国政府未经《辛丑条约》有关国家的公使许可，不得自行处理北京领事馆界内德人公私财产；第 132 条规定取消德国在汉口、天津的租界后，中国应将该地开放，作为各国公共居留贸易之用等。有关废除“民四条约”和撤销外国人在华特权的提案，5 月 14 日和会主席克里蒙梭正式通知中国代表，这些要求不在和会权限范围内，留待国际联盟去讨论。

在巴黎和会上，日本对于山东权益的要求得到满足，而中国几乎一无所得，北京政府的外交遭到惨重失败。

3. 五四运动与拒绝签约

把持“四人会议”的英美法不但不让中国代表参加有关山东问题的最后决定，甚至连中国代表一再提出的希望看到“四人会议”讨论山东问题经过的记录和约文草案的要求，都遭蛮横拒绝。中国代表对此只得提出抗议。巴黎和会中国外交失败的消息传到国内后，中国人民群情激愤，掀起反帝浪潮。5 月 4 日下午，北京各校大批学生在天安门前集会，提出了“外争主权，内除国贼”的口号，决议反对在对德和约上签字。北京学生的行动得到全国各地各阶层民众的积极响应。五四爱国运动由此而爆发，并很快席卷全国，到处可见罢课、罢市、罢工的抗议活动。在广大民众的压力下，北京政府不得不宣布批准亲日派官员曹汝霖、陆宗舆、章宗祥的“辞职”。6 月 11 日，徐世昌辞大总统职，经议会挽留。6 月 13 日，钱能训总理内阁辞职，由龚心湛代国务总理。

北京政府和出席会议的中国代表在国内压力下，一直为“保留签字”做出努力，以便为今后解决山东问题留下余地。6 月 23 日，软弱的北京政府决定：“如保留实难办到，只能签字。”6 月 24 日还通电各省说明签字的理由。后来迫于国内压力，北京政府的指示改为由中国代表“相机办理”。中国代表曾采取了一系列措施，先是建议在签约时，由中国代表在大会上发表声明，提出保留。这个建议遭到列强的反对。后中方又建议在签字前由中国提出抗议，以便将来解决山东问题。这个要求仍遭到拒绝。举行签字前三小时，驻法公使胡惟德访法总理，请列强同意中国的声明：“不得认为签订此约即使中国不能在适当时候要求重新考虑山东问题”，仍为美法所拒。中方再让步，分别致函美、英、法三国首脑，表示如签字不影响将来提出重议，即可签字。三国又将原函件退回，要求只准在签字后致函大会表态。事实上，列强要求中国无条件地签字。

中国驻巴黎留学生和工人闻讯后，包围了代表团驻处，要求拒绝在和约上签字。于是，中国代表团在国内外的巨大压力下，面对列强的骄横无理感到已完全无能为力，便致电北京政府："……不料大会专横至此，不稍顾我国家纤微体面，曷胜愤慨！弱国交涉，始争终让，几成惯例。此次若再隐忍签字，我国前途将更无外交可言。"故经"详审商榷"，决定不往签字。6月28日下午3时，正当"凡尔赛和约"正式签字之时，中国代表团将不签字的决定正式通知大会，同时声明，中国保留对德和约最后决定之主权，并发表宣言严正指出："大会对山东问题的解决办法不公道。……与其承认违背正义公道之一百五十六、一百五十七、一百五十八条款，莫如不签字。中国全权之此举，实出于不得已，惟于联合国团结上有所损失，殊觉遗憾。……舍此而外，实无能保持中国体面之途。故责任不在中国，而在于媾和条款之不公。""和会对于解决山东问题，已不予中国以公道，中国非牺牲其正义公道爱国之义务，不能签字。中国全权愿竭诚布阵，静待世界公论之裁判。"

中国代表虽然没在凡尔赛和约（对德和约）上签字，但9月10日参加签订了《圣日耳曼条约》(对奥和约)。该条约除不涉及山东问题外，其他内容与对德和约相近。由于中国在这份条约上签了字，中国仍为国际联盟创始国。9月15日，中国政府以大总统宣言的形式，正式宣布结束对德战争。

1920年7月，中德开始恢复外交关系的谈判。1921年5月20日，两国代表签订《中德协约》，它包括正约和声明附件。它的主要内容是：

(1) 两国恢复正常外交关系，两国互派外交代表，互享国际公法所承认的一切权利；

(2) 德国声明放弃根据1898年条约在中国山东得到的全部权益，放弃在华的协定关税权和领事裁判权；

(3) 德国接受凡尔赛和约第156条的规定，把在天津和汉口的德租界及在中国其他地方的德国公产全部交给中国；

(4) 条约规定“两国人民于生命以及财产方面，均在所在地法庭管辖之下”，“关税税则等事件，完全由各该国之内部法令规定”。

这个条约是根据平等互惠的原则签订的，是近代以来中国与西方大国签订的第一个平等条约，但由于当时中方允许在国定税未施行以前德国货进口仍按通用税率纳税，所以德国实际上仍享有协定关税的好处。

中国人民在五四运动中所焕发出来的爱国热情，以及反帝浪潮，促使中国代表拒绝在对德和约上签字，使西方列强大为震惊。6月24日，美国驻华公使芮恩施曾向代理国务卿报告说：“现在人们都认识到，过去三个星期以来的运动，已经在中国产生了一种有组织的公众舆论，能对中国政府施加具体的压力，并实施具体的行动。这里人人都承认，这是一个及其重要的发展。”6月28日，英国公使朱尔典也向其外交部报告说：“在中国，人民一年比一年更得势，将来终将取得胜利。这是不容置疑的。”中国代表拒绝签订对德和约，在近代中国外交史上是一个空前事件，它不仅打击了日本帝国主义企图独占中国的狂妄野心，而且开辟了中国冲破帝国主义列强的控制，在国际事务中独立决定自己命运的先例，这对于以后的中国外交产生了重要的积极影响。当然，由于中国国力虚弱和国际地位低下，以及列强的蛮横霸道，中国仍长时间无法通过外交努力捍卫自己的国家主权和利益。

第二节　华盛顿会议与中国问题

巴黎和会上中国外交的失败，日本企图独霸中国的野心公开展示于世界，中国人民群情激愤，北京政府备感压力。能否从日本手中收回山东，成为当时中国外交面临的重大问题。华盛顿会议的召开为北京政府解决这一问题提供了一个机会。

1. 会议的召开

巴黎和会后，国际舞台上存在两大问题，一是列强为称霸世界所进行的军备竞赛，二是所谓远东问题。在远东地区，第一次世界大战后列强的势力尚未得到调整，即列强在远东还未建立起均势。远东问题之关键就是中国问题。在巴黎和会上，中国代表在全国人民的支持下拒绝签字，中国问题在和会上未能得到解决，而列强在远东的势力亦无法得到调整。

美、英、日三国在远东争夺很激烈，中国则是被抢夺的中心。日本在远东是战争之最大受益国，它利用第一次世界大战的机会，大肆扩张了自己在华的侵略势力，在巴黎和会上它保住了在中国的利益。为了阻止美国对中国影响的扩展，它一方面阻挠美国领导的“新四国银团”共同掠夺中国计划的实现，使之在五年中未贷成一次款；另一方面，鉴于美国反对山东问题的处理，便努力引诱北京政府安福系的靳云鹏内阁与之进行直接交涉，企图在没有其他国家势力的影响下，压迫北京政府承认日本在山东的势力。美国则谋求压制日本的在华势力。为此，美国国会认为巴黎和约及国际联盟条约有许多地方不符合美国的利益，拒不批准“凡尔赛和约”，并提出了十大保留案。其中第六条强调关于山东问题的条款“不予同意并保留美国对于中日间因此项条款所起争论之完全自由行动”。美国之所以这样做是因为美国在中国的传统政策是“门户开放”，即不允许一国独占中国，并企图以自己强大的经济实力来控制中国。而一战后日本实际独霸中国，且日本有英日同盟作依托，更是有恃无恐，这严重影响了美国的远东利益。所以巴黎和会后，美国的目的就是：(1) 拆散英日同盟，消除日本的依靠；(2) 加强自己的在华势力，与日本分享在中国的利益。因此，美国积极推动召开一次国际会议，压迫日本交出一部分在华特权，变日本独霸中国而为列强控制中国，从而为自己对中国进行经济扩张铺平道路。美日矛盾逐渐成为远东国际关系中的主要矛盾。与日本有联盟关系的英国在战争结束后又重新回到远东，看到日本在中国的势力的日益壮大，认为这会威胁它的在华商业利益，因此英国也希望在远东与美国协调政策。

一战后，各大国的军备竞赛，特别是海军的扩张竞争，严重影响它们的财政能力。1920年12月14日，美参议员波拉提出议案，请总统召集海军缩减会议。1921年5月26日参院通过此议案。6月29日众院也予以通过。于是，美国总统哈定决定在华盛顿召开国际会议，讨论远东问题、太平洋问题和军备问题。

美政府起初非正式询问英、日、法、意四国对会议的意见。英、意赞成，日本犹豫，表示要事先知道会议所要讨论的远东及太平洋问题的性质及范围，继而要求对“已成事实者应避免讨论”。这里可以看出日本对会议将对中国问题的讨论已有防范。1921年8月11日，美国以哈定总统的名义向四国（英法意日）发出了会议的正式邀请。同日，亦向中国政府发出了邀请。美国驻华公使舒尔曼在致北京政府外交部的照会中，指明了会议将要讨论的有关“太平洋及远东诸问题”的大致范围。

北京政府在巴黎和会后两次拒绝了日本进行双边谈判的要挟，以避免日本在山东问题上进一步的外交讹诈。外交部在回复日本所提交涉山东问题的照会时，表示将在适当时机寻找解决办法。北京政府收到美国的会议邀请后，认为这是解决山东问题的一个适当时机。为便于解决中国所面临的外交问题，北京政府要求中国代表在会议中的地位应与各大国代表完全平等，美国对此做出允诺。10月6日，由北京政府大总统徐世昌下令特委驻美公使施肇基、驻英公使顾维钧、大理院长王宠惠和广州军政府的外交次长伍朝枢（拒绝了任命）“充任参预太平洋会议全权代表”，组成了132人的庞大代表团。

北京政府试图通过会议，恳请列强承认并尊重中国的独立与主权的基本原则，收回被攫取的山东权益，酌情收回中国已失去的部分主权。为了实现这些目标，北京政府在会上采取的策略是：依靠美国支持，要求列强让步，争取收回权益。中国采取这一策略，是因为看到远东国际关系中美国的态度对中国较为有利，便力争拉住美国压制日本，并利用美国的门户开放政策来取消列强在华的部分特权，特别要争取解决山东问题。

北京政府以亲美著称的颜惠庆任外交总长坐镇北京，压制亲日派势力。参加华盛顿会议的三位全权代表都是清一色的亲美派。代表团还聘请四个高级顾问：曾任山东都督财政总长代理外交总长及国务总理的周自齐、一度代理过陆军总长和外交总长的梁如浩、海军中将蔡廷干、曾任外交总长的黄郛。其中梁如浩和蔡廷干两人曾留学美国。此外，还聘请了美国前国务卿蓝辛，美前驻华公使芮恩施和北京政府的法律顾问韦罗贝等人为代表团的顾问。

2．“九国公约”的订立

华盛顿会议于1921年11月12日召开，参加会议的共有九个国家：美、英、日、法、意、荷、葡、比和中国。会议设立了两个委员会，由英、美、日、意、法五个海军大国参加的“裁减军备委员会”，与会九国都参加的“太平洋及远东问题委员会”。中国代表在华盛顿会议上就涉及中国的三方面问题进行外交努力：(1) 关于处理中国问题的一般原则；(2) 取消列强在华的一些特权；(3) 山东问题。

为了使列强在中国的扩张行为有所约束，中国政府代表团根据美国顾问的建议，在11月16日“太平洋远东问题全体委员会”第一次会议上，由首席代表施肇基提出了处理中国问题的十项原则。其内容如下：(1) 各国尊重中国的领土主权及行政政治的独立，中国方面担保不向任何国家割让领土；(2) 中国承认门户开放、机会均等的原则（这是中国第一次正式承认门户开放原则施用于中国）；(3) 各国均不得背着中国签订任何有碍中国利益的条约和协定；(4) 各国在华所取得的权利和条约都应公布，一切秘密条文均属无效；(5) 对中国现行的政治、司法、行政自由的一切限制，都应予以废除；(6) 凡对中国的条约，未确定期限的应明确期限；(7) 对条约的解释应遵守有利于权利给予中方的解释，即有利于中国的解释；(8) 中国的中立权应予尊重；(9) 对远东国际纠纷应采取和平解决的方针；(10) 应规定今后随时召开会议的方法。这十项原则体现了美国的“门户开放”政策的精神，中国代表团试图在这次会议确定一些列强对华关系的原则，改变主权受到严重制约的不利状况。

中国方面提出的十项原则显得“公道、正当与平允”，列强不便公开反对，表示“愿以好意审查中国提案”，但却担心自己的在华利益及其对殖民地的控制受到影响。法国代表勃利安提出“何为一个中国”的问题，就反映了这种担心。为此，美国代表罗脱声称：“中国本部与中国行使宗主权辖地之间，宜加以区别。此议案可以仅及于中国本部。”顾维钧则表示：“中华民国之领土已确实明定于中国宪法之内，无论何种问题，凡足使人感到以为拟图变更中国疆界者，中国代表团不能讨论之”。并称“中华民国之领土自当视为国家单位”。凡行政完整的原则，也“应以中华民国全国为一单位”。这样，便确定了会议所讨论的中国问题的范围。作为新兴帝国主义强国，美国在背后支持中国提出这些原则，是为了限制其他列强在华的权益，扩大自己的影响。美国代表罗托在会上综合中国的十项原则，提出了指导处理中国问题的四项原则：(1) 尊重中国之主权与独立暨中国领土与行政之完整；(2) 给予中国最完全无碍之机会以发展并维持一有效力而整固之政府；(3) 各国在华商务、实业机会均等；(4) 各国不得营谋特权或优先权，“而减少友邦人民之权利”。英日对美国的意图表示惑疑。在美国保证不影响列强在华的基本利益后，它们才勉强同意。

列强代表通过对中国问题的讨论，最后达成了妥协，并于1922年2月6日由与会的九个国家正式签署了《关于中国事件应适用各原则及政策之条约》。这就是著名的“九国公约”。条约共有九条，主要内容有：

(1) 关于处理中国问题的“四项原则”，即罗托所提的四项原则。

(2) 一国或多国不得单方面采取行动，以妨害第一条的原则。

(3) 明确提出在中国实行门户开放的内容：A. 任何国家不得在中国特定区域内获取“商务或经济发展”的“优越权”；B. 任何国家在华的“专利或优越权”，不得剥夺他国在华从事商务实业之权利，不得剥夺他国与中国当局共同从事公共事业之权利，若一国在华势力范围扩大或期限拉长，亦不得破坏机会均等的原则。

(4) 不赞成各国在华寻求势力范围或独享特权。

(5) 中国的所有铁路给予各国的待遇应公平。

(6) 若发生战争中国不加入时，各国应尊重中国的中立地位。

(7) 一国如对中国采取行动而涉及本条约的原则，应通知缔约各国。

(8)、(9) 两条则是条约适用问题、未签字国加入条约问题以及条约的批准问题等。

“九国公约”全面提出了“门户开放”政策，这在国际条约中还是第一次，同时也是中国第一次以法律的形式正式承认这一原则。虽然公约确立了一些关于中国问题的原则，但列强通过侵略已在中国获得大量权益，严重侵犯了中国的国家主权和行政完整，它们绝不可能真正尊重这些原则。但公约的签订在一定程度上遏制了日本侵华的势头，使中国又回到战前由列强共同支配的局面。

3. 关于帝国主义在华特权的几个协定

在华盛顿会议上，中国代表还进行了一些外交活动，企求让列强放弃一些在华获得的侵略权益。然而列强绝不可能轻易放弃自己的在华的特权。美国务卿休斯就警告中国代表团“勿要求过多，以免阻碍会议之进行”。因此，中国代表只敢在会议上提出一些带有很大妥协性的要求，而且不敢坚决地坚持其主张。中国代表在会上提出的问题及会议讨论的方案有以下几个主要的方面：

(1) 关税问题：中国丧失关税自主权已有八十多年之久。在巴黎和会上中国代表曾提出过关税自主的要求，列强代表对此毫不理会。华盛顿会议上，中国代表先后两次提出这一问题，要求列强予以考虑。11月23日，顾维钧在第五次全体会议上提出中国应收回关税自主权利的议案。这一提案是带有很大的妥协和软弱性的。他首先举出了中国要求关税自主的五项理由：第一，侵害中国主权；第二，违反平等互惠原则；第三，必需品与奢侈品征同样税不合科学原则；第四，协定关税妨碍中国税收；第五，中国没有关税自主使改税无法进行。为了安慰各国，他表示中国政府不会干涉现行关税制度，也无意干涉用于外债担保的关税收入。并说明中国不急于收回关税主权，而是首先各国应协定一高税率。然而列强代表仍拒不考虑中国的关税自主的要求。日本代表认为若中国修改税则，日本工业必受影响，故日本不能承认值百抽12.5%，即使值百抽7.5%也不行。英国赞同日本的主张。美、比、法代表则赞成一定条件下可增2.5%，等裁撤厘金后再增至12.5%。列强最后达成妥协，从而使会议通过了《关于中国关税税则之条约》，同意中国略增加点税收以应北京政府之需，但对中国的关税自主只字未提。条约规定在本条约批准三个月后召开关税特别会议，讨论调整税则以做到真正值百抽五，并可征收附加税2.5%，奢侈品抽5%。四年后调整一次，以后每七年调整一次。这样，中国的关税自主便遥遥无期，中国对关税自主的要求，再次遭到否决。中国代表对关税自主得不到承认表示遗憾，并发表声明指出，中国不会放弃关税自主要求，保留将来重提之权。

(2) 领事裁判权问题：列强在中国获得领事裁判权，已届八十余年。这是国家主权之重大丧失。巴黎和会上中国也曾要求考虑这一问题，列强毫不理会。11月25日，王宠惠在第六次全体会议上提出议案，指出这时条约规定的通商口岸不是五处，而是五十处，中国自己开的商埠也不少，故领事裁判权对中国之司法、行政权之危害很大。议案列举了这一问题的弊害五端：侵害中国主权；扰乱司法程序；无统一法规；拖延诉讼时间；外侨视为护符，规避税课。王宠惠还说明中国的司法制度与二十年前相比已大有进展，要求各国于一定期限，撤废在华的领事裁判权。会议对此作了讨论，通过了一个《华盛顿会议关于中国之领事裁判权议决案》，宣称要帮助中国政府“改良司法制度”，又说“一俟中国法律地位及施行该项法律之办法并他项事宜皆能满意时，即预备放弃其领事裁判权”。还做出决议“与会各国应于会后三个月内组成一委员会，对中国的司法情况进行调查，并在一年之内提出报告”，还特别写明各国“可自由取舍该委员会建议之全部或任何一部”。这样，中国是否可收回司法主权，要由外国来决定。

（3）势力范围和租借地问题：中国代表王宠惠于十二月十二日的第十五次全会上提出此议案。他指出“利益范围”或“势力范围”为列强自相协定或强迫中国所划定，要求与会各国声明否认在中国境内有势力范围或特殊利益。并列举中日“二十一条”属此范畴。日本对中国的主张明确表示反对。其他国家的代表对此未作表态。美国历来反对势力范围，英国亦觉得过时，故最后形成一决议，即“九国公约”中所规定的“各国不得订立违反罗托原则的条约与协定，禁止在华建立势力范围”。从条文上看，列强虽未明定撤除势力范围，也没有一种条约的约束力，不过今后列强不再能寻求这种权利了。至于租借地问题，列强的态度更蛮横。顾维钧于12月3日在第十二次委员会中提出退还租借地议案，说明过去各国为维持远东之均势而在中国夺取租借地，但现在德俄两国已不成威胁，且满清政府之腐败而任人宰割之情形已不存在。故均势之口实既无，租借地保持之根据便失。列强对这一问题采取相互推脱的态度。法国代表表示，只要其他国交还租借地，法国也愿交还广州湾。日本则表示胶州湾正在谈判，可以交还，但旅顺、大连与日本毗连，“关系日本国家安全及日本之经济生活”，不能退还。英国代表贝尔福也表示，英国可退还威海卫，以助中国解决山东问题，而九龙则与香港相邻，无此租借地则香港无法守护，故不能交还。美国务卿询问英法代表是否可先交还广州湾及威海卫。英国代表答称，若山东问题圆满解决即可。法国代表因英日有保留，又改口说要再考虑。美国由于没有此特权，故希望列强都交出，以便它进行经济扩张。尤其想促使日本退出满洲，以便其势力伸入。法国则想削弱英国在华南的势力，若它失去广州湾而使英国失去九龙，则必削弱香港地位，使英在华南的地位遭受打击。故英日两国均坚持其重要的利益，毫不让步。因而中国的退还租借地议案毫无结果。

(4) 外国驻华军警问题：当时列强在中国驻扎大量军队和警察，小部分是有条约根据的，而大部分则完全没有条约根据。后者以日本为最多。11 月 28 日，施肇基向第八次委员会提出撤退外国军警案，就是针对后一情况。他说明在中国的外国驻军、护路军队、警署、电信交通之设备，多未经中国允许，这是侵犯中国的主权及领土与行政之完整，中国曾多次抗议，故要求各国保证把未经中国政府允许之军警全部撤走。同时声明这一要求不涉及根据辛丑条约各国所得的权利及在租界内之警察。对中国的合理要求，日本代表埴原首先发难，蛮横声称此案“无须通过”。他强调日本驻兵各处，都有特殊原因，并无侵略之意。还提出声明：日本驻山东、汉口、东北之军队，是出于一时之不得已。南满因盗贼太多，无军队不能维持。中国代表对日本的声明进行了反驳。大会经讨论后做出了一个“关于在中国之外国军队议决案”，其中有一条说明：“无论何时，中国能担任保护在中国之外人生命、财产之责，则现在中国服役未得条约或协约许可之军队志愿撤退。”也就是说，只有外国人自认为他们的生命、财产安全了，才能撤退军警。这样列强随时可以外国人生命财产得不到保护而向中国派驻军警。中国方面的这一要求又未能实现。

(5) 中日“二十一条”问题：王宠惠于第十六次全会提出，

1915年5月26日中日“二十一条”及换文严重影响中国之独立及领土完整，应予取消。日本方面明确表示反对，在第三十次全会上日本声明：①放弃南满和东蒙铁路借款权，及该地区的以各种税收作抵押的借款权和各种优先权，这些权利可以向新银行团开放；②放弃日本在南满有受聘为政治、财政、军事、警察的顾问的优先权；③二十一条第五号应在今后另行协商（即不放弃）。王宠惠对此进行驳斥并表示遗憾。顾维钧则声明保留会后再解决的权利。会议只是把中日声明记录在案。

（6）电台和邮局问题：11月25日和30日，施肇基分别提出了撤废外国客邮案和撤废外人在华之无线电台案。这是列强在华利益最轻的两项，故列强做出了一点让步。会议形成了两个议案：“关于在中国之外国邮局议决案”和“关于在中国无线电台议决案并附声明书”。规定除租界和条约特别规定者外，撤销所有外国邮局；除官方的使领馆外，所有外人的电台不得在中国设置，现存者应移交中国交通部，并给予公平充足之偿付。这是列强在会上唯一答应中国的一项要求。其实，这时外国在华开办的邮局，属于英国的有12处，法国的有13处，日本的有124处，美国的有1处，故列强愿意放弃，乐得做个人情。

此外，会上还通过一些议决案：“关于统一中国铁路议决案并附中国声明书”提出“将中国现在及将来之铁路俾能统一，由中国政府管理、行使，于需要时辅以外国的经济及专门技术”；“关于裁减中国军队议决案”要使中国裁军以使政治统一、经济发展及财政恢复；“关于中国及有关中国之现有成约议决案”规定各国与中国签订的条约和协定，及各国间所订关于中国的协定条约要互相通告并送交华盛顿总秘书厅存档；“关于远东问题审议局之议决案”设审议局以审议各国对华普通政策，维持机会均等；“关于中东路的议决案”，议定由外交途径协商，确定对中东路的管理等。

4. 山东悬案的“解决”

自从中国在巴黎和会上因山东问题处置的不合理条款而拒签

和约后，山东问题一直悬而未决。1920 年 6 月以前，日本曾两次要求与中国直接交涉，鉴于中国人民通过罢课和罢市表明的坚决反对的态度，北京政府两次明确表示了拒绝。此外，北京政府拒绝直接交涉的原因是，如果直接与日本交涉实际就等于承认 1915 年的二十一条和 1918 年的中日换文，这就上了日本的圈套。1921 年 8 月，当美国发出召开华盛顿会议的邀请书后，日本预知中国必把山东问题提交会议讨论解决，故急谋与中国直接交涉。9 月 7 日，日本公使向中国外交部提出第三次交涉要求，拿出“山东善后处置大纲”为日本最后让步之案。10 月 5 日，北京政府复照逐条驳回。10 月 9 日，日本又第四次提出要求，11 月 3 日再被拒绝。

华盛顿会议召开后，中国政府已脱离北京政府内亲日的安福系的把持，与会代表都是亲美派。日本见此情形，便严密布防。一方面要求美国限定会议的范围，不能涉及特定国家间的问题和已成之事实，另一方面仍不断向中国提出直接交涉要求，以便即使在华盛顿会议上也使山东问题变为中日间的直接交涉。当中国代表在大会上提出此提案时，日本即发表声明，表示此为特定国间的问题，日本不愿在大会上讨论。

美国政府出于自身的考虑，怕山东问题的讨论引起会议破裂，英国亦不愿得罪于前盟国日本，都不愿把山东问题提交大会解决。最后，英、美代表向中日双方建议，中日两国在会外直接交涉，英、美代表将列席旁听，居间商榷。美国一方面告诉日本：若日本保证谈判结果“使人满意”，美国才向中国提议直接交涉。同时向中国方面施加压力。12 月 20 日国务卿休斯训令驻华公使告诉中国政府，说日本所提条件是可能获得的最好条件。12 月 25 日，美总统哈定向施肇基指明，若中国不趁此机会解决山东问题，就会有丧失它的可能。这时，国内亲日的梁士诒组阁，他训令中国代表可同意与日本在会外谈判。这样，就有了一场在华盛顿会议之外关于山东问题的中日谈判。

中日会外交涉于 12 月 10 日～1 月 31 日进行。其主要议题是日本归还胶州租借地和退还胶济铁路。双方共会谈36次，日本同意将山东交还中国，但中国政府必须接受一定的条件。因此，交涉的实际内容就是，中国政府要在什么条件之下，收回山东主权。谈判的目的和范围即在于决定中日双方能否就一定的条件达成协议。在谈判中，中国方面的三位代表都一直参加，足以表现中国对此问题的重视。日本方面第一次三个代表都参加（加藤是首席代表），第二次由德川代，嗣后是埴原和出渊两位代表。第一次谈判时，美国务卿休斯、英外相贝尔福均列席。以后美国由马克漠和培尔代表，英国则由驻华公使朱尔典（后由A.Gwatkin代理）、莱朴生列席。在谈判中，日本代表企图强迫中国接受它的无理要求，中国代表则据理进行了抗争，谈判甚至濒临破裂。但在美英代表斡旋下，双方终于达成了协议，于1922年2月4日签订了《解决山东悬案条约》及附约，并由华会主席向大会报告，将该约载入正式的记事录中。

《解决山东悬案条约》共有11节28条，还有一个附约和一个"关于缔结解决山东悬案条约中日代表会议记录中之协定条件"。条约规定：日本将胶州德国旧租借地在条约实施六个月内交还中国，条件是：(1)部分公产应留作日本领事馆之用；(2)青岛海关应考虑使用日本人，并可用日文与青岛海关接洽；(3)青岛济南铁路中国以53406141金马克（或3200万银元）购回，以铁路为抵押，期限15年。赎回前，必须选任日本人为车务长和会计长；(4)淄川、坊子、金岭镇各矿山由中日合办；(5)海滩盐场由中国公平购回。为了获得英美等国对这个解决方案的支持，条约特别给予它们两项权益：(1)胶济铁路的支线济顺（济南—顺德）高徐（高密—徐州）铁路线的借款优先权让予美国领导的四国银行团；(2)胶州全部开放为通商口岸，胶州地方政府颁布法令，须先商得外国公使团之同意。这一条约终于使山东问题得到了明确的解决，同时也为其他强国趁此机会染指山东提供方便。

华盛顿会议后，中日两国于1922年3月建立联合委员会，共同协商具体督办鲁案善后事宜。委员会于6月29日改在北京开会，双方经过争论，最后于12月1日达成协议，签订了《解决山东悬案细目协定》，12月5日又订立《山东铁路悬案细目协定》及其他附件和换文。在这些文件中，日本超出华盛顿会议所订条约内容，又获得了一些好处，如土地所有、官产偿价、矿山偿价、铁路偿价，等等。12月10日，北京政府委派王正廷、熊炳奇向日本青岛民政长接收胶州租借地民政权，熊任胶济商埠督办。1923年1月1日，北京政府代表劳之常到青岛接收胶济铁路及其支线并一切附属财产，胶州租借地日军撤走。至此，山东问题才告基本解决。但由于日方仍保有相当权益，它在山东的势力并未彻底铲除，这为它日后对华侵略活动提供了借口和方便。

在1919年"五四运动"所开始的爱国主义运动影响下，北京政府通过华盛顿会议形成了处理中国问题的原则，提出了部分收回国权的要求并使列强不得不给予关注，特别是收回了山东主权。这次会议使中国的"弱国无外交"的局面有所扭转，日本试图一国独霸中国的局面受到抑制，中国面临的恶劣外交环境稍有改善。然而，在强权政治盛行的年代，落后软弱的中国仍只是帝国主义对外扩张与争夺中的一个筹码。在巴黎和会上中国成为列强利益交换的牺牲品，而在华盛顿会议上，美国利用支持中国的一些主张以抵制日本在中国的扩张，所以中国外交还只是列强在全球力量调整部署中的一种附属品。尽管当时中国封建军阀政府为个人私利仍在出卖国家利益，但民族主义已经在中国滋生并得到迅速的发展，促使中国外交开始为收回失去的国家主权进行努力。

思考题：

1. 为什么中国政府在巴黎和会上无法收回山东主权？
2. 分析"五四运动"对中国外交的重大意义。
3. 分析美国召开华盛顿会议的背景。
4. 分析中国在华盛顿会议上的得与失。

参考书目：

吴东之：《中国外交史（中华民国时期）》，河南人民出版社1990年版，第一、二章。

石源华：《中华民国外交史》，上海人民出版社1994年版。

近代史研究所：《日本侵华七十年史》，中国社会科学出版社1992年版。

项立岭：《中美关系史上的一次曲折——从巴黎和会到华盛顿会议》，复旦大学出版社1993年版。

王芸生：《六十年来中国与日本》，第7卷，三联书店1981年版。

中国第二历史档案馆编：《中华民国史档案资料汇编》，第三辑（外交卷），江苏古籍出版社1991年版。

程道德：《中华民国外交史资料选编》（1919～1931），北京大学出版社1985年版。

王铁崖：《中外旧约章汇编》，三联书店1962年版（1982年再版）。

第十三章

南北政府的对外政策

在北京政府后期，辛亥革命的元勋孙中山在广州成立了新的国民政府，中国形成南北两个政府对峙的局面。北洋军阀控制的北京政府在外交上代表中国。军阀政府需要依靠帝国主义的支持，才能巩固自己的统治。虽然曾进行过一些收回国权的外交活动，但整体上对外国列强卑躬屈膝，软弱无能，出卖国家利益。广州国民政府进行的是坚决的反对帝国主义侵略和封建军阀卖国的外交活动。

第一节 《中俄解决悬案大纲协定》的签署

1. 苏俄对华宣言与中苏建交谈判

1917年俄国爆发了“十月革命”，使沙皇俄国变成了世界上第一个社会主义国家。这一变化给中国的外交形势带来了巨大的影响。

1917年俄国发生“二月革命”，成立了资产阶级临时政府，北京政府立即给予承认。不久以后的“十月革命”推翻了资产阶级临时政府，建立苏维埃政权，北京政府却尾随帝国主义列强，拒不承认苏俄政府。苏维埃政府刚成立的头几个月，就派人与中国当时驻帝俄的公使刘镜人谈判，要求以废除帝俄在华一切特权，取消不平等条约，在新的基础上建立相互关系。但由于帝国主义列强的压力，谈判于1918年3月中断，中国驻俄公使刘镜人等外交人员撤离圣彼得堡。同时，北京政府仍承认旧帝俄政府驻华使馆的外交地位。

苏俄政府为了打破外交上之孤立状况，寻找反对帝国主义的朋友，选择中国作为突破口。苏维埃政府成立不久即在“和平法令”中宣布，“凡帝俄临时政府和外国订立的一切秘密条约与压迫别国的不平等条约，一律无保留地废除”。苏俄外交人民委员齐契林还给中国一个通知，宣布废弃不平等条约和特权。根据这些原则，1919年7月25日，苏俄副人民外交委员加拉罕署名发表了一个题为《俄罗斯苏维埃联邦社会主义共和国对中国人民和中国南北政府的宣言》的对华宣言。宣言表明了苏联政府对华政策的基本原则，主要内容是：（1）“劳农政府，曾经向中国提议磋商废止1896年的中俄密约，1901年北京和约，以及1906年、1907年和日本所订的协约。把从前俄罗斯帝国政府时代所取于中国的，以及取于中国又转让与日本及协约国的，一概送还中国。”（2）废除帝俄在华的领事裁判权，明确声明：“除中国国民之权力与法庭外，中国境内不容有其他之权力与法庭存在。”（3）放弃庚子赔款的俄国部分，不受任何报酬。（4）把中东铁路矿产、林业等权力，全部归还中国，不受任何报酬。（5）放弃帝俄“在中国满洲及别处，用侵略手段而取得的土地”（即租借地和租界）。这就是历史上所称的第一次对华宣言。这一宣言体现了一种国际关系的新型原则，即和平、平等和友好合作原则。中国社会对苏俄的态度普遍表示欢迎。但北洋军阀政府仍不敢与苏联建立关系。声称："弱国无外交，无雄厚魄力，要依列强为转移。此次若单独行动，事实上有许多障碍，惟恐不利，故暂不能有所表示。"不过，北京政府趁机采取了一些外交措施来收回主权，也逐步接近苏俄政府。1919 年 11 月，中国宣布撤销外蒙自治，废除 1915 年的《中俄蒙协定》。1920 年 1 月，宣布撤销呼伦贝尔自治。1920 年 8 月，中国完全停付对俄的庚子赔款。9 月，电报局不代递俄之密件。帝俄旧公使提出抗议，外交部驳回，并令他自行辞职。9 月 23 日，中国便明令停止俄国公使待遇。之后，俄国在天津、汉口的俄租界被接收，俄罗斯在华各地领事馆被封闭，领事裁判权亦中止。对此，外交使团提出照会进行干涉，担心这会影响其他列强的特权，外交部予以驳复。但为了安抚外交使团，外交部下令保护各地的俄侨，并表示代管俄使领馆。此外，中国东北地方政府亦将中东路的护路权和行政管理权收回。

1920 年 9 月 27 日，苏维埃政府再次发出了由加拉罕签署的致北京政府外交部的照会，即所谓第二次对华宣言。宣言内容与第一次基本一样，只增加了一些对两国相互交往的意见。值得注意的是宣言对中东路的处理比上一次有了变化，指出中俄两国"对于经营中东铁路办法中，关于苏联对该路之需用，允订专约。当订此约时，除中俄外，远东共和国亦得加入"。10 月 2 日，加拉罕又正式给中国政府一个照会，其大意与两次宣言差不多，而其中第八条关于中东路问题则明确提出："关于苏俄政府利用中东路一事，中俄两国应另订专约。"从而表明了对中东路享有权利的主张。

苏联的两次对华宣言，对长期形成的列强侵略中国的外交模式，是一个极大的冲击。中国人感到第一次能够与一个大国平等地相处，第一次有一个国家向中国表示真诚的友好，并尊重中国的独立。因此，不但中国人民对苏联的友好政策表示热烈欢迎，就连北京政府，虽然表面不敢先于列强而与苏俄建立政治关系，却也在寻求机会与苏联交往。

北京政府与苏俄政府的交往十分谨慎。1920 年 5 月 27 日，中国新疆地方当局与苏俄地方当局土尔其斯坦政府委员订立“伊犁中俄临时通商条约”，之后形成一通商条约，并在中国西部边界设关收税。1920 年 5 月，北京政府派出由陆军中将张斯麟率领的一个军事外交代表团到莫斯科访问。苏联政府通过远东共和国，派遣优林作为全权代表率一商务代表团于同年 8 月 26 日到北京。优林重申苏俄愿取消帝俄政府压迫中国的不平等条约，要求与中国缔结平等的通商条约，并宣布旧帝俄公使领事已不能代表苏联。因北京政府此前已收到美国政府致意大利政府的照会副本，内称承认苏维埃政府没有任何益处。法国公使亦对北京与苏俄接触提出了异议。于是，北京政府便于 9 月 16 日声明：中国仅系追随协约国先例，与之讨论商务问题。在列强的压力下，北京政府并未认真与优林交涉。优林只得转向民间活动，1921 年夏无果而返。之后，1921 年 12 月 12 日苏俄又派裴克斯率一代表团到达北京。这时正值华盛顿会议期间，故裴克斯的活动仍仅限于民间，未能与政府正式交涉。

优林和裴克斯来华交涉失败后，苏俄驻英国代表克拉辛向中国驻英公使顾维钧商请恢复中俄邦交，并称愿以苏联与英、德、意、瑞等国所订的商约为标准，与中国订立新约。顾维钧将此意转达给外交部，外交部认为这时可与苏俄交涉，并致电莫斯科，声明苏俄须以两次宣言和照会作为双方接洽的条件。1922 年 8 月 12 日，苏联政府派遣著名外交家越飞抵达北京。由于当时苏维埃国家在热那亚会议上挫败了帝国主义阴谋，使西方各国事实上承认了苏维埃政府，苏联的地位在中国人民心中得到了提高。越飞到北京时受到 21 个民众团体的欢迎，但北京政府对越飞的态度却较冷淡。8 月 27 日，越飞向外交部提议：在长春举行日俄会谈之前，先进行中俄会谈，解决外蒙俄军撤退和中俄通商等问题，并请中国派人参与日俄会谈。外交部拒绝了这一提议，并声明将来的日俄会谈，未经中国同意不得议及中国事项。9 月 12 日，外交部正式照会苏方，允许中苏开议。然而，在会谈之前，顾维钧却提出了两项先决条件：一是坚持要求苏军从外蒙先撤走；二是以苏联对华宣言作谈判基础，言下之意即中东路应交还中国。越飞则于 11 月 6 日照会外交部，声明苏联代表并没有履行两次对华宣言的义务。12 月 8 日，他又向外交部说明，苏联的宣言中提到放弃中东路权利，并非是无条件的。这样，双方出发点不一致，谈判迟迟不能举行。因为在北京无法进行谈判，越飞便南下到上海与孙中山会晤。1923 年 1 月 26 日，发表了著名的《孙文越飞宣言》。宣言指明中国的当务之急乃在民国统一之成功与国家完全独立之获得，中国在这些方面可得到苏联之同情与帮助，并重申苏维埃对华的两次宣言的原则应作为中苏谈判的基础。孙文与越飞的会谈为以后孙中山制定三大政策奠定了基础。越飞还曾赴日本筹商日俄会谈，后因病重，1923 年 2 月返国。

1923 年 3 月 18 日，北京政府专门成立中俄交涉督办公署，由王正廷任督办，准备与苏俄交涉。1923 年 7 月，两次对华宣言的署名者加拉罕到北京，中国朝野对他的来华表示欢迎。中苏间的谈判自此正式开始。9 月 4 日，加拉罕在北京对报界发表声明，重申了前两个声明的原则，这就是所谓第三次对华宣言，又称"加拉罕对华宣言"。然而谈判几经波折，长期拖延，双方直到 1924 年 3 月 14 日才拟定协议草案，并由王正廷草签。但外交总长顾维钧对文件提出了异议，认为：协定中未撤销俄（苏）蒙协约；也未规定撤退外蒙苏军；东正教会在华地产移交苏俄的要求无法律依据。他训令王正廷再与加拉罕谈判修正上述各议案。加拉罕对此十分愤慨。3 月 16 日，他给王正廷一个紧急照会，要求中国政府在三日之内须承认所订的各协定，否则中国应负交涉破裂的责任。北京政府则明令撤销中俄交涉督办公署，所有对苏交涉事宜，责成外交部办理。

北京政府的这一举动，引起了民间进步团体和个人的不满，纷纷致电政府，要求速订中苏协定，甚至一些地方督军如吴佩孚等亦通电要求速订中苏条约。当时，加拉罕感到难以与北京政府谈判，便转而派人向奉天的东北政府和广州政府交涉。

2. 签订《中俄解决悬案大纲协定》

北京政府得知加拉罕与东北和广州政府交涉，感到一种压力，而加拉罕与中国地方当局的谈判也不顺利，因此，双方都希望重开谈判。1924年5月，加拉罕与顾维钧重新进行密商。二十天中，会谈达二十次之多，苏方作了让步，双方意见基本一致。5月30日下午，北京政府正式通过了中苏间的协议。5月31日，谈判双方在外交部举行了签字典礼。同日，中苏恢复邦交。

双方签订的文件有：《中俄解决悬案大纲协定》十五条，《暂行管理中东铁路协定》十一条，七个声明书和一个换文。由于加拉罕知道东北军的奉系军阀张作霖与北京的直系政府不合，怕他与北京政府订立的协定在东北不能执行，便派人与张作霖谈判，于9月20日签订《中华民国东三省自治政府与苏维埃社会联邦政府之协定》。北京的直系军阀政府曾否认此协定的合法性，但不久张作霖控制北京政府，这一协定也成了对苏关系的正式文件。《中俄解决悬案大纲协定》的主要内容有：

（1）协定签字后，即恢复中苏两国的使领馆关系；

（2）在签字后一个月内，两国商讨一切悬案之详细办法，予以施行；

（3）宣布废除帝俄与中国、帝俄与其他国家所签订的涉及中国的条约和协定；

（4）苏联承认外蒙古为中华民国的一部分，并声明苏联将从外蒙撤军；

（5）两国将通过谈判重新划定疆界；

（6）苏联取消帝俄在中国取得的领事裁判权和租界等特权，放弃庚子赔款的俄国部分；

（7）两国采取平等关税；

（8）提出了解决中东路问题的一些原则：中东路纯为商业性质、中国官方有权管理地方主权各项事务和中国资本可赎回中东路等。

6月13日，加拉罕照会外交部，声明苏联将一反列强不把中国视为享受完全权利国的习惯，以平等公正的原则与中国建立外交关系，将向中国派驻大使一级的外交代表。而当时各国在中国皆维持公使级的关系。中国政府立即复照表示欢迎。这样，中苏两国建立了中国外交史上的第一个大使级外交关系。

中俄协定的签署和中苏建交，给帝国主义压迫中国人民的不平等条约体系以沉重的打击，使中国人民从中看到了一种新型的平等国际关系模式，并以此作为反对列强在华特权斗争的有力武器，推进了中国废除不平等条约运动的发展。

依照中俄大纲第二条规定，两国应于协定签字后一个月内举行会议以解决一切悬案，并不得超过六个月完成工作。中苏会谈迟至1925年8月26日开始，中国由王正廷为代表。但8月27日加拉罕返国，会谈无果而终，苏联恢复帝俄在中东路的权益。外蒙问题也未解决。

第二节　列强侵犯中国主权与北京政府的修约外交

1. 列强侵犯中国主权案的交涉

(1) 关于金法郎案的交涉

在华盛顿会议上，列强曾通过协定，规定条约批准后三个月后在中国召开关税会议和法权会议。《九国公约》第九条规定："本条约经各缔约国依各该国宪法上之手续批准后，从速将文件交存华盛顿，并自交到华盛顿之日起，发生效力。"可是华盛顿会议结束后，列强为保持自己在华的利益，便挑起事端，设置障碍，拒不批准华会条约，致使两个会议长期拖延不能召开。这种情况，在金法郎案中突出地表现出来。

《辛丑条约》规定的庚子赔款4.5亿海关两中，法国占15%强。1905年中国清政府与各国换文，规定赔款按各国的货币兑换付给，法国是以法郎支付。然而，第一次世界大战后，法郎急剧贬值，如果按照原来汇率兑换，一银两就可兑换 14 法郎，法国政府感到吃亏。1922 年 7 月，法国公使照会外交部，要求中国应按金法郎兑换以交付庚子赔款（按比值一银两只能兑 4 金法郎），还以拒绝批准中法银行复业协定相威胁，并鼓动比利时、意大利和西班牙也要求按照金法郎比价支付赔款。11 月 28 日，外交部长王正廷据理驳斥四国公使。次年初，中国内阁更换，新任外长黄郛于 2 月 10 日表示同意法方要求，致使全国舆论哗然，国会明确反对。法国看到软的不行，就来硬的。它知道中国急于召开关税会议以增加海关收入，而这一会议的召开须以各国都一致通过华盛顿会议的条约为条件。于是它便拒不批准华盛顿条约，并邀约辛丑条约的主要签字国，联合照会外交部，要求对各国的庚子赔款一律用金价兑付。更有甚者，它商请各国，在中国的赔款按金价计算交付之前，凡法、比、意、西四国的赔款，从 1922 年 12 月 1 日起，由海关税税务司按金法郎硬金价值，在中国的关余和盐余项下，尽数扣除，不准中国政府提用。这里可见，海关掌握在外国人手中，对中国危害巨大。1924 年 11 月北京发生政变，曹锟被赶下台，段祺瑞上任执政。段祺瑞因财政困难，垂涎于四国所扣留的关余、盐余（一千五六百万两），因而急谋承认金法郎案。1925 年 4 月，外交部长沈瑞麟与法国公使通过交换照会的方式，就金法郎案达成协定。为了掩人耳目，协定中把赔款改按美元计算。这实际是换汤不换药，因当时法郎贬值，而美元的价值仍保持不变。这样，从 1922 年后单付给法国的赔款总数，中国就多付海关银 6200 多万两。若再加比、西、意三国皆以金法郎计，损失就更大了。

(2) 关于五卅惨案的屈辱交涉

1925 年 5 月 15 日，上海日本工厂厂主枪杀了工人顾正红，打伤十余人。5 月 28 日，青岛日军又屠杀中国工人。5 月 30 日，上海学生 2000 余人在上海公共租界散发传单和发表演讲，支援工人斗争，进行反帝宣传，被租界巡捕房拘捕多人。同日，列强决定在会审公堂开审被捕学生，激起上海人民的公愤，一万多群众在南京路举行反帝示威。英国巡捕头子爱伏生竟下令对手无寸铁的群众开枪射击，死者13人，伤者数十人，逮捕几十人。这就是震惊中外的“五卅惨案”。

惨案发生后，全国立即掀起了一场轰轰烈烈的反帝爱国运动，举行总罢工、总罢课和总罢市，要求政府与列强交涉，惩办凶手、赔偿道歉、撤换工部局，保证华人在租界的言论、集会自由、罢工自由、收回会审公廨。

面对帝国主义者在中国境内四处杀人捕人的严重局势，段祺瑞政府不敢问罪于列强。内阁曾召开特别会议，决定不对杀人凶犯的英日两国提抗议，而是让外交部长沈瑞麟向毫不相干的公使团代表意大利公使提交一份抗议照会，指责枪杀学生是“蔑视人道”，“实为公理所不容”，要求“立即停止枪击，以免再肇惨祸”。但公使团在英国操纵下态度极为蛮横，复照中宣称：“此事件之责任不在租界之官员而不得不谓在示威运动者矣。”之后，北京政府再提两次抗议照会，其语气软弱无力。公使团则在两次复照中反要求中国政府应“从速平息‘动乱’，而就具体事宜以就地讨论为宜”。由于事态不断恶化，公使团决定由英美法日意比六国组成“六国调查沪案委员会”至沪调查。北京政府亦派税务帮办蔡廷锴、外交部次长曾宗鉴等赴沪交涉。6月16日，双方交涉委员会在上海交涉署召开会议，中方要求撤销非常戒备，释放被捕华人，恢复被封及占据学校原状，惩凶、赔偿和道歉，收回上海会审公廨，优待罢工工人。华人在租界有言论、集会、出版自由。列强委员拒绝中方的要求，致使交涉无法进行。这时，军阀战争奉系获胜，奉系军阀势力进入上海，通告禁止反帝活动，五卅运动于8月初基本结束。10月，中方与三国司法委员和公使团重新开始善后交涉。公使团认为事出意外，英国巡捕开枪是正当的。12月23日，上海公共租界工部局致书中方，决定核准总巡麦高云、捕头爱伏生免职，并对死难者表示“惋惜”，附送一张7.5万元的支票作为抚恤。北京外交总长声明不能承认，退回该款，但却无进一步措施，此案成为悬案。

"五卅惨案"的善后交涉虽然收效甚微，但这场运动对于现代中国外交的影响却很大。中国人民所表现出来的反帝斗争精神及对于取消不平等条约的高度关注，震撼了西方列强在中国建立的半殖民地体系。

2. 关税会议的召开

法国在金法郎案中如愿以偿，于1925年7月7日批准了华盛顿会议的条约。这样，与会国全部批准了关于中国的诸条约。8月5日，各国在华盛顿举行批准书的交换手续仪式，条约即日发生效力，从而使中国具备了召开关税会议的条件。此外，五卅运动爆发后，各帝国主义国家很害怕，想借关税会议的召开来转移中国人民的视线，平息日益高涨的排英反日运动。而北京政府为了以增加税收来巩固自己的统治，也愿尽快召开关税会议。

1925年8月18日至9月23日，北京政府外交部先后照会列强驻华外交代表，声明关税特别会议将在北京举行，各国皆复照同意。10月26日，关税会议如期在北京居仁堂开幕。中国出席会议的代表有沈瑞麟、颜惠庆、王正廷、施肇基、黄郛、蔡廷锴、陈鸿涛等人。

沈瑞麟被公推为会议主席，并向会议致词。中国代表王正廷则在"关于关税自主的提案"中，回顾了巴黎和会、华盛顿会议对中国争取关税自主问题的简单讨论过程，提出了中国实行关税自主的办法：(1) 要求各国正式声明尊重中国的关税自主，并承认解除现行条约中对关税的一切束缚；(2) 中国保证裁废厘金与国定关税定率条例同时实行，至迟不超过1929年1月1日；(3) 在完全实现关税自主前的过渡办法除照现行关税值百抽五外，普通品加征值百抽五的临时附加税，甲种奢侈品（专指烟酒）加征值百抽三十，乙种奢侈品（在后来提案中说明除烟酒外的一般奢侈品为丝棉毛等制品、各种装饰品、电器等）加征值百抽二十。这一提案比华盛顿会议更进一步。华会条约中规定只可增征2.5%的附加税。中国代表说明现在情形与华会之时已不同，且各国代表在中国已看到民众的激烈情绪，想以此劝列强同意。同时，中国代表还提出了“关税定率条例”和“烟酒进口税条例”两个附文。

然而，列强代表在开幕式上致答词时，就表现出各国并没有诚心让中国实行关税自主。英国代表声称：这次会议只限于华盛顿会议范围内，尤其注重中国裁撤厘金的办法，至于关税自主，虽愿予以讨论，不妨让诸异日解决。也就是说，英国只同意华盛顿会议上确定2.5%的附加税，而不同意中国的加税要求，至于关税自主则不愿讨论。日本代表更明白表示：中国实现关税自主，须遵日本的样板，按一定的程序，先设一差等税率，维持相当长一段时间后，待内政改良完毕，去掉与他国自由通商的一切限制，方可最后确立关税自主。

10月27日，会务委员会讨论议事日程后，决定成立三个分委员会：第一委员会专处理关税自主问题，第二委员会处理关税自主以前过渡时期内的应用办法，第三委员会处理其他有关事件。同时确定了会议以下议题：甲，关税自主：(1) 制定国家税则；(2) 裁厘；乙，筹备期间暂行办法：(1) 征收临时附加税；(2) 征收奢侈品附加税；(3) 订定陆路边界划一征税之办法；(4) 估定货价；丙，相关事件：(1) 订定证明洋货出产地之办法；(2) 关款存放办法。

10月30日，在第一委员会上，中国代表提交了关税自主案，并声明中国并非蔑视华盛顿会议条约，而是因形势已变，中国人民对该约内容已不容许。可是日本代表仍起而重申它的观点，英国代表则表示要郑重考虑。此外，美国代表虽表示同意在华盛顿会议之外给中国更进一步之帮助，但要知道中国撤废厘金的办法。法国也表示关税自主应与撤废厘金同时进行。荷、葡、丹、挪诸国愿助中国，意大利则表示中国的关税自主可先于废厘金。可见，列强之间态度有差别，日英两国态度最顽固。

11月6日，在第二委员会上，中国代表说明提交附加税系因华府会议新定的普通品2.5%、奢侈品5%的附加税远不能弥补撤厘金之亏额（约七千万元），并提出“增高附税理由书”。日本首先表示反对，理由是列强在华盛顿会议上仅同意增加二五附加税，另行协定则会延搁增附加税。意大利代表则表示同情中国。

会议开幕之日，北京学生举行关税自主示威游行，在居仁堂前与军警发生冲突。各国代表感到中国民众的压力。11月19日，第一和第二委员会联合会议，把分委员会的关税自主案作为决议案通过，声明承认中国享受关税自主权，允许解除各项条约的束缚，允许中国国定关税定率，但中国必须裁撤厘金与国定关税率同时施行，并于1929年1月1日起发生效力。从表面上看，列强似乎已同意中国关税自主，然而却附加一个前提条件，即中国要废除厘金。而在当时中国正处于军阀割据的局面，北京政府无力控制全国，根本不可能废止厘金。这样，关税自主的承诺就仅只是一个泡影。此后，会议对增加附加税问题进行讨论，由于直接涉及列强在华利益，各国代表中有赞成的，有反对的，争论不休。会议久拖不决，到1926年3月18日后会议停止召开。此时，国民军与奉军战于京郊，段祺瑞逃亡，与之有关系的代表皆逃走。5月30日颜惠庆组阁，既不召回已逃走之代表，又不任新代表。7月3日，列强代表发表停止会议的宣言。当时，吴佩孚当政的北京政府急欲获得关税款，以抵御北伐军，便令颜惠庆政府，重开关税会议。于是，摄政政府才急忙再次任命中方与会代表，促各国代表继续开会。可是，各国以与会代表已回国等原因为借口，拒绝召开会议。

关税会议前后实际开会近一百天，除通过一关税自主案外，没有任何结果。就连华盛顿会议所规定的二五附加税也成戏言，会议毫无结果，不了了之。

3. 法权调查的进行

中国要求撤废领事裁判权，始于1903年的《中英条约》。此条约第十二条规定，中国深愿整理本国律例，期与各西国律例改同一律。英国允愿尽力协助。俟中国律例情形及其审断办法及一切相关事宜皆臻完善，英国即允弃其治外法权。中美、中日、中瑞条约皆有此规定。巴黎和会上中国曾提出此要求，华盛顿会议上亦再提出。按华盛顿会议协定规定，会议闭幕后三个月有关国家即派代表来华进行法权调查。然而中国政府以准备未周，请求延到1923年11月1日来华调查。此后又由于金法郎案而受拖延。五卅运动中，北京政府于1925年6月24日向公使团提出了“要求修改不平等条约的照会”，说明因特殊时势而形成的外国特权，现环境已大变，而特权仍在，中国虽曾多次提出修改而未成，中国迫望消除特权，以敦邦交。9月4日，英、美、法等八国公使联合复照北京政府，说明对中国的要求，列强愿加以考虑，允派代表到中国进行法权调查，以便为各国政府对领事裁判权的处理做出决定。北京政府于10月20日派王宠惠为调查法权委员会全权代表，先行筹备。12月各国委员先后来华。

1926年1月12日，法权调查委员会正式在北京的居仁堂开幕。与会国有美、英、法、日、比、意、荷、葡、丹、西、挪、瑞及中国，共十三国委员。开会时，司法总长马君武致祝词，声明中国政府以废除领事裁判权为确定政策，二十年来中国的司法改良未稍懈。日本委员日置益致答词，虚伪地表示“领事裁判权发生之原因消灭时，领事裁判权当然即行废止”。会议期间，中国代表曾将译成英法两种文字的我国法律及有关其他司法条文，共二十三种，分送各委员研究。

会后，各国委员即到汉口、上海、杭州、青岛、哈尔滨、天津等地去调查。广东政府主张应立即废止治外法权，无调查的必要，拒绝接待委员团。6月22日，调查完毕，各国委员重回居仁堂开会。7月1日开始起草报告书。9月16日，各国委员开最后一次会议，对报告书作最后修正。报告书分四部分：（1）关于中国法典之报告；（2）调查各省司法之报告；（3）中华民国司法制度之现状；（4）各国对于司法制度的劝告。最重要的是第四部分。它对中国今后司法制度的改良指手画脚地提出各种建议，声称只有“此项建议实行至相当程度时，各国自可放弃所享有的治外法权”。

这样，中国废除治外法权的要求被否定了。列强可随时以不符合它们的要求，而拒绝讨论放弃治外法权问题，从而掌握了废除中国领事裁判权的主动权。对于这一极不合理的报告书，中国代表王宠惠居然在上面签字，更显出军阀政府的昏庸。

法权调查期间，北京政府于1926年1月就五卅惨案问题与撤销上海会审公廨问题与列强公使团进行交涉。公使团拒绝了中方提出的会审公廨应完全实用中国现行法律的条件，谈判一开始就陷于僵局。5月，谈判转由孙传芳控制的地方淞沪督办公署与各国驻上海领事团继续交涉。8月31日，双方签署《收回上海会审公廨暂行章程》，规定由临时法院代替会审公廨，法院院长、推事由江苏省政府任命。涉及外人案，由领事会审；涉及租界华人案，由领事观审。领事不得干涉法官判决。1927年1月1日正式举行交还仪式，存在60年之久的会审公廨制度正式结束，但保留了“会审”制并扩展至一切刑事案件。

4. 进一步“修约”的外交努力

(1) 宣告中日“二十一条”无效

鉴于1915年日本强迫北京政府接受“二十一条”而签订“民四条约”，严重破坏了中国的独立与主权，故此以后北京历届政府都拒不承认它的法律效力。在巴黎和会和华盛顿会议上，中国代表提出取消此条约的要求，但未能实现。在华盛顿会议上，日本政府曾迫于列强的压力，发表了关于“二十一条”的声明，表示可放弃“二十一条”的部分权益，保留南满、东蒙的各项权利，特别是关于延长旅顺和大连租借期限及南满铁路交还期限的权益。清朝末年中俄签订的协定规定旅大的租借期限将于1923年3月27日到期。这样，中国政府就面临一个问题：中国若不在1923年3月27日以前要求将旅大归还，则就事实上承认“二十一条”；而中国若不宣告“民四条约”无效，则不能要求交还旅大。

1922年底，国会议员刘彦、张树森在众议院提出“二十一条”无效议案：据“中华民国临时约法，总统缔约，须经国会同意与承诺”。“民四条约”是国会被解散期间日本强迫签订的，并未完成中国之法律程序，故无效。众议院于1922年11月、参议院于1923年1月分别一致通过此议案，并立即咨请政府查照办理。3月10日，外交部长黄郛照会日本公使，并训令驻日代办亦提出相同照会，“重新声明，所有民国四年五月二十五日缔结之中日条约及换文，除已解决，即经贵国政府声明放弃各项外，应即全部放弃。并希指定日期，以便协商旅大接收办法，以及条约及换文废除之后之各项问题”。

中国国会议决废约期间，日本舆论界即诬称中国国会不知国际礼仪，为无法暴乱之徒。中国政府提出照会后，日方则指责中国是得陇望蜀，主张断然拒绝。日本外务省则在致中国政府的复照中认为，“民四条约”是两国政府之全权代表正式签字，两国元首批准的，故中国政府之行为，“不但非所以谋中日两国亲善之道，且实违反国际通议。此日本政府断难承认”。“至于中国要求接收旅大，实无酬对之必要。”同时，日本政府还照会驻日本各国公使，说明自山东归还，日本放弃一些权利后，该条约性质已变化，无妨碍各国在华之处。而在给英国的照会中，还进一步指出中日条约已无损害英国的利益之处，若全部废除，则旅大将为中国收回，英国之九龙亦将为继。日本用此手段诱使列强不支持中国的主张。由于日本的顽固态度，废除“二十一条”之事无法交涉，使之成为中日关系中的一个悬案。

(2) 修约交涉

北京政府为了应付全国人民废除不平等条约的要求，并对抗南方革命政府的影响，于1926年发起“修约外交”。北京政府选择修约的第一个对象是一小国比利时。1926年4月16日，北京政府照会比利时公使，要求修改1865年中比商约。比利时政府拒绝修改。它指出按条约46条规定只有比利时政府有权提出修改，中国政府无此权利。双方交涉至11月6日，北京政府发表声明，宣布废除中比商约，本着平等互惠的原则另定新约。比利时却向海牙国际常设法庭提出控诉。1927 年 1 月 8 日，法庭宣布：在本案未作判决前，中比条约，特别是领事裁判权，内地传教、财产和航运等特权的保护，仍然有效，公然否认了北京政府的正式声明。这样，北京政府只好又与比利时政府重开谈判，但直至北京政府垮台，均未取得实质性进展。

北京政府还于 1926 年 10 月照会日本公使，要求修改 1896 年中日商约。日本非但不拒绝，反而表示“同情”，并表示谈判不应仅限于修改商约问题。1927 年 1 月双方开始谈判。结果日本提出东北修筑铁路，购买土地，增设领事馆的要求，且愿给北京政府贷款，而把修改商约问题搁置一边，中日商约遂成悬案。

同年 8 月 7 日，中法《越南边界通商章程》期满，外交部于 2 月 4 日向法方声明期满失效，重订新约。法使来文称按约只可修改，不能废止。云南全省人民要求“此次续订新约必须相互平等方能维持两国邦交，增进通商利益”。还要求中法谈判修约时，组织代表来京列席陈述意见。然而懦弱的北京政府既没有这样的决心，也没有这样的能力，致使修约谈判也成僵局。

1927 年 5 月 10 日，中西《和好贸易条约》60 年期满。1926 年 11 月 10 日，北京政府照会西班牙政府表示期满不再继续，要求另订平等新约。西班牙虽表示同意，却提出新约未订立前旧约依然有效，要求中国对西班牙应按照对于法国、日本之同样办法等，致使谈判拖延下来。1 月 12 日，北京政府宣布中西条约失效，西方提出抗议，态度有恃无恐，北京政府亦无可奈何，对西的修约交涉又告夭折。

其他修约谈判，如对英收回威海租借地、对法收回广州湾租借地、取消特权等，北京政府无不落空。北京政府对于届期条约的修订，虽然采取了一些异乎寻常的外交措施，也产生了一定的国际影响，但由于它本身日益衰落，已逐步丧失主持外交的地位，因而并未取得实质性进展。

5. 北京政府末期外交

(1) 搜查北京俄使馆事件

北京的军阀政府在它行将灭亡之前，在北京制造了一起严重的反苏事件。当时，奉系军阀张作霖在北京当政，他对苏联十分仇恨，原因有四：(1) 苏联虽然与北京政府有外交关系，却积极援助南方国民政府。(2) 英国认为苏联是五卅反帝运动的幕后策动者，故怂恿北京政府反苏，北京政府亦听从之以取悦于帝国主义。(3) 苏联曾支持冯玉祥和郭松龄起兵进攻奉军，中东路局甚至阻止张作霖运兵，加拉罕大使还数次与冯玉祥会面。(4) 张作霖感到苏联在北京的外交机构成了共产党在北方的大本营，正在谋划推翻北京政府。

1927年4月6日，张作霖在事先征得公使团的同意，突然派军警搜查了在东交民巷的苏使馆区内的远东银行、中东铁路办事处、庚款委员会。抓走了李大钊等三十余人，抄走许多文件。之后，北京政府以所得文件中有苏联使馆收容共产党密谋叛乱为由，向苏联政府提出抗议。而4月7日，苏联代办也向北京政府提出了强烈抗议，并提出四项要求：(1) 中国军警立即从苏驻华使馆武官室等处撤走；(2) 立即释放苏使馆人员及经济调查处职员；(3) 交还被劫文件；(4) 交还各项失物。4月9日，苏联外交部亦提出抗议。4月16日，北京政府正式提出复驳，拒绝了苏联的要求。

事件之后，苏联撤回使馆人员，事实上与北京政府断绝了交往，但北京政府并未撤回驻莫斯科的代办郑延禧，在东三省仍保有苏联的领事，中苏两国的外交关系仍然保留着。

(2) 皇姑屯事件

20世纪20年代初以来，奉系军阀张作霖依靠日本支持，势力逐步发展壮大。华盛顿会议后，日本加紧控制东北，与奉系军阀产生矛盾。1924年10月，张作霖利用北京政变之机，派兵进入关内。他入京后即与英美势力逐渐勾结，产生了欲摆脱日本的倾向。另有两件事情促使张作霖对日态度转变。一是收回旅大租借地问题：因旅大在张作霖的地盘之内，若能收回旅大，对他有利。在收回旅大租借地的谈判中，张作霖一直暗中支持。二是满蒙五铁路协定问题：由于南满铁路完全控制在日本人手中，这对张作霖很不利。张企图打破日本的垄断权。张曾指使任北京政府交通总长的奉系将领常荫槐秘密修建大虎山—通辽铁路，日本人对此非常恼怒。

1927年田中义一上台后，加紧在东北扩张，日本政府正式向张提出修建满蒙五铁路的要求。这五铁路是：敦化—图们江、长春—大赉、吉林—五常、延吉—海林、洮南—索沦。这五条铁路以南满铁路为基干，向东西北三个方向延伸，充分表明了日本欲控制整个南满的野心。日本还要求中国不得自行修建铁路。为了实现这一侵略目的，日本单方面拟定了一个修建满蒙五铁路的协议文本，要求张作霖签字。张作霖深知该协议的结果将使日本完全控制其东北老家，但又不敢拒绝，只得采取拖延的办法对付日本。谈判拖了半年之久，于1928年4月形成一个满蒙五铁路协定草约。日本驻华外交代表逼迫张作霖签字同意。张作霖则设法搪塞，直到他6月3日离开北京逃往东北时，拒绝了日本的要求。

以上事实使得日本当局决心除掉张作霖，以便趁乱控制中国东北地区。1928年6月3日夜，张乘专列离开北京，6月4日清晨，日本即在南满铁路的交汇点皇姑屯，制造了震惊中外的“皇姑屯事件”，炸死了张作霖。日本在中国的领土上用恐怖袭击的手段，杀死了当时中国的重要政治人物，这是一件侵犯中国主权的骇人听闻的事件。随着这一爆炸声，屈辱无能的北京政府外交也以一个悲惨的结局画上了句号。

第三节　广州、武汉国民政府的外交

1.“以俄为师”的外交政策

民国初年，中国民主革命的先驱者孙中山并未把废除不平等条约和收回中国主权作为其政治口号提出来。孙中山在经历了一系列的政治活动及失败后，逐渐吸取了教训，认识到帝国主义列强在中国的争夺，是中国内乱不止的根本原因，帝国主义是反动军阀及北京政府的靠山。而列强在华的利益，正是由各种不平等条约所规定的。就在孙中山思想观念转变的关键时刻，他得到了苏联和中国共产党的帮助。

1918 年夏天，孙中山致电列宁，祝贺十月革命胜利和苏维埃政府成立。10 月 31 日，列宁委任苏联人民外交委员齐契林复信孙中山，表示感谢，并希望中国兄弟与俄国劳动阶级“共同进行斗争”。1921 年 8 月 28 日，孙中山在致齐契林的复信中表示愿与苏俄领导人“获得私人的接触”，并表示“我非常注意你们的事业，特别是你们苏维埃的组织，你们军队和教育组织”。1921 年 12 月，列宁委托共产国际代表马林与孙中山在桂林作了三次长谈。孙中山对苏联新经济政策表示感兴趣，认为在打败北洋军阀后中苏可建联盟，目前可建非正式联系。马林建议他改组国民党，联合社会各阶层，尤其是工农大众；与苏合建军官军校，建立革命武装；与中国共产党实行合作。这次会见对孙中山未来政策的形成产生了决定性影响。

1922 年 1 月 4 日，孙中山发表演说，称“法、美共和国皆旧式的，今日唯俄国为新式，吾人今日当建成一最新式的共和国”。后来更明确指出，“我党今后之革命，非以俄为师，断无成就”。孙中山“以俄为师”的政策主张逐步明朗起来。

1923 年 1 月 22 日，孙中山在他的上海寓所会见了越飞，商讨以俄为师，改组国民党、建军及苏俄援助中国革命等问题。1 月 26 日发表《孙文越飞宣言》。宣言指出，“当前中国最重要最紧急之问题，乃在国家统一之成功与完全国家之独立之获得。中国当得俄国国民最诚挚之同情，且可以俄国援助为依托”。宣言的发表，标志着孙中山“以俄为师”的联俄政策的确立。

1923 年，孙中山在广州重建大元帅府，正式推行联俄反帝的政策。1924 年 1 月，在广州召开的国民党第一次全国代表大会上通过了《中国国民党第一次全国代表大会宣言》，其中制定的对外政策的具体政纲有如下七条内容：（1）一切不平等条约皆当取缔，重订双方平等互尊主权之条约；（2）凡自愿放弃一切特权的国家，及愿废止破坏中国主权之条约者，中国皆将认为最惠国；（3）中国与列强所订有损中国利益的条约须重新审订，务以不损害双方主权为原则；（4）中国所借外债，当在使中国政治上、实业上不受损失之范围内，以保证并偿还之；（5）庚子赔款，当完全划作教育经费；（6）中国境内不负责之政府如北京政府其所借外债，中国人民不负偿还之责任；（7）招集各省职业团体和社会团体，组织会议，筹备偿还外债之方法，以求脱离因困顿于债务而陷于国际的半殖民地之地位。这七条形成了国共两党建立统一战线后的外交政策的重要内容，也是中国近代史上第一次把废除不平等条约作为一个外交政策提出来。

2. 广州国民政府的反帝外交

1923 年 2 月孙中山重建大元帅府，称中华民国政府，1925 年 7 月正式改称国民政府，开始推行反对帝国主义在华利益的新型外交。

(1) 关余问题与商团事件

广州国民政府一建立，便与帝国主义的侵华行径进行了坚决的斗争。列强对以国共两党合作建立的新政府，持反对的态度。1923 年 12 月，广州国民政府要求北京公使团照支一部分关余，列强表示拒绝。由于“关余”是扣除以海关税收做抵押的赔款和外债后的关税剩余部分，对正处于经济困难的新生的广州政府来说是一笔重要的财政来源。于是新政府便将广州海关的收入自行扣下。北京公使团为此提出抗议。广州国民政府驳斥称：“中国海关始终是中国国家机关，本政府所辖境内各海关，自应遵守本政府命令。且关税汇交北京，不啻资助其战费，以肆其侵略政策。……此乃完全中国内政问题，无与列强之事……”对此独立自主的行动，英美等帝国主义企图以武力相威胁，派遣 15 艘军舰到广州的白鹅潭示威。但广州群众纷纷集会支持政府，并宣布抵制英美货，帝国主义的炮舰外交未能得逞。这一事件史称“白鹅潭事件”。

广州国民政府的坚定立场使列强采取行动谋图推翻它。1924年，英国在广州的外交代表煽动汇丰银行的买办陈廉伯，以建立商人政府为诱惑，要求他组织商团武装，推翻广州国民政府。1924年8月，陈廉伯偷运大批枪械到广州，鼓动武装商团进行暴动，向游行的群众开枪，当场打死十余人，受伤无数，并张贴布告要孙中山下野，强迫广州商人罢市。英国军舰也开来助威。当广州国民政府对商团进行镇压时，英国驻广州总领事竟提出照会，威胁说“倘中国当局对城市开炮，所有一切可用之英海军军队应立即行动”。但广州国民政府不惧威胁，坚决镇压了商团叛乱，巩固了广州国民政府的政权。这一事件史称“商团事件”。

(2)“沙基惨案”与单独对英政策

1925年“五卅”惨案发生后，全国掀起了轰轰烈烈的五卅反帝爱国运动，广州各阶层皆投入到这一运动中，还成立了“各界对外协会”组织反英工作。同年6月23日，广州人民举行10万人的反帝示威游行，行至英租界沙基。此地英国人已高筑沙包，守兵架枪，江面上密布军舰，如临大敌，预谋扰乱示威游行。当队伍大部分走过后，英军突然开火，停在白鹅港的英法葡等国的军舰亦开炮。当场打死我军民52人、重伤170多人，轻伤不计其数，造成比五卅惨案更严重的“沙基惨案”。

事件发生后，广州人民群情激愤，广州国民政府及国民党中央党部即令广东省公署向英法省领事提出严重交涉。当日，广东省长胡汉民即照会上述两国政府，谴责列强之举动为“灭绝人道之蛮横举动”，对此提出“最严重之抗议”。英法领事在复照中信口雌黄，反诬是我游行军人先向租界开枪，为了自卫英法才开枪炮，葡萄牙则否认曾开过炮。对英法等国的无理狡辩抵赖，6月25日，广东交涉员傅秉常代表广州政府提出了第二次抗议照会详陈了事件经过，指明是英法首先开枪杀人，这是“灭绝人道，为世界公理所不容”。并提出了五项要求：（1）关系各国应向广东政府谢罪；（2）惩办关系长官；（3）除两艘炮舰外，所有驻粤各关系国兵舰一律撤退；（4）将沙基租界交广东政府接管；（5）赔偿毙伤的华人。同日，外交部长伍朝枢又以大元帅府名义向北京公使团提出抗议照会。此后英法无理取闹，日本领事从中虚伪调解。7月7日，英法对我第二次抗议照会复文，声明不接受所提五项要求。7月13日，广州国民政府再向北京公使团提照会，说明事实真相，重申五项要求。7月14日，傅秉常代表广州政府提出第三次抗议照会，英法领事则企图拖延事件的解决。对此，中方交涉员表示，无尽的公文来往是徒劳无益的，要派代表到英法首都向其政府和人民陈清事实真相。

广州国民政府看到通过外交途径解决不了问题，便决定采取坚决手段，打击帝国主义的在华利益。由于英国是五卅和沙基两惨案的祸首，是帝国主义列强在华势力的主要代表之一，在广州有重要的侵略利益，便于直接打击。因此，国民政府决定把英国作为重点打击对象，提出一项“单独对英政策”，决定集中打击英国在华南的经济利益，外交上则单独对英国进行交涉。这一策略意在打击首恶，分化瓦解帝国主义阵营，以便各个击破。从此，对列强各国进行单独交涉谈判，成为广州国民政府乃至后来南京国民政府外交活动的一个特点。

为此，国民政府宣布坚决与英国经济绝交，封锁海口，抵制英国货物，抵制为英国服务。同时支持省港工人罢工。结果使英国在华南的利益受到沉重打击，香港成为死港臭港。这就是著名的“杯葛事件”。然而，罢工工人的生计全靠政府来维持，再加英国收缩其在两广的经济，致使广州国民政府财政负担大大加重。这样，双方对立了近一年，相互都损失巨大。由于国民政府正准备北伐，急需安定后方，解除经济困难。因此，中英双方都希望就解决“杯葛事件”进行谈判。

1926年6月5日，外交部长陈友仁致函英国领事并转香港总督，表示“准备与香港政府磋商罢工事件”，并要求派三人来进行谈判。6月12日，英香港总督复函，同意谈判。7月15日，双方开始谈判。陈友仁申说英国对华政策的错误，希望英国改变政策，以诚意来解决“杯葛事件”。强调“杯葛事件”的直接原因是沙基惨案，间接原因是五卅惨案，而事件的责任是英国，故英国应考虑国民政府曾提出过的五项要求。英国代表则仍反诬两次事件的责任都在中国方面。为了尽快解决杯葛问题，中国方面提出四项办法：（1）组成公正仲裁机关；（2）死难者应给予抚恤金；（3）中英分担借款给罢工工人，待惨案仲裁后，全部借款应由肇事一方负责；（4）中方认为，惨案的肇事者是外国水兵，首先是英国水兵及军舰应全数撤离国民政府管辖下的领土和水域。英国代表拒绝，并提出可借款条件：开辟黄埔港口，将粤汉和广九两铁路接轨，企图借机扩大在华利益。7月24日，第五次会谈后休会，没有解决任何问题。这时北伐战争已经开始，广州国民政府便决定自主提高关税，罢工委员会撤销了对香港的封锁，省港罢工事件至此结束，“杯葛事件”的交涉也随之终结。

（3）征收二五附加税

1926年7月1日，广州国民政府发表了北伐宣言，9日正式出师北伐。广州国民政府出师北伐后，看到英国无诚意解决“杯葛事件”，而国民政府的财政又困难，因此便决定单方面采取坚决征税行动。9月18日，陈友仁通告英国领事，指出中国将于10月10日前终止杯葛手续，停止罢工，同时将加收特别税二厘半（即2.5%的附加税），奢侈品加抽五厘。10月6日，中方又正式照会英法领事，具体申明增税办法。

10月11日，广州国民政府正式征收附加税。葡萄牙领事以广州领袖领事的资格提出抗议说，这“完全违反条约，不能承认其合法”。广州国民政府外交部长陈友仁退回了这一抗议书，声明不承认该领袖领事，各国皆无权提出“违反条约的问题”。这样，国民政府便完全独立自主地增加进出口税收。这是中国外交史上第一次实现了由中国人自己确定税率，自行决定征税，从而摆脱了外人的海关控制。北京政府也于1927年2月采取了同样措施。北京政府在“关税会议”上未能解决的二五附加税问题，由于广州政府自主采取行动，终于得以解决。

3. 武汉国民政府的反帝外交

(1) 促使英国改变对华政策

随着北伐的顺利进行，革命形势迅速发展，不到半年，北伐军打到长江流域，占领了湘、鄂、闽、浙、赣、皖六省全境或大部。北伐军进入英国长期经营的势力范围长江流域，引起英国的极端仇视与恐惧，它积极调集军舰，准备与列强共同进行干涉。接着在各地挑起事端，制造干涉借口。其中影响最大的是在长江的英国军舰炮轰四川万县，造成死伤千余人的“万县惨案”。英国的侵略行径激起了全国声势浩大的反英怒潮。广州国民政府采取分化列强反华阵线孤立打击英国的策略，北伐军与美国、日本的摩擦，都采取主动态度协商解决。

由于国民政府实际控制地区扩大，力量增强，列强不得不有所顾忌，因而相继调整对华政策。1926 年 12 月，广州国民政府迁都武汉，史称武汉国民政府。美国使馆参赞迈尔即赴汉口面见代理外长陈友仁；日本也派外务省条约局长佐分访问南昌、武汉、广州，调查国民政府政策；比利时等国也派人来汉口了解情况。这些情况的产生，使得英国策划的“共同干涉”中国革命的阴谋难以实施。

中国革命形势的发展，促使英国不得不重新考虑其对华政策。1926 年 12 月 10 日，英驻华新公使兰普森来华后先到武汉，会见代理外长陈友仁，探问武汉国民政府的对外政策。鉴于美日等国已与武汉国民政府发生关系，英国便采取外交主动，于 12 月 18 日抢先照会华盛顿会议参加国，提出了“对华新政策”：（1）北京政府已“垂灭”，南方存在“强健国民政府”；（2）承认广州国民政府征收附加税合法；（3）一旦中国成立一有权商谈的政府，即可与之商谈条约之修改及一切悬案；（4）对琐屑之事件，列强暂不作无效之抗议。

英国的提案未经各国事前协商，即自行公布，引起美日法不满，各国便各自提出它们的对华政策。1927年1月16日，日本外相币原重喜郎在议会发表对华政策演说，列举了对华政策的新原则，表示要“顾全中日之亲善”。1月27日，美国国务卿凯洛格亦发表对华政策声明，表示对中国的“民族主义的觉醒”寄以深切的同情，欢迎中国之进步，准备谈判一个与中国的新条约。

对于英国“对华新政策”，武汉国民政府内国共两党都保持清醒的认识，仍加紧对英斗争。1927年1月22日，武汉国民政府对外宣言称“中华民族注意的主要目的是恢复被英人剥夺之完全之自由”，“倘一日不能达到，中国与英国必无妥协之可能”，并列举了英国对华侵略之苦。声明强调英国及他国投机者若为虎作伥，当以“国际土匪视之”，“尽法严惩”。声明还表示政府将愿单独与任何列强开始谈判修改两国条约及其他附属之问题，但此项谈判须根据经济平等之原则，与彼此主权相互尊重之权利。宣言斥责了英帝国主义的侵略行径，阐明了国民政府的基本外交主张，具有重要的历史意义。

(2) 收回汉口、九江租界及部分司法主权

1927年1月3日，武汉人民举行国民政府迁都和北伐的庆祝大会，有宣传员在英租界内作演讲，英国即调集水兵驱逐听讲群众，刺死刺伤多人。群众群情激愤，举行示威大会，向英方提出严正抗议，并于1月5日占领了英租界。

北伐军光复九江后，1月6日，九江两轮船公司的码头工人组织了工会，举行罢工。纠察队员阻止码头以外的搬运工为英国人搬运行李登舰。这时，英国水兵横加干涉，以大棒殴打纠察队员，多人受重伤。群众义愤填膺，数万工人冲进九江英租界。1月7日，武汉国民政府派人到九江，成立九江市民对英行动委员会，接管了九江英租界。

1月12日，英国公使派参赞欧马利来汉口交涉。谈判期间，英国一再表示妥协，1月25日，英政府发表致中国的建议书，准备放弃英国的一些司法特权，表白英国对华的“公平协调”的精神。可是，英国又调动军队向上海集中，公然声称是“中国远征队”。鉴于此，武汉国民政府便拒绝在已达成的协议上签字，并声明在武力胁迫下不能签字。从而迫使英国做出让步，表示将把大部分赴沪英军改赴香港。2月19日，武汉国民政府与英国代表签订了《中英关于中国收回汉口英租界的协定及换文》。3月5日，汉口英租界正式移交给中国。20日签署《九江英租界协定》，确认“汉口英租界协定”适用于九江英租界。

列强在领事裁判权问题上是一直不肯让步的。为此，武汉国民政府也采取了措施。1926年11月，武汉国民政府宣布取消外国领事的所谓“观审权”（即中国法庭审理与外国人有关的中国人时，领事有权出席），指出：中国审判中国被告时，外国领事不得干涉。由于国民政府的态度坚决，有关国家也只好承认。1927年1月27日，英国谈判代表提交一份英政府的备忘录及附件七条，表示“准备立即照附件所开办法，承认中国国民政府对于有关的大部分要求”。其附件称英国放弃“观审权”，承认中国国籍法，在英人法庭内适当引用中国法律。1927年2月9日，武汉国民政府又宣告，外国人控告华人应由中国方面审判，外国领事不得陪审，这就取消了外国人的“陪审权”。外国人的这两项特权的取消，是中国走向取消领事裁判权的第一步努力。

(3)“南京惨案”的交涉

为防止列强因收回英租界而担心自身利益受损，群起进行干涉，武汉国民政府曾发表《对英代表宣言》，声明“此种办法并非是解决中国与英国和其他国家的他处租界的前例”。但列强仍担心武汉国民政府将自行取消不平等条约，收回租界。于是，各国再次在上海一带重组兵舰。3月24日凌晨，北伐军攻占南京，直鲁联军溃退。当时社会秩序比较混乱，一些人乘机抢劫外侨商店、住宅和学校等，一些外国人的生命财产受到损失。当天下午，英美军舰向南京市区进行炮击，中国军民死伤两千多人，造成了严重的“南京惨案”。3月25日，英美驻汉口领事向国民政府提出抗议。同时，列强借口革命军屠杀南京外国人，向上海调兵。至5月底，上海的外国军队达3万多人，这是辛丑以来列强在华最大的一次兵力集结。

3 月 31 日，陈友仁召见英美领事，递交抗议书，指出外方死伤十余人，而中方则千人以上，“特提出严重之抗议”。列强拒绝了抗议书，并于 4 月 11 日联合向武汉和南京国民革命军总司令蒋介石提交最后通牒，要求处罚中国指挥官与相关者、书面道歉、赔偿。

武汉国民政府则采取分别复照的办法，对日意未参加者态度缓和，对英美法则强硬，特别对英国。对英复照指出屠杀中国人民“为国际公法及文明各国通例所严禁，而对友邦人民在己国领土内者施屠杀之行为，其行为尤为重大，而轰击友邦城市，亦甚为严禁”，强调将就“南京惨案”、“沙基惨案”、“万县惨案”等罪行一并处理。

1927 年春，蒋介石在上海发动“四一二”政变，并在南京另立国民政府，形成宁汉对立局面。武汉国民政府被迫采取妥协忍让的态度处理涉外事件。1928 年初，“宁汉合流”后，武汉国民政府瓦解，中国外交转由南京国民政府为代表。

北京政府和广州国民政府的性质有很大差别，它们的外交政策明显不同。控制北京政府的北洋军阀往往对列强妥协，以便获得帝国主义的支持来巩固政权，所以在外交上软弱，不能自主，其外交活动受到列强的约束和限制，多数交涉难以成功。广州国民政府能够代表中国人民的意愿，采取坚决反对帝国主义侵略的态度，提出废除不平等条约的主张，并敢于单独采取行动收回一些失去的权益，所以在外交上获得了明显进展。

思考题：

1. 试析中苏建交谈判和《中俄解决悬案大纲》的签订。
2. 北京政府的修约外交是怎样进行的，结果如何？
3. 广州国民政府反帝外交是怎样开展的，有什么成果？
4. 北京政府和广州国民政府的外交政策有什么差别？

参考书目：

吴东之：《中国外交史（中华民国时期）》，河南人民出版社1990年版，第二章。

石源华：《中华民国外交史》，上海人民出版社1994年版。

向青、石志夫、刘德喜：《苏联与中国革命》，中央编译出版社1994年版。

孙莹、丁惠希：《大革命时期的中外关系》，武汉大学出版社1997年版。

王立新：《美国对华政策与中国民族主义运动》，中国社会科学出版社2000年版。

洪均培：《国民政府外交史》，华通书局1930年版。

刘彦：《中国外交史》，台北：三民书局1979年版。

程道德：《中华民国外交史资料选编》（1919～1931），北京大学出版社1985年版。

第十四章

南京国民政府的修约外交

正当北伐战争顺利进行之时，蒋介石在帝国主义的支持下，发动了反革命的“四一二”政变，接着于1927年4月18日正式成立南京国民政府，自此开始其对中国22年的统治。南京国民政府成立初期，推行“联美抑日反苏”的外交政策，同时开展关税自主、收回领事裁判权和收回部分租界和租借地的谈判。此外，还制造了“中东路事件”，使中苏关系进一步恶化。

第一节　“联美抑日反苏”的外交政策

南京国民政府初期的外交，首先争取以美国为首的欧美国家的支持，并注意到日本对中国的侵略控制的严重威胁，试图抵制和削弱日本在华的势力与影响，同时为了反共内政的需要而努力清除苏联在中国的影响。

1. 争取美国的支持

1927年4月18日，南京国民政府成立之时发表的《国民政府宣言》指出“务使一切帝国主义、残余军阀及一切反革命派断绝根株”。但随着南京政府的巩固，它放弃了“打倒一切帝国主义”的口号。1928年1月，蒋介石克服内部派系纠纷重新上台。为争取欧美国家的支持，南京国民政府越来越表现出了亲欧美国家的倾向。1928年2月21日，新任外长黄郛在对外宣言中就表示：“国民政府准备与友邦维持并增进其亲善关系……解除中外人民间之发生困难，及误会之因”。“国民政府当按照国际公法，尽力保护居留外人之生命财产”。“对于重要悬案国民政府准备以公平及互谅之精神，设法解决。”这等于向列强表明新政府愿与它们保持友好的关系，并将保证其在中国的既得利益。

南京国民政府不仅在口头上表示要与列强协调关系，而且还明确地表现在行动上。南京国民政府建立后，便积极寻求协调与西方列强的关系，其中特别注重亲近美国。南京国民政府各部门大量聘用美国顾问。美国人密拉德首先成为国民政府的顾问。之后，南京政府又聘请了四个美国顾问，其中有起草杨格计划的杨格。美国的汽车大王也成了中央政府的“名誉顾问”。此外，财政部有17个美国顾问，交通部有五个，连内务部也有一个。这些美国顾问当然要引导南京国民政府大力扩大与美国的政治经济关系。

南京国民政府与列强交涉的第一个问题是南京惨案（即“宁案”）。为了不得罪列强，南京国民政府一再妥协退让。早在国民政府成立之初，南京政府便派代表与美国外交官接洽解决南京事件，声称在南京的外国人遭劫，是共产党人蓄意制造的。外交部长黄郛还宣称：“现在共产党之恶势力业已消灭，国民政府深信此后保护外人自必较易为力，决不致再有同样暴行”。美国方面则表示可以“宽大”处理。3月28日，黄郛与美驻华公使马慕瑞进行谈判。黄郛表示愿为敦睦两国邦交而谋求解决宁案，希望美政府应同时表示愿意修改中美旧约，缔结平等条约。他指出解决宁案为修约之预备，贵国不表示愿意修约之意，我国何贵乎解决宁案。经反复磋商，美方表示愿修改旧约。3月30日，黄郛和马慕瑞达成《中美宁案协定》，并互换照会。协定的主要内容为：(1)“对于美国国旗及美国政府代表等有不敬之处、领馆暨侨民受有生命财产上的损失，以极诚恳之态度，向贵国政府表示歉意”；(2)“在华美人生命、财产通令军民长官继续切实保护”；(3)要“惩办肇事兵卒及其他人”；(4)“组织中美调查委员会，以证实美国人从有关系之华人方面所确受之损失，并估计每案中所应赔偿之数目”。南京政府试图通过“宁案”的解决以推动修约外交的进行。黄郛在致美国的关于修改不平等条约问题的照会中表示：“希望中美两国在外交上开一新纪元”，本部长提议，“以平等及互相尊重领土主权为原则，修订现行条约，并解决其他悬案，为进一步之接洽”。美方在照会中表示，修约问题与宁案解决没有关系，但美国政府“希望当时所以如记载在旧约各条款之情形有以改善。俾得随时遇机将所有不需要及不妥当之约章得经双方同意，正式修改”。美国在这里虽重弹华盛顿会议的老调，但已表示愿意修改不平等条约。

中英之间的宁案问题交涉，几次谈判，英方反复无常，几次否定已谈成的议案。直至王正廷接替黄郛任外长后，中美关税协定“签署”，美国正式承认南京国民政府，英国对交涉才趋于积极。1928年8月9日，外长王正廷与英公使蓝普森互换照会，解决宁案问题。这个解决方案与美国差不多。至于修约问题，英国表示：“本政府对于中国修约之要求，认为根本合理。……准备依相当程序，由依法委派之代表与贵国政府商议修订条约。”中意于这年9月24日，中法于10月1日，谈判宁案问题，都按照美英条件解决。法国对中国的修约要求“深表同情”。中日迟至1929年5月2日互致照会，解决宁案。至此，南京惨案的交涉全部结束。宁案问题的解决标志着南京国民政府与列强关系实现了正常化。

南京国民政府以屈辱的条件来解决南京惨案，对屠杀中国人民的列强不追究责任，反而向列强表示歉意，并惩办中方兵卒。这反映了它与过去明确反对帝国主义的广州国民政府相比，其外交政策已有重大变化。

2. 限制日本的在华势力

南京国民政府的目标是要建立对全中国的统治，而日本则是其统一中国的巨大障碍。1927 年 8 月，蒋介石一度下野。他利用这个机会于 10 月中旬到日本作长时间访问，希望得到日本的理解，支持他完成北伐。然而，这时日本正在东北支持张作霖，妄图扩大在东北的利益，控制满洲，因而拒绝了蒋介石的要求。日本内阁首相田中义一公开表示，蒋介石只应“以南京为目标，统一长江为宗旨，何必急急北伐呢?”实际上，日本是要蒋介石不再北伐，只是划江而治。对此，蒋介石是不能接受的。从此，他与日本关系产生裂痕，对日本失去信任。

(1)“济南惨案”的处理

1928 年初，蒋介石复职后在美国支持下继续进行北伐。4 月 30 日，北伐军占领济南后，蒋介石等南京政府大员到济南办公。日本政府为阻止北伐军，先是支持孙传芳反攻南京，4 月中旬又决定向山东派遣日军。对此，南京国民政府曾提出抗议，但日本毫不理会。5 月 3 日，日军向进入济南的北伐军队挑衅，要求中国军队缴械，继而向中国军队开枪开炮。中国军队准备反抗，但蒋介石要求中国军队不得还击，致使中国军队死伤八百多人。日军还公然破坏外交惯例，冲进国民党战地政务委员会外交会署，将驻山东特派交涉员蔡公时及其随员等 17 人捆绑毒打，残忍杀害。之后，日军转到外交部办公处行凶，外交部长黄郛及时躲避，但办公处则被烧毁。当晚，日军又用大炮轰击北伐部队。5 月 4 日，外交部长向日本外相田中提出抗议照会，指出“似此暴行，不仅蹂躏中国主权殆尽，且为人道所不容。今特再向贵政府提出严重抗议”。

但日方不仅没有收敛，反于5月7日令其第六师团长福田彦助向蒋介石提出最后通牒：（1）严处骚扰的高级武官；（2）要北伐军在日军阵前解除武装；（3）严禁一切反日宣传；（4）南军须撤退至济南及胶济铁路沿线两侧二十华里之地带。次日，蒋介石派人对日军的要求作了答复，除个别条件外基本上答应了他的条件。但日军以中方答复超过最后通牒规定的时间为由，向中国军队发起攻击。日军于5月10日攻占济南，大肆杀掠，中国军民死亡3608人、伤1455余人、财产损失2595万余元。日军的行动完全无视中国的国家主权，肆意屠杀中国军民，残暴已极。当时，蒋介石在济南拥兵40000人，而日军仅3000人。蒋介石却毫不抵抗，自己先逃回南京。这一案件激起了全国人民的极大愤怒，纷纷举行抗日示威，抵制日货。然而，南京政府却向日本屈服，禁止国内进行反日活动和宣传，令北伐军绕道北上。

"济南惨案"（史称"济案"）发生后，中日双方进行了多方交涉。对于中方5月4日的抗议，日方未予答复。中旬，南京国民政府再次向日本政府发抗议照会，谴责日政府对第一次抗议照会拒不答复之无理行为，质问日军向中国军民开火是否出于日政府命令。日本政府对于第二次抗议照会仍置之不理。5月18日，日本政府令驻南京领事送来第三次出兵申明书，声称日本出兵济南是为保护山东的日本侨民。南京国民政府于5月19日复函驳斥，并要求日方派全权代办来华谈判。南京政府一方面同日本交涉，另一方面向国际社会发出呼吁。5月10日，南京国民政府主席谭延闿曾发电报把日军在济南的暴行通告国联秘书长德兰孟，要求国联调查公断。5月12日，谭延闿为日军侵略山东，致电美国总统柯立芝。5月15日，美众议院通过"济案"争议的决议。美英等国都对日本占领济南不满，纷纷对其施加压力。7月，日方不得不口头答应派人进行交涉，但又提出三项要求：其一，不派全权代表，只派驻沪商务领事矢田七太郎为代表；其二，不在南京谈判，只能在济南谈判；其三，谈判的前提是中国政府向日道歉，惩办祸首，赔偿损失及保证日本在华侨民今后安全。南京政府拒绝了日方的要求。10月19日、11月7日、11月18日，日方矢田三次来南京谈判，国民政府明确告诉矢田：只有日本答应先撤兵，津浦线通车，交还胶济路，胶济路沿线20华里内行政机关得悬挂青天白日旗后，才能开始谈判。矢田表示无权答复，或声称未接到训令，交涉无法进展。

1929年1月25日，日政府派全权代表、前驻华公使芳泽谦吉来南京与外交部长王正廷进行谈判。在谈判中，日本代表坚决否认屠杀中国人民的责任，反而要求中国政府赔偿、道歉。南京市民闻知后举行示威，捣毁了王正廷的住宅。谈判改为秘密进行。3月28日，双方以互换照会、议定书和声明书的形式，就"济案"达成协定。声明书声称："两国政府与国民现颇切望增进睦谊，故视此不快之感情，悉成过去"，期待"两国邦交益臻敦厚"。这样就把日军犯下的罪行一笔勾销。文件提出解决问题的办法是：（1）中日双方共组织调查委员会；（2）双方对损害赔偿采取宽大办理；（3）中国保证日本人"生命、财产之安全"，日本则自山东撤兵。5月12日，日军退出济南，20日撤离山东，中国军队接防。在这起案件的处理中，南京国民政府不要求日本对在中国残杀中国人民的罪行承担任何责任，反映了它对外软弱妥协的特点。

(2) 积极促成东北易帜

日本这时期的在华利益是要确保它对中国东北的控制。中国东北长期在地方军阀张作霖的实际控制之下。日本一直鼓吹"满洲非中国之领土"，试图利用张作霖来搞满蒙独立。1928年北伐时期，奉系军阀张作霖还控制着北京政府。当南京政府军队因济南事件绕道北伐后，日本方面不断地要求张作霖退至关外，以便阻止北伐。当北伐军占领保定后，在日本的逼迫下，张作霖决定返回东北三省。6月4日晨，当张作霖的专列行至奉天附近的皇姑屯时，被日本军方事先安放好的炸弹炸翻起火。张作霖重伤，几小时后身亡。日本将此事件嫁祸于南京政府，谋图乘乱占领东北。

6月8日，南京政府军队进入北京，奉军撤至滦州一线。6月17日，张学良乔装返回奉天，6月20日出任奉天军务督办。7月3日，张学良就任东三省保安总司令，执掌东北军政大权，挫败了日本的阴谋。这时，东北张学良是否愿与南京国民政府合作，成为中国统一实现的关键，即“东北易帜问题”。这一问题关系日本在东北的地位，故日本极力阻挠“东北易帜”。1928年7月3日，张学良就任东三省保安总司令后，日本首相兼外相田中义一即电令日驻沈阳总领事林久治郎，警告张不得与南京合作。但张学良不愿屈从日本，7月1日就通电蒋介石等人，表示自己“爱乡爱国”，绝不妨碍统一。他主动派人与南京接触。这时，南京国民政府正与日本驻沪总领事就济案问题交涉。7月19日，中方通告废止中日1896年的《通商行船条约》，并表示东北易帜问题不解决，新约不可订。日本代表则态度强硬，否认中国废约，要求中国收回东北易帜提议。同日，林久治郎公然向张学良表示：日本可以武力和财力支持张对付南方，为张学良所拒。7月21日，南京国民政府抗议日方阻挠中国统一的行动。中国驻日公使汪荣宝亦奉命向日外务省提出要求，制止东北日方行动。

日本田中内阁不肯罢手，派前驻华公使林权助为特使赴东北。8月9日，他在面见张学良时称：日本绝不能牺牲东北以助成中国的统一，绝不承认东北易帜。如果东北无视日本的警告，则日本已有采取重大行动的决心，要张学良三思。张学良断然表示：东北为中国的领土，“我是中国人”，自当为中国的统一尽力，希望日本不要干涉中国内政。8月13日，张学良鉴于日方压力，表示易帜延缓三个月。在此期间，张学良委派代表同南京政府达成协议：南京政府许以优惠条件，如扩大东北行政区域，将热河划入东北行政区，每月拨军饷1000万元等，以促成东北易帜。10月8日，南京政府改组。蒋介石出任主席。经他提名，张学良担任国民政府委员。蒋介石以此劝张学良更换旗帜，宣言就职。12月29日，张学良发表通电，宣布遵守三民主义，服从国民政府，东北实现易帜。12月31日，南京政府委任张学良为东北边防总司令长官。此举出乎日本预料。对此，日领事林久治郎指责张学良：倏忽宣布易帜，等于宣告断交……必要时（日方）将有采取断然措施的可能。

东北易帜后，日本无计可施，只得派芳泽谦吉来华，与南京国民政府谈判“济案”问题，双方达成协议后，1929年6月3日，日本正式宣布承认南京国民政府，芳泽谦吉为驻华公使。6月8日，南京政府为表示与日本“修好”，将“全国反日会”改名为“全国国民废除不平等条约促进会”。南京国民政府建立初期，对日本的扩张政策采取了限制和妥协的两手措施，以缓和两国的矛盾。但由于日本对华侵略野心的不断膨胀，中日关系危机四伏。

3. 反苏反共政策的实施

靠反共起家的南京国民政府在建立初期，大肆捕杀中共党员，赶走原来南方革命政府中的苏联顾问，彻底背叛孙中山的三大政策，采取了明确的反苏政策。南京国民政府反苏政策的具体实施，首先反映在撤销对苏联领事馆承认的事件上。

1927年12月13日，国民党军队镇压了共产党领导的广州起义，逮捕并枪杀了苏联的副领事等十名俄国人。12月14日，南京国民政府借口苏联领事馆参与了广州起义，照会驻各省的苏联领事馆："查国民政府统治下各省之苏俄领事馆，及其国营商业机关，恒为宣传赤化藏匿共党之所"，故“势难再事姑容，以遗党国无穷之祸，应即将驻在各省之苏维埃联邦共和国领事，一律撤销承认，所有各省之苏俄国营商业机关，一并勒令停止营业，以杜乱源而便彻究”。同时，南京国民政府外交部向各省派去交涉员，提出四条处理办法：(1) 被撤销承认的苏俄领事馆须尽快离境；(2) 苏俄各商业机关，如银行、轮船公司等一律由警察监视其停业；(3) 清查在华的苏联人，无正常职业和形迹可疑者拘禁或驱逐；(4) 凡俄籍侨民应领取外侨执照。继而，南京国民政府查封了苏联在广州、上海、武汉的领事馆，没收各地苏联国营商业。苏联领事馆人员只得全部撤走。这样，国民党从发动“四一二”反革命政变以来，屠杀共产党员，驱逐苏联顾问，发展到实际断绝与苏联的关系。

北京政府倒台后，苏联在华名义上虽仍保持大使级外交关系，但双方很少有往来。苏联在华活动仅限于东北一线。南京国民政府撤销对苏俄领事的承认以后，苏联政府请求德国驻华领署代管苏联领署并保护苏联侨民事宜。12 月 23 日，德驻沪领事奉命至江苏交涉公署交涉，表示愿办理上述事务，但不含外交政治任务。南京外交部表示同意，准予备案。

为巩固政权，南京国民政府采取了“联美抑日反苏”的外交政策。这项政策也为其今后长期的外交方针的制定奠定了基础。

第二节　南京国民政府的修约外交

南京国民政府刚成立时，外交部长伍朝枢在其就职演说宣布的外交方针中提出：“将于相当时期提议废止不平等条约。”1928 年 2 月 21 日，黄郛发表的对外宣言中宣称：“欲按照外交手续，与各国厘正不平等条约，期获得中国在国际上应有之平等地位。”“现经公认不平等之中外各条约，国民政府为欲促其早日废除起见，当并力准备，切盼于最短期内得与各友邦开始商订新约，以平等及互相尊重领土主权为基础”。随着东北易帜的实现，国民党在形式上统一了中国。于是，它便开始了北京政府已经推行的“修约外交”。6 月 15 日，王正廷发表对外宣言时提出：“今当中国统一告成之际，应进一步而遵正当之手续，实行重订新约，以符完成平等及相互尊重主权之宗旨。”南京国民政府尽管没有明确提出废除不平等条约，但实际上是否定不平等条约的，这比北京政府进了一步。在具体的修约过程中，它着重解决关税自主和领事裁判权问题。此前，南京国民政府以妥协的方式处理了“宁案”和“济案”，并加入了西方列强的反苏阵营。它希望以此换取列强放弃一些在华的特权。

1. 关税自主的交涉

1925 年北京政府的关税会议以失败而告终，中国连华盛顿会议规定的2.5%附加税都未能实行。在北伐战争中，南方革命政府自主宣布实行二五税率，列强被迫承认了这一事实。南京国民政府成立后，为了打开外交局面，外长伍朝枢于1927年7月20日向各国宣布中国将采取关税自主，宣布于9月1日起，在苏、皖、浙、闽、粤、桂六省实行，并提出了“国家进口关税暂行条例”、“出厂税条例”和“裁撤国内通过税条例”，还声明将组织国家税则委员会。它除规定国家进口税外，另征附加税，普通货物为7.5%、甲种奢侈品为25%、烟酒为57.5%。同时将内地的厘金及货物税一概撤销。然而，由于8月蒋介石辞职，国民政府主席胡汉民引退，北伐陷于停顿。日本乘机起而反对新税则的实行，各国效之。故南京国民政府只得宣布关税自主之议暂缓实行。

1928年中期，全国已基本统一。南京国民政府考虑到国内已初步安定，可与列强交涉关税自主问题了。外交部长王正廷于7月7日发布了“关于重订条约的宣言”，表示“除继续保护在华外侨生命财产外，对于一切不平等条约，提出下列三点意见：（1）中华民国与各国间条约之已届满期者，当然废除，另订新约；（2）其尚未满期者，国民政府应即以相当之手续解除重订之；（3）其旧约业已期满，而新约尚未订定者，应由国民政府另订适当临时办法，处理一切”。7月9日又发布《关于与各国旧约已废新约未定前所适用的临时办法七条》。

当时，与中国订有协定关税条约的国家有13个，即美、英、法、日、意、德、荷、比、葡、瑞、挪、丹、西。其中，日、比、丹、葡、西、意六国的条约到1928年底皆已期满。南京国民政府首先于1928年7月19日向日本驻华公使提交关于修约问题的照会。内写道：中日间以前所订的条约多不适宜，故望日本“即时特派全权代表。于短期内，以平等及相互尊重主权之精神，缔结新约……”但日本坚决反对改订新约。它在7月31日的复照中表示：中日条约“并无废弃或失效之规定”，并声称条约规定于期满后六月内需提出修改，而中国实际也未提修改要求，所以“该条约及税则再有延长十个年间之效力，并无置疑之余地”。日方甚至威胁说如中国单方面废约，日本将被迫采取他们认为“保护其权益的适当手段”。南京国民政府于8月14日再次照会日本公使，反驳了日本的观点，再敦促其商讨订新约。

与日本不同，美国从南京国民政府的成立时起就是它的支持者。6月间，驻美公使伍朝枢与美国务卿凯洛格开始会商，财政部长宋子文也与美国驻华公使马慕瑞在北平接洽。7月24日，国务卿凯洛格向中国外交部提出了题为“关于修约问题”的照会，在表白了一番中美友好之后，表示愿让驻华公使与中国代表“对于中美间条约关于关税之规定，即时商议，以期缔成新约。庶关税自主之原则，及此国之商务在彼国口岸及领土内得享有无异于他国商务享受之待遇之原则，得相互完全表明”。

中美之间很快达成协议，财政部长宋子文和美国驻华公使马慕瑞于7月25日正式签订了《整理中美两国关税关系之条约》。条约的主要内容是：“历来中美两国所订立有效之条约内所载关于在中国进出口货物之税条、存票、正口税并船钞等项之条款，应即撤销作废，而应适用国家关税完全自主之原则。”然而，美国怕中国单方面对美国提税，便作了一条保留意见，“在彼此领土内享受之待遇，应与其他国之待遇，毫无区别”。这一条约在1928年11月30日批准，1929年2月20日，在华盛顿互换而生效。条约虽承认了中国可于1929年1月1日实现关税自主，但又规定美国与其他国家所享受之待遇应无差别。这样，只要有一国享有关税特权，美国也将与之享有同样的权利。也就是说，美国承认中国关税自主只有在所有国家都承认时才有效。不过，美国首先走出了承认中国关税自主的一步，打开了中国与外国重订关税条约的局面。

1928年7月30日，南京国民政府同时给条约已到期的比、西、丹、意、葡五国和法国提出修改条约的照会。各国皆同意了中国的要求。8月17日，中德关税条约订立。11月12日，中挪关税条约、中比商约订立。11月27日，中意通商条约订立。12月12日，中丹通商条约订立。12月16日，中荷关税条约订立，中葡通商条约订立。12月20日，中英关税条约订立，中瑞关税条约订立。12月22

日，中法关税条约订立。12月27日，中西关税条约订立。这些条约皆由王正廷与各国代表签订于南京。

在与英国谈判时，发生了一些困难。英国表示要在中国首先赔偿省港大罢工之损失后，才能考虑与中国商讨关税协定。国民政府则把责任推给中共，并表示坚决反共。英国又提出两个先决条件：(1) 不承认1929年1月1日为关税自主时间，而应把承认1926年通过的七级税率作为第一步；（2）此税率实行一年后才能关税自主。1928年12月20日中英定约，关税自主被英国推迟一年。

这时，仅有日本一国仍顽固坚持不承认中国关税自主的立场。直到济南惨案解决，东北易帜实现，日本才顺应大势，同意与中国谈判。日本代表芳泽在谈判中态度仍很强硬，后由佐分利继任公使，谈判才稍有和缓，可佐分利回国请示时却又自杀身亡。日本拟以小幡继任，中国坚决反对，日本改而授权上海总领事重光葵以代办名义进行谈判。经半年商讨，双方才于1930年5月6日签订《中日关税协定》。协定规定：日本承认中国关税自主，相互给予最惠国待遇，三年之内中国对日本的主要货物不增税，中国废除厘金。至此，所有与中国有协定关税关系的国家，都全部承认了中国的关税自主。但由于日本的要求，中国完全实行关税只能推迟到1933年5月。从1930年1月1日起，中国海关连续几年调整关税。1930年颁布的新税率为10%，1931~1932年升至15%，1933年再升至20%。1934年，中国第四次修改税则，关税升至27%。

南京国民政府完成的这项事业，结束了中国近九十年来丧失关税自主的局面，收回了关税自主权，具有积极的历史意义。关税自主的实现，不仅大大增加了南京国民政府的财政收入，国家经济实力有所增强，而且对于保护和扶持民族工业起了积极作用。中国的关税自主虽在法律上得到实现，可事实上南京国民政府在制定税率和管理海关上，还受着列强的巨大影响。第一，从南京国民政府1930年12月29日公布，并于1931年1月1日实行的税则来看，一些重要商品的税率比起外国的同类产品所征税率要低得多。如烟酒只抽50%，而国外是一百分之一百至几百，究其原因是怕引起列强的不满；第二，南京国民政府对海关管理制度未作任何改变，故海关管理权仍操在外人之手。全国海关的最高管理机关的负责人"总税务司"一职，仍由英人梅兹担任，各地海关主要职务亦多由外人占据。1929 年中国海关的外籍人员共 230 人，而中国人员只有 100 人，后来外人最多时达 1488 人之多。南京国民政府还要求各地海关未得总税务司的指示前新税率概不执行。事实上，各地也并没有严格执行现行的关税率。这些情况说明，南京国民政府的关税自主是有限度的。

2. 收回领事裁判权的交涉

南京国民政府在与美、英等国订立关税条约之后，便开始考虑处理另一个列强在华的重要特权——领事裁判权。在华享有领事裁判权的国家原来有 19 个，第一次世界大战后德国、奥地利和苏联先后取消此项特权。1928 年中国与比、意、丹、葡、西五国订立的商约中，都有"此缔约国人民在彼缔约国领土内，应受彼缔约国法律及法院之管辖"的规定，但却附有条件，即只有九国公约的签字国"议定取消领事裁判权之后"，才能实行此条款。在当时享有领事裁判权的国家中，只有墨西哥于 1929 年 10 月 31 日与中国交换照会，正式声明自动放弃领事裁判权。

1929 年 4 月 27 日，南京国民政府外交部就"关于废除领事裁判权问题"分别照会英、美、法、荷、挪、巴（西）六国驻华公使，请各国对于中国的撤废领事裁判权的愿望给以同情的考虑。并说明："在中国之领事裁判权系旧时代之一种遗制，不仅不适合今日情状，且是妨害中国司法及行政机关之顺利进行，而使中国在国际团体间应有之进步受无谓之障碍。"而且当时在华无领事裁判权的国家已对受中国法律保护状况"均表示满意"。因此，要求列强对废除领事裁判权的"中国之愿望立即予以同情之考虑"。

可是，英、美、法、挪、荷五国迟至 8 月 10 日才同时复照中国，虽然声称对中国的要求表示同情，但都不愿放弃其特权，原因是中国尚未有独立的司法制度，司法状况不良，若放弃领事裁判权，则在华外人的生命财产将受威胁。因此，英国仅愿考虑修改现行领事裁判权的规定，美国主张逐渐放弃，其他国家则表示准备与各国一致行动。南京国民政府外交部又于9月份第二次分别照会各国，说明领事裁判权是引起中国与外国纠纷的根源，并援引土耳其撤废此特权的事例，要求列强同意中国政府的请求。11月1日，各国复照南京国民政府，表示愿意讨论，但仍声明坚持原来的主张。

于是南京国民政府改变谈判策略，着重个别谈判，以图打开缺口。王正廷外长与英国公使兰普森、驻美公使伍朝枢与美国政府分别进行谈判，但均无结果。英国提出准备立即废弃对民事事件的领事裁判权，但主要商埠不在内；五年以后再放弃对刑事案件的裁判权。美国则一方面主张以特定案件逐步转移其法权于中国为原则，另一方面主张以特定区域逐步放弃其法权为原则。

12月28日，南京国民政府公布明令，定于1930年1月1日自动撤销各国在华领事裁判权。但外长王正廷又于次日训令各驻外使节，要他们向各国声明："对于现有政府准备之办法，如有意见允于相当时期内，与之审议"，"国民政府12月28日的命令，实系一种步骤，用以祛除易于发生误会之原因，并增进中外人民之关系也等"。这实际表明南京国民政府的命令只是一种姿态。但各国知道这一问题不可能单方面解决，故没有什么反应。不久，中国发生新军阀间的中原大战，交涉停顿。

1931年3月，中国开始与日本进行法权交涉，重光葵表示日本可撤废此特权，但提出交换条件，如内地的开放权、商租权之承认。中国则要求应无条件废弃，不允考虑日本提出的条件，因而交涉亦无法进行。

1931年5月4日，外交部正式宣告法权交涉停顿。接着颁布《管辖外国人实施条例》，规定于1932年元旦自动撤废各国的领事裁判权，在各商埠设特别法院，审处外侨之案件。主要内容有：(1) 自1932年1月1日起所有享有领事裁判权的外人，均应受中国法院的管辖；(2) 在沈阳、天津、青岛、上海、汉口、重庆、福州、广州、昆明等地设立特别法院，受理涉及外人的民、刑案件，外人的逮捕及其房屋或办公室的搜查均应依中国刑法典规定之，因犯刑事的外人被搜捕后须于24小时内交到相当法院；（3）犯有刑事之外人可请中国或外国律师为其代理人或辩护人；（4）触犯警章之外人应由当地警察审判，惟不得判以15元以上的罚金；（5）外人幽禁下监的地方，由司法部特殊命令指定之。但是“九一八”事变发生后，南京国民政府为应付日本侵略，无法用断然手段收回法权。撤销领事裁判权的活动便半途而废了。

在收回法权的谈判过程中，中国还与列强就收回上海租界司法权问题进行了交涉。1926年8月北京政府与列强订有《收回上海会审公廨暂行章程》，规定改设临时法院于租界内。此机构为一奇特组织，它不能审判外人，而审判华人时，还得由外国领事或他派人陪审，当与审判官意见不合时可阻止执行。此制度仍然严重侵害了中国的司法主权。1929年5月8日，外交部照会有关系之英、美、法、荷、挪威、巴西六国，提议谈判收回。12月9日，英国派人来南京开始谈判，经许多周折交涉，1930年1月21日才达成协议，双方于2月27日签订《关于上海公共租界内中国法院之协定》。其规定：（1）完全废除领事会审、观审制；（2）在租界内设地方法院和高等法院，适用中国法律。这是中国收回司法主权的一个小小的收获。

3. 收回部分租界及租借地

这一时期，南京国民政府还与列强进行了收回一些租界和租借地的交涉。在北伐期间，英国与中国签订了交还汉口和九江租界的协定。1929年8月31日，中国与比利时签订《交还天津比国租界协定》。10月31日，中英就交还镇江英租界互致照会，定于11月15日收回该租界。1930年4月18日，中英订立《交收威海卫专约及协定》，解决了1924年10月北京政府与之订草约而搁置的收回威海卫租借地问题，从而使英国在华盛顿会议上所作的许诺变为现实。9月17日，中英还就“关于解决厦门英租界土地产权问题”互致照会，规定一旦英国人办完在此地的永租地契，即取消租界。但上列交涉也不是彻底的，如英国在原租界和租借地，还保留有“永租权”，对市政可提供咨询意见，还可无偿占用房屋等许多权益。

4. 加入非战公约

1927年6月20日，法国外长白里安向美国国务卿凯洛格提交了一份缔结法美永久友好条约的草案。美国认为此条约不应仅限于美法两国，而应扩大到英日，以及《洛加诺公约》的签字国。经法美两国倡导，1928年8月27日由15个国家（包括七个英联邦成员）正式签署。条约的全称是《废弃战争作为国家政策工具的一般条约》，又称《白里安—凯洛格公约》。公约内容有两条：（1）反对以战争为解决国际争端之方法，并永弃战争为“一种国家政策的工具”；（2）一切争端冲突，除以和平之法解决之外，概不得诉诸其他方法。

南京国民政府在公约谈判初期就注意此事，希望加入这一多边外交文件。外交部电令驻美公使施肇基就近探寻接洽，并让施肇基向美国政府示意，希望由美国主动邀请中国加入。美国则表示要等洛加诺公约签字国加入后再邀其他国家参加。1928年8月27日，美驻华公使照会中国外交部，邀请中国参加。9月14日，外交部复照美驻沪领事转代公使，表示：“此项重要公约，主张和平，适合我中华民族相传之本性。”“愿与美国一致行动，正式加入此项条约，共同促进世界之文明”。同时还借机表示：希望各国按条约精神，“使数十年来中外不平等条约，以及其他侵犯中国主权之事实，如驻扎外兵于中国领土等行动，皆能于最短期间以公正之方式一一废除，庶得确保中国之自由独立”。1928年9月22日，施肇基代表中国政府正式签字加入。

加入非战公约是南京国民政府在国际多边舞台上采取的第一次主动的外交行动，“九一八”事变以来这个条约便与《国际联盟盟约》、《九国公约》一起，成为南京国民政府揭露日本侵略行径，争取国际社会声援的重要法律依据。

第三节 中东路事件

1. 事件爆发原因

1924 年 5 月，中国和苏俄签订《中俄解决悬案大纲协定》与《暂行管理中东铁路协定》。协定要求双方本着平等的原则，平均分配管理人员，并规定具体的悬案在订约之后六个月内谈判解决。然而由于苏联方面拖延，中苏之间迟迟没有举行谈判。这样，苏联方面就按照 1916 年沙俄与北京政府订立的不平等的“中东路管理局临时章程”来管理整个中东路事务，苏联事实上恢复了沙俄时期在中东路获取的权益。依照规定，中国籍铁路督办不能单独作出决定，须得到俄国副理事长的同意才能生效；中东路理事会共 10 人，中苏各占一半，而议案必须得六人以上同意才能通过。而事关两国利益的议案，双方理事各不相让，致使理事会作不出任何决定。中东路管理局的局长是苏联人，有绝对权威，可决定一切，且有苏籍副局长一人辅助，而中方的副局长则毫无权力。路局下属各处都以苏联人为处长，中国人为副处长。中东路的员工苏联人占大多数。路局管理文件用俄文书写，苏方局长对购买材料和支用路款拥有决定权。这样，苏俄实际控制了整个中东铁路。

此外，中东路的财政问题也是双方争执的一个焦点。按 1925 年的“奉俄协定”，铁路所有纯利，由理事会保存，在缔约双方分配纯利问题解决以前不得动用。事后由于中苏未能谈判解决此问题，中国方面就分不到这笔利润。中东路在 20 年代后期盈利丰厚，可是这笔收入全由苏联铁路当局控制。当时东北当局财政收支情况不好，希望把中东路的部分盈余拨归中国使用，但为苏方所拒。

1929 年 3 月 1 日，中东路督办兼理事长吕荣寰曾向苏方新派副理事长池尔舍提出讨论的提案：（1）路局局长各种命令、公函及其他文件，只有得到副局长与之会同签字才有效；（2）路局所有支出应得稽核局的同意，否则不得动用款项；（3）路局未经解决各案交理事会解决；（4）路局各科处及沿线各段各站管理人员名额由中苏两方平均分配；（5）其他职员名额应逐步实现平均分配；（6）路局管理应中俄文并用。苏方对此完全拒绝。3月27日，吕荣寰在第四条作出让步，仅要求在机、车、工、商四处让与华方，总、财二处让一处。苏方仍拒绝。显然，苏联不愿与中国分享对中东路的控制权。这样，中国与苏联在中东路的控制权问题上便产生严重的分歧。

南京国民政府制定反苏反共政策则是中东路事件爆发的间接原因。"四一二"政变后，南京国民政府明确地将反共作为首要任务，作为中共支持者的苏联一直是其眼中钉。蒋介石认为中东路实际上是共产党赤化的机关，如果不把它解决，那么共产党就有可能与苏联保持联系。因此，他积极谋划挑起反苏事件，彻底断绝与苏联的关系，便于他放手镇压共产党领导的人民革命。在事件爆发初期接到苏联的绝交通告后，蒋介石曾在日记中写道："惟吾人深望能达绝交目的，而后对国内共党方有彻底办法耳！"此外，蒋亦想利用此事件作为制约张学良的一个手段。蒋介石在谈到消除各地军阀时，曾提出过所谓"外交对奉"。因为当时东北最大的挑战是外交问题，南有日本，北有苏联，张学良处境艰难。蒋介石想通过制造外交事件，向张学良施加压力，使之不得不更紧密地依靠南京国民政府。

2. 事件的爆发

1929年5月27日，东北地方当局的特警管理局声称，发现哈尔滨苏联领事馆召开共产国际的秘密会议，便派人闯入领事馆进行搜查，并将苏联总领事及领事馆人员42人逮捕，掠走了许多文件。对此，苏联政府于5月31日向南京国民政府提出了严重抗议。但南京国民政府并不理会。东北地方当局同时电请政府借机抵制苏联在中东路的影响。7月7日，张学良到北平与蒋介石商谈中东路问题。蒋介石说明在中东路问题上，各国政府至少会保持中立，暗中支持，估计苏现在不会采取过激行动，故在外交上不成问题。他积极纵容张学良采取断然措施，以武力接管中东路。东北当局即令中东路督办吕荣寰去办理。1929年7月10日，吕荣寰与苏籍中东路会办协商，要求对中东路悬案作最后的解决，苏联代表未作明确表示。吕荣寰便以铁路督办的名义下令，自即日起，所有以路局局长名义发布的文件，均应有华籍副局长附署方生效。苏方局长表示反对。7月11日，吕荣寰便下令撤换苏籍局长、副局长以下59名高级职员，并要特区长官遣送他们回苏联。同时，东北当局查封了中东铁路工会及苏联商务代表处，逮捕苏籍职工。南京国民政府的这一系列行动严重违反了国际惯例。

鉴于事态的严重，苏联原驻华大使加拉罕于7月13日向南京国民政府提出了最后通牒，历数了中国方面的反苏行为，回顾了苏联对华政策的友善，进而对事件的发生提出严重抗议。苏方提出三项要求：(1) 迅速召开会议以解决中东路的一切问题；(2) 取消政府机关对中东铁路的不合法行为；(3) 释放被捕的苏联人，停止对苏联人民的压迫，限中国政府三日内给予满意的答复，否则将采取“他种方略，以防卫苏联之所有权益”。与此同时，苏联无端拘留、扣押在俄华侨千余人。南京国民政府则于7月17日作出答复，声称苏联在华机关“有煽动中国人民，破坏中国国家社会，反对中国政府之各种有组织之宣传及工作”。因此，中国的行动是必要的。同时要求苏联政府善待中国侨民，释放被捕华人。

对于南京国民政府的这种强硬态度，苏联政府于7月18日宣布断绝与中国的外交关系。它决定召回苏联驻中国使馆人员及侨务代表；召回中东铁路苏联所派人员；断绝中苏间铁路交通；将苏驻华使领馆迅速撤离。南京国民政府也针锋相对，于7月19日，就中苏断交问题发表宣言，把一切责任推到苏联身上。

在这期间，中苏双方都进行军事动员，向边境集结军队。蒋介石发表“告东北将士书”，要求东北军进入紧急备战，并通电全国，号召“抗俄”。苏联指责中国武装白俄军队进袭苏境，进而派兵从东、北、西三个方向进攻中国东北。10月12日，苏联海陆空军进攻黑龙江省的同江。之后，于10月17日以优势兵力攻占札兰诺尔，12月3日占领满洲里，继而进攻绥芬河。冲突开始时，南京国民政府为防止战事扩大，曾电令驻德国公使蒋作宾，与苏联大使进行交涉，德国政府也愿以友邦名义进行善意的调停。面对战争的失利，南京政府于 12 月 3 日向非战公约各国申诉苏联的军事行动，违反了公约原则。据此，列强同时照会中苏两国，谴责苏联违反白里安—凯洛格公约。苏联则驳称这一照会把苏联为防御而战与中国反动军队的进攻同等看待是不公平的，表示中东路事件只能在中苏之间解决，不允许第三者干涉。

3. 中苏交涉

英、美等国的干涉企图失败后，南京国民政府即暗示东北当局可相机进行交涉。当时苏联亦倡议进行谈判。

12 月 13 日，张学良即派哈尔滨交涉员蔡运升赴伯力（哈巴诺夫斯克）与苏联领事西曼诺夫斯基谈判，还与加拉罕作了电话谈话。12 月 22 日，双方达成了协定草案。其内容有：（1）按 1924 年"中苏协定"恢复冲突前状态；（2）被换职和辞职的苏联职工均应复职；（3）双方冲突中的被捕者均应释放；（4）解除白俄军队的武装；（5）尽快恢复苏联在东北的领事馆及其他商业机构；（6）中苏双方的问题应由双方将在 1930 年 1 月 25 日在莫斯科举行的会议去解决；（7）边境恢复和平状态，双方撤兵。《中苏伯力会议议定书》签订后，中苏军队脱离接触，苏军撤出中国。但苏联仍然控制着原属于中国的黑龙江上的黑瞎子岛等岛屿。

南京国民政府对此草约很不满意，于 1930 年 2 月 8 日发表声明称中方代表在谈判中超越了他的权限，故除了对中东路问题的规定外，其他内容一律否认，并表示将另派代表，重新进行谈判。2 月 15 日，南京国民政府根据张学良的推荐，任命莫德惠为中苏会议的全权代表。中苏曾定于 1 月 25 日会谈开幕，但因中原大战爆发，会谈延期。莫德惠于 5 月 9 日到莫斯科，6 月 1 日正式与加拉罕会谈。会谈分中东路、通商和复交三个问题。苏方坚持要以 1924 年的两个协定和伯力议定书为基础进行谈判，但中方并不同意伯力议定书。后中方提出要赎路，苏方坚持先恢复中苏外交关系和缔结贸易协定等，对赎路不感兴趣。1930 年 6 月至 1931 年 10 月 7 日，中苏代表共举行了 25 次会谈。但由于双方的观点相差太远，谈判毫无结果。会谈期间，列强曾想乘机插手。美国建议要购买中东路权，日本也极力反对中苏恢复关系。

还在中苏谈判期间，“九一八”事变爆发，包括中东路在内的整个东北为日本所占领。苏联在谈判中表示对中国的同情，有关谈判不得不终止。苏联于 1931 年 12 月，主动提议与中国恢复外交关系。1931 年 6 月 6 日，南京国民政府中央议决对苏复交，外交部长罗文干训令中国在日内瓦出席裁军会议代表颜惠庆为中苏复交谈判代表，与苏联代表李维诺夫在日内瓦密谈。1931 年 12 月 12 日，双方宣布复交。颜惠庆为驻苏大使。颜惠庆于 1933 年 3 月 5 日抵莫斯科，苏联大使鲍格莫洛夫于 5 月 2 日到南京。

中东路事件是当时国际上所掀起的一系列反苏事件中最严重的一起。由于帝国主义对南京国民政府的反苏行动纵容默许，使国民党敢于放手去干。然而，苏联在中东路管理中无视中国方面的正当要求，事后又大举出兵进攻中国，对事件的发生和加重也负有责任。

南京国民政府初期的外交，以“联美抑日反苏”为中心展开，进而推动修约。这一方面是为了求得欧美列强的支持，另一方面也是为了满足国内爱国主义运动的要求，从而巩固国民党政权。收回关税自主权是中国为摆脱不平等条约束缚所迈出的重要一步，加入非战公约使中国的外交活动进入国际多边外交的领域。尽管反苏反共是南京政府的基本政策，但由于日本对东北的野心，中日矛盾日益凸显。为应对日本的扩张，南京政府不得不改善对苏关系。

思考题：

1.“联美抑日反苏”政策有哪些内容？

2.修约谈判怎样进行？取得哪些进展？

3.为什么发生中东路事件？

4. 试分析南京国民政府初期的对外政策。

参考书目：

吴东之：《中国外交史（中华民国时期）》，河南人民出版社1990年版，第二、三章。

石源华：《中华民国外交史》，上海人民出版社1994年版。

王建朗：《中国废除不平等条约的历程》，江西人民出版社2000年版。

牛创平、牛冀青：《近代中外条约选析》，中国法制出版社1998年版。

洪均培：《国民政府外交史》，华通书局1930年版。

史全生：《南京国民政府的建立》，河南人民出版社1987年版。

程道德：《中华民国外交史资料选编》（1919～1931），北京大学出版社1985年版。

王铁崖：《中外旧约章汇编》，三联书店1962年版（1982年再版）。

第十五章

南京国民政府应对日本扩大侵华的外交活动

南京国民政府名义上统一了中国，开始进行修约外交，使日本独占中国的企图受到某种程度的抑制。然而，日本军国主义者为实现其控制中国、称霸亚洲的野心，决心采取行动，扩大对华侵略。面对日本的战争行动，南京国民政府却姑息妥协，步步退让，中华民族被拖进灾难的深渊。

第一节　南京政府在“九一八”事变中的不抵抗政策

1.“九一八”事变

在南京国民政府努力建立对全中国的统治和积极进行修约外交的同时，日本帝国主义则在磨刀霍霍，准备扩大在华的侵略扩张。早在南京国民政府成立不久，日本政府便于1927年6月底7月初在东京召开了一次所谓“东方会议”，确定了统治满洲进而控制整个中国的战略步骤。“东北易帜”的完成使日本政府企图阻止中国实现统一的阴谋未能得逞。日本感到他们在中国特别是在东北的利益扩张将会受到制约。南京国民政府外交部长王正廷曾就修约外交进行说明，强调新政府的外交进程：第一期收回关税自主权，第二期取消治外法权，第三期收回租界，第四期归还租借地，第五期收回铁路权、内河航行权、沿海贸易权。1931 年 4 月 14 日，日本代理驻华公使重光葵拜访王正廷，询问此程序是否属实。王作肯定答复，并补充说明，收回租借地也包括大连、旅顺。对此，日本关东军参谋石原莞尔认为，在这种情况下日本只能在总退却与武力解决二者间选择其一。日本军国主义者感到必须积极推行大陆扩张政策，按既定的战略步骤，打击敢于抵制日本利益的东北当局，夺取对整个东北的控制权，为今后征服中国做准备。

1931 年 6 月，日本陆军省制定了《解决满洲问题方略大纲》，决定对中国东北“采取军事行动”，并指定由参谋本部为关东军提出作战计划。为此，日本制造两起事端，掀起了反华浪潮。第一起事件是“万宝山事件”。这年 7 月，日本鼓励朝鲜侨民在长春以北的万宝山小镇强挖水渠，占中国农民的土地。中国农民交涉无望，便自行填壕。日本警察随即前来镇压，甚至开枪打死打伤农民多人，十几人被捕，进而开始军事调动。因中国官方保持镇静，事态未扩大。第二起事件是“中村大尉事件”：6 月，日本参谋本部大尉中村震太郎，假冒农事专家，潜赴东北各地刺探军事情报，在黑龙江哈尔滨的兴安区被东北屯垦军逮捕处死。8 月，日本驻沈阳总领事向中方提出抗议，日本军部乘机在日本国内进行仇华煽动，声称“日本在满洲的特权与利益，现处在危险中”。“满洲问题除使用武力外，别无解决途径”。

1931 年 9 月，日本军方在东北进行军事部署，进行一系列“出动演习”，开始有预谋、有步骤地为武力占领东北做准备。9 月 18 日晚上 10 点左右，日本军人炸毁了南满铁路沈阳北部柳条沟的路轨，反诬是中国驻军破坏，并以此为出兵的借口，向北大营和沈阳城发动突然袭击，从而挑起了“九一八”事变。第二天早晨，日军便占领了沈阳，向东北全境发动进攻。仅19日这一天，日军就占领了本溪、凤城、安东、辽阳、海城、营口、抚顺、开原、四平、长春等城市。到9月底，日军即侵占了辽宁(除辽西)、吉林二省，11月底占领黑龙江省，次年1月占锦州。仅百余天内，东北100多万平方公里土地，3000万同胞即沦于日本帝国主义的蹂躏奴役之下。

2. 南京政府的不抵抗政策

面对日本侵略军的猖狂进攻，南京国民政府却采取“不抵抗政策”。当日本开始着手在东北军事行动时，蒋介石正亲自率领大军在江西围剿中国共产党领导下的红军。他还在对付其他反蒋势力。1931年7月12日，蒋介石曾致电张学良称：“现非对日作战之时，以平定内乱为第一。”7月23日，他又发表告国民书称：“惟攘外必先安内”，“不先消灭赤匪，恢复民族元气，则不能御侮，不先削平粤逆，完成国家之统一，则不能攘外。”在“九一八”事变爆发前夕的8月16日，蒋介石曾密电张学良，要求“无论日军此后如何在东北寻衅，我方应不予抵抗，力避冲突”。从而明确提出了“不抵抗政策”。张学良根据这一要求，立即致电在沈阳的东北军参谋长荣臻：“现在对日外交渐趋吃紧，应付一切，亟宜力求稳健，对于日人无论其如何寻事，我方务当万分容忍，不可与之反抗致酿事端。”于是，不抵抗政策被贯彻至东北行政各部门和军队之中，致使中国军队面对日本军队的进攻，既没有事先进行军事上的准备，也几乎不作抵抗。

事变发生后，东北军曾向南京政府致电请示，蒋介石在致张学良电文中称：“沈阳军事行动，可作为地方事件，望力避冲突，以免事态扩大。一切对日交涉，听候中央处理可也。”之后，南京国民政府于9月20日至23日，连续向日本政府提出了三次抗议照会。内容是：(1) 日军的行动实为蔑视非战公约，破坏和平；(2) 中国军队毫无抵抗而日军仍继续进攻，这是故意破坏和平，其责任应由日方负之；（3）要求日本撤军，恢复原状。可是，日本政府对中国的抗议不但不作任何答复。反于9月24日发表声明，颠倒黑白地诬陷说事件是因中国军队的挑拨造成的，谎称“已采取步骤，撤退军队，解决这种变局”，并虚伪地表示“日本于满洲，绝无领土野心”。

9月21日，蒋介石在召开的党政军干部会议上称：“余主张以日本侵占东三省事实，先提交国际联盟与签字非战公约诸国，此时唯有诉诸公理。”在9月22日的南京市党部党员大会上，他在演说中称：“先以公理对强权，以和平对野蛮，忍痛含愤，暂取逆来顺受态度，以待国际公理之判断。”9月23日，南京国民政府发表《告全国同胞书》，声称：“政府现实既以此案件诉诸国联行政会，以待公理之解决，故已严格命令全国军队，对日避免冲突。对于国民亦以告诫，务必维持严肃镇静之态度。”之后，南京国民政府成立了由蒋介石直接主持的“特种外交委员会”。11月，该委员会会议通过了“现在处理时局之根本方针”，全面阐述了南京政府对局势的估计及对日方针。其内容：（1）日本军事政策是要占东三省；（2）英德不愿对日作战，故国联不会采取有力制裁措施；（3）美国可能会引《九国公约》对日本作有力的抵制；（4）中国的“对外策略”是不对日本宣战，须尽力顾及实际利益而在军事上作出牺牲；（5）表明中国政府完全信任国联之意；（6）不与日本进行交涉。1932年1月11日，蒋介石在奉化武岭学校作“东北问题与对日方针”的演说时，提出了他的所谓对日“四不”方针：不绝交、不宣战、不讲和、不定约。他认为中国没有“国防实力”，若宣战绝交则中国“在三日内悉为敌人所蹂躏，虽欲不屈服而不可得”，而且“自失其国联盟约，非战公约与九国公约之权利”，“负破坏和平破坏公约之责”。因此，对日绝交宣战是“自取灭亡”之“绝路”。这种“不抵抗政策”助长了日本帝国主义的侵略气焰，使日军轻而易举地夺取了东北三省。

第二节 国际联盟的调处

在日本帝国主义加紧在中国东北进行侵略扩张的时候，南京国民政府把约束日本的希望寄托在国际联盟的身上，采取了依靠国联支持的外交政策。

1. 国联对“九一八”事变的讨论

事变爆发后，南京国民政府电令中国驻日内瓦的代表施肇基，按国联盟约第十一条之规定，将此问题提交国联行政院。9月21日，施肇基便就日本侵略中国的“九一八”事变照会国联秘书长，陈述日军侵华经过，甚至强调“中国军队及人民因遵守本国政府命令，并未抵抗，以避免任何可能使情势扩大之举动”，声明事变的爆发“中国方面绝不负其咎”。进而请求国联依盟约第十一条之规定，“采取相当行动之必要”阻止情势的扩大，促使恢复事前的原状，并要求得到赔偿。

国联秘书长立即把此照会转致各会员国，国联理事会则于9月22日开会讨论。在施肇基报告了中国的情况后，日本代表发言，公然否认了中国代表提出的事实。谎称事变之动因是“中国军队毁坏沈阳附近日本铁路一部分所致”，称事变的爆发是因中方使中日关系紧张所致，虚伪地保证“日本政府并无扩大局势，或对中华民国开战之意”。反对国联干涉，主张中日间直接交涉。他并威胁说：“处此局势，如干涉过早，结果必不堪设想，徒足鼓起日本已激昂之舆情，有碍和平之解决。”对日本代表厚颜无耻的谎言，施肇基表示，日本不撤退其军队，中国不可能同日本直接交涉。要求国联派一调查团到中国进行调查。这次会议的结果是国联行政院授权大会主席白里安，向中日双方提出国联关于中日冲突“第一个决议案”：(1)“紧急通知中日两国政府，请双方防止足以扩大形势和妨碍和平解决的任何行动”；(2)“两国立即撤兵，而不危及两国人民生命财产的安全”。

此后国联数次开会，日本方面强词夺理，中日双方争议毫无结果。最后，在9月30日的国联行政院会议上通过了一项议案，内称希望中日两国“不要采取任何促使情势恶化的行动”。还荒谬地表示承认日本代表所宣布的日本对东北无领土野心，日本已开始撤退军队的声明，希望两国尽早恢复关系。国联理事会的这一决议实际上是认可并纵容了日本的侵略。

西方列强为什么置日本侵略中国因而破坏了华盛顿体系的事实于不顾呢？这是因为西方列强既担心日本独霸中国，更将社会主义的苏联视为心腹之患。“九一八”事变的发生使它们看到了一个机会，企图通过纵容日本对东北的侵占，牺牲中国的利益，引诱日本北上去进攻苏联。这样，既可以打击苏联，又可以削弱日本。

但是，西方列强并不愿让日本随意行动。在长城以南，英、美、法等列强都保有较重要的利益，特别是长江流域，更是它们的在华利益中心。因此，它们只希望日本占领东北后即向北进攻，而不愿它南下扩张。“九一八”事变发生之初，美国务卿史汀生便与日本大使屈渊商谈一项秘密谅解，美国同意“不与闻满洲事变（九一八事变）”，日本则允许美国在中国“什么事都好商量”。鉴于锦州以南有英国投资修建的北宁线，美国要求日本军事占领应限于锦州以北。

可是，10月8日，日本派飞机轰炸锦州，表明了南下扩张的意图。因此，国联理事会于10月13日提前开会。会上，中国代表再次陈述了日本侵略的事实，指责其对世界和平的威胁，重申要求日本撤兵。日本代表继而发言，声称日本在满洲的利益是用日本人的金钱和生命换来的，对日本的经济与生存至关重要。中国方面不但侵害了日本国民，且破坏了条约权利。故“九一八”事变是由于中国过去一切专擅烦扰的行为所致。继而日方再次要求中日直接交涉。由于日本代表的胡搅蛮缠，会议无果而终。鉴于日本轰炸锦州，违反了它对美国的承诺。美国国务卿对此非常恼火。由于美国不是国联成员，难以对日本施加压力。10月12

日美国务院致函国联秘书长，表示对中日纠纷的关切，要求参加国联讨论。10月15日，理事会主席提议，作为非战公约的发起国，美国应参加国联理事会讨论。除日本反对外，各国皆表赞成。10月16日，美驻日内瓦总领事吉尔伯参加会议。10月22日，理事会为了警告日本不得向南发动军事行动，提出了第三个决议案，要求"日本政府立即开始，并顺序将军队撤至铁路区域以内"，并要求日本"在规定之下次开会日期以前，完全撤退"军队。同时要求中国切实保障日本人在东三省的安全。议案宣读后，日本当即投了反对票。按盟约规定，决议案只有全体会员通过，才有法律效力。理事会主席白里安只得宣布这一议案只有"道义力量"而无法律约束力。

11月16日，理事会又在巴黎开会。美国代表拟定了一个解决满洲问题的折中方案。根据此方案：中国应撤退到长城以内，亦即退出整个东北。锦州可划为"中立区"，由美、英、法三国军队驻守。这一方案的实质是企图限制日军向华北进军，而将其刀锋引向北方的苏联。南京国民政府对这一方案表示赞同。11月25日，南京国民政府紧急训令其代表向理事会提出一个提案，"要求理事会采取适当措施，在中日军队驻扎地之间设立一中立区。该地带应由英、法、意及其他中立国部队驻守。而受理事会之指挥，……中国军队可退至长城以内"。这一提案附和了美国的主张，无异于承认日本对整个东北的占领。由于全国人民的激烈反对，南京国民政府被迫于12月4日，训令其代表撤回这一提案。

日本代表极力反对锦州设立中立区。为了争取时间，完成其侵略计划，制造伪满洲国。日本代表又于11月12日提议，国联可派一调查团，赴"满洲和中国"调查实际情形。但他又声明："该团无权干涉中日间发起的交涉，也无权监视中日任何一国的军事行动。"各国代表原则上同意日本的提案。12月10日，国联理事会通过了第四个决议案，决定派遣一个由列强代表组成的五人调查团前往东北进行调查，并向理事会作出报告。

就在国联通过了派调查团前往东北进行调查这一决议后，日本军队打破了列强对它的南下限制，于1932年1月3日侵占了锦州。此举表明日本将以东北为基地，向华北进攻。日本的这一行动使美国很恼火，它于1月7日分别向中日两国送交了同样内容的照会，声明“美国政府不能认可任何事实上的情势的合法性，也无意承认中日两国政府或其代理人间所缔结的可能有损于美国或其在华国民的条约权利，包括关于中华民国的主权、独立或领土及行政完整，或关于通称为门户开放政策的对华国际政策在内的任何条约或协定；也无意承认以违反1928年8月27日中日美均为缔约国的巴黎公约的条款与义务的方法而导致的任何局势、条约或协定”。这就是国际关系史上所称的“不承认主义”。它表明美国对日本不北攻苏联转而试图南下独霸中国的行为强烈不满。

中日两国都对美国的“不承认主义”照会作了答复。中国表示：“坚持主权独立及领土完整之原则，决无订立此项条约或协定之意。”日本则试图安抚美国，表示“日政府将尽力维持满洲的门户开放政策，与在中国本部无异”，从而将满洲与中国本部分开。他声称中国出现不安及分裂之状态，故华盛顿条约之适用要考虑此现状，表明日本可不遵守此条约，进而反诬中国官员自行逃走，不能自行组织，故满洲官员的更换属必要，从而为建立伪满洲国寻找借口。

这样，国际联盟对中国诉求制止日本的侵略，除了进行一番毫无实际意义的空论外，没有采取任何实际步骤解决问题。

2.“一二八”事变和“淞沪停战协定”

日本完全占领东北后，便开始筹划建立伪“满洲国”，以便将这块土地从中国分离出去，为它将来进一步吞并做准备。为此，日本政府计划在中国的南方发动一次事变，以便掩人耳目，转移列强的视线。

1932年1月18日，日本在上海的侨民在日本领事馆武官的指使下，在反日倾向很明显的三友实业社滋事。1月20日，日本浪人即放火烧毁了这个实业社。上海市政府随即向日本领事馆提出口头抗议。日方总领事却反提出了严重抗议，要求中国政府：(1) 道歉；(2) 赔偿；(3) 惩凶；(4) 解除抗日团体。并限四十八小时答复，否则将采取自由行动。同时，日方集中日舰于黄浦江示威，调集陆战队登陆布防。上海市长吴铁城于限期前全部接受了日本的无理要求。日本领事本已满意，但日海军司令盐泽又于1月28日夜10点25分通知上海市政府，迫令中国军队撤出闸北。随后，日军即向驻闸北的天通庵车站的中国驻军进攻，淞沪战争揭开了帷幕。

日本政府发动上海"一二八"事变，既可以隐蔽它在东北的新的扩张行动，又可以通过进攻当时中国的经济中心上海，对南京政府造成军事压力，可以迫使蒋介石集团更加驯服。日本发动军事进攻后，驻扎在上海的由蔡延锴领导的十九路军进行了英勇的反击，在上海人民和全国人民的支持下，抗击日军三日，使之未能前进一步。日军屡遭挫败，增援四次集中大军10万。直至3月2日，中国军队才被迫放弃了第一道防线，转移至上海的南翔一带。

事变发生后，南京国民政府于1月30日急忙宣布迁都洛阳，但又不愿与日本决裂。2月6日，新任行政院长汪精卫发表声明称："迁都洛阳即无意与日本断绝外交关系，亦无意对日宣战。"国民政府不积极援助英勇抗日的十九路军，甚至还与日本侵略军进行沟通，作出缓和的姿态，同时寄希望于西方列强对日本施加压力。事变第二天，国民政府便电令国联代表颜惠庆在国联理事会上就日本新的侵华行动提出申斥。颜惠庆除保留国联盟约第十一条外，又另引第十、十五条说明日本的行为是一种侵犯，希望在国联发挥作用和平地解决中日问题。

由于日本对上海的进攻直接触及了西方列强在中国的利益中心，列强改变了"九一八"事变后的消极态度。1月31日，英美同时增派军舰到上海，还共同抗议日本使用公共租界作为作战基地，并于2月1日，向中日两国政府提出解决上海事变的建议：中日两军同时后撤，在两军之间设立“中立区”，由“中立国”担任警卫，中日两国在中立国代表的参加下进行谈判，以解决“纠纷”。法意两国也提出了同样的照会。南京国民政府对美英法意的照会表示赞同，日本则反对。同时，英法等国还在国联理事会上向日本施加压力。2月2日，理事会应英国的要求，专门举行会议讨论上海事变。英国代表声明：“英国政府认为远东的现状，不能任其继续下去了。”他说上海已经变成战场，国联会员国不能对此漠不关心。英美已决定作进一步的努力，使可悲的现状终止。2月9日，英国代表发表两点意见：(1) 要日本保证尽快结束敌对行动；(2) 英国政府感到上海事态的严重，愿把英国在上海的全部势力，同他国在当地的势力，在可能范围内供理事会使用，以帮助使战争早日终止。2月24日，美国国务卿史汀生发表了他致参议员波拉的函件，声明“九国公约是实行对华门户开放主义之法律根据”。他表明美国一直坚持这一公约，又重申了他的“不承认主义”以及应使“中国横被剥夺之权利，终克复归原主”的主张。

2月19日，日本代表则发表了自理事会召开以来最无理狂妄的一个声明，声言国联盟约仅适用于有组织的国家，而中国内战十几年情况完全混乱，“并非有组织的国家”，故盟约不适用于中国。日本所采取的行动，纯为保护自身利益，绝非侵略行动。中国代表则在3月3日的国联大会上发言，说明了“九一八”事变以来的中日争端，要求日本在中国的一切敌对行为停止，日军撤退，“以和平的方法，解决中日问题一切争端”，同时指明大会应承认盟约已被破坏。3月11日，大会通过了“解决中日问题的提案”，指责日本“武力压迫”中国与“盟约精神相违背”，“联合会会员均不承认”。大会决议选出六个国家，会同大会主席和理事会除中日以外二十二国，组成一个“十九国委员会”，调解中日问题。

由于英美采取了比较强硬的态度，国联大会对日本进行了遣责，日本感到很被动。鉴于伪满洲国3月初已建立，首要目的已达到，日本便同意了列强的调解。2月28日，中日双方在英国“肯特”号舰上举行非正式会晤，中方代表：黄强、顾维钧；日方代表：第三舰队司令野村吉三郎、松冈洋右。英美驻华公使和舰队司令参与谈判。之后是日本驻华公使重光葵与中国外交部次长郭泰祺会谈。双方经一段时期的争论，在英国调停的基础上，于5月5日签订《上海停战协定》，或称《淞沪停战协定》。协定内容为：(1) 双方停止一切敌对行动；(2) 中国军队留驻于协定前的原驻扎地区；(3) 日本军队撤到公共租界及虹口方面之越界筑路地域，日军撤退后的地区由中国警察接管。日军可暂住邻接地区。三个附件的主要内容：一、取缔抗日运动；二、十九路军换防；三、浦东和苏州河南岸中国不得驻兵。协定虽然使日本停止了军事行动，但却迫使国民政府同意日军可以在其所控制的上海部分地区驻军，这既侵犯了中国主权，又为将来日军采取军事行动创造了条件。

3. 李顿调查团和国联不承认伪“满洲国”

1932年1月21日，国联理事会派遣的调查团正式成立。英、法、美、意、德和中日等国均派出代表。其中英国是前印度总督李顿、法国是前驻印度支那军司令官和法国殖民地防御委员会主席克莱德、美国是前任菲律宾副总督的麦考锡。日本派出其驻土耳其大使吉田，中国则派顾维钧为代表。

2月初，调查团离欧洲，到美国，再到东京，与日本政要会谈，直到3月14日始到上海，3月26日到南京，4月9日到北平，4月20日才到达东北。而这时“满洲国”已成立一个多月了。调查团在东北拜会了日军关东军司令本庄繁，又与傀儡伪“满洲国”皇帝溥仪会谈。日本对调查团严密封锁消息，严禁外人与之接触。6月5日，调查团回到北京与南京国民政府会商，又赴东京与日本政府商谈，7月20日回到北京起草报告书。9月4日，调查报告书在北京签字，并于10月1日在日内瓦、东京和南京同时发表。

国联调查团报告书前八章叙述事实，后两章提出解决问题的原则和建议。其主要内容有：（1）报告书把矛头指向苏联，称“苏联输入的共产主义的传布应该认为是基本因素之一”，宣称日本侵占东北，不是“此一邻国以武力侵犯彼一邻国边界的简单案件”，而是有“赤色的危险”。近年来苏联在外蒙的优势和共产主义滋生于中国使日本忧虑。（2）报告书称中国的共产主义发展使日本忧虑“日益增加”，中国人抑制日货行动为“中日冲突之重要原因”。（3）报告书明确地指出满洲是中国领土，中国也并非无组织的国家。中国的门户开放原则必须维持，以防止日本独占满洲。（4）报告书对日本所采取的手段“不能认为是合法的自卫手段”，提出了解决中日问题的原则：不承认日本对满洲的独占，不承认伪“满洲国”；但因“满洲为日本的生命线”，故日本势力应留在满洲，其他强国“在此争议中亦有重大利益必须保卫”；在满洲应设立一自治政府，由外国人组成“顾问会议”来决定其内外大事，日本人在其中可占有重要比例。

这一报告书虽然明确了东北地区为中国领土，但对日本的侵略行径并未给予谴责，甚至以列强共同侵犯中国行政完整的方式换取日本对东北的独占。对此，南京国民政府训令出席会议的中国代表，对报告书表示原则同意。日本则对报告书很不满意，认为“满洲国”之成立并非日本推动而是当地民意，中国不能被看作是有组织的独立国家，不能有领土完整的主权，并明确反对在满洲实行共管。

12月6～9日，国联大会就李顿调查团报告书进行讨论，之后又在十九国委员会上讨论。就在国联为报告书争论不休时，日军于1933年1月1日，进占了山海关，公开暴露了侵略中国华北的野心。国联大会才于2月24日通过了关于中日争议报告书，其内容基本上是根据国联调查团报告书整理出来的，态度稍微强硬了一点。主要内容是：（1）按非战公约和九国公约来解决满洲问题；（2）在南满铁路之外的日军应撤退；（3）在满洲建立一高度自治的特殊政治制度，同时照顾日本的特殊利益；（4）建议国联会员国今后不得在法理上或事实上承认伪满洲国；（5）建议中日两国在一特设的顾问委员会参与下，举行谈判解决满洲问题等。这样，中国要求不承认伪满洲国的目标达到。大会通过这一报告议案后，日本代表当即全体退席以示抗议。此时日军已向热河发动进攻。2月27日，日本正式声明退出国联。国联对中日问题的调解宣告失败。

此后，南京国民政府利用日本退出国联之机，要求国联对日本进行制裁。然而，直到抗日战争全面爆发，国联均未通过任何制裁日本的议案。这样，南京国民政府利用国联牵制日本，制裁日本的外交方针以失败告终。日本在东北扶植了伪"满洲国"傀儡政权，开始实行殖民统治。尽管南京国民政府没有采取抵抗措施，但东北地区广大的爱国人民不顾日本的残酷镇压，展开了顽强的抗日斗争。

第三节　日本侵入华北与对日妥协外交

1933年初日本继而侵入中国华北地区，南京国民政府放弃了不对日交涉的立场，在日本军队的步步进逼下，进行了一系列妥协退让的外交活动，导致华北危机日益严重。

1. 屈辱的对日交涉

日本侵占山海关后，进而向华北发动进攻。1933年2月23日，日军声称热河省属于伪"满洲国"，分兵三路向这个省发动进攻。3月4日，日军未遇抵抗即占领省会承德，一周后占领了全省。之后，日军继续向由中国军队驻守的长城各口进攻。驻守在喜峰口、古北口和冷口的国民党军队进行了抵抗。这就是所谓的"长城抗战"。抵抗三个月后，中国军队撤到北平和天津一线。五月中旬，滦河、蓟县、三河、石匣、密云和通州等地相继陷入日寇铁蹄之下，日军逼近中国北方最重要的平津地区。

这样，南京国民政府改变了不与日本直接谈判的外交政策。首先派人与日本在上海接触，继而让黄郛、张群、何应钦三人到北平主持与日谈判事务。5月中旬，在新任华北政务委员会委员长黄郛的主持下，开始与日本侵略军进行正式交涉。南京国民政府的态度是，尽一切可能实现与日本的妥协。蒋介石则在致黄郛电中称，所签订的应是“停战协定，即非议和条约”。汪精卫则致电黄郛称：“除承认伪满洲国，割让四省之条约外，其他条件皆可答应。”

5月30日，中日双方在塘沽日军驻地进行谈判。会场周围，警戒森严，日军军舰停泊近海，炮口直指会场。谈判一开始，日方便提出协定草案，日方态度强硬地对中国代表熊斌表示，这是最后方案，一字不容改，应在一个半小时内明确答复。熊斌要求对协定某些内容作补充说明，或提一下中国方面的意见和条件。日方却蛮横表示，必须先签字，后谈说明。

5月31日，“塘沽协定”在中国方面没有任何申明和反驳的情况下，完全满足了日方的要求。由日本关东军参谋长冈村宁次少将和南京国民政府北平军分会总参议熊斌在协定上签字。协定主要内容是：（1）中国军队撤至延庆、昌平、顺义、通州、香河、宝坻、芦台等所连之线以西以南地区，不得进行一切挑战扰乱之举动；（2）日军为确悉第一项之实行情形，随时用飞机和其他方法观察，中国方面应予便利和保护；（3）日军如确认第一项所示规定中国军队业已遵守时，即不再越该线追击，自动退回至长城一线；（4）长城线以南及第一项所示之线以北、以东为非武装地带，这一地区的中国警察不得由对日本感情敌对的人员组成。

塘沽协定签订后，日本关东军并不满足，认为协定并未表示中国政府承认“满洲国”或承诺不侵犯满洲。为此，关东军要求中日间重新审议和讨论。1933年11月6日，冈村携一份“塘沽协定善后会议解决大纲”的文件到北平，与黄郛和何应钦交涉。11月7日，双方正式谈判，讨论的议题有二，一是长城守备问题，二是伪满洲国在长城各口设立机构及名称问题。谈判中，中方一再让步，双方最后形成了会谈纪要：（1）中国接收长城线以西、以南地区；（2）日本可以在长城各口设立关东军指定诸机关；（3）中方提供一切优裕条件允许日军在非战区驻扎；（4）中国应与关东军指定代表商谈关内外通车、通航、通邮事宜。双方在会议纪要上所达成的协议，虽无满洲国字样，但南京国民政府事实上已同意可以与伪“满洲国”打交道，从而在政治上作出重大让步。

2. 日本侵华野心的暴露与南京国民政府的协调外交

塘沽协定签订后，日本在军事上已处于兵锋直逼华北平津地区的有利地位。为实现控制整个华北的目的，日本在保持军事压力的同时，试图通过外交讹诈，迫南京国民政府屈服。面对日本的威逼，南京国民政府采取了新的外交方针，即所谓“协调外交”。它一方面努力寻求欧美援助，一方面对日本表示“亲善”，稳住中日关系，以便它集中精力围剿共产党。

为排斥英美势力，阻止中国从英美国家获得援助，日本外务发言人情报局长天羽英二于1934年4月17日发表了一项狂妄的声明，主要内容是：（1）日本与中国有特殊关系，故日本对华态度与各国不同；（2）维持东亚和平秩序，日本负有单独的责任；（3）中国如要利用他国排斥日本，日本决不允许，而中国与外国商订条约，须先通知日本；（4）各国对华采取共同行动，即使是“财政援助或技术援助”，日本亦不得不加以反对。这一声明充分暴露了日本不仅占领东北和热河，而且要控制全中国的野心，同时也反映了日本试图将欧美国家排除出中国的意图。

南京国民政府不敢对这一声明进行驳斥，在4月19日的外交部声明中，只是软弱地表示“中国政府从无欲中伤任何他国之意，并无扰乱东亚和平之念……”中国与他国的合作“限于不属政治之事项”。由于声明对日本独占中国的意图和干涉中国内政的言论无一字驳斥，引起各方面人士的不满。因此，南京国民政府又于4月26日发表第二次声明，表示“中国的主权与其独立的国格，断不容任何国家以任何借口稍予干预”。责备日本影响中国的“门户开放”，但也保证中国与其他国家的经济关系，“本无排除任何国家之意”。显然，南京国民政府既试图加强与西方国家的关系，又不敢得罪日本。

为了避免刺激日本，导致更大的冲突，南京国民政府进行了一场与日本“亲善”的协调外交活动，把对日本妥协的政策向前又推进了一步。1934年10月，蒋介石以徐道邻的名字，发表了《敌乎？友乎？——中日关系之检讨》一文，向日本卑躬屈膝地表示“日本人终究不能作我们的敌人，我们中国亦究竟须有日本携手之必要？”11月27日他甚至在对日本记者的谈话中表示：“中国日本为东亚兄弟之邦，应以道义相处。”1935年1月，日本广田弘毅外相假惺惺地表示要实行“中日亲善，经济提携”的对华新方针。蒋介石立即作出回应，2月14日对日本记者说：“中日两国，不仅从东亚大局看来，有提携之必要，即为世界大局设想，亦非提携不可。”

南京国民政府不仅口头表示中日亲善，而且落实在行动上：1934年5月南京国民政府与日本达成华北与伪“满洲国”的通车协议，7月1日正式通车。同时，南京政府与伪“满洲国”达成海关协议，同意让伪“满洲国”在山海关和长城各口设立海关，从而实现“中日满”合作共同防止走私。1935年1月，南京政府又与伪“满洲国”通邮。为了表示对日亲善，南京国民政府取消了抵制日货法令，改变了对日的宣传，5月17日同意将日本驻华代表由公使升格为大使，以示“调整邦交”的诚意。6月10日，国民政府颁布荒谬的“邦交敦睦”令，禁止中国人民发表反日侵略的言论和组织抗日团体，“如有违背，定予严惩！”南京国民政府试图以这些行动缓和与日本的矛盾，但这种违背国家根本利益的做法遭到了广大民众的反对。

3.“华北事变”时的中日交涉

南京国民政府的不断妥协，并没有阻止日本帝国主义的侵略行径，经过一段时间的准备后，日本又开始了进一步侵略中国华北地区的活动。

日本关东军首先把察哈尔和内蒙古西部地区作为蚕食对象。1934年10月17日，日本天津驻屯军参谋川口等八人，潜入察东“游历”，在张北县南门，被宋哲元部132师所阻，争执后始放行。日方立即对此提出抗议。1935年1月22日，日方借口中国军队与伪满自卫团发生冲突，出动大批日伪军，向热河与察哈尔交界地区发动进攻。从而挑起了所谓“华北事变”。

中国驻华北军事长官宋哲元将日本的军事挑衅电告中央，南京国民政府却电令应由地方交涉解决。1月30日，关东军与北平军分会在北平举行会谈，并达成协议：（1）中方对察热边境不幸事件表示遗憾；（2）察省如数交还所收热民团枪械；（3）中国军队绝对不侵入石头城子、南石柱子、东栅子（即长城东侧的村落）之线及以东地区。2月2日，双方又在谷寿夫旅团驻地大滩会谈。中方是37师参谋长张樾亭，日方是谷寿夫。根据北京的协议，正式口头约定上述协议。这样，南京国民政府丧失了对沽源县长城以东地区的控制权。

1935年5月，日本无理指责中国军队开入冀东“非武装区”是破坏塘沽协定，又利用天津租界两名汉奸被刺，责备中国当局搞排日活动。日本的华北驻屯军司令梅津美治郎从关外调集大批军队入关进行威胁，并向南京国民政府军事委员会北平分会主任何应钦提出了九项要求。6月9日，日军酒井隆参谋长正式提出最后通牒：（1）撤退驻河北的东北军及中央军部；（2）取消河北省及平津两市的国民党党部；（3）河北省主席及平津两市长撤职；（4）取消河北省的抗日活动。6月11日，又增加三项条件：（1）凡使中日关系紧张的团体组织概不准进入河北；（2）任命河北省主席和平津两市长时应尊重日本的愿望；（3）日本可监督以上各条件的实施。何应钦当即将此条件电告南京中央政府。行政院长汪精卫复电完全接受日本的要求，但国民党中央政治会议和国防会议则决定只对日方作出口头承诺。鉴于日方强制要求中方作出书面答复。7月6日何应钦致函北平军分会办公室主任鲍文樾，写明"6月9日酒井隆参谋长所提各项均承诺之。"此函件转交到了日本的华北驻屯军。这样，对日妥协退让的《何梅协定》即告形成。这一承诺是南京国民政府的对日妥协退让外交的又一重大行为。

日本帝国主义在侵略华北的同时，又向察哈尔省进行扩张。1935年5月30日，日军特工四人从多伦到张家口，故意不带护照以便挑起事端。6月5日，他们在张北被中国驻军扣留一夜。次日，察哈尔省政府得讯后即令释放。但日军却将这件事渲染为"张北事件"，以此为借口向察哈尔边境调集四万军队，不断派飞机到平津示威。6月23日，南京国民政府命令察哈尔省民政厅长（二十九军副军长）秦德纯与日关东军代表土肥原贤二在北平谈判。谈判期间，土肥原闯入秦德纯的办公室，狂言威胁。秦怒不可遏，强制忍耐以致吐血倒卧沙发。6月27日，双方以换文的形式达成协议。主要内容是：（1）中方向日军道歉，撤换该事件有关系的中国军官，担保日本人在察哈尔省可以自由无阻地往来；（2）取消察哈尔省境内的国民党机关；（3）成立"察东非武装区"，二十九路军队从该区全部撤走；（4）察省主席宋哲元撤职。根据这一所称为的《秦土协定》，察哈尔省落入日本的控制之中。

日本加强对华北侵略的"华北事变"，逼使南京国民政府步步退让，《何梅协定》和《秦土协定》的形成，使日本帝国主义实际上控制了河北和察哈尔省，国民党在华北势力受到巨大打击，从而逐渐激化了南京国民政府与日本的矛盾。

第四节　寻求外援的"与国外交"

南京国民政府寻求国联调解的同时积极寻求国际的同情和援助。南京国民政府把外交方针制定为："极力争取与国，并揭发日本军阀'要征服世界，必先征服中国'之野心，提高美英各国之警惕；同时信赖国联对"九一八"事变之调处，使全世界人士均能认清日本不顾集体安全，甘为戎首之侵略行为，俾能求取国际上对我之同情与援助。”

1. 与苏联复交

“九一八”事变后，中苏复交谈判改在日内瓦秘密进行。1931年9月24日，苏联人民外交委员发表声明：“苏联在道义上、精神上、感情上完全同情中国，并愿作一切必要的帮助。”12月22日，苏联人民委员会主席莫洛托夫指出：苏联与中国东北有着共同的边界，必须提高警惕，声明苏联政府将信守非战公约，尊重中国与其他各国签订的国际协定。在这种情况下，中国各界提出与苏联恢复邦交。1932年6月6日，国民党中央决定与苏复交，并缔结互不侵犯条约。7月6日，苏方表示同意。在谈判中，中方提出解决两国间的遗留问题为恢复邦交的先决条约。苏方表示应先无条件复交，再议其他。中国让步。中苏于1932年12月12日恢复了外交关系。颜惠庆被任命为驻苏大使，鲍格莫洛夫则为驻华大使。

1934年3月，中国高级军官杨杰访苏，在会谈中，苏副外长索柯连科表示：若日苏发生冲突，苏联不仅将日本人排除于苏联领土之外，“且将其驱逐出东三省”。表示希望中苏合作对日。然而，苏联政府实际上不愿与日本发生冲突。9月28日，驻苏大使馆来电称，在询问苏联对日态度时，苏外交部远东司长答：苏联严阵以待任何敌人，但“苏联决不愿自开衅端”。这期间，南京国民政府并未从苏联处得到直接的支持。相反，苏联当时尽力与日本妥协，甚至于1935年3月23日与伪满洲国就中东路买卖问题达成协议。

此外，苏联对外蒙古的控制一直保持着。“九一八”事变后，苏联向外蒙派驻重兵，防止日本侵入。1936年3月12日，苏联与外蒙当局在库伦订立“互助协定”，内容是：一方遭第三国攻击，应互相给予一切援助，包括军事援助。为履行此义务，一国可驻兵于对方国。中国政府对此向苏联提出抗议，强调外蒙为中国的一部分，任何国家不能与之订立条约与协定，苏联此举侵犯中国主权，违反《中苏解决悬案大纲》，中国政府对此决不承认。但苏方却表示，协议均属当年与张作霖《俄奉协定》之范畴，并不影响中国的主权。蒙古问题成为中苏关系中的一个重大悬案。

2. 寻求欧美支持的外交努力

1933 年 4 月 17 日，南京国民政府行政院副院长兼财政部长宋子文赴欧美访问。他拜会罗斯福总统、国务卿赫尔等高级官员。5 月 19 日，双方发表了“罗斯福—宋子文联合声明”，主要内容：(1) 为求世界安宁，应实行裁军；(2) 远东两大国的敌对行动，扰乱了世界和平，“此种敌对行动应立即停止”；(3) 应整顿国际财政金融秩序，应提高并稳定白银价格。5 月 29 日，中美签署了《棉麦借款合同》，美借款 5000 万美元，五分之四购美棉，五分之一购美麦。后来，由于国内有关的工商业界人士反对，以及日本在华纺织厂的抵制，这项借款执行中大大减少。

6 月 5 日，宋子文到达伦敦，开始对英访问。宋拜访英王乔治五世、首相麦克唐纳等政要。宋子文曾提出贷款要求，英方怕单独贷款会引起日本反对及国际银行团的反应而未承诺。6 月 12 日，宋子文作为南京国民政府代表，出席在伦敦举行的世界经济会议，即“世界经济及货币会议”。6 月 15 日，宋在会上发言，全面阐明了中国的外交政策，表达中国愿与欧美各国扩大经济联系的愿望。为稳定中国金融市场，宋子文还积极主张稳定银价。7 月 22 日，主要用银国中国、印度等国与美、加、墨、澳、秘等主要产银国签署了《白银协定》。此协定对稳定银价，巩固以白银为本位的中国金融市场起了一定的积极作用。

6 月 28 日，宋子文致函国联秘书长，对过去几年来国联派专家来华工作表示感谢，请求国联帮助中国的复兴计划。7 月 18 日，他又与顾维钧一同出席了国联行政院专门成立的审查中国要求的委员会。会议通过了对华进行技术合作决议。国联组成了“对华技术委员会”，将给予中国各种技术方面的援助。

在欧洲期间，宋子文还访问了法国、德国和意大利，到处宣传中国的主张。宋子文出访欧美对扩大中国影响，争取国际同情与援助起到了一定作用。

由于受世界经济危机和美国颁布的“白银法案”的影响，1934年下半年中国白银开始大量外流，使得实行银本位制的中国发生了金融危机。而日本大量偷运白银出中国，则使危机更加严重。为解决金融危机，南京国民政府不得不向国际寻求援助。日本想单独贷款给中国，但南京国民政府不敢接受。而美国怕引起日美对抗，又不愿贷款。英国为维护其在世界金融的垄断地位，便想借机把中国拉入英镑圈。1935年6月7日，英决定派财政部首席经济顾问李滋罗斯作为经济使节访华。9月21日，李滋罗斯到上海，与宋子文、孔祥熙讨论中国币制改革方案。中方表明的态度是，坚决反对以承认伪满洲国为条件获英日联合贷款；愿放弃银本位制，发行与英镑连锁的纸币；中央银行不受外国银行控制，但可聘请一名英国专家。

10月中旬，中国金融形势危急。11月3日，财政部颁布紧急命令，宣布实行币制改革，规定自11月4日起以中央、交通、中国银行发行之钞票为法币，代替银币。英国虽到最后关头也未同意单独对华贷款，但对中国币制改革采取支持的态度。英驻华使馆以发布“国王敕令”形式，命令所有英在华金融机构接受南京国民政府的“币制改革”，接受法币。11月7日，英国宣布如果中国放弃银本位，香港也放弃。由于英国的支持和影响，南京国民政府虽宣布法币与英美日货币都有联系，却只规定法币与英镑的汇率，法币实际只与英镑发生连锁关系。币制改革遭到日本坚决反对，日在华银行拒不交出白银，禁止法币在华北流通。

美国对南京国民政府实行的币制改革也不高兴。美财长摩根索向罗斯福建议降低白银收购价。1935年12月9日，美宣布停止向伦敦市场购买白银，并降低国外白银收购价。于是，白银倒流入中国，造成抢购外汇黄金危机。南京国民政府只得向美国求援。1936年3月13日，国民政府派陈光甫率中国银行考察团赴美。经40天与摩根索密谈，于5月中旬以备忘录及换文形式签订《中美白银协定》，规定中国保持币制独立，不与任何币制集团连锁，美国承购中国的白银。

这样，美国以其金元帝国地位，取得了中国货币争夺战的胜利。协定对中国也有积极意义，它增加了外汇基金，稳定了国内通货，避免了全国性的金融危机。这期间，国民政府还于1935年3月接受了英美联合提供的2000万英镑的贷款。币制改革密切了中国同美国和英国的关系，中国与这两个国家的外交关系升格为大使级。

南京政府促进与西方列强关系的努力虽未能达到制止日本扩张的目的，却加强了中国与英美的关系。同时，由于日本在华北的扩张，英美感到它们在华利益受到严重威胁。1935年12月至1936年1月的伦敦海军会议上，日本宣布废除华盛顿海军条约，并退出海军会议。5月，美国公布“中立法”，则很大程度上是针对日本的。这样，美英与日本在远东的矛盾冲突亦在酝酿之中。

国民政府还努力争取获得德国和意大利的支持。南京国民政府在成立之初便聘用许多德国军事顾问。“九一八”事变后双方进一步加强关系，所聘德国军事顾问团人数，1934年64人，1935年70人。德国派出高级军官来华，帮助改革中国军队，建立第一个现代化炮兵团。中国亦大量购买德国军火及其他物资。1935年5月18日，中德外交关系升格为大使级。不过，由于德国在军事上支持广东地方军阀，又与满洲签订“贸易协定”，并于1936年11月25日，德意日签署“反共产国际协定”，结成政治同盟。中德关系逐渐冷淡。

意大利为解决经济危机，愿扩大在华市场，争取原料产地和投资场所，故对华关系持积极态度。1933年7月1日，中意订《解决中意庚款协定》，解决了由于“九一八”事变以来发生的中方拖欠的欠款问题。1934年9月26日，中意互换照会，把外交关系升格为大使级。10月17日，刘文岛首任驻意大使，这是中国派驻西方大国的第一任大使。意大利亦派海军、空军、财政顾问来华。后由于意大利侵入阿比西尼亚（今埃塞俄比亚），中国支持国联对其进行制裁，意大利极为不满，双方关系转冷。

第五节　对日政策的转变

日本在华北扩张的目的是要最终将整个华北从南京政府的控制中分离出去，南京国民政府对这一结果是无法接受的，因为这将使它失去合法统治中国的基础。在日本步步进逼下，国民政府不得不改变一味对日妥协的外交政策。

1. 抵制日本策动华北自治

《何梅协定》和《秦土协定》签订后，日本在很大程度上控制了河北和察哈尔，但日本并不以此为满足，进而企图完全控制冀察晋鲁绥五省。为此，日本策动了所谓“华北五省自治运动”和“内蒙自治运动”。

1935 年 9 月，日关东军司令官派遣土肥原贤二到华北担任建立华北“自治政权”的任务。土肥原指使汉奸要求“自治”，同时劝诱威胁一些前军阀和政客出面主持政权，但未能如愿。9 月 24 日，华北驻屯军司令多田骏发表声明，提出日军对华北的三项原则：(1) 把反满反日分子彻底地驱逐出华北；(2) 通过华北五省的军事合作，防止赤化；(3) 必须改变和树立华北政治机构。日本试图最终使华北独立，建成第二个“满洲国”。

10 月 29 日，日驻华武官高桥坦和支那驻屯军参谋中井增太郎向河北省主席商震口头要求：“撤废军事委员会北平分会，并将北平市长袁良免职；将来不许策动反对日满的机关北上。”面对日本的压力，南京国民政府曾以置换北平市长属中国内政而拒绝。日方便立即表示“我军唯有立即以自由行动谋其实现”。北平市长只得于 11 月 3 日自动辞职，11 月 26 日北平军分会也被撤销。11 月 12 日，土肥原到北平，要求宋哲元“成立华北三省自治政府，限 11 月 20 日以前宣布，否则，日军便夺取河北、山东”。日方并派军舰到大沽，派飞机在北平上空盘旋，以武力相威胁。

日本策动的分离活动，严重危及了南京政府的统治，逼使它不得不再次采取措施，予以抵制。11 月 16 日，蒋介石致电宋哲元，表示一定要以武力作宋哲元抗日之后盾，“必与兄共存亡”，要宋“坚韧到底不为威屈”。蒋介石还于 11 月 20 日会见日本大使，表明不同意华北实现自治的态度。由于南京国民政府决心保证对华北控制，促使华北的中国军政长官亦坚决不向日本屈服。11 月 20 日，宋哲元于最后通牒前两小时离北平赴天津，使日军的最后期限落空。土肥原又追到天津纠缠河北省主席商震。商震躲进医院后，日军参谋长中井硬闯进医院要挟，仍被拒绝。12 月 25 日，日方又策动滦榆区行政督察专员殷汝耕，在通州宣布成立“冀东防共自治政府”。这样，日本逐渐削弱了南京国民政府对华北的控制，“华北危机”空前严重。

面对日本的日益嚣张的扩张行径，南京国民政府对日的态度逐渐变得强硬，并开始采取一些对抗性措施。11 月 26 日，南京国民政府对宣布独立的殷汝耕发布通缉令，表明南京国民政府不承认任何由日本扶持起来的伪组织。同时，行政院决定：撤销北平军事委员会分会，特派何应钦为行政院驻北平长官，并委派宋哲元为冀察绥靖主任。何应钦于 11 月 30 日北上，蒋介石同意何应钦有权参酌日本方面的希望和当地情况，直接处理华北问题。

对于日本在鼓动“华北自治运动”，12 月 12 日，中央政治会议决定采取因应措施，提出处理华北的四原则：（1）如可能，何部长任行政院驻北平办事长官，否则设立冀察政务委员会；（2）委员应由中央委任，宋哲元为委员长；（3）冀察一切内政、外交、军事与财政不得越出中央法令范围之外；（4）绝对避免自治名义与独立状态。12 月 18 日，冀察政务委员会正式成立，南京国民政府任命宋哲元为“冀察政务委员会”委员长。日本方面对此也只得暂时容忍。南京国民政府的这一措施是明里妥协、暗中对抗。表现了它对日本侵略扩张既妥协退让，又抗拒不从的态度。

日本在华北地区进行扩张的时候还将内蒙古视为其侵略目标之一，开始策动"内蒙自治运动"。1934年4月，以德王（德穆楚克栋普鲁）为首的蒙古王公在百灵庙建立蒙古"地方自治政务委员会"（蒙政会），它一方面与南京政府保持联系，一方面又试图依靠日本支持。1935年7月，日本关东军制定了"对内蒙实施要领"，决定要使"内蒙脱离中央而独立"。1936年2月12日，在日本策划下，伪蒙古军总司令部在德王府成立，德王任总司令兼政务部长，李守信任副总司令兼军务部长，聘任大量日本人作顾问，还宣布改用成吉思汗年号为纪年，打出了"独立"的旗号。5月12日，在德化成立伪蒙古军政府，由云王（云端望楚克）任主席，德王任总裁兼蒙古军总司令。继而在关东军安排下，德王赴"新京"与"满洲国"签署《满蒙协定》，决定双方共同防共、军事同盟、互派代表与经济提携。之后，"军政府"外交署长在日军安排下，与冀东防共自治政府殷汝耕订立《蒙冀协定》，以便政治上共同防共，经济上互相支援。南京国民政府对于"内蒙自治运动"是鞭长莫及，欲阻不能，任凭日军为所欲为。

2. 关于"广田三原则"的交涉

在日本加快对华侵略的步伐之际，南京国民政府试图在外交上作出努力，牵制日本军方在中国的行动。1935年7月28日，蒋介石会见回国述职的驻日大使蒋作宾，要他向日本传言："只有强者事弱者，才有真正的同盟，无威胁而成的同盟。"9月7日，中国驻日本大使蒋作宾，向日本外相广田弘毅提出了调整中日邦交三项基本原则：（1）两国彼此尊重对方在国际法上的完全独立，日本应取消在华的一切不平等条约，军队和军舰非经对方许可，不得在对方的领土和领海驻屯通过或停泊，互相享有及遵守独立国家在国际法上所规定的一切权利与义务；（2）两国彼此维持真正的友谊，凡非友谊行为，如破坏统一、扰乱治安或诽谤诬蔑等，不得施于对方；（3）中日邦交恢复正常轨道，今后一切事件与问题，均须用和平外交手段解决，凡非外交机关的行为或其任意采取的压迫手段，应立即停止。在此基础上中方将采取相应措施发展中日关系。

10月4日，日本政府的外相、陆相、海相就中国的要求进行会商，决定借机对中国进行外交反制，并制定了处理对华问题三原则：(1)“使中国方面彻底取缔排日的言论和行动，摆脱依靠欧美的政策，同时采用对日亲善政策，并在实际上推行该政策，更就具体问题，使其与帝国进行合作”，即中国必须对日亲善合作；(2)“虽然最后必须使中国正式承认满洲国，但在目前不仅使中国事实上默认满洲国的独立，停止其反满洲政策，并使其至少在与满洲国连接的华北地区，在经济上和文化上与满洲国进行交往和合作”；(3)“鉴于赤化势力的威胁已成为日满华三国的共同威胁，应使中国为排除上述威胁起见，在各方面进行合作”。10月7日，日本外相广田弘毅约见中国驻日大使蒋作宾，提出了上述三项原则，即所谓“广田三原则”。广田指明要实现中国所想的三原则，必须先执行日本三项原则，要求中方先对此进行讨论。

10月19日，汪精卫致电驻日大使声称他曾与蒋介石商定，“日本对于我国新提三大原则，既认为应当照办，并认为此后交涉应以两国外交当局为对手。”11月20日，蒋介石会见日本大使，在谈到广田三原则时说：“个人意见赞成，无有对案。”至于原则中的二、三项，涉及华北问题，中央应“派大员赴华北主持军民两政、方能商讨”。蒋介石企图通过赞同一空洞的广田三原则，以换取日本放弃策动华北自治。可是，日本大使有吉明则称“华北自治运动，尽是事实”，要求蒋介石“顺应地方现势”。11月25日，“冀东防共自治政府”建立打破了蒋介石试图以承认广田三原则来换取华北苟安的希望。

严峻的现实逼使南京政府的态度逐渐强硬起来。12月20日，日本大使有吉明拜会新任外交部长张群，询问对广田三原则的态度，并称蒋介石还曾“赞成”。张群却称：中方并未接受广田三原则，蒋介石的“个人赞成”绝非无条件赞成，只是赞成进行讨论。所谓“无有对案”是指三原则无具体内容，即认为应有解决华北危机的方案，否则无从提出对案，并希望日本提出主体方案。这样明确表示中国未接受三原则。

1936年1月21日，日本外相广田公开申明了三原则，而且更加重了语气。其基本内容是：（1）要从根本上调整日华两国的关系，中国不论在任何形式上都不得采取以前那样的不友好的行为和政策，日华两国应积极合作，拿出亲善提携的成果。（2）应完全调整日满华三国的关系，中国应承认满洲国的存在。（3）中日进行各种合作，“防止赤化”。这里，广田明确要求南京政府在承认满洲问题上要作出让步，并谎称中方“表示了赞成的意思”。

对此，南京国民政府外交部于1月22日发表声明：广田声称的中国方面已同意广田三原则，“殊非事实”，要求日本“提示其具体内容”，否则“无从商讨”，并建议要依“正常办法，经由外交途径进行交涉，以期两国关系可得根本调整”。3月6日，新任日本驻华大使有田八郎与张群作非正式谈话，对中国在广田三原则交涉中态度变化表示不满。张群则说明：“中国方面不赞同以广田三原则作为调整中日关系之基础，”表示今后不愿再讨论广田三原则。这时，日本军部对广田三原则也不满并进行指责，致使日本政府放弃了这一外交讹诈的行动，广田三原则的交涉便不了了之。

3. 张群—川越会谈

尽管广田三原则的交涉未获结果，形势更加严重，但南京国民政府仍试图寻求与日本谈判，减缓日军在华北的压力。1936年7月13日，蒋介石在国民党五届二中全会上解释“最后关头”一词说：“……中央对外所定的低限度，就是保持领土主权的完整。任何国家要来侵扰我们领土主权，我们绝对不能容忍，我们绝对不订立任何侵害我们领土主权的协定，也绝对不容忍任何侵害我们领土主权的事实。……假如有人真要强迫我们承认伪满洲国等损害领土主权的时候，就是我们不能容忍的时候，就是我们最后牺牲的时候。”但他又声明，现在“并未达到和平绝望时期，……还有一线希望”。又说“我敢说最近外交途径，并未达到最后关头”。显然，南京国民政府开始考虑设定对日政策的底线。

同时，日本方面则因所提出的广田三原则未能得到施行，进而提出了更明确的侵略计划。8月11日，日本内阁提出《对中国实施的策略》，全面规定了日本的侵华方针：第一方面是对华北的措施：实现华北五省自治，使之成为反共、反苏、日华满互助合作的基地，南京国民政府只有名义上的任命官员权。第二方面是对南京政权的措施：（1）签订防共军事协定。（2）签订日华军事同盟。（3）促进日华悬案的解决，即聘用（日籍）高级政治顾问、聘用军事顾问、开始建立日华航空联系、签订日华互惠协定等。（4）促进日华经济合作并要对南京政权和国民党部的机构及人事问题，加以必要的调整。（5）对于其他地方政权的措施；对华南、西北、西南开发。（6）对内蒙方面：以亲日满的蒙古人建设蒙古。日本企图通过外交的途径，压迫南京国民政府就范，使之完全依附于日本。

1936年9月，日本借所谓“成都事件”和“北海事件”，* 要求与南京国民政府进行交涉，试图通过外交手段逼迫南京国民政府再次妥协。从1936年9月15日至12月3日，日本新任驻华大使川越与国民政府外交部长张群先后进行了八轮会谈。然而，会谈中双方各持己见，互不相让。日方提出了如下的要求：（1）华北五省应完全自治，以“创立一缓冲区”，南京国民政府对之只有宗主权；（2）在中国进行全面的中日经济合作；（3）双方订立共同防共协定；（4）建中日航空线，特别是上海—福冈线；（5）中国中央政府聘用日本顾问；（6）订立特别优待日本货物的关税协定；（7）完全压制排日宣传。中方则提出反要求：（1）终止塘

---

* “成都事件”：1936年8月24日，成都市民反对日本强设领事馆，殴毙二个日本记者。“北海事件”：9月3日，广东北海发生日本商人中野顺三被杀事件。

沽停战协定；（3）取消冀东伪组织；（3）停止包庇走私；（4）华北日军及日机不得任意行动和飞行；（5）中日在察东和绥北剿匪等。张群说这五项是中日纠纷的结症，若不解决，中日邦交无从调整。日本则拒绝讨论中国的对案。

10月8日，蒋介石会见川越，表示外交部的主张即政府的方针，外交事项应由外交部办理。此外，双方还以讨论“防共”为名进行谈判，日本企图借此名义把其军事影响更加扩大，主张“防共区域”应扩展到西边的雁门关，张群则只同意限于内蒙一带，双方无法达成共识。张群还就日军在青岛登陆搜查国民党部和报社，及日本军人参加绥远战争而提出抗议。川越表示不能接受。12月3日，川越发表中断会谈的口头声明，并递交有关会谈的备忘录，但为张群拒绝。之后，川越以日本外务省已令其中断会谈为由，离开南京，会谈即告中止。12月7日，南京国民政府外交部发言人就中日调整邦交发表谈话，声明“中日两国，必须以平等互惠与尊重领土主权完整的原则为基础，始可为真正调整”，将谈判破裂的责任归于日本方面。这次会谈的破裂，表明日本帝国主义企图运用政治的手段，实现它控制整个中国的企图，被南京国民政府所拒绝，中日关系更趋紧张。

就在这紧急时刻，发生了震惊世界的“西安事变”。早在“华北事变”之后，中国再次掀起反日爱国运动。1935年12月9日，北平的学生举行了声势浩大的示威游行，反对“华北政权特殊化”。1936年3月31日，上海成立了全国各界救国联合会。国民党内部要求抗战的呼声越来越强烈。中国共产党提出建立民族统一战线，“打倒日本帝国主义”的方针。1936年12月12日，东北军张学良部和西北军杨虎城部拒绝全力进攻红军，在西安扣押蒋介石，进行“兵谏”。通过中国共产党的努力，事变得到和平解决。蒋介石接受了抗日的主张，愿意停止反共内战。1937年2月，国民党召开五届三中全会，确定了联共、容共的方针，由武力剿共，改为“和平统一”，为建立抗日统一战线做好了准备。在会议的对外宣言中，虽表示确守平等互惠与互尊领土主权的原则与日进行交涉，但蒋介石第一次明确宣布，如果“超过忍耐的限度”，就要“决然出于抗战”。

“九一八”事变后，南京国民政府从“攘外必先安内”的方针出发，对日本的侵略行动没有采取军事抵抗，而是先指望国联调解，以“避免冲突”，继而在对日交涉中步步退让，试图以退让的方式来换取日本的克制。南京政府同时努力靠拢西方列强，以图牵制日本，加强自身实力。然而，日本帝国主义侵略者既已踏上中国的领土，就试图实现其梦寐以求的称霸东亚的野心。妥协的政策绝不可能换取日本侵略者停止扩张步伐，抗战是惟一的出路。

思考题：

1. 为什么“九一八”事变后南京政府采取“不抵抗政策”？

2. 为什么南京政府依赖国际联盟制止日本扩张的政策遭到失败？

3. 试析日本侵入华北后南京政府对日政策的转变。

4. 南京政府采取什么措施来加强与其他大国的关系？

参考书目：

吴东之：《中国外交史（中华民国时期）》，河南人民出版社1990年版，第三章。

石源华：《中华民国外交史》，上海人民出版社1994年版。

中国社科院中日历史研究中心：《九一八事变与近代中日关系》，社会科学文献出版社2004年版。

傅启学：《中国外交史》，台湾商务印书馆1972年版。

《大本营陆军部》摘译：《日本军国主义侵华资料长编》，四川人民出版社1987年版。

复旦大学历史系中国近代史教研组编：《中国近代对外关系史资料选辑》下卷，上海人民出版社1977年版。

〔日〕古屋奎二：《蒋总统秘录》，台北：中央日报社1976

年版。

秦孝仪：《中华民国重要史料初编：对日抗战时期》，台北：中国国民党中央委员会党史委员会，1981年。

第十六章

抗日战争全面爆发后的国民政府外交

日本对华侵略扩张的最终目的是要控制全中国，称霸亚洲乃至整个世界。为实现这一目的，1937 年日本终于通过“七七”事变，发动了全面侵华战争。全中国人民同仇敌忾，投入了全面抗战。南京国民政府力图争取国际支持和援助，抵抗日本的侵略。

第一节　抗日战争爆发

日本的侵略要求与南京国民政府的利益之间的矛盾是无法调和的，致使中日双方的外交谈判无果而终。对日本来说，政治手段不能迫使中国政府屈服，便诉诸武力，试图占领整个中国。

1.“七七”事变

日本方面深恐国共合作对华北和内蒙造成“威胁”。1937 年 4 月 16 日，日本外相、藏相、陆相、海相共同制定《对中国实行的方策》及《指导华北工作的方策》，坚持中国必须与日本和伪满“合作”，实现华北五省的“全面自治”。鉴于日本驻华大使1月6日向张群提出重开谈判的建议，新任外交部长王宠惠于4月19日表示：对华北问题与经济提携问题，宜同时加以全盘研究，不必分前别后。在对日交涉中，日本坚持华北问题由“当地政府”交涉，中方则坚持要求华北问题统由中央交涉。冀察政务委员会委员长宋哲元也声明华北外交由中央负责，使日本的阴谋未能得逞。

日本交涉不成就凶相毕露，公开以武力相威胁，使华北局势骤然紧张。6月9日，关东军向日本军部建议：“如为我武力所许，首先对南京政权加以一击，此最为上策。”6月25日，日军在北平近郊举行长期演习，四处骚扰，枪炮齐鸣，并散布将重演柳条湖事件的流言。这显然已是日军公开发动侵略战争的信号。宋哲元部为防止日军突然袭击，也于此时举行对抗性演习，以安定人心。蒋介石则在庐山召集各方人士座谈，商议对策。中日战争一触即发。

1937年7月7日夜，驻北京附近的日本军队借口在卢沟桥附近演习时遭到中国驻军射击并有一名士兵失踪，强行要求进入宛平城搜查。7月8日，日军向中国驻军发起进攻，遭到顽强抵抗。起初，南京国民政府力求通过谈判把事变降低为一个地方性事件处理。外交部曾向日本驻华大使提出口头抗议，要求日本政府约束军人，不使事态扩大。蒋介石曾电令宋哲元，一方面要“下必死决战之决心”，一方面争取进行谈判，尽量不要扩大事态。然而，“七七”事变后，日本政府决定出兵侵占中国华北。7月11日发表“关于派兵华北的声明”，表明了日本已“下了重大决心”，进行对中国的全面侵略战争。

“七七”事变激起中国人民强烈的抗日斗志。7月8日，中共中央通电：“只有全民族实行抗战，才是我们的出路。”7月12日，南京国民政府外交部发言人在声明中公布“卢沟桥事件”的真相，要求日军立即停止军事行动。7月17日，蒋介石在牯岭

（庐山）发表谈话声明："如果战端一开，那就是地无分南北，年无分老幼，无论何人皆有守土抗战之责任，皆应抱定牺牲一切之决心。"他说："卢沟桥事件"能否不扩大为中日战争，全系日本政府的态度；和平希望继续之关键，全系日本军队之行动。他表示"希望用和平的外交方法，求得'卢事'的解决。"并提出四点条件：（1）任何解决不得侵犯中国主权与领土的完整；（2）冀察行政组织不容任何不合法之改变；（3）中央所派地方官吏，如宋哲元等，不得任人要求撤换；（4）二十九军现在所驻区域不得受任何约束。最后他表示："希望和平而不求苟安，准备应战而决不求战。"7月19日外交部正式照会日本政府，要求不要扩大事态，表示中方"愿尽各种方法以维持东亚之和平"。

可是，日军不理会中国方面的表示，7月26日占领廊坊东站，并向宋哲元提出最后通牒，限24小时27师撤离北平。7月25日，蒋介石电令宋哲元撤退到保定。7月31日，蒋介石发表"告抗战全体将士书"，表示"现在和平既然绝望，只有抗战到底。那就必须不惜牺牲来和倭寇死拼"。8月初，日军占领北平和天津。

8月9日，日军在上海制造"大山事件"。日本海军陆战队军官大山勇夫与一名水兵乘车企图闯入虹桥机场，打死阻止他们的机场保安一人。他们两人也被保安队击毙。日本军队以此为借口，于8月13日向中国驻军发起进攻，挑起"八一三"事变。此后，日军开始轰炸上海、杭州和南京。

2. 进入全面抗战

这样，日本从北部和东部对中国展开全面的侵略。8月13日，蒋介石向南京国民政府各部下令，指明中国"进入全面抗战"。8月14日，蒋介石代表南京国民政府发表了《自卫抗战声明书》，指出"中国为日本无止境之侵略，兹已不得不实行自卫，抵抗暴力"。声明书历数了日本侵华的罪行，指出："中国以责任所在，自应尽其能力，以维护其领土主权，维护《国际盟约》、《九国公约》、《非战公约》之尊严。中国决不放弃领土任何部分，遇有侵略，惟有实行天赋之自卫权以应付之。”这一声明的发表，标志着中国正式开展全面的抗日战争。

1938 年 4 月 1 日，国民党在武汉召开的临时全国代表大会上通过了《抗战建国纲领》，明确提出抗战的外交方针，主要内容是：（1）本着独立自主之精神，联合世界同情于我之国家及民族，为世界之和平与正义共同奋斗；（2）对于国际和平机构及保障国际和平之公约，尽力维护，并充实其权威；（3）联合一切反对日本帝国主义侵略之势力制止日本之侵略，树立并保障东亚之永久和平；（4）对于世界各国现存之友谊，当益求增进，以扩大对我之同情；（5）否认及取消日本在中国领土内以武力造成之一切伪政治组织，及其对内对外之行为。这一文件体现了国民党政府明确的抗日态度。

第二节　争取国际援助的外交活动

抗战初期，南京国民政府建立了平汉、津浦和沪宁三线阻击计划，试图在军事上“全力以赴，务求一胜”。在外交上，南京政府通过国际联盟向世界发出了制止侵略的呼吁，同时采取南联英美等列强，北结苏联的政策，试图通过它们的调解、援助或制裁日本等方式来迅速制止日本的侵略。

1. 国联宣言和布鲁塞尔会议

争取国联的同情与支持

南京国民政府在外交上广泛开展活动，尽可能地争取国际社会的同情和支持，主要寻求西方强国的支持，以求压迫日本政府改变其侵华政策。国民党政府亦不拒绝其他方面的支持。它一直反对苏联，可这时苏联也成为它求援的对象，甚至法西斯德国的调停它亦不拒，甚至对“停战问题”也作了考虑。

1937 年 7 月 21 日至 28 日，蒋介石连续接见英、美、法、德、苏等国大使，要求各国单独或联合出面调停。他向英国驻华大使许阁森说："现在局势，只有英美两国努力从中设法，或可变为和缓。"他对美国大使詹森讲：美国是九国公约的发起国，在国际法上和道义上都有协助制止日本行为的义务。7月28日，英国建议与美国一道调停中日纠纷。美国不同意，只表示可由两国驻日大使分别地并且非正式地向东京提出建议。英国外相艾登对日本驻英大使提出日本要自我节制，中国的忍耐是有限度的。美国国务卿赫尔于7月16日和8月12日两次发表声明，希望中日两国不要诉诸战争。

8月中旬，上海日趋紧张的形势引起英国的高度关切，因为它在华全部投资的72%都在这个地区。它先后与其他列强向中、日两国提出调解建议：双方撤出军队，上海中立化等，但都因日本的拒绝而未能实施。

南京国民政府也曾派人与欧美各国秘密交涉，询问它们对中日问题的意见及政策，但所得到的结果是，各国或是态度暧昧，或感实力不足，没有一国采取积极支持中国的态度。因此，它感到："当此中日战争开始之际，除我以武力抵抗自求生存外，似不无考虑其他运用途径之必要。"但它并未断绝通过外交途径，争取国际的同情和支持。用当时行政院长孔祥熙的话说就是："除牺牲到底以求最后胜利外，尚需及时运用外交，以壮声势。"

于是，南京国民政府仍像"九一八"事变时一样，作出更多的努力争取国际联盟的支持。1937年7月30日，中国驻国联首席代表向国联递交了第一份声明书，9月20日又交了一个补充声明。之后，中国代表根据这两次声明书，向国联秘书长递交了一份正式的声明书。声明书中援引国联盟约第十一、十七条，要求国联采取必要的行动。国联理事会怕得罪日本，不愿正式受理中日问题，将中国的提案转交远东咨询委员会审查。

在咨询委员会会议上，中国代表一直要求认定日本的行动属于侵略性质，可是除了苏联代表外，其他各国代表都害怕得罪日本，无人敢响应。10月5日，美国总统罗斯福在芝加哥发表演讲说："现代世界在技术上和精神上是休戚相关、互为依靠的，任何国家都不可能与世界其余部分的经济和政治动乱完全隔绝开来”，他号召“爱好和平的国家……作出一致的努力去反对违反条约和无视人性的行为”，像对传染病人实行“检疫隔离”一样隔离侵略者。这个“隔离演说”传来，国联会议的气氛才好些。10月6日，国联大会通过由咨询委员会提出的报告。其内容如下：(1) 日本对华的军事行动，违反九国公约及非战公约；(2) 对中国表示精神上之援助，请各会员国个别援助中国，勿采取削弱中国抵抗能力之任何行动。这个决议表明，国联对中国只能表示道义上的同情，对于日本的侵略行动，不能采取任何制裁性措施。国联这样做的目的，是企图将责任推给九国公约签字国，故在另一议案中，建议召开九国公约签字国及其他在远东有特殊利益国家的国际会议，以便协商恢复中日之间的和平。

中国驻国联代表仍继续努力进行活动，数次提出议案，要求国联按盟约第十六、十七条对日本施行经济制裁。(第十六条规定：签字国对侵略国应立即断绝各种商业上财政上的关系，禁止人民与之来往。) 国联仅于 1938 年 2 月 5 日通过议案对中国表示同情。9 月 30 日，国联又通过议案，提出各会员国可个别采取盟约第十六条规定的办法。但是，国联没有执行机构，所有决议案全靠会员国个别去执行，这自然不会有什么效果。中国虽在国联未获得实际的支持，但在国际上明确了中国反抗侵略的正义性，争得了国际的同情，还是有意义的。

无所作为的布鲁塞尔会议

对于国联决议召开的九国公约签字国国际会议，美国因害怕得罪日本，不愿意担任东道国。尽管罗斯福发表了“隔离演说”，但他第二天就对记者声明美国无意对日本实行制裁。由于英、法、荷等国也都不愿担任东道国，经多方协商，只得由比利时政府出面召集这次会议。比利时政府在英美的赞同下，向九国公约签字国和与远东有密切关系的国家发出邀请，在布鲁塞尔举行国际会议讨论远东问题。日本以问题须由中日两国解决、他国无权干涉为借口拒绝邀请，德国亦附和日本而拒绝参加。德国还声称，如果日本不与会，会议的决议就是单方面的裁决，这不公平，也无助于问题的解决。最终与会的国家有九国公约签字国及澳大利亚、加拿大、印度、新西兰、南非联邦、玻利维亚、墨西哥、丹麦、瑞典、挪威、苏联共19国（因日本拒绝参加）。中国参加会议的代表是顾维钧、郭泰祺、钱泰、金向泗、胡世泽等人。会前，中国驻西方强国的使节积极进行活动，探寻各国政府对会议的态度。结果却出乎意料，列强态度并不积极。鉴于此，南京国民政府外交部根据当时的形势及各国的态度谨慎地制定了参加会议的基本方针。10月24日，外交部长王宠惠电示中国代表团：（1）根据目前形势，"会议无成功希望"；（2）对各国态度应极度和缓，特别是德意两国；（3）我方要使各国认识到"会议失败责任应由日本负担"，切不可因中国态度之强硬，而令各国责备中国；（4）上海问题应与整个中日问题一起解决；（5）应设法"使各国于会议失败后对日本采取制裁办法"；（6）设法使英美赞成并鼓励苏联以武力对日。

布鲁塞尔会议于1937年11月3日召开。在第一次会议上，顾维钧发言四十分钟，讲辞"和解而坚定"，论证详尽而有说服力，逐一驳斥日本侵华的种种借口，表达了"中国为争取公正的和平而战斗到底的决心"。最后他表示欢迎各国调停。会后，中国代表听从美国的劝告，退出了会议，以便邀请日本来参加会议。但日本仍拒之。

11月13日，中国代表顾维钧再次发言，对会议毫无进展和日本不参加会议的态度表示失望。他提出："诸位能否决心停止对日本提供战争的物资及信贷，转而向中国进行援助？这是各国为完成制止日本侵略和履行捍卫本公约的义务的最温和的方式。"他还说："中国人不是要求各签字国为我们打仗，但需要物资上的援助，以便使我们得以继续进行有效的抵抗。"但这个要求没有得到积极的响应。法国当时不允许中国物资从印度支那过境，法国代表说除非得到英美对法国的保证才能允许过境。美国代表说，要美国提供保证，即使是口头的保证也是绝对不可能的。由于美国当时实行"中立政策"，不可能给中国提供有效的援助。英国代表说对贷款可以考虑，但在作战物资、武器和军火供应方面则坚持拒绝。这次会议还讨论了关于日本拒绝与会一事的声明，11月15日的会议通过这项声明，表示对日本坚决拒绝与各国共同讨论解决办法一事“殊难理解”，指出中日争端非仅与两国有关，且与《九国公约》签字国、巴黎《非战公约》签字国有关联，建议“在布鲁塞尔的与会各国必须考虑，在此局势之下他们的共同态度”。对于这项声明，尽管中方以加强中意经济合作来劝说，意大利代表还是投票反对。中国代表团随后发表了演说，并提供了书面文件，说明日本经济不能脱离外界独立，建议各国采取措施进行制裁。但这个建议未被会议接受。

在11月24日最后一次会议上，顾维钧对会议拒绝讨论实际措施表示遗憾，并希望会议的休会只是暂时性的、复会后进一步探讨和平解决的办法。会议最后通过了《九国公约会议报告书》，其内容空洞无物，仅反复强调九国公约的原则是国际和平所必需的，称远东冲突是与所有国家有关的事件，“深信远东战事的迅速停止不仅对中日两国，而且对所有国家有利”，建议中日双方“停止敌对行动，求助于和平程序”。它还宣告会议从此“休会”。这样，会议的结果不仅对日本的侵略未采取任何制裁措施，甚至连字面上的谴责都没有。

2. 实行“苦撑待变”的政策

抗战初期，国民政府军的抵抗未能有效的阻止日军的攻势，而国际联盟更没有采取任何措施来制止日本的侵略。1937年12月13日，日军占领了南京，试图以此迫使中国屈服。日军在南京对30万中国无辜军民进行了大规模的屠杀。* 此时南京国民政府已迁走，并最后落脚重庆，史称“重庆国民政府”。1938年10

---

* 根据南京大屠杀遇难同胞纪念馆的说明。另根据1946年南京审判日本战犯军事法庭调查，确认被日军集体屠杀并被毁尸灭迹的有19万多人，被零散屠杀、尸体经过南京慈善团体掩埋的达15万多具。参见《东亚三国的近现代史》共同编写委员会：《东亚三国的近现代史》，社会科学文献出版社2005年，第131页。又远东军事法庭早在1948年11月就明确指出，“在日军占领后最初六个星期内，南京及其附近被屠杀的平民和俘虏，总数达二十万人以上”。《远东国际军事法庭判决书》，群众出版社1986年版，第486页。

月，日军进而占领了武汉和广州。蒋介石三线阻击日军的战略布置未获成功。国民政府军虽在多处对日军展开顽强抵抗，但黄河以北领土还是被日军占领，军事力量受到很大损失。在中国人手中的大城市仅有西安、重庆、成都、昆明、长沙、洛阳等。然而日本方面由于战线拉得太长，虽然到 1939 年时投入了 85 万人(不包括关东军)，但还是力量不够，又遭到中国共产党在敌后开展游击战的牵制，使之难以对国统区发动战略攻势。这样，中日战争出现僵持的局面，战争进程转入相持阶段。在这期间，国民政府求援外交亦没有取得多大效果，欧美列强未对中国给予实际的援助，苏联的援助也很有限。南京政府在外交上处于无所依托的困境。

在这种情况下，蒋介石不得不调整其外交政策，采取了所谓“苦撑待变”的外交政策。早在 1938 年 5 月蒋就让各报纸公开发表了他在 1934 年 7 月写的“抵抗外侮与复兴民族”一文，主张“死守死拖，等待国际局势的变化”，即苦撑待变之意。他预见到：“不患国际形势不发生变化，而患我国无持久抗战之决心。只要我能抗战到底，则国际形势到底必变。”1939 年 1 月，国民党第五次中央全会在重庆召开，蒋在开幕词中说：“我们一定要打击侵略者，要国际条约恢复效力，要公理正义伸张，尤其要以我们的坚决抗战，证明暴力横行之必败，改移世界全体人类的视听，永保国际的和平。”蒋介石认为，由于日本严重侵华，最终必然导致美日、英日和苏日之间的冲突，国际形势必将会朝有利于中国的变化发展。据此，蒋介石政府继续争取列强的援助，但目标不是制止日本的侵略，而是等待时机。

3. 陶德曼调停

日本在全面侵华战争开始后，采取了武力和政治并用的策略。它一方面向中国进行大规模的武装进攻，一方面企图用外交的手段引诱蒋介石，逼使他屈服。1937 年 10 月，日本即请与之有“防共协定”的德国作居间人，与南京国民政府联系，斡旋调停。

10月29日，德国驻华大使陶德曼求见南京国民政府外交部次长陈介，声称："与日本争取解决的时机，现在已经到了。我们愿意做联系的途径。"11月5日，陶德曼在汪精卫的陪同下，会见了蒋介石，转达了日本政府提出的七项议和条件，其主要内容为：(1) 内蒙自治；(2) 在华北建立一非军事区，任命亲日长官；(3) 扩大上海非军事区，由国际警察管制；(4) 共同反共；(5) 修改学校教科书；(6) 减低对日关税；(7) 尊重在华外侨权利。

12月2日，蒋介石在南京会见陶德曼，提出中国的意见：(1) 中国接受日本的要求作为和平谈判的基础；(2) 华北的主权完整和行政独立不受侵犯；(3) 在和平谈判中，自始即由德国任中介人；(4) 和谈中不得涉及中国与第三国之间的协约等。蒋介石特别强调说："假如日本不愿意恢复到战前状态，即不能接受日本的任何要求。"他还补充说明，如果他接受这些要求，中国政府是会被舆论的浪潮冲倒的。

对于双方提出的条件，德方几经交涉，未获结果。日本占领南京后，在12月22日，狂妄的日本政府进一步提出了更苛刻的条件：(1) 中国应抛弃亲共政策及反日反满政策，并与日本与满洲国合作；(2) 日、中、满缔结密切的经济合作协定；(3) 设立非武装区域，并在必要区域内成立特殊政权；(4) 中国对日本作必要的赔偿。对此中国政府作出不置可否的答复。孔祥熙接到日方所提出的要求，表示这些条件没有人敢接受，因其责任过于重大。

1938年1月1日，陶德曼又将日本的具体条款内容，包括承认满洲国，以非正式的方式转达给中国外长王宠惠。1月12日，王宠惠向陶德曼表示，要求日方将详细办法正式通知中方。1月15日，由行政院长孔祥熙出面：再次要陶德曼向东京请求谅解。他说，中国希望知道日本所提条件的基本内容和性质，"因为我们要竭尽全力真诚寻求恢复两国间的和平迹象"。

然而，日本方面以为重庆国民政府是在敷衍。由于外交不能引诱蒋介石屈服，和谈阴谋未能得逞，日本政府感到很恼火。随着其武装侵略的进展，近卫内阁发表了一个声明，内称中国政府不接受日本所给的“最后考虑的机会”。故宣布：“帝国政府今后不以国民政府为对手，而期望真能与帝国合作的中国新政权建立与发展关系。”1938年1月17日，日本政府告知德国方面。停止对中国方面的调停。因此，陶德曼调停便以无任何结果而告终。1月20日，中国驻日本大使奉命回国。1月28日，日本大使也离任回国。

第三节　联苏外交的展开

抗战初期，南京国民政府没有得到西方列强任何实际的援助，外交上很孤立。为了打破这种局面，蒋介石把它一贯的反苏政策放在一边，宁愿捐弃前嫌，与对中国抗战表示极大同情的苏联建立关系。苏联看到中日战争爆发后，日军进展很快，生怕日本一旦在中国获得成功，就会掉转枪口，向它发动攻击。为了防止这种情况发生，苏联政府决定帮助中国抗日，把日本陷在中国，不能北上攻苏。这样，中苏两国在对抗日本的考虑中有了共同点。

1. 中苏《互不侵犯条约》的签订

抗日战争爆发后刚一个多月，1937年8月21日，中国和苏联便签订了《中苏互不侵犯条约》。中国方面是外交部长王宠惠，苏联方面由驻华大使鲍格莫洛夫在南京签字。条约内容是：（1）双方声明“斥责以战争为解决国际纠纷之方法”，否认国家间“以战争为施行国家政策之工具；（2）双方约定不得单独或联合其他一国或多国对于彼此为任何侵略”；（3）对方遭受第三国侵略时，缔约国对该侵略国“不得直接或间接予以任何协助”，并不得有任何行动或签订协定，以利于侵略国用以施行不利于受侵略的缔约国；(4) 本条约不得对两国以前所订立双边或单边条约发生影响；(5) 条约有效期为五年。这一条约是互不侵犯的双边条约，但在日本对中国发动大规模进攻之时，其意义是很明确的，它起到了支持中国人民进行抗战的作用。

日本对这一条约很不满意。日本外相广田于9月1日对美国大使格鲁说："苏联和中国在最近几年中任何时候都可订这类条约。而竟选在这样特殊的时刻和形势下来缔结，这对于他实属不幸。"在另一次谈话中，他还告诉格鲁，这个条约使中日和解更加困难。

2. 争取苏联援华抗日

苏联不仅在道义上支持中国，在国联会议上，在布鲁塞尔会议上都明确地表示同情中国，给予外交支持，而且苏联还应南京国民政府的要求，对中国提供了大量的财政和军事援助。《中苏互不侵犯条约》签订后，苏联为了支援中国急迫需要的飞机，决定自1937年9月15日起，每隔10天运来一个飞机大队到中国。当这些苏联飞机出现在中国上空时，日本空军的气焰立刻受到沉重打击。1938年3月1日，中苏两国在莫斯科签订了"关于使用5000万美元贷款之协定"。这笔贷款年息3%，5年为期。苏联把中国急需的飞机、火炮、坦克、汽车、机枪、弹药、燃料等军用物资折为贷款，经新疆运往中国。这是中国自从抗战爆发后，第一次从国外获得了一笔贷款。之后还不到半年，1938年7月1日，苏联又向中国贷款5000万美元。款项及贷款条件与第一次合同相同。1939年6月13日，中国特使孙科与苏联对外贸易部长米高扬又签订了1.5亿美元的贷款协定，用以购买苏联工业品及设备，中方以苏方规定的商品及矿产原料偿还贷款及利息。6月16日，双方又签订了通商条约，规定双方在关税上实行最惠国待遇，船舶在对方商港及领水的最惠国待遇及紧急停靠权等。在当时中国政府缺少外援，财政日益困难的情况下，这些资金给予中国的抗战以很大支持。

苏联还采取了其他措施来支持中国的抗战。1937年底，苏联曾派朱可夫将军来中国考察，后任命崔可夫将军为中国军事顾问。苏联帮助中国建立了空军轰炸机队和歼击机队，截至1939年秋，苏联向中国提供了1000架飞机，并有2000多名驾驶员的"航空志愿队"来华参战。航空志愿队中不少人献出了生命。1941年初，苏联再次向中国提供200架飞机，还派来军事顾问和工程技术人员500多人。

蒋介石对从苏联获得的物质援助还感到不满意，便提出了更进一步的要求。1938年10月1日，蒋介石致电在苏联的南京国民政府副外长杨杰：如国联作出决议的话，那么苏联应实行对我国抗战之诺言，"则苏联即可出兵宜在远东予以侵略者之日本教训"。并要求中苏订立"互助协定"。可是，这一步苏联是不愿意走的。苏联援华的目的就是为避免日苏战争。苏外交部长李维诺夫让杨杰转告蒋介石："苏联以一国力量，除本着以往一贯之精神，在物质上竭力继续援助外，不便遽有个别行动。"即表示苏联不愿单独与日本对抗。对蒋介石所提出的两国订立"互助协定"的要求，只说要进行"考虑"。

日本曾对苏联向中国提供援助提出了强烈抗议。苏联政府1938年4月5日反驳说："苏联出售包括飞机在内的军火给中国，这完全符合国际法的准则。"日本还在中苏边境挑起事端，1938年7月底8月初发生了"张鼓峰事件"。张鼓峰是哈桑湖与图们江之间的一个小山。日本企图攻占受苏联控制的张鼓峰东坡，遭到苏军的坚决回击。

由于苏联对华援助主要是从自身的国家利益考虑的，所以1939年7月《德苏互不侵犯条约》签订后，由于德日的关系，苏日冲突停止。苏联对中国的物资援助便逐渐减少。1940年12月中国大使邵力子与米高扬谈判援华时，苏联便不愿再给中国新贷款，而是要求中国"以美款购俄械"。1941年4月13日，日苏签订"中立协定"后，苏联对华援助便基本上停止了。在这份协定中，日本表示尊重蒙古人民共和国的领土完整和不可侵犯，苏联尊重“满洲国”的领土完整与不可侵犯。4月14日，南京政府发表声明指出：中国政府和人民对于第三国之间所为妨害中国领土与行政完整之任何协定决不能承认，苏日两国公布的共同宣言对于中国绝对无效。为了避免被日本所利用，南京政府没有采取其他反对措施仍维持中苏友好关系。

第四节 争取欧洲列强的外交活动

抗日战争初期，英法两国尚能坚持国际公约的原则。通过中国代表在国联的努力，由英法所控制的国联通过了道义上支持中国的议案。英法基本上保持同情中国的态度，还在国际交通上（滇越、滇缅路）给予中国物资运输的方便。但情况很快发生了变化。

1. 中法越南边境运输的交涉

抗战开始不久，日军即封锁中国东南沿海港湾，南京国民政府为了利用越南的国际通道运入军火与物资，便积极与法国交涉，希望保持这条国际通道的运输。然而法方以“牵涉中立问题”，恐怕“引起对日纠纷”，“不能不从长考虑”相敷衍。1937年10月17日，当大批苏联军货拟假道越南运华之际，法政府却决定禁止军火假道越南转运。直到1939年1月驻苏大使杨杰到法交涉，法方才允诺对越南边境运输允予便利，军火各货抵海防之后，视同法货，由军队代运。

1939年9月，欧战爆发后，法因无力照顾远东，对日态度更趋妥协，于是法方又表示不准通过越南国境运输。经中方交涉，最后同意恢复秘密通融之法。

1940年6月，法国战败投降，日本乘机压迫法国让步。6月17日，日本迫使法国驻印支总督下令禁止军火、武器、卡车和汽油经由越南运往中国。7月5日，法印支总督接受日方要求，停止通过越南国境运输中国货物。

2. 反对英国对日妥协

1938 年 5 月 2 日，英日订立《关于中国海关之协定》，将沦陷地海关税收交日本正金银行存储，使中国海关成为日本收钱代理人。5 月 6 日，中国政府向英国提出强烈抗议，声明不受该协议约束，保留中国在海关问题上的充分权利和自由。

然而，到 1939 年中期，由于欧洲战云密布，形势危急，英国企图在远东讨好日本，以解其后顾之忧，于 1939 年 7 月开始与日本进行一笔牺牲中国求得与日本妥协的交易。同年 6 月，日本为打击英国在远东的利益及威信，迫使英国承认“东亚新秩序”，于 6 月 14 日找借口封锁了天津的英国租界。英首相张伯伦令驻日本大使克莱琪与日本交涉。日方骄横，要求将交涉范围扩大，谈判英国的对华政策。

7 月 24 日，日外相有田八郎和英大使克莱琪达成了一个协议，其内容有二：(1) 英国承认当时中国的实际局势，承认日本军队可在中国“镇压或消灭足以妨碍日本和帮助中国的一切行动”；(2) 英国对于阻碍日军的上述行动和措施毫无赞成的意义，而且在华英国方面和居民不采取这种行动和措施。这就是所谓的《有田—克莱琪协定》。这一协定承认了日本以暴力侵略中国所造成的现实，出卖了中国的利益。

南京国民政府对这一协定非常不满。1939 年 7 月 27 日，外交部驻美大使馆电称：“英日会谈中，英方发表之声明特令我方失望。”驻英大使郭泰祺在给驻美大使电报中也称：“英日妥协最为我方顾虑。”1940 年初，日本要求与英国一起监督封存南京国民政府币制改革遗留下来的存于天津英租界之银锭南运，价值约 5350 万中国元。6 月，英日两国同意共同加封。

这时，英国又向日本作出更严重的妥协——关闭滇缅公路。滇越铁路关闭后，中国南部只剩一条与外国世界联系的通道——滇缅路。日本进而要求英国关闭这条公路。7 月 12 日，英国方面同意日本要求，关闭滇缅公路三个月。这个决定使得中国舆论沸腾。外交部致电驻美大使胡适："观越南运输全停，缅甸一路为我生死关头，应立即进行外交活动。让美国阻止英国的行动。"胡适回外交部电：即竭力向美国陈说滇缅路危机，请其设法挽救。同时，驻英、驻苏中国大使也极力活动，力图阻止英国对日妥协。中国政府外交部并于7月16日发表声明，批评英国此种举动"不独极不友谊，且属违法"，"无异帮助中国的敌人"。然而，英国不顾中国的声明，于7月18日起封闭滇缅公路三个月，禁止武器、弹药并铁路材料通过缅甸运送。

英国当时之所以这样做，是因为欧洲形势紧急，它想与日本实现妥协，防止远东出现事端。这种只顾自己的利益，而损害中国的抗日事业的做法是极其恶劣的。

3.争取德意两国中立

中日战争开始后，德国宣布中立，但仍保持与南京国民政府的军事关系。日本向德国提出抗议。德表示日本华北行动影响德在华利益，以前所签《日德防共协定》是反苏而非反华。

南京国民政府以争取德国军事顾问团留任，继续发展军火贸易为要务。经过积极的外交努力，这项政策获得一定成效，1937年德国运送中国的作战物资总值达8278.86万马克，其中包括枪、炮、坦克、飞机、战车等，德国顾问仍继续活跃在中国抗日战场上。

1938年2月，希特勒对德国政府进行了大清洗、大换班，比较亲华的官员均被撤换。2月20日，希特勒宣布承认"满洲国"。南京国民政府提出抗议。3月3日，德宣布"在中日两国纷争之际，不收两国军事学生"。4月27日，又不顾《中德贸易协定》的规定，下令禁止将武器运往中国。5月13日，又下令召回全体在华德国军事顾问。中国努力交涉，无济于事。

意大利因侵略阿比西尼亚，中意关系冷淡。中国代表曾劝意不与日本一起反华，保持中立。布鲁塞尔会议上，意大利明显偏袒日本。1937年11月29日，意大利承认"满洲国"，但仍继续对华进行军火贸易。1941 年 7 月 1 日，德意两国承认汪伪政权，重庆国民政府遂与之断交。

第五节　争取美援的外交活动

1. 确立对美外交政策

抗战爆发后，南京国民政府对美国的外交政策是：争取美国援华，劝阻美日贸易。在布鲁塞尔会议上，美国不愿采取任何制裁日本、援助中国的措施，这使蒋介石感到非常失望。美国持这种态度的原因是：（1）美国不愿与日本在远东发生冲突；（2）美国与日本有较大的经济关系；（3）仍有促使日本北上进攻苏联的幻想。因此，美国采取了一种“中立”的政策。1937 年 7 月 16 日，美国国务卿赫尔发表声明，称美国政府的政策为维护国际和平，国际法和国际条约之尊严等，指出“正在进行的敌对军事行动或即将发生的敌对军事行动的任何形势都是使或者可能使各国的权利和利益受到严重影响”。他对日本对中国的侵略既未提名、更无指责。8 月 27 日，美国驻日本大使格鲁就向国务卿建议：（1）避免介入；（2）保护美国在华利益；（3）对交战双方维持友谊，保持中立。9 月 14 日，罗斯福宣布对中日两国施行“中立法”：“美国政府之舰舶……所载之武器弹药及战斗材料，不得向中、日两国输送。”10 月 5 日，罗斯福在芝加哥发表著名的“隔离演说”，不指名地指责日本为侵略者，提出应将侵略者隔离起来，批评美国内孤立主义者目光短浅。然而由于国内孤立主义者的反对，罗斯福从这个立场后退了。10 月 12 日，他在一次广播讲话中指出为了解决中国的问题，“我们的宗旨是要同包括中国和日本在内的其他签字国合作。”美国这种既不愿得罪日本，又与中国维持友谊的“中立政策”，几乎一直维持到太平洋战争爆发。

1938 年 1 月 30 日，蒋介石写了一封信给罗斯福，内称：鉴于中美友谊，在中国危难之际，“其希望美国之援助尤为势所必然。……吾人急迫之愿望，在美国即于此时在经济上及物资上予中国以援助、俾得继续抵抗。”可是美国政府并没有答应蒋介石的请求。在1938年10月1日外交部给新任驻美大使胡适的电文中说明了对美国外交的四项任务：(1) 争取与美国达成谅解，请美国不要对日妥协，即实行对侵略者“隔离政策”；(2) 促使美国修改中立法，使之分清侵略国和被侵略国；(3) 努力促使美国尽快援助中国；(4) 促使美政府不但劝商民不售给日本飞机，且扩大其禁售范围而及汽油、钢铁等。

2. 努力争取美援与劝说美国对日禁运

1938年9月，为了在美国寻求财政援助，南京国民政府派财政部委员陈光甫到美国。在美国成立一“复兴商业公司”，由陈任董事。陈光甫频繁活动于美国政界、商界，揣度对方人士之心理，伺机进言。

1938年底，由于武汉，广州失守，国民政府危如累卵，美国政府为了避免中国政府垮台，才同意给予小笔经济援助。12月30日，中美双方在纽约签订了《购售桐油合同》。之后于1939年2月8日形成《桐油借款合约》。美国答应给中国政府2500万美元的信用贷款。国民政府对于首次从美国获得贷款是十分高兴的。可是，这次贷款后美国又没有什么积极的行动，直到1940年3月，美国才答应第二次贷款。4月22日，中美签订了《滇锡借款合同》，金额仅为2000万美元。陈光甫在回国前曾致电蒋介石说：“国际间无慈善事业……今后抗战必须基于自力更生之原则，”“我先自助，人方助我。否则，求人之事难若登天。”10月22日，中美又订立《钨砂借款合同》，美国对华贷款2500万。这些贷款虽然很少，但还是起到稳定国民政府的作用。

国民政府在极力争取美援的同时，也在努力促使美国停止对日贷款，并实现对日本的禁运。1938年初，美国决定不再向日本提供贷款，同时决定从6月起对日本实行“道义禁运”，也就是不以立法形式禁止军火出口日本，而由国务卿出面，以人道主义为由劝告军火商不要再向日本出售飞机和军械。至1939年1月，美国各厂商都接受了政府的劝告，不再向日本提供军火。然而，美国向日本出口的战略物资和原料却在不断增加，日本从中获取大量的战略资源。因此，国民政府对此非常担忧，企图通过外交途径，劝美国政府应该采取对日本禁运的政策。1938年10月12日，外交部致驻美大使馆电中即说："我国正要求各会员国停止把军火售予日本。惟此与美国之合作，关系甚巨。我方切望美国再以切实劝告态度，令各商家停止以军用物品接济日本，尤以钢铁与汽油至关重要，勿令直接或间接输运日本。"

然而，中国的劝告完全影响不了美国政策。虽然美国宣布于1939年7月26日废止《美日商约》，但美日商业往来仍广泛进行着。9月26日，美国政府要求各有关企业停止出口11种原料，对飞机发动机、石油、燃料、机件、原料及废钢铁等物品采取许可出口制。尽管美国的禁运范围不断扩大，但中国外交部在1940年9月7日致电驻美大使称：美总统布告所列举统制出口物品……此时仍未能予敌重大打击，要求中国外交人员设法策动扩大禁运。12月24日，中国外交部致驻美大使馆电文仍称："美实施统制，漏洞甚多。以钢轨、旧船、废旧电车及工作机械等虽均在统制之列，而仍可运日。"直到太平洋战争爆发后，美国对日战略物资禁运问题才得以真正解决。

第六节　抗战外交政策的调整

1. 从"苦撑待变"到"积极促变"

1940年，中国的局势不断恶化。欧洲战争爆发后，日本加紧对中国政府进行分化。3月下旬，在日本的诱使下，汪精卫逃离重庆，到南京组建了伪国民政府，自任代理主席兼行政院长。3月26日，重庆国民政府照会各国驻华使节，声明："日本所控制的南京伪组织完全无效”，并称任何对伪政权的承认都被认作非友好和破坏国际法和国际条约的行为。当天，美国国务卿赫尔也发表声明，美国继续承认蒋介石领导的国民政府。日本坚持同汪伪政权进行谈判。双方于11月30日签订协议，日本承认汪伪政权。日本在支持汪精卫的同时也试图拉拢蒋介石。日本通过不同渠道与重庆国民政府保持联系，甚至要促成蒋介石与派遣军总参谋长板垣征四郎的会谈。日本还通过德国提出新的媾和建议。德国外长对中国驻德大使说：“中国若不速与日本议和，则日本必将承认汪伪。”重庆方面则坚持要日本取消汪伪政权。南京的汪伪政权也派人游说重庆政府，提议合流。蒋介石拒绝了经由汉奸的和谈。重庆国民政府于12月1日发表声明，宣布《汪日条约》无效。

在此期间，9月27日，德意日三国同盟正式成立，承诺互相“承认并尊重”在欧洲和东亚“建立新秩序的领导权”，从而形成了法西斯轴心国的一条战线。日本把自己拴在正与英法激战的德意法西斯的战车上，这就必然要导致日本与西欧强国的开战。蒋介石看到了这一点，因此对与日本的和谈采取消极态度。蒋介石在其日记中写道：“此在抗战与国际形势上于我实为求之不得者，抗战必胜之局已定矣。”重庆国民政府充分利用这一有利的国际形势，提高自己的国际地位，力争在世界上树立一个大国之形象。于是，重庆国民政府的政策由“苦撑待变”转变为“积极促变”。蒋介石开始考虑中国在战争中所应采取的外交战略：力倡反战国家联合，共同抗击三国同盟；强调中国在战争中的特殊地位，争取英美的军事援助。

在这种新形势下，与日本已进行了三年抗战、牵制了大批日本军队的中国将与世界反法西斯的战争联系起来，中国的抗日战争在国际反法西斯战争中的地位明显地突出出来。

2. 促进中美英三国合作的外交活动

1940年10月18日，蒋介石接见美国大使詹森，要求美国在三个月内提供500架飞机，并派遣志愿人员来华助战，他则保证在中美英的合作中，听从美国的领导。10月21日，蒋介石在致胡适电中要求转告美国政府，请向中国提供大量飞机，贷与中国巨款。他还说："盖中国陆军与美国空军一部分，已足以消灭日本海军，而永奠远东安定的基础点。"

由于国际和远东形势的险恶，美国感到它与日本的冲突不可避免，又担心蒋介石被日本拉拢。罗斯福决定采取紧急措施援助蒋介石。11月30日，美国政府宣布给予中国1亿美元贷款，其中5000万美元为平准基金贷款。同时，美国宣布将继续承认依照"宪法程序"产生的重庆国民政府。12月1日，蒋介石致电罗斯福表示感谢，称"已辟太平洋上和平光明之大道"。

重庆国民政府也对英国展开工作。1940年9月，英国同意重开滇缅路，美国也表示支持。10月17日，滇缅路重开。根据英国的建议设立了中缅混合委员会，聘美国专家为主席，管理这条公路的运输。中英美多方努力改进运输条件，运输量大为增加。

10月17日，蒋介石在接见英国大使时说道：英美素以殖民地看待中国，实为最大错误。中国拥有大量的陆军，可补英美在远东陆军的不足。他强调"中国确有供给此项实力之能力，且能与英美作有效的合作。"他还对中国的抗战地位作了估计，指出是中国的抗日使日本无法自由南下，从而保卫了英国的利益。他提议说："现在已至讨论联防计划的时候了。"因此，他指出"今日切望于英美者，并非仅以朋友地位从旁协助，而应在平等基础上，完全共同合作。"可见，蒋介石已俨然以一个与英美平等的大国来商讨国际关系了。11月，英国也宣布给予中国1000万英镑贷款。

为了争取大国的支持，蒋介石一方面采取递送情报和情报合作的办法，以图使美英苏都靠拢中国。他对英国说，据所获情报。日军向香港、缅甸进攻的可能性，比去年大；对苏联说，据所掌握的情报，德国已作好全面侵苏的计划，时间应在1941年5月下旬，最迟不超过6月；对美国说：日本进攻美国的计划已定，时间应在12月，地点是太平洋某个海军基地。这些情报是相当准确的。另一方面，蒋介石还积极游说列强以促变。他对美国说日本南下的可能性比北上大，德意企图联日攻美。但对苏则说日本有北进意图。实际上，这时德国攻苏、日本攻美的可能性已增大。

11月9日，蒋介石即正式向英美提出“三国合作的方案”：(1) 坚持九国公约之门户开放与维护中国主权、领土、行政完整；(2) 反对日本之所谓建设“东亚新秩序”或“大东亚新秩序”；(3) 认定中国之独立自由为远东之和平基础。亦即太平洋整个秩序建立之基础。他建议的相互协助项目为：(1) 英美给中国贷款；(2) 美国供给中国大量飞机及其他武器；(3) 英美派军事、经济和交通代表团来华；(4) 与英美分别或共同对日开战，中国陆军全部参战，中国的空军场所，供联军使用。

在重庆政府的争取下，1941年2月4日，中美两国订立《金属借款合同》，美国向中国贷款5000万美元。4月1日，中美、中英分别订《平准基金协定》，给中国5000万美元和500万英镑贷款以支持中国的货币——法币。

重庆政府还极力想利用美国的《租借法》来得到军事装备。由于英国在抵抗法西斯的战争中财政极为困难，1940年12月29日罗斯福发表一个重要的讲话说：“过去两年的经验已经无可怀疑地证明，任何国家都不能够姑息纳粹，任何人都不能靠抚摸来把老虎驯服成小猫。不能姑息残忍的行为，对于燃烧弹是不能讲道理的。”这个讲话在美国获得广泛的支持。于是，1941年初罗斯福便向国会提出制定专门法规援助盟国的建议。宋子文听说此事，便敦促罗斯福总统派特使来中国了解情况。2月7日至27日，美国总统特使居里访问了重庆，蒋介石与他多次谈话，累计时间达27小时之多。蒋介石保证战时战后都与美国进行合作，希望美国提供更多的财政和军事援助，并选派顾问来中国。3月11日，美国国会通过了《租借法》。它规定可以用租借、出售、转让、交换及其他方法给对美国国防至关重要的国家提供美国的武器和其他装备。这项法令使战斗在反法西斯前线的国家能在资金不足的情况下得到所需物资，对盟国起到了重要的支援作用。四天后，罗斯福总统发表演说："千千万万的普通中国人民，在抗拒中国被敌人宰割中显示出同样伟大坚强的意志。中国通过蒋介石委员长要求我们提出帮助，美国已经答复，中国毫无疑问地将得到我们的帮助。"5月6日，美国同意中国取得租借援助。（从1941年到1945年，美国对中国的租借援助达13亿多美元）6月，美国宣布愿于战后放弃在华特权。7月，罗斯福批准拉铁摩尔来华，担任蒋介石的政治顾问。8月1日，蒋介石发布命令，美国志愿飞行员在陈纳德将军的指挥下，正式成立志愿航空队（即飞虎队)，并作为中国空军的一个单位。这支美国志愿队主要在中国西南部担任空防任务。10月，美国军官团抵达重庆，两国的军事合作正式开始。美国军官团的主要任务是训练国民党军队和指导运用根据《租借法》从美国获得的物资装备。

3. 阻止美日妥协

虽然美国开始向中国提供大量的援助来抵抗日本，但美国并不想直接与日本对抗。德意日三国同盟形成后，美国政府起初认为此同盟并不稳固，企图拆散三国同盟。为此，应阻止日本南下进攻英美有重大殖民利益的东南亚，这不仅可使美国避免东西两大洋同时作战，还可以引导日本北上与德国共同攻打苏联。而要实现这一切，就必须以解决中日问题为前提。因此，美日谈判即以中日问题为中心内容展开。日本一方面希望利用日美谈判，促使蒋介石屈服投降；一方面可麻痹美英两国，为它南下进攻争取时间。

1941年2月，日本新驻美大使野村吉三郎到任。4月初，日美之间便开始进行谈判。4月16日，日本提出"日美谅解方案"。提案涉及两国对欧洲战争的态度，对中国事变的关系，对太平洋区域的军事力量、政治安宁及两国的经济关系等。美国方面表示同意该方案的许多内容。5月12日，日本政府将正式提案交给美国政府，美国则于5月31日由国务卿赫尔提出提案。在一系列谈判中，美国一再在中国问题上让步，以求日本在整个问题上实现妥协。

蒋介石政府对日美会谈感到非常恐慌。它怕一旦日美会谈以牺牲中国为条件达成妥协，则美国将会丢弃重庆国民政府，而使中国单独对付日本。如果失去美国的支持，则将打破1940年底蒋介石所作的美英中联合抗击日本的三国同盟的构想，因而蒋介石密切注视着日美谈判的进展。他一方面要求其驻美外交代表随时报告谈判动向，一方面要他们利用外交手段阻止美国向日本让步。

6月22日，德苏战争爆发后，美日更加紧谈判步伐。10月，东条英机组阁，美国认为他是一贯反苏的，故感到很高兴。其实，东条已决心向南发动进攻，特派遣日本驻德大使本西赴美协谈，以施放烟幕。11月4日，日首相东条给日本代表提出了A、B两个谈判方案。日代表先交A案给美国，美国认为无新意。这时美国海军已截获日本的密码，知道日本的意图，但仍不放弃达成妥协的企图。11月20日，日方提出了条件极为苛刻的B案，赫尔非常不满，但仍不愿中止谈判。蒋介石得知这一情况，十分着急。11月23日，他急忙致电胡适，要他转告美国务卿："此次美日谈判，如果在中国侵略的日军撤退问题没得到根本解决以前，而美对日经济封锁政策无论有任何一点之放松或改变，则中国抗战必见崩溃。切不可对经济封锁有丝毫的放松。"同一天，蒋介石亦致电在美的宋子文，要他向美方转达："任何放松对日经济压迫的措施，都将会严重打击中国军队的士气。"蒋介石还要求英国一同出面干涉。

蒋介石的态度在很大程度上影响了美国对日本谈判的考虑。促使美国政府采取较为强硬的立场。11月26日，赫尔提出了一个使日本不能接受的方案，即内容为十项要点的"和平方案"。这一方案首先重复政治方面四项原则：（1）日本从中国及越南撤退军、警；（2）不支持重庆国民政府以外的任何政权；（3）放弃在华特权；(4) 三国同盟协定不作有碍太平洋和平之解释等。日方认为，这个方案是美国的最后通牒。12月7日当日方对美国方案的答复送达美国国务卿时，珍珠港遭到袭击已过了55分钟。偷袭珍珠港事件挑起了太平洋战争。

抗战开始后，南京国民政府试图通过国际社会的调解和制裁来阻止日本的侵略，其政策未能奏效。随着军事上的失利，大片国土沦丧，南京政府被迫迁都重庆，继续开展争取国际同情和支援的外交活动，实行“苦撑待变”，相持对抗的政策。1940年下半年，美英与日本之间矛盾的尖锐化，国际形势向有利于中国方面发展。中国外交由“苦撑待变”转为“积极促变”，尽力促成中美英三国合作抗日。虽然重庆国民政府在外交方面取得了一些明显的进展，但过度把希望寄托在求得英美的金钱和武器的援助，而不是唤起本国人民及军队的斗志，甚至在此期间加强反共活动，造成1941年初突袭新四军的“皖南事变”，破坏国共合作，削弱了中国抗战的总体实力。

思考题：

1. 分析抗战初期南京政府的外交策略。
2. 抗战初期为何中国在国际上处于外交困境之中？
3. 分析重庆国民政府的对外政策由“苦撑待变”转为“积极促变”的原因。
4. 分析抗战初期美国对华政策的转变。

参考书目：

吴东之：《中国外交史（中华民国时期）》，河南人民出版社1990年版，第四章。

石源华：《中华民国外交史》，上海人民出版社1994年版。

吴相湘：《第二次中日战争史》，台北综合月刊社1973年版。

陶文钊：《中美关系史1911～1950》，重庆出版社1994年版。

吴孟雪：《美国在华领事裁判权百年史》，社会科学文献出版社 1992 年版。

陶文钊，杨奎松，王建朗：《抗日战争时期中国对外关系》，中共党史出版社 1995 年版。

唐培吉：《抗战时期的对外关系》，北京燕山出版社 1997 年版。

复旦大学历史系中国近代史教研组编：《中国近代对外关系史资料选辑》下卷，上海人民出版社 1977 年版。

第十七章

参加反法西斯阵营与提高中国的国际地位

太平洋战争爆发后，中国正式成为世界反法西斯国际阵营中的主要成员。由于中国长期抗战拖住了日本的手脚，中国的作用得到国际社会的重视。重庆国民政府力图趁机通过外交努力争取大国地位，平等地与美英苏等大国交往，使中国外交活动范围大大扩展。

第一节 加入世界反法西斯同盟

1941 年 12 月 7 日，日本偷袭美国珍珠港，挑起了太平洋战争。12 月 8 日，美国宣布对日处于战争状态。日本遭遇到强大的对手，远东局势发生了根本性的变化。重庆国民政府终于等来了长时间期待的机遇。

1. 对日德意宣战

抗日战争已进行了四年六个月，中国独立支撑，艰苦奋战，终于有一个强国来共同参与作战。12月9日，重庆国民政府跟随美国之后，正式对日本宣战。宣战书中称："过去四年余之神圣抗战，原期侵略者之日本，于遭受实际之惩治后，终能反省。不料残暴成性之日本，更悍然向我英美诸友邦开衅，扩大其战争，甘为破坏全人类和平与正义之戎首，逞其侵略无厌之野心。……兹特正式对日宣战。"并"昭告中外所有一切条约协定合同，有涉及中日间之关系者，一律废止。"同日，中国亦对德国和意大利宣战。这样，中国和英美苏等国站在一起，共同对法西斯轴心国家进行战争，而中国则是远东战场的主要作战国。这样，从欧洲、非洲到亚洲，反法西斯战线终于连成一片。

2. 中国战区的成立

世界反法西斯统一战线的形成，客观上给中国国际地位提高创造了条件。于是，蒋介石便抓住机会，以一个大国元首的身份向列强提出意见。12月8日，国民党中央常务委员会进行中国外交政策的讨论，指出："太平洋战争爆发以后，我们中国的地位特别重要。我国军事力量，虽不能说有左右战局之势，但被侵略各友邦今后对日态度能否一致，我国实可操决定性之影响。"会议并提出了重庆国民政府对外政策的三原则：(1)"太平洋反侵略"各国应成立正式同盟，由美国领导，并推举同盟国联军总司令；(2)要求英美苏一致实行对德意日宣战；(3)联盟各国应相互约定，在太平洋战争胜利结束以前，不对日本单独媾和。显然，重庆国民政府是从全球性角度提出中国的外交政策的。同一天，蒋介石即拿出一份"向美英苏提出建议书"，书中保证"中国决不避任何牺牲，竭其全力与英美苏及其他诸友邦共同作战，以促成日本及其同盟轴心国家之完全崩败"。并建议各友邦应成立军事同盟，在美国的领导下共同作战。

中国在反法西斯统一战争中的重要地位得到了盟国的承认。12月底，英美首脑在美国华盛顿召开"阿卡迪亚会议"，决定在华盛顿组织最高军事会议，在各战区设立联合指挥部，并拟定了

《联合国家共同宣言》。美国总统罗斯福将中国之名列为四大国之一。12 月 31 日，罗斯福致电蒋介石说："余今征得英、荷政府代表之同意，建议麾下负指挥现在或将来在中国境内活动的联合国家军队之责。余等并建议：该战区包括联合国家军队可以到达之安南（今越南），及泰国国境。余等并信：欲使此统帅部发生效力，应立即由中美英三国政府代表组成一个联合计划作战参谋部。"蒋介石则在 1942 年 1 月 2 日的回电中对这一建议表示"自当义不容辞，敬谨接受"。

太平洋战争爆发后，美国总统罗斯福提议将参与对轴心国作战的 26 个国家称为"联合国家"（United Nations）。1942 年 1 月 1 日，美、英、苏、中等 26 国政府代表在华盛顿签署了"联合国家宣言"，约定"加盟诸国应尽其兵力与资源，以打击共同的敌人，且不得与任何敌人单独媾和"，这表明国际反法西斯统一战线正式成立。1 月 4 日，同盟国推举蒋介石为 26 国联军在中国战区（包括安南和泰国）的最高统帅。这样，中国名义上即被列为四大强国之一。

3. 争取英美援助，联合抗击日军

重庆国民政府为了保证大国的地位，加强自己的实力，立即要求英美给予军事及经济的援助。罗斯福答应了中国的要求。罗斯福在 1942 年 1 月 31 日致国会的咨文中，请求对华贷款五亿美元，国会予以通过。3 月 31 日，中美双方在华盛顿签订了《五亿美元借款协定》。这是二战中美国给予中国的最大一笔贷款。6 月 2 日，中美双方又订立了一项《中美互助协定》，规定两国在军事、经济及情报方面互相援助。中美还在多方面进行军事合作。1942 年 4 月，美军飞机开始轰炸东京。为了缩短飞行航程，一部分飞机完成任务后直飞中国浙江降落。中国军民多方配合，救助了失散或受伤的美国飞行员。美国帮助中国训练了许多军官，并直接向中国陆海空军提供了大量军事装备。

同时，蒋介石也从英国获得了一些援助。1941 年 12 月 23 日，

中英两国签订了《共同防御滇缅路协定》。1942 年 2 月 2 日，英国宣布给予中国 5000 万英镑以内的借款。1942 年 3 月 27 日，两国在重庆交换了《关于重庆加尔各答航空运输换文》，英国同意"立即开办重庆加尔各答间通过昆明、腊戍、吉大港、或通过昆明、腊戍、仰光与吉大港载运客货邮件的航空运输"。从而为中国从缅甸和印度获取军事战略物资开辟了航线。

中美英三国还建立了联合作战指挥机构。美国派出陆军中将史迪威到中国充任中国战区参谋长，协助蒋介石指挥抗日军事行动。自 1941 年底以来，三国在重庆不定期召开由三国高级军事将领参加的军事会议，以制定和协调对日作战计划。

中国战区的主要战事是在缅甸进行的。1942 年 1 月初，日军大规模侵入缅甸。中国派出了 10 万人赴缅远征军，协助英国抗击日本对缅甸的侵略，也为保证滇缅公路的畅通。中国军队突破日军包围圈，解救了英军 7000 多人。但由于英国放弃缅甸退保印度，再加上远征军的中美指挥官意见不同，这支军队最终还是在缅甸战场上失利，只有 4 万人生还，分别退入中国和印度。滇缅公路被切断。美国方面不得通过飞越喜马拉雅山南部支脉的"驼峰"运输线从印度向中国空运援助物资。这对中国抗战局面不利，中国希望收复缅甸，美国和英国也表示支持。但中方要求美英海空军全力支持，拒绝单独使用中国军队；英国借口兵员不足，无法抽调实施这个计划的兵力，也不愿中国军队过多卷入南亚；美国提出由英国进行指挥，并要求把美国援助充分用于这个计划。经过长时间的交涉，三方才同意投入战斗。1943 年 10 月，中美联军从印度出发反攻缅北。1944 年 5 月，中国远征军越过怒江向腾冲攻击。经过一年左右的战斗，至 1945 年 3 月底，中美军队合作战胜了日军，歼敌 16 万人，收复缅北和滇西地区。这是抗战以来正面战场最成功最扬威的一次战役。

第二节　中国国际地位的显著变化

在抗战后期，重庆国民政府通过外交努力，促使英美承认中国在反法西斯战争中的重要性，以便提高中国的国际地位，树立大国形象。

1. 争取做亚洲代言人

1942年初，日本进入泰国，占领了马来西亚和新加坡，继而向缅甸发动进攻。德日法西斯轴心国家试图在西亚实现会师，控制欧亚大陆。印度的战略地位便凸显出来，若印度为日军所占，盟国在亚洲的地位将陷于危机。就在这时，以甘地为首的印度民族主义者正在为争取独立进行斗争，英国则以战争为由延长了给予印度人民自治的期限，致使双方矛盾极为尖锐。而日本所宣传的“亚洲是亚洲人的亚洲”谎言却在印度民族主义者中获得一定认同。为防止印度民族主义者倒向日本，蒋介石决定出访印度，调解英印纠纷。他先请美国总统罗斯福向英国首相丘吉尔转达这一想法。英国政府对此表示欢迎，希望蒋介石能够劝告印度人民与英国合作。1942年2月7日，蒋介石偕夫人及王宠惠等人到加尔各答。2月10日，蒋介石会见英总督，建议英国应立即宣布印度为一自治邦，而印度则暂时放弃完全独立的要求。2月11日，他会见尼赫鲁以及国民议会主席柴阿德，告以中国的革命经验，劝对方应谨慎，防止步骤及策略发生错误。2月18日，蒋介石亲自前往加尔各答与甘地会面。蒋介石告知甘地“中印两大民族，欲求世界人类完全解放，则必须先获得中印两民族的自由与解放”。而这“有赖于中印切实合作”及“印度是否实行参战，争取世界同情”。但甘地仅表示对中国抗战之同情，及不阻碍英国援华，对蒋所要求的中印共同奋斗，以求共同的自由之观点，不作答复。蒋介石对此深感失望。2月21日，蒋介石访印结束，发表了《告印度人民书》，希望中印两大民族同为人类自由而努力，望印度积极参加反侵略阵线，同时希望英国给予印度国民以政治上的实权。蒋介石访印的目的并未达到，英印双方都未听从他的劝告。

抗战期间，重庆国民政府通过支持朝鲜和越南的抗日斗争和争取民族独立的运动，以加强自己在亚洲的地位。1919 年 4 月“大韩民国临时政府”在上海成立，1935 年迁入南京，全面抗战后于 1940 年迁入重庆。在重庆国民政府的支持下，临时政府公开挂牌办公。国民政府给予了财政援助，并帮助建立了韩国光复军。1942 年 12 月 27 日，蒋介石正式批准《扶植朝鲜复国运动指导方案》，准备在适当的时期，率先承认韩国临时政府。国民政府还在国际上不断宣传战后韩国应实现独立的主张。中国方面希望美国给予支持，美国则认为这种海外组织与其国内人民联系甚少，且还须考虑美国国内朝鲜侨民及来美活动的其他团体的态度。蒋介石曾为此致电中国驻美大使胡适，要胡调查朝鲜在美侨民人数及其组织、领袖和活动情况。随后美国又表示，朝鲜问题不能撇开苏联，否则将会造成麻烦。1943 年 2 月 25 日，宋子文对美国国务卿赫尔表示，中国将反对任何国家在朝鲜、缅甸、越南或其他地区攫取新领土。此后中方几度向美国提出承认大韩民国临时政府问题。美方表示现在应该讨论的是朝鲜独立问题，还谈不上承认政府的问题。中国驻苏大使傅秉常也向苏联提出朝鲜独立问题，苏联没有反应。

重庆国民政府亦积极扶植越南革命同盟会及越南国民党，推动“亲华、反法、抗日”运动，主张越南独立，但对胡志明领导的越南独立同盟却不予以支持。1943 年 8 月 27 日，中国与法国维希政府断绝外交关系后，曾一度提出侧击河内日军的计划，遭到在伦敦的“自由法国”的反对。法方还反对对越南的托管或让越南独立的主张，因此蒋介石不能不有所顾虑。蒋介石曾向罗斯福建议，首先不是让越南独立，而是所谓原则上赞同国际托管，由中美两国尽力帮助越南在战后逐步独立。当罗斯福询问如何国际托管时，蒋介石称“由中、美、苏、法、菲律宾各派一人，另选越南二人，成立托管机构，训练越南人建立自治政府”。罗斯福表示认可。但是在英法的坚决反对下，蒋介石支持越南独立的计划并没有完全落实。

2. 与美英订立新约

美英两国为使蒋介石坚持在中国抗战，把中国提升到了大国的地位。然而，英美仍在中国保有不平等条约所规定的许多特权，这就与作为盟友的中国的地位很不相称。1941 年 5 月 31 日，外交部长郭泰琪与美国务卿赫尔换文，提出中美可在战争期间举行废约谈判。1942 年 4 月 29 日，宋美龄在美《纽约时报》发表题为《为是我观》的文章，指出中国由于受不平等条约束缚，不能全力对日，因此，要求美国立即废止不平等条约。

1942 年 10 月 10 日，美英两国同时通知重庆国民政府，愿自动放弃在中国的各种特权，另依平等互惠的原则议订新约，并表示将在近期内提出草约，以供中国政府考虑。10 月 24 日，美国驻华大使提交了美国方面的条约草案。10 月 30 日，英国驻华大使亦提交了草案。中国政府就美英提交的条约草案进行了审核，并提出了修改案，再与英美代表进行多次交涉。1943 年 1 月 11 日，中国与美国和英国签订的《关于取消在华治外法权及处理有关问题之条约》同时公布。史称中美和中英“新约”。中美条约由中国驻美大使魏道明和美国国务卿赫尔在华盛顿签订，条约还附有双方就某些具体规定的换文。中英新约则是由中国外交部长宋子文与英驻华大使薛穆在重庆签订。

中美之间关于废除不平等条约的交涉主要涉及四个问题：(1) 关于沿海贸易权问题，美望保留。中方不同意，美方的条件是若中国给其他国家这种权利，美国亦自动取得；(2) 美国在华财产问题，美提出应以美国法律来评定，中方认为领事裁判权既废，不应由美方法律评定，美方坚持，中方让步；(3) 关于内地经商问题，美欲保留，中方表示今后商约中再定；(4) 在华美军问题，美要求以美军法律管辖，中方让步。

在中英交涉中，上述问题亦提出来，但重要的是香港问题。中方认为英国应交还一切租界和租借地，包括九龙租借地，香港也应收回。英国以为九龙租借地和香港应排除在谈判之外，香港港口为英国属地，战后英将继续接管。中方指出，香港港口是中国领土，已为日军窃据，在中国战区之内，中国有收复之义务。英方亦明确表示，绝对不能谈及港九，否则中英谈判达不成协议。中方只得让步，建议港九问题不在条约中提出。英方仍坚持必须在条约中指明所交租界及租借地不包括港九。中方再让步，称可在条约签订后，由中方单方面发表一声明，说明港九问题日后再议，英国仍不同意。中英谈判陷入僵局。中方曾表示如不解决此问题，就不愿达成协议。然而，1943 年 1 月初，汪伪政权与日本谈判订立废除不平等条约的消息传出。蒋介石希望尽快订约，以表现自己首先完成废除不平等条约任务，不得不对英国再作让步，同意按英方条件订约。

中美新约内容共有八个条款，并附中美双方的换文各一个，其主要内容为：(1) 废除美国人在华领事裁判权；(2) 取消辛丑条约给予美国的一切特权，上海、厦门公共租界给予美国之权利应终止；(3) 美国人或政府在华境内所有不动产之权利不得因第一条之规定而取消；(4) 放弃通商口岸制度，废除沿海贸易权和内河航行权；(5) 中国同意美国人在全部中国领土内享有旅行、居住及经商之权利并享有不低于本国人之待遇；(6) 战后最迟六个月内双方进行谈判，签订一项内容广泛之“友好通商航海条约”。

中英新约的内容与中美新约基本一致，只是多了英方同意把天津和广州英租界交还中国，放弃海关税务司之职，但保留九龙租借地。抗战期间及战后不久，中国亦与其他西方国家签订了类似条约。至此，中国修约外交中的废除领事裁判权问题最终得以解决，但中国不平等条约的历史并没有从此结束。

3. 提高中国国际地位的外交努力

(1) 四大国地位的确定

把中国列为“四大强国”之一是美国总统罗斯福在 1941 年 12 月底在华盛顿召开的阿卡迪亚会议上提出的战略构想。因为这既可加强中国在抗战中的地位，又可支持美国在太平洋的战争。1942 年 1 月 1 日的《联合国家共同宣言》上，中国作为四大国之一在文件上签字，这是中国以四大国的地位第一次在国际文件上出现。此后，重庆国民政府进行了不断的外交努力，使其他大国逐步接受了中国的大国地位，并在一系列国际文件中体现出来，中国的国际地位得到了空前的提高。

由于中国大国地位的确立需要得到美国的支持，美国便成为中国外交活动的主要对象。1942 年 10 日，美国共和党领袖威尔基以总统私人代表身份访华。蒋介石曾向他表述了对战后亚洲形势的看法，认为战后世界重要的问题是太平洋问题，其次是种族问题。他对威尔基说，中国视美国为唯一乐于使亚洲各民族取得平等地位的国家，所以极愿美国出面解决远东问题。他还提出了解决远东问题的设想：东北四省，包括旅大租借地和台湾归还中国，旅顺可由中美共用；印度、朝鲜等应该独立；中共问题与中苏关系有关，美国应注意。这是蒋介石以亚洲代言人的身份提出了战后亚洲的安排。

1942 年 11 月蒋介石夫人宋美龄应美国总统罗斯福的邀请，开始了对美国长达半年多的访问。宋美龄此行的目的是，以特殊的身份在美国游说，宣传中国在反法西斯战争中的作用，赢得美国舆论同情，争取美国的支持与援助。1943 年 2 月 17 日，宋美龄访问白宫。2 月 18 日，宋美龄分别在参、众两院演说，宣传中国的抗日战争，呼吁美国人民给予支持。她的演讲多次获得听众的鼓掌和欢呼，博得了议员们的好感。演讲实况由四家大广播电台在全美广播，引起巨大轰动。之后，宋美龄数次与罗斯福见面，请求美国援助中国，商谈缅甸大反攻问题，提出战后亚洲安排的建议。

宋美龄曾致电蒋介石汇报会谈结果：（1）罗斯福允派两个美军师赴缅作战；（2）英国对缅甸发动反攻之事未必履行；（3）大连、旅顺、台湾由中美海空军共同使用之事，罗斯福同意，当中国准备妥善后，美军可撤出；（4）朝鲜可暂由中美俄共管；（5）

前国联交给日本管理之太平洋各岛，可由联合国接收组织托管。7月4日，罗斯福则致电蒋介石：指出与蒋夫人进行了“圆满谈话”，表示“切望与阁下于今秋相晤与谈话也。鄙人相信，吾人相见殊为重要。倘蒙应允，鄙人将建议吾人相见于重庆与华盛顿之中途地点”。蒋介石于7月8日回电罗斯福：“阁下与内人谈话详情已由内人见告。其谈话结果与所交换多数问题之意见，殊令人欣慰。”表示与罗斯福的会面，“盖多年以来中（正）即望能与阁下聚首共商互有利益的各种问题”，建议会见时间以9月以后为宜。这样，中美双方就两国首脑会晤达成共识，这为中国大国地位的确立创造了重要条件。

但罗斯福努力执行“使中国成为大国”的政策，就必须会见蒋介石，而要使这一会见得以实现，就必须使中国成为英苏正式承认的大国，使中国成为名正言顺的四强之一。然而，虽然中国作为四个领衔国之一签署了《联合国家共同宣言》，但英国和苏联并未承认中国的四强之一的地位。为此，罗斯福对英苏做工作。

英国首相丘吉尔曾表示：中国“作为一个民族，我钦佩他们，喜欢他们，也同情他们一直遭受的政治腐败。但是，决不能指望我接受一个我认为是完全不真实的价值标准。”于是，美国便对英国做工作。1943年3月，英国外相艾登访美期间，罗斯福和赫尔直率指出：丘吉尔演讲中未提中国是四强之一，是一个严重错误。美将尽力增强中国的地位，使之成为战后有力国家，监视日本。4月7日，罗斯福再告艾登，中国可为“世界警察之一”。1943年5月13日至25日，在华盛顿召开称为“三叉戟会议”的美英首脑及三军参谋长会议上，罗斯福强调中国作为抗日基地的必要性，主张积极援华。丘吉尔却不认为中国是重要基地，轻视援华。但在罗斯福坚持下，双方妥协，达成协议：（1）积极发展空中援华；（2）发动缅北战役，打通滇缅公路。1943年8月14～24日，在加拿大召开的“魁北克会议”上，罗斯福、丘吉尔再次讨论战争问题，宋子文参加了讨论亚洲对日作战问题。

会议决定了太平洋作战计划、发动缅北攻势、打通滇缅公路。在中美共同努力下，丘吉尔终于接受了把中国列为四大国的提法。美英中三国共同制定了美英苏中四国关于创立常设的联合国组织的宣言草案。这标志着英国正式接受了中国的大国地位。

这样大国中未承认中国为四大国地位的只剩下苏联了。1943年中苏之间因新疆问题关系很不愉快。但美国努力调和中苏关系，同时亦做苏方工作。赫尔曾向苏驻美外交官表示：中国是有极大潜力的国家，战后中国是亚洲主要强国，中苏在四强中的平等地位有助于改善两国关系。1943年8月，美英苏讨论三国首脑会议问题，并决定先开三国外长会议讨论安全问题。此后，美英两国驻华外交代表分别将草拟的宣言草案递交重庆国民政府，以征求意见。国民政府外交部及时作出答复，表示赞同美国之草案，并注意到英国修正稿已全容纳美国草案内容，提出希望英美在与苏联交涉时与中方保持磋商。显然，美英中三国已在处理国际事务中共同协调相互立场。

1943年下半年，战局已逐渐明朗化。轴心国的实力已大为削弱，同盟国家取得了优势。10月19~30日，美英苏在莫斯科召开三国外长会议。其中一个重要内容是讨论战后世界安全问题，签署有关国际文件。美苏之间曾就是否让中国参加会议产生分歧。美方表示会议草案会前已送交中国，而英国支持美国的立场。苏联外长莫洛托夫却表示，只应三强，不应四强，否则苏联不愿签字。因为苏联此时尚未与日本交战，它担心与中国公开结合会使苏联对日政策失去灵活性。然而，美国国务卿赫尔在会上表示，“假若参加反侵略战争最重要的一个大国，竟被排除，这种心理影响，是有害于联合国的统一性。”最后苏方接受了美英的立场。美英苏三国决定邀请中国外长参加会议。中国政府立即接受了邀请，委派中国驻苏联大使傅秉常参加会议。10月30日，四国正式签署了《中苏美英关于普遍安全的宣言》。宣言共有七条，大意是：四国联合，共同对敌，直至各轴心国在无条件基础上放下武器为止；四国共同保证战后的和平与安全，建立一个普遍性的国际组织，爱好和平国家无论大小，均得加入为会员国；战后，除非为实现本宣言内所预期的目的，将不在其他国家领土内使用其军事力量等。这是中美英苏四大国首次共同发表宣言，标志着中国的大国地位得到了大国的完全承认，中国国际地位进一步提高，同时也奠定了战后中国在联合国安理会常任理事国的地位。

(2) 开罗会议：大国外交的顶峰

莫斯科外长会后，美国总统罗斯福考虑召开一次讨论对日作战及战后亚洲问题的首脑会议。因苏联不愿参加讨论日本问题的会议，美国决定在埃及的开罗召开由美国、英国和中国三国首脑出席的会谈。罗斯福未事先与丘吉尔商量的情况下，便电邀蒋介石参加会议。

蒋介石对这一邀请非常高兴，因为会议将既可以突出显示中国的大国地位，又使他可以有机会劝英美加强对日作战，并争取得到更多英美援助。11 月 14 日，重庆国民政府制定了一个“中国在开罗会议前准备的提案”，内容大致是：(1) 从军事上，促使英美同意以海陆军反攻缅甸；(2) 在政治上，要提出东北、台湾、澎湖归还中国，使朝鲜独立，保证泰国独立；(3) 中英美苏建立联合军事机构；(4) 对战后日本的处置；(5) 美国援助中国，中美经济合作以及美提供三十个师之装备等。显然，蒋介石有备而去，试图争取美英加强对华援助，采取积极措施联合打击日本，并以亚洲代言人自居提出战后亚洲的安排。

1943 年 11 月 21 日，蒋介石偕夫人及王宠惠等人到达开罗。11 月 22 日，中美英三国首脑召开第一次会议。会议期间，蒋介石与美国罗斯福保持密切接触，对英国丘吉尔则很疏远。11 月 23 日，在罗斯福举行的一次宴会上，蒋介石曾与之进行长谈。谈话范围涉及广泛的议题，如中国的国际地位，日本皇室地位问题，军事占领日本问题，日本对华赔偿问题，领土安排问题，中美军事合作，朝鲜、越南、泰国的地位，对华经济援助，外蒙古及唐努乌梁海问题，统一军事指挥问题。可以说这次谈话内容为今后处理中日战争及战后问题奠定了基础。会议于12月1日结束，并发表了有名的《开罗宣言》，其主要内容为：（1）三大盟国继续一致对敌；（2）三国皆无扩张领土之意；（3）日本须将所占领土退出，归还中国东北、台湾、澎湖；（4）在相当时期使朝鲜独立。

在开罗会议上，中国领导人能够与美英强国的领袖共同讨论战争及战后安排，提出自己的建议，标志着中国的国际地位被提升至前所未有的高度。值得指出的是，《开罗宣言》明确提出了要求日本无条件投降的基本条件，规定日本必须归还战前所夺取的他国领土，并对战后东亚政治作出安排，因而具有十分重要的历史意义。

《联合国家共同宣言》为战后建立全新的国际组织迈出了第一步，《关于普遍安全的宣言》则提出建立国际组织问题。1944年8月，美英苏举行敦巴顿橡树园会议。在8月21日～9月28日第一阶段会议中，形成了“关于建立书面性国际组织的建议案”，构成了《联合国宪章》的基本内容。9月29日～10月7日美英中第二阶段会议，中国代表提出补充意见“建议案”作为四强一致同意的文件，提交旧金山会议审议。1945年2月，雅尔塔会议决定由美英苏中法五大国作为发起邀请国，邀请《联合国家共同宣言》签字国及3月1日共同对敌宣战国家参加4月在美国旧金山举行的联合国创立大会。

第三节 中国与美英苏之间的分歧

太平洋战争爆发后，同盟国家在东方的共同战略目标是打败日本帝国主义，但由于中国与其他盟国之间战略重点的差异以及国内矛盾的存在，致使中国与其他大国存在不少分歧与矛盾。

1. 史迪威事件

美中之间在远东的战略有一定的差别，从而产生了两国间的一些矛盾。美国的远东战略取向有两点：一是利用中国人力和地利，通过援助中国，尽快打败日本；二是利用战时援华，在远东树立一个亲美的“强国”，以求战后代替日本与美国进行政治经济合作稳定亚洲，并与苏联抗衡。而重庆国民政府的战略取向则不同，一方面它试图借用美英之力，打击日本，结束战争；另一方面它利用西方援助，保存并扩张实力，“消极抗日，积极反共”。

这些矛盾最典型的表现就是蒋介石与美国派来的中国战区参谋长史迪威之间的矛盾。在政治上，蒋介石更多地着眼于战后的反共，把保存实力看得比抗日更重要，甚至以胡宗南20万大军封锁中共，防止抗日人民武装发展壮大；史迪威则主张应联合中国共产党抗日，分配军事物资给中共，将胡宗南部队调到抗日前线。在军事上，蒋介石主张缅北战役应等英美海空打击配合，才能出兵，并加强陈纳德的空军；史迪威则要求尽快进兵缅北，打通滇缅公路。此外，在租借物资的控制权和军队的指挥权等问题上，双方均发生了争执。

蒋介石与史迪威的尖锐矛盾导致了直接的碰撞。1944 年 5 月，正当世界反法西斯战争顺利进行之际，中国战场上却出现了意外的逆转。日本为了打通“大陆交通线”，发动了豫湘桂战役，国民党军队又一次在战场上大溃败。而在敌后的八路军和新四军则英勇战斗，与国民党军队形成鲜明对比。这时，史迪威要求蒋介石把围困陕甘宁地区的几十万军队调到抗日前线，甚至以扣压援华物资相威胁。但蒋介石固执己见，坚决不干。

由于看到蒋介石政权军事上的无能，美国政府非常着急。罗斯福于6月 18 日派副总统华莱士来华访问，但未能解决问题。美国政府决定采取强制措施，改变中国的政治形势。7 月 7 日，罗斯福致电蒋介石：为挽救危局，须速采取措施，“我意应责成一个人，授以协调现在中国的作战物资的全权，包括共产党部队在内”。又说：“我将授权史迪威，晋升为上将，并建议统率全部华军及美军。”这就是说，要蒋介石把兵权交给史迪威。

蒋介石对罗斯福的要求非常惊恐恼怒，又不敢发泄，只得回电软抗。7月8日，他致电罗斯福，表示“原则赞成”，但希望派一总统代表来协调他与史迪威的关系。罗斯福的态度则很坚决，于7月15日又电催蒋交出兵权。8月10日，美方电告蒋介石已令前陆军部长赫尔利，现以总统私人代表身份，偕美国驻华经济调查团团长纳尔逊来华。8月23日再催蒋交兵权。9月18日罗斯福第五次致电蒋，要求“必须立即委任史迪威将军，授以全权”。此电由史迪威亲自交给蒋介石。蒋介石对此事非常恼火。9月19日，蒋在日记中写道：此“关系余平生最大的耻辱也”。

9月16日，赫尔利到达重庆。9月25日，蒋介石与之进行谈话，指出“任命之事”，关系中国“生死存亡”，故要慎重考虑。他提出三点意见：不能坐视中共赤化，不得损害中国主权和中美两国合作应遵守信义。10月9日，蒋介石直接致电罗斯福总统：“请阁下调回史迪威，另派胜任此重任之将领来华代替。”

赫尔利返美后将中国之情况告诉罗斯福，劝说罗斯福改变态度，答应蒋介石的要求。10月18日，罗斯福电告蒋介石：召回史迪威，任命魏德迈为中国战区参谋长，兼任驻华美军司令官。10月19日罗斯福正式下令调回史迪威，另派魏德迈到中国接替史迪威之职，并任命赫尔利为驻华大使。“史迪威事件”至此结束。美国撤回史迪威，反映了美国对华政策考虑在发生变化，即愿意支持消极抗日积极反共的重庆国民政府。这样，扶蒋反共的考虑在美国对华政策的比重上升了。

2. 中英之间的争论

中英之间由于历史和现实的原因，相互之间的关系比中美关系还要复杂。第一，英国对日作战的目的是为了维护它在远东的殖民体系。英国把它在“亚洲殖民地排除在《大西洋宪章》适用范围之外”。丘吉尔公开宣称：“只要我还在这里，我们就要坚持传统，毫不放松地保持帝国的完整。”故在英国看来，远东的战争既是反法西斯战争，又是维护其殖民利益的战争。当两者发生矛盾时，英国便把后者摆在首位；中国则要求英国动员其在远东的力量投入对日抗战，为此应给予其殖民地自治权利。第二，英国担心一个强大的中国会对它在远东的殖民利益构成威胁，更怕中国会成为亚洲被压迫民族反殖民主义的榜样，形成与大英帝国抗衡的中心。所以总是不乐意、不尊重、不承认中国的大国地位。中国抗战开始后，中英之间就发生《有田—克莱琪协定》、封闭滇缅公路事件等纠纷，太平洋战争爆发后，双方不仅就香港问题，而且在下面问题上也都发生争执。

滇缅战役问题：缅甸战争初期，英怕中国势力侵入缅甸，一直不愿中国军队入缅作战。英军在缅作战败退时，中国远征军入缅，曾为营救英军作出巨大牺牲。但英军却不顾友军安危，临阵脱逃，陷中国军队于危险之中。中国军队退入印度后，英国还以"维护治安秩序"为名，欲解除中国军队武装，遭到拒绝。盟国讨论反攻缅甸时，英国一直态度消极。开罗会议期间，美英曾一度确定两栖进攻的作战计划，英国从缅南进攻，中美从缅北进攻，但因英国拒不执行而告吹。

印度独立问题：战争爆发后，英印关系紧张，以甘地为代表的国大党曾表示，若印度不能完全获得独立，就不参加战争。蒋介石为调解英印矛盾，曾于1942年2月，出访印度，但未解决问题。之后，重庆国民政府仍与印国大党保持联系，尼赫鲁曾应邀访问重庆。蒋介石也利用外交和舆论手段不断催促英国同意印度独立。但英国却对印国大党采取镇压措施。1942年8月19日，逮捕了甘地、尼赫鲁等一大批国大党领袖。为此，蒋介石一面向罗斯福呼吁"出面主持正义"，一面召见英驻华大使高斯，阐明中国的立场，劝告英国政府应以"恢宏大度的姿态"，允许印度自治，"实勿迫其铤而走险，掀起革命热潮之必要"。丘吉尔对此很不满。8月31日，致函蒋介石，批评蒋袒护印国大党，是干涉英国内政。称英国对中国的国共争端，"从未加以任何极轻微的评判，声明决不接受'此项影响英皇陛下主权之调停'。若继续干涉，中方将要承担严重的后果。"至此，蒋的调停告一段落，但问题仍未解决。1944年下半年，驻英大使顾维钧奉命拜会丘吉尔，要求英国对印度独立问题哪怕做个姿态，也将有利于盟国的共同事业，对盟国人民和被轴心国占领国家的人民有莫大的好处。丘吉尔认为当前重要的是争取战争的胜利，印度问题很复杂，等到战后再解决。双方还将谈话形成书面文件，并送交蒋介石。

战争贷款问题：1942年2月，当美国宣布给中国5亿美元贷款时，英国也宣布将给中国5000万英镑贷款，但英国的贷款却久拖不行。国民政府要求英方实现诺言。英方则称这只是一个姿态，用以宣传，以鼓舞中国人民士气，并无付款打算。中方对此极为不满。双方进行两年多交涉，1944年5月，顾维钧与艾登签订《中英财政协助协定》，在规定上英方表示同意。但直到战争结束，英国分文未贷。

3. 中苏矛盾的发展

抗战爆发后，新疆是中国获取外援的重要通道，战略地位十分重要。然而，苏联通过与新疆地方军阀建立直接联系，逐渐扩大了在新疆的影响。1938年1月，苏联红军在扼制新疆与内地交通要道的哈密兴建营房、机场、电台、测象站。1940年11月26日，新疆军阀盛世才以新疆政府名义与苏联签订“新锡合同”，又称“盛俄密约”。其内容如下：（1）苏在新疆有权探寻、考察、开采锡矿及附产有用矿物；（2）苏有权进行地质勘探，地理测量，利用自然资源，设置水电，建电站，利用各式运输工具，建公路、铁路，装设电报、电话、构置建筑材料；（3）苏可将矿物制成成品；（4）苏方可建一采锡公司，称为“新锡”，并可设分所；（5）新政府应拨土地给“新锡”，其中包括森林采伐，此系开采及获取建筑材料的区域；（6）新疆政府对“新锡”为本约所规定之目标的活动不得干涉；（7）“新锡”有权建立武装；（8）本约有效期50年。显然，苏联在新疆获得了很大的政治经济影响力。

德苏战争爆发后，盛世才转而投靠国民党，解散“反帝同盟”，逮捕中共党员。7月16日，蒋介石会见苏驻华大使潘友新，指出今后凡涉及新疆与苏联关系事务概由中国中央政府负责。1943年4月间，苏联驻迪化（今乌鲁木齐）领事面告盛世才：所有在新疆地质考察团（即“新锡”工作人员），完全停止工作，考察团成员一律撤回，一切机械运回苏联。盛世才亦声明：“新锡合同”作废，要求撤走探矿人员，独山子油矿设备亦全撤走。至此，苏联在新疆的直接军事和经济影响基本消失，但苏联仍在暗中保持对新疆地方势力的某种影响，国民党政府与苏联之间在新疆所形成的矛盾依然存在。

第四节 抗战胜利前夕的外交活动

重庆国民政府在抗日的同时对内坚持反共政策，挑起了第三次反共高潮，重兵封锁陕甘宁边区，压制共产党及其他民主力量。在接近抗战胜利之时，国民党政府的外交重点发生转移。它积极争取其他大国的支持，为战后发动消灭共产党的内战作准备。

1. 争取美国对反共的支持

1944年美国使馆曾按中共之要求，建议派美军观察组到延安。华莱士来华后正式向重庆国民政府提出这一要求，蒋介石被迫答应。1944年6月9日，在华外国记者21人组成“西北参观团”先期达延安。1944年7月22日~8月7日，以包瑞德上校为首的美军观察组（“迪克西使团”）分批到达延安。蒋介石对此极为不满。

史迪威事件解决后，蒋介石积极争取美国支持反对共产党。新任中国战区参谋长的魏德迈十分注意协调与蒋介石的关系，积极主张加强对国民党的军事援助。

配合美国形成扶蒋反共立场的另一个人是派来调解蒋史矛盾

的赫尔利。1944 年 9 月 6 日，赫尔利来华时，罗斯福给他一使命：(1) 防止重庆国民政府崩溃；(2) 支持蒋介石为重庆国民政府主席和军队统帅；(3) 协调蒋介石与美军指挥官的关系；(4) 促进中国战争物资生产，防止经济崩溃；(5) 打败日本，统一中国军队。赫尔利来华后与共产党进行了接触。10月，赫尔利与中共代表林伯渠、董必武在重庆会谈三次。11 月 7 日，他飞到延安，与毛泽东举行两天会谈，就促进国共合作，全力打败日本，复兴中国，达成“五项建议”协议草案，双方签了字。内容是：(1) 中国国民党与中国共产党应通力合作，为击败日本而统一国内武力，并共同致力于中国的复兴工作；(2) 国民政府应即改组为一联合政府，军事委员会亦应同时改组为联合军事委员会。(3) 联合政府所采取的政策，其目标应为：提倡进步与民主；主持公道及维护公民信仰自由、出版自由、言论自由及集会结社自由，“保护公民的人身权利及住宅不受侵犯”；(4) 一切抗日武力应遵守并实施联合政府及联合军事委员会之命令：所有获自友邦之军事配备，应公平分配与各该武力；(5) 中国的联合政府承认中国国民党、中国共产党及一切抗日政党的合法地位。赫尔利认为，这五点协议“是使共产党签订协议，将它们武装部队的控制权交给国民政府的唯一文件”，而这“不仅是他的使命，而且也是美国战时对华的基本方针”。

赫尔利回重庆见蒋介石时，蒋对此大为不满，提出三点反建议：(1)“允将共产党军队加以整编，列为正规国军，国民政府可承认共产党为合法政党”；(2)“中国共产党将其一切军队移交军事委员会管辖。国民政府并指派中共将领以委员资格参加军事委员会”；(3)“除为有效对日作战之安全所必要者外，对于言论自由、出版自由、集会结社自由及其他人民自由加以保障”。

接着，赫尔利与周恩来会谈于重庆。国民党方面在赫尔利的参与下，提出在坚持原有三点反建议之外，再加三点新建议 (1) 政府在行政院之下附设一个类似战时内阁的机构，邀请中共及其他党派参加；(2) 蒋介石委派中国军官二人（其中一人为中共将领）美国军官一人，负责商议改编中共军队的办法，呈请蒋介石核准；(3) 蒋介石委派一美国军官充任中共军队之直接司令长官，该军官对蒋介石负责，并照政府法令行事。中共方面提出“废除一党专政，承认一切党派合法、取缔特务，真正开放自由，释放政治犯、撤销封锁边区，组织真正的民主联合政府”。但是，蒋介石拒绝讨论成立联合政府的问题，公然宣称：“各党派会议等于分赃会议，组织联合政府，无异推翻政府。”中共表示反对，会谈陷于中断。于是，赫尔利便完全倒向了蒋介石一方，以图压中共让步。

1944 年 11 月 17 日，赫尔利被正式任命为驻华大使。在蒋介石国民党的影响下，赫尔利和魏德迈都一致认为美国应支持蒋介石政府，并于 2 月 19 日向美国政府提出“反对美国援助中国共产党的建议”。然而，在赫尔利和魏德迈回国述职时，美驻华使馆艾哲逊和谢伟思等使馆官员向美国务院送交一份报告，指出美国支持蒋介石的政策必将加速促成中国的混乱局面，进而建议“总统用肯定的字句通知委员长，声言我们由于军事上的需要要与共产党人及其他有助于抗日的适当团体合作，并予以供应”。报告还提出，如果蒋介石拒不采取政治军事改革，就对他采取“像丘吉尔对南斯拉夫问题所采用过的政策”。赫尔利对这份报告大为不满，罗斯福从战后东亚格局考虑则对赫尔利表示支持，决定非经蒋介石同意，美国不能援助中共。罗斯福并指示赫尔利经伦敦、莫斯科回中国，以便“得到英国、苏联政府对美国支持蒋介石的政策的合作”。自此，在重庆国民政府的外交努力下，美国正式确定了扶蒋反共的政策。

2. 签订《中苏友好同盟条约》

1944 年初期，欧洲反法西斯战争的胜利已成定局，美国希望在远东对日作战问题上作出安排，并为战后安排作考虑，但解决远东问题应有苏联参加。因此，美国考虑在对苏关系上要确保两个目标：(1) 苏联对日参战；(2) 苏联保证支持国民党，不支持共产党。

6月10日，美驻苏大使哈里曼奉命会晤斯大林，讨论中国问题。斯大林在晤谈中表示同意哈里曼意见：即蒋介石是唯一能使中国统一的人，应予支持，并表示对中共不予重视。8月，赫尔利亦取道莫斯科来华，苏外长莫洛托夫与之会谈时称："中国共产党人实际上根本不是共产主义者，……苏联没有援助中共，也不愿中国发生内战。"蒋介石得知苏联对他的支持，亦表示愿派宋子文赴苏谈判。由于苏方准备雅尔塔会议，建议推迟来访。

随着德意法西斯迅速走向崩溃，日本在太平洋战争中的节节败退，美英苏三国都感到胜利在望，需要开会讨论结束战争的方法及战后的安排。1944年10月，美方与苏方在商讨苏出兵攻日问题时，斯大林表示可在结束对德战争三个月后对日作战，条件是：(1) 美国帮助在西伯利亚储备作战物资；(2) 盟国间应在战后苏联领土等问题达成一政治协定，其内容是苏联与中日间的有关问题。1944年12月，斯大林向美国驻苏大使哈里曼提出了具体要求：(1) 租借旅顺和大连两个港口及周围地区；(2) 租借中东路和南满路；(3) 承认外蒙现状；(4) 千岛群岛和库页岛南部应归苏联所有。1945年2月4日~11日，美英苏三国首脑在苏联度假胜地雅尔塔召开会议。美国为了诱使苏联在结束对德战争后，迅速转向远东对日宣战，便背着中国与苏联就远东问题进行谈判，结果形成了一个秘密协议《苏美英三国关于日本的协定》。其大致内容是：(1) 维持外蒙古现状；(2) 恢复1904年以前俄国在东北的"俄权利"，大连商港国际化，苏联租用旅顺口为海军港，中苏共同经营中东铁路和南满铁路；(3) 库页岛和千岛群岛交还苏联。这一协议违背了国际关系准则，背着中国，以牺牲中国权益换取苏联对日作战，是对中国主权的践踏。但中国政府在1945年6月以前，对这个被称为"雅尔塔协定"的秘密协定全然不知。

1945年中期，蒋介石准备与苏联谈判对日作战问题。6月3日，他曾与苏联大使谈话，并在其日记中写道："关于东三省及军港、商港为主权行政必须完整之意见，明白对其表示。”显然，他还不知道美苏间已就这个问题达成了协议。6月12日，苏驻华大使彼德罗夫即按雅尔塔协定向中国提出了若干条件：(1) 恢复旅顺的租借，建立苏联海军基地；(2) 大连商港国际化，并保证苏联在该港的优势权利；(3) 中东、南满铁路中苏合办共同使用；(4) 维持蒙古人民共和国现状，使之成为独立国。中国方面接到条件后大吃一惊。美国驻华大使赫尔利亦于6月15日，奉命把雅尔塔秘密协定告知中国。面对美苏两个盟友共同向中国施加压力，国民政府顿时感到不知所措。6月底，蒋介石不得不派宋子文和蒋经国去苏联谈判。谈判中，双方在一系列问题上都存在巨大的争议。

然而，迅速变化的国际国内形势对国民党政府的决策产生了直接的影响。7月26日，《波茨坦公告》正式公布，盟国要求日本按照《开罗宣言》的内容无条件投降。8月5日，美国要求“中苏之间不能再达成使中国进一步让步的协议”。由于美国8月6日在日本投下第一颗原子弹，苏联感到了压力，希望立即恢复谈判。8月8日，苏正式对日宣战，同时中苏重开谈判。谈判中，苏联又提出将把日本在东北的企业与财产划为苏军的“战利品”。国民党政府表示反对，认为东北工业“皆应归我国所有”，对此须“在订约之前，就与之切商或声明也”。对此，苏方表示日后再议。8月9日，苏联军队进入中国。同日，美国向日本投下第二颗原子弹。

为配合苏联红军作战，1945年8月10日～11日，八路军总司令朱德连续发布关于受降和对日军展开反攻等七道命令，命令人民武装收缴日伪军武装。毛泽东于8月13日在延安干部会议上作《抗日战争胜利后的时局和我们的方针》，对当前的形势作了深入分析，提出了无产阶级革命的策略，对于以蒋介石为代表的中国大地主大资产阶级政府实行“针锋相对，寸土必争”的方针，八路军、新四军主动出击，在胶济、津浦、陇海、平绥、北宁、德石、平汉、道清等铁路线控制若干据点，收缴日伪武装。

以蒋介石为首的国民党政府想独占抗战胜利果实，排斥中共武装力量的受降权。蒋介石紧急要求中共领导的第十八集团军："应就地驻防待命，""勿再擅自行动。"

蒋介石担心东北为人民军所占，指令加速与苏谈判，主张苏方如能在以下方面作出保证：苏联不援助中共、尊重中国领土主权之完整、不干涉新疆内政、规定苏军自东北撤退期限并须提供保证，"中方可作重大让步"。

就在日本正式宣布投降的前一天，中苏两国于8月14日正式签订《中苏友好同盟条约》，条约另附二项换文，以及《关于中国长春铁路之协定》、《关于大连之协定》、《关于旅顺口之协定》和《关于中苏此次共同对日作战苏联军队进入东三省后苏联军总司令与中国行政当局关系之协定》等。条约等文件的主要内容是：(1) 双方在对日战争中"彼此互给一切必要之军事及其他援助与支持"，"不得单独与日本谈判"，"不缔结反对对方的任何同盟"等；(2) 苏联政府支持国民政府，尊重中国对东三省的完全主权和承认中国对该地区领土和行政的完整。苏联不干涉新疆内政。战胜日本后三个月，苏军全部从东北撤退；宣布大连为自由港，旅顺口为中苏共同使用海军根据地；(3) 中东铁路及南满铁路合并为中国长春铁路，由中苏共同所有、共同经营，为"纯粹商业性质之运输事业"，恢复苏联对中东路的权利；(4) 战后外蒙举行公民投票，如民意赞成独立，中国承认之。

国民党政府愿意在日本投降的时刻签订严重损害中国主权的条约，是因为它要获得苏联对其统治中国合法性的承认，便于它接收东北主权，进而防止苏联支持中国共产党领导的人民武装控制东北。

3. 中日密谈投降事宜

1944年，日本在太平洋战场上连连失败，取胜无望。在中国，敌后战场上中国军队也开始对日军展开局部反攻。在这种情况下，日方希望尽快与中国方面联系，体面结束在中国的战争。

国民党政府则也希望与日本接触，以便获得日本的默许进入沦陷区，取得对共产党的战略优势。

10月，日本首相近卫之弟水谷川忠磨到上海与重庆代表徐明诚举行秘密会谈。徐明诚提出的条件是：日本首先停止对国民党正面战场的军事进攻，然后再举行“和平谈判”。日方表示接受这个条件。但在会谈时重庆方面要求必须采取“官方正式活动”的方式，而日外相重光葵则力主暂取“静观”，谈判未能进行。

1945年初，德国溃败。5月8日，德国正式签署了无条件投降书，日本也处于失败之势。4月后，广西日军沿湘桂线向湖南撤退。5月下旬，国民政府军收复南宁，6月下旬收复柳州，7月下旬收复桂林。7月8日，日驻华军副参谋长今井武夫与中国河南第十战区副司令长官兼第十五集团军总司令何国柱在河南新站集密谈。今井要求双方直接谈判停战，提出对伪满和汪伪的处理不能有违日本的“道义责任”。而何国柱强调中国是同盟国的一员，不能违背国际义务与日本单独媾和，日本必须向盟国投降，中国可以将日本的愿望转达给盟国。今井认为双方的理解差距过大，建议将会谈结果各自向本国政府报告，听候指示。

蒋介石与日本密谈的目的是，促使日本撤出中国，以打消苏联出兵的借口，以便国民政府军尽快进入沦陷区，以压制共产党的抗日人民武装。由于双方观点差距太大，以及盟国之间有过不能单独对日媾和的承诺，致使密谈难以深入，无果而终。

1945年8月15日，日本正式宣布无条件投降。9月2日，代表日本政府的重光葵外相、代表大本营的梅津美治郎参谋总长在停泊于东京湾的美国的“密苏里”号军舰上正式签订投降书。盟军最高统帅及包括中国代表徐永昌将军在内的各盟国代表签字，接受日本投降。9月9日在南京原中央军校礼堂，日本驻华侵略军代表冈村宁次和中国政府的代表何应钦分别在日军降书上签字。中国人民的抗日战争终于结束了，给人类带来巨大浩劫的第二次世界大战也正式结束。

太平洋战争的爆发给重庆国民政府带来了机遇。它一方面与美英联手共同抗击日本的侵略，另一方面消除不平等条约对中国的影响，并提高中国的国际地位。由于中国全民族的抗日努力，中国基本争回了平等的权利，中国的国际地位也得到相应改变。但其他大国在关键问题上仍无视中国的权益，而重庆国民政府从反共利益出发容忍甚至接受那些侵权的做法，致使中国平等的大国地位打了很大的折扣。抗日战争以胜利告终，但中国人民争取独立的斗争尚未完成。

思考题：

1. 分析抗战后期国民党政府提高中国国际地位的外交努力。

2. 开罗会议的意义何在？对后来的中国外交产生什么影响？

3. 抗战期间中国与美英苏存在哪些分歧，为什么说中国大国地位是虚弱的？

4. 分析《雅尔塔协定》与《中苏友好同盟条约》。

参考书目：

吴东之：《中国外交史（中华民国时期）》，河南人民出版社1990年版，第四章。

石源华：《中华民国外交史》，上海人民出版社1994年版。

吴相湘：《第二次中日战争史》，台北综合月刊社1973年版。

郭廷以：《帝俄侵略中国简史》，台北：文海出版社1983年版。

王真：《抗日战争与中国的国际地位》，社会科学文献出版社2003年版。

复旦大学历史系中国近代史教研组编：《中国近代对外关系史资料选辑》下卷，上海人民出版社1977年版。

〔日〕古屋奎二：《蒋总统秘录》，台北：中央日报社1976年版。

王铁崖：《中外旧约章汇编》，三联书店1962年版（1982年再版）。

第十八章 内战与南京国民政府外交的结束

中国人民经过长期艰苦抗战赢得了抗日战争的最后胜利。抗战胜利后，国内外形势发生了深刻变化。在国际上，两个阵营的冷战局面逐渐形成，致使开始走向大国行列的中国不得不做出选择；在国内方面，中国国民党与共产党的矛盾日趋尖锐。国民党政府在政治和经济各方面表现出垂暮之势。尽管国民政府极力依靠美国的援助，但它仍无法扭转失败的趋势。

第一节 对日受降活动

1. 抗战胜利后的国内外形势

抗战胜利后，国民党政府面临的国内外形势是极为复杂的。在国内形势方面，战争结束后既面临着对日受降和对日伪军的处理问题，也有克服财政困难的问题，还有国共两个政治实体间的矛盾。在众多的问题当中最为国民党政府切肤之痛的当属中国共产党领导的人民武装力量的发展与扩大。以毛泽东为首的中国共产党领导的八路军、新四军是中国抗日战场的一支重要力量，在战争中经受了考验，为世界反法西斯战争做出了重大贡献。1945 年 9 月，共产党已拥有 127 万军队，268 万以上的民兵，19 个解放区和 1.255 亿人口，120 余万党员。中共领导的人民武装力量的扩大，改变了国共两党的力量对比，双方力量的对比已由抗战开始时的 18.88:1，降为 4.1:1。这个变化是蒋介石不愿看到的，也是他最为担心的。国共两党的矛盾在抗战期间暂时得到了克服或掩盖，但是在抗战结束后又凸显出来。国共两党的政治目标不同，因此在抗战胜利后对中国未来的设想也不同，中国社会的主要矛盾已经由中华民族与日本帝国主义侵略的矛盾，转为以中国共产党为首的人民大众同帝国主义支持下的以国民党为代表的地主官僚资产阶级的矛盾。

在对外关系方面，中国人民取得抗日战争的胜利，极大地提高了中国的国际地位和民族自尊。1945 年，中国成为联合国创始会员国，国民政府希望中国能作为一个独立的国家与其他大国一样，平等地参与国际事务。国民党六届二中全会《对于外交报告之决议案》提出中国的外交政策方针是：“我国为联合国安全理事会五常任理事国之一，所负责任特别重大。今后自应根据一贯政策，与美、苏、英、法诸大盟邦及其他爱好和平之国家密切合作，以加强联合国之组织，而求国际间各项问题之合理解决。”国民政府试图在国际事务中发挥大国的作用，但国内形势的变化使国民政府更多地考虑如何应用外交资源来为其准备发动内战和维持一党专制的内政服务。这不仅影响到它的对日受降活动，而且决定了它倒向美国一方。第二次世界大战的胜利确立了美国在世界的强权地位，国民党政府就更多地希望利用美国的援助和支持来巩固自己的政权。

2.“以德报怨”与对日受降

1945 年 8 月 15 日，日本裕仁天皇颁布“停战诏书”，表示

“采取非常之措施，以收拾时局”，宣布向世界反法西斯国家无条件投降。这一天，中国国民政府主席蒋介石在重庆发表《抗战胜利告全国军民及世界人士书》的广播讲话，其中讲道：“我中国同胞们须知‘不念旧恶’及‘与人为善’为我民族传统至高至贵的德性，我们一贯声言：只认日本黩武的军阀为敌，不以日本的人民为敌，今天敌军已被我们盟邦共同打倒了，我们当然要严密责成他忠实执行所有的投降条款，但是我们并不要报复，更不可对敌国无辜人民加以污辱，我们只有对他们为他的纳粹军阀所愚弄所驱迫而表示怜悯，使他们能自拔于错误与罪恶。要知道，如果以暴行答复敌人从前的暴行，以奴辱来答复他们从前错误的优越感，则冤冤相报，永无终止，绝不是我们仁义之师的目的，这是我们每一个军民同胞今天所应该特别注意的。”基于这个讲话，国民政府对日本采取了所谓“以德报怨”的政策。

这项政策一方面体现了中国人民仁德宽厚、博施于人的人道主义胸怀，对于化解两国民族矛盾、解决诸多问题，有积极作用。战后至1946年底，中国政府把在中国大陆和台湾的日军123万人，日侨175万余人平安地遣送回国。为了早日使他们回国，中国政府紧急调用了国内80%以上的运输力量，日夜兼程地把日本俘侨由分散地集中到各主要港口，再从那里乘美国运输船回国。中国政府还专门组织了12200多副担架队和20200多人的护送队，对伤病的日俘、日侨实行特殊的护送。中国政府的这一做法，使包括日本在内的几乎所有国家感到意外。

从另一个角度看，这种对日过于宽大的政策是与国内政治斗争的需要联系在一起的。这项政策是蒋介石政府拉拢日本的重要手段。为垄断受降，蒋介石在发表“不念旧恶”、“与人为善”广播讲话的当天，给原驻华日军指挥官冈村宁次发出了六项命令，内容包括日本政府已宣布无条件投降，在华日军应立即停止一切军事行动，维持所在地的秩序与交通，听候中国陆军总司令何应钦的指挥，不得破坏任何设备及物资，指挥官所属官兵对上述指示负责等等。8月18日，冈村宁次起草了一份《和平后对华处理纲要》的文件，以派遣军总参谋长小林浅三郎的名义发至全军，要求一扫日华间“旧怨”，对国民党军队积极配合，完全彻底地交了武器和装备，并以设备、器材、技术人才和原保密的工业技术等促其经济复兴，而对共产党则应断然予以“讨伐”。

9月9日在接受日本投降书后，中国受降主官何应钦奉命把“中国战区最高统帅命令第一号”交给日方代表冈村宁次，其中规定：“在中国境内（辽宁、吉林、黑龙江三省除外）、台湾以及越南北纬16度以北地区所有一切日本陆海空军及辅助部队，向本委员长无条件投降。凡此投降之日本部队，悉受本委员长之节制，其行动须受本委员长或中国陆军总司令陆军一级上将何应钦之指挥。”从9月10日起，原侵华日军“中国派遣军司令部”改名为“中国战区日本官兵善后总联络部”，其首长仍为冈村宁次。

根据盟国所划定的受降范围，中国战区的受降范围包括中国大陆（东三省为苏联受降区）、台湾及越南北纬16度线以北地区。为此国民党划分了15个受降区。受降自9月11日开始到10月中旬结束，整个受降过程相当顺利。在受降过程中，国民党除了控制了大部分日占区外，还收缴了日军大量的武器、车辆、飞机、舰船和马匹等军用物资。10月21日，何应钦与冈村会面，握手言欢。12月23日，蒋介石召见冈村，对其态度十分和蔼，称接收情况顺利，殊堪同庆，表示愿帮助解决日侨困难，促进中日合作。

3. 台湾回归祖国

台湾自古以来就是中国的领土。日本于1895年根据不平等的《马关条约》强行割占台湾。这是殖民时代强权政治的产物。二战结束后中国政府收回自己的固有领土，符合人类正义原则，也是有国际法依据的。1943年12月1日发表《开罗宣言》规定：“三国之宗旨，在剥夺日本自1914年第一次世界大战开始后在太平洋上所夺得或占领之一切岛屿，在使日本窃取于中国之领土，如满洲、台湾、澎湖列岛等，归还中国。”1945年7月26日，中、美、英三国首脑在《波茨坦公告》第八条重申“开罗宣言之条件必须实施”，使中国收回台湾再次有了国际法依据。日本在9月2日的投降书中也承认对“1945年7月26日于波茨坦宣布，尔后由苏维埃社会主义共和国联邦之参加宣言条款，……受诺之”。上述具有国际法律效力的文件，决定了战后日本将台湾归还中国的事实。

中国政府在日本投降后即着手收复台湾工作，并做了大量的细致的准备。1945年9月1日，陈仪被任命为台湾省行政长官兼警备总司令，负责台湾的接收与日后行政管理。9月3日，中国陆军总司令何应钦向冈村宁次致备忘录，通告中国将派遣陈仪将军为台湾及澎湖地区的受降主官，代表中国政府负责台湾及澎湖地区的对日受降事宜。陈仪受命后，立即向驻台湾日军第十方面军司令官安藤利吉致备忘录，命令安藤利吉负责台湾地区的日军投降，并命令安藤利吉对所属部队下达命令，不得对中国军队与盟国官兵有任何敌对行为，驻台日本陆海空军所有武器与交通器材不得藏匿或损毁，不得损毁生产及其他设施，在台湾地区的盟国战俘应恢复自由。

从10月17日起，中国国民政府第62军和70军在台湾基隆和高雄登陆。当台湾同胞看见祖国的军队登陆时，那种喜极而泣的感人场面，连战败的日本人也受感动。10月24日，受降主官陈仪由重庆来到台北。10月25日上午9时，在台北公会堂（即中山堂）举行具有历史意义的受降仪式。中国受降主官、台湾行政长官公署长官兼台湾警备总司令陈仪宣布：“日本业于中华民国34年9月9日在南京投降，本官奉中国陆军总司令转奉中国战区最高统帅蒋之命令，为台湾受降主官，兹以第一号命令交与日本台湾总督兼第十方面军司令官具领，希即遵照办理。”陈仪和安藤利吉分别代表中国国民政府和日本政府在日本降书上签字。陈仪宣布：“从今日起，台湾及澎湖列岛，已正式重入中国版图，所有一切土地人民皆已置于中华民国国民政府主权之下。”台湾终于又回到祖国的怀抱。10月25日被定为“台湾光复节”。

4. 香港受降问题

香港属于中国战区，本该由中国受降，但受到英国的阻挠。早在1942年谈判中英新约时中方就曾主张收回九龙租借地，遭到英方的反对。当时，美方曾建议香港主权交回中国，中国将其开为自由港，英国一直拒绝放弃。日本投降时，中国政府派遣军队开进新界、南九龙，准备渡海进入香港岛，接受日军投降。但是，英国方面宣称：香港是英国的海外领地，英国作为一个主权国家，可以不受战区限制，向香港日军受降。英国派出海军少将哈可尔率领一支舰队前往香港。中国政府希望由美国劝阻英国，而英国首相艾德礼致美国总统杜鲁门，要求他指示盟国最高统帅麦克阿瑟部署香港日军向英军投降事宜。杜鲁门答应按英国要求办事，美方也照此通知中国。蒋介石对此十分不满，当即致电杜鲁门恳请不要对波茨坦公告和麦克阿瑟原来发布的投降条款作任何片面的修改，以免带来更多的问题。他建议让日本先向中国政府投降，美英可派代表参加，然后由蒋介石授权英国部队登陆并重新占领香港。而美方坚持英国在香港的主权，中国军队不得不撤出九龙。几经交涉，英国最终同意采取委托受降的方式。1945年9月16日，英国哈可尔少将代表中国战区最高统帅在香港举行受降仪式，日军司令官藤田频太郎在降书上签字。中国参加代表为罗卓英，但英方根本无视中国的存在，甚至严禁当地居民悬挂中国国旗进行庆贺。

5. 越北地区的受降活动

根据盟军最高统帅部的决定，越南北纬16度线以北的地区由中国执行对日受降。蒋介石派中国陆军第一方面军司令卢汉率三个军赴越实行军事占领。国民政府为此制定了“占领越南军事及行政设施原则14项”，主要规定（1）占领越南期间依据事实由盟军最高统帅部规定；（2）占领军总部设顾问团，由外交、军事、财政、经济、交通、粮食六部及行政院秘书处各派代表一人组成，并兼占领军总部发言人；（3）为确保军事安全及部队过境运转便捷，滇越铁路及一切港口应暂时实施军事管理；（4）对治安交通、金融、粮食遭受威胁扰乱或破坏之行为，得随时取适当措置；（5）对法越间一切关系概严守中立态度，不加干预。当时，法国军队也急于重返越南。8月18日，法国临时代办戴立堂与中国外交部政务次长吴国桢在重庆签订《交收广州湾租借地专约》，把广州湾租借地归还中国，以表示对中国的友好。此后，宋子文分别在美国和法国拜会戴高乐，保证将协助法国重返越南。

9月28日，中国占领军在河内原总督府礼堂接受日军司令土桥勇逸投降。中方并宣布"在日本侵略者尚未完全遣回、和平秩序尚未获得保障之前"，由中国占领军"实握越南北纬16度以北地区之最高权力"。英美高级将领出席了受降仪式，而法方亚力山大要作为法国代表参加，遭到中方的拒绝，法方无人参加受降仪式。10月1日，中国陆军总司令何应钦到河内视察，决定月底前完成受降工作。10月31日，日军解除武装完毕，越北受降工作结束。

6. 对日本战犯的处理

日本投降后，中国民众强烈要求惩办战犯和汉奸。日本战败投降后，一些恶贯满盈的日本战犯自知罪责难逃，纷纷以自杀的方式结束了罪恶的一生。第一个畏罪自杀的是日本陆军元帅杉山元，原关东军司令官本庄繁，原内阁首相、侵华主谋之一近卫文麿等也相继自杀。

1946年1月19日，盟国占领军总司令麦克阿瑟发布特别公告，宣布在日本东京成立由中美英苏等11国法官、检察官组成的远东国际军事法庭，并于同日公布了《远东国际军事法庭宪章》，法庭有权审理三种犯罪：破坏和平罪，违反战争法规及惯例，违反人道主义罪。犯有以上三种罪行的为甲级战犯。国际军事法庭以审判甲级战犯为主，乙、丙级战犯由设在各受害国的法庭单独审理。

4月29日，远东国际军事法庭对以东条英机为首的28名日本甲级战犯进行正式起诉。28名战犯包括头号战犯东条英机，提出灭亡中国“广田三原则”的广田弘毅，特务头子、“中国通”的土肥原贤二，“九一八事变”主谋之一板垣征四郎，南京大屠杀的罪魁祸首松井石根，积极策划发动侵略中国的小矶国昭，原日本中国派遣军总司令畑俊六，《何梅协定》的策划者梅津美治郎，日本战时外交路线的策划者和执行者东乡茂德等人。东京审判从1946年5月3日第一次开庭至1948年11月12日宣判止，持续时间长达两年多，共开庭818次，审判记录48412页，判决书长达1231页。最终判处东条英机等7名甲级战犯绞刑，木户幸一等16名甲级战犯无期徒刑，2名甲级战犯分别判处20年和7年有期徒刑。另外3名甲级战犯，一名因患精神病中止审判，另外两名因在审判期间死亡免于追究。

中国作为战胜国分别在保定、东北、南京、广州、上海、济南、武汉、太原、台湾等地设立审判战犯军事法庭，审判在侵华战争中犯有严重罪行的日本乙、丙级战犯。国民政府开列日本重要战犯名单261人，其中一些是甲级战犯，已由远东国际军事法庭起诉处理，其余为日军侵华部队方面军、军、师、旅团的重要将领及伪政权的主要顾问。但其中没有包括侵华日军总司令冈村宁次和侵华日军参谋长小林浅三郎这样的战争罪犯。1946年2月15日，南京审判战犯军事法庭成立，主要审理制造南京大屠杀惨案的日本战犯。法庭根据调查和民众的控告信，向东京盟军总司令部提出，要求将南京大屠杀的主犯和其他罪大恶极的战犯引渡到中国，接受中国对他们的审判。1946年8月1日被盟军总部关押在巢鸭监狱的战犯谷寿夫由中国驻日代表团派人押送至中国，入上海战犯监狱，后关押在南京小营战犯拘留所。1947年5月22日，中国外交部要求引渡杀人比赛战犯向井敏明和野田毅。9月2日，向井敏明被盟军总部捉拿归案，10月25日，被引渡到上海，11月关押在南京小营战犯拘留所。战犯野田毅也与向井敏明一样于同年被引渡到中国，11月被关押在南京小营战犯拘留所。在舆论的压力下，1948年8月南京政府才以“战犯嫌疑罪”的名义开庭审理冈村宁次，但1949年1月，法庭宣告冈村宁次无罪释放。判决书称其对南京、徐州、长沙及湘赣浙粤等地的日军暴行均无“责任”。从1945年12月中旬起至1947年底，中国各地的军事法庭共受理战犯案件2435件，死刑110件，其中包括南京军事法庭审判的南京大屠杀的主犯之一谷寿夫、屠杀中国平民300余人的刽子手田中军吉、在南京进行杀人比赛的向井敏明和野田毅。战犯中判刑的有400多名，其余都以“情节轻微，或无显著暴行者”的名义遣返。被判刑者到1949年初也都陆续遣返回国。*

第二节　积极参与国际活动

1. 中国成为联合国创始会员国

联合国的酝酿、成立与发展始终与中国密切相关。就在反法西斯阵营即将取得全面胜利的时候，1945年4月25日，来自中国、美国、苏联、英国、法国等50个国家的代表在旧金山召开联合国宪章制宪会议。中国参加联合国制宪会议代表团团长为宋子文，成员有顾维钧、王宠惠、魏道明、胡适、吴贻芳、李璜、张君劢、董必武（中共代表）、胡霖。在旧金山会议两个多月的时间里，中国代表团与各方面密切接触，为发挥中国的大国作用做了许多工作，提出了许多建设性意见。6月21日，顾维钧大使在制宪会议上发表演说，提出中国政府的两点建议：一是大会有权作出种种建议，提倡政治、社会、文化、教育、卫生各方面的国际合作，并有权奖励国际法之进步发展与编纂工作；二是大会有权发起世界文化与教育研究，并从事种种活动。6月25日，旧金

---

* 新中国成立后，中国政府对于尚存的1062名日本战犯（共关押1109人，关押期间死亡47人）仅对部分犯有严重罪行战犯进行起诉，对次要和一般战犯不予起诉，宽大处理。在关押期间成功地进行了人道主义的教育和改造，他们对自己的罪行已有不同程度的悔改。到1964年全部日本战犯被释放回国，没有被处死的。

山会议通过《联合国宪章》。《联合国宪章》的宗旨是："维持国际和平及安全"；"发展国际间以尊重人民平等权利及自决原则为根据之友好关系"；"促进国际合作"，"解决国际间属于经济、社会、文化及人类福利之国际问题"，"增进并激励对于全体人类之人权及基本自由之尊重"；"协调各国行动"。翌日，顾维钧代表中国政府首先在《联合国宪章》上面签字。签字后，顾维钧在闭幕会上致辞，盛赞："联合国国际安全机构会议已完成其拟定宪章之重大使命，余信此一工具本身将证明为划一时代之文件。"同年 10 月 15 日，波兰补签了《联合国宪章》。这样，51 个宪章签字国成了联合国创始会员国。10 月 24 日，《联合国宪章》正式生效。中国不仅成为联合国创始国，而且作为一个大国成为联合国安理会常任理事国。这是战后中国国际地位提高的重要标志，也是中国人民在反法西斯战争中作出重大贡献的结果。

2. 发展同更多国家的关系

在 1943 年中国与英、美两国分别签订废除在华领事裁判权和其他特权的条约之后，中国又陆续与比利时、卢森堡、挪威、加拿大、瑞典、荷兰签订了废除不平等条约的条约、协定或换文。1943 年，秘鲁宣布放弃在华特权。第二次大战结束后，中国又继续与法国、瑞士、丹麦、葡萄牙等国订立了类似的文件。作为英联邦国家，澳大利亚和南非则与英国同例办理。日本和意大利作为战败国自然无法再保持其特权。南京政府在取消旧有的不平等条约后，采取了一系列措施来处理遗留问题。

为了符合其"大国"地位，南京国民政府也积极同其他国家发展关系。到 1947 年，中国与 24 个国家有了大使级外交关系，有公使级外交关系的国家达 17 个，驻外领馆有 76 个。南京国民政府还相继与多米尼加、伊拉克、古巴、巴西、墨西哥等国家签订友好条约。

根据《中苏友好同盟条约》，1945 年 10 月 20 日，外蒙古举行全民投票决定是否独立问题。南京政府派内政部常务次长雷法章前往视察。据雷法章的观察，这次投票采取了政府人员监督下公开签名的方法进行。10月24日，外蒙古中央选举委员会副主席宣布参加投票的97%的人赞成独立。1946年1月5日，蒙古人民共和国部长会议、大国民会议和人民革命党中央委员会联席会议通过了有关独立的决议。同日，南京国民政府发表公告：承认外蒙古的独立。随后，国民政府表示愿意与蒙古建立外交关系。但后来由于冷战局势和中苏关系的变化，中蒙未能建立正式外交关系。

第三节　国民党政府加强与美国的关系

1. 国民党政府依靠美国运兵夺地

抗战胜利之时，蒋介石接连电邀中国共产党领导人毛泽东赴重庆“共商国家大计”，而且由美国驻华大使赫尔利和国民政府军事委员会政治部部长张治中共同飞往延安迎接。为了表明中共的合作态度，1945年8月28日，毛泽东和周恩来等人作为代表由延安飞往重庆与国民党方面进行谈判。

与此同时，蒋介石千方百计地抢占主要城市和交通要道。由于国民政府的军队大都在大后方，所以它一方面争取日本方面的配合，要求日军只向国军缴械，另一方面争取美国的配合，力促美军在中国沿海港湾，特别是广州、青岛、秦皇岛等地登陆，还请求美方派飞机迅速空运国民政府军。美国参谋长联席会议下令魏德迈全面援助国民政府军队夺取日军所占领的地区和武器装备，并将协力中国控制主要的港口和交通中心。在中国问题上，美国政府明显地实行扶蒋反共政策，帮助蒋介石政府从空中、海上和陆上向东北、华北、华中和华南地区运送部队，抢占日军投降后的真空地带。据统计，自抗战结束到1946年7月美国帮助国民党政府运送的兵力达50余万人。这些兵力被分布在东北、华北等重要地区，在后来蒋介石发动的内战中发挥了重要作用。在国民党尚未到达之前，美国已派遣53000人的陆战队占领了北平、天津和华北一些战略要地。到1945年底，美国驻华军队多时达11.3万人。

2. 马歇尔调处

战后初期中国的形势表明，中国可能发生内战。尽管在1945年10月10日，国民党与中共达成协议，提出避免内战、和平建国的原则，但双方的军队冲突不断。美国当时对中国的基本政策，是不希望中国发生内战，保持中国国内的稳定符合美国雅尔塔会议后在东方的要求。雅尔塔会议后，美国和苏联各自在东方经营自己的战略。美国力图扶持一个亲美的中国以遏制苏联，把中国作为稳定东方与亚洲的重要因素，故而在经济上政治上给国民党政府以支持；蒋介石也追随美国，向美国索取反共、反苏的资本，增加内战的实力。在这种形势下，美国总统杜鲁门任命原参谋长联席会议主席乔治·马歇尔将军为总统特使前往中国以调解国民党与共产党的矛盾。

马歇尔于1945年12月到达重庆。在他的参与和推动下，国共两党于1946年1月5日达成停止一切军事冲突的协议。同日，由中共代表周恩来、国民党代表张群和美国总统特使马歇尔组成的三人小组成立。1月10日，正式发布《停战协定》，其中规定：(1)“一切战斗行动立即停止；(2)除另有规定者外，所有中国境内军事调动一律停止，唯对于复员换防给养行政及地方安全必要之军事调动乃属例外；(3)破坏与阻碍一切交通线之行动必须制止，所有阻碍该项交通线之障碍物，应即拆除；(4)为实行停战协定，应即在北平设一军事调处执行部，该执行部由委员三人组成之，一人代表中国国民政府，一人代表中国共产党，一人代表美国，所有必要训令及命令，应由三委员一致同意，以中华民国政府主席经军事调处执行部发布之。”《停战协定》于1月13日生效。按照这个协定，由国民党代表郑介民、共产党代表叶剑英和美国代表罗伯逊组成“军事调处执行部”，以负责《停战协定》

的监督执行。

在《停战协定》签订的当天，以解决国共冲突为目标的政治协商会议在重庆国民政府大礼堂开幕。在38名政协会议代表当中，有中共代表7人，国民党代表8人，青年党代表5人，此外还有民盟和社会无党派人士代表。1946年1月31日，会议签订了政协五项协议，内容涉及政府组织、和平建国、国民大会、宪法草案和军事问题等诸多方面。

根据双十协定和政协决议，三人小组（此时国民党方面改派张治中为代表）于2月14日开始工作。2月25日，国共双方又达成了军队整编的基本方案，规定一年之后全国军队整编为108个师，其中中共军队占18个师；一年半后缩编为60个师，其中中共军队10个师。整军方案签订后，马歇尔与国共双方代表到华北、华东、华中各地巡视，检查停战命令的执行情况，历时7天。

停战协定、政协决议和整军方案是在马歇尔调处下，国共双方及其他各界代表共同努力的结果。对此中共方面给予很高的评价。2月9日，毛泽东对美国记者说："马歇尔特使促成中国停止内战，推进团结、和平与民主，其功殊不可没。"周恩来一再表示中共愿意在这个基础上和美国合作。3月4日，三人小组访问延安，受到中共方面的热烈欢迎。而蒋介石对这些协议十分不满，他在日记中写道：整军方案"为政府最大之损失"。他认为马歇尔"受共党之麻醉日甚"。3月11日，马歇尔因调处工作已取得初步成果而回国述职。17日闭幕的国民党二中全会马上就通过了一系列违反政协决议的议案，坚持国民党一党专政，反对民主原则。

实现和平的希望由于东北问题日益突出而受到挑战。1946年1月时，中共在东北已有20余万军队，控制着一批中小城市。随着越来越多的国民党军队运抵东北，它们步步进逼中共控制的解放区。国民党军队在4月初相继侵占已由中共军队所控制的海城、鞍山、昌图等城市，随后向四平发起猛攻。中共军队被迫应战，在坚守四平的同时，于4月18日占领由国民党收编的原伪军驻守的长春。

4月19日，马歇尔返回重庆与蒋介石会晤。蒋介石反对继续执行对中共妥协的政策，抱怨美国对其支持不够。但马歇尔认为继续调处对蒋有利，不同意采取公开内战的做法。4月22日，他向蒋介石提出国民党军在东北如果不与共军妥协，美国就将停止运送国民党军到东北并将撤退海军。他也向周恩来提出，只要中共退出长春，其他问题就可谈判解决。周恩来强调东北应无条件停战，反对国民党再增兵东北。但在4月23日，马歇尔一方面提出东北停战草案，另一方面决定再运国民党两个军到东北。国民党方面对此仍不满足，又提出长春路沿线两侧30里以内地区由国民党军队接收等要求作为停战的条件。在谈判中，马歇尔无法说服蒋介石。出于美国的根本利益，他更多地对中共施加压力，遭到中共方面的抵制。谈判一直没有结果。

在调处期间，美国政府以多种形式向国民党政府提供援助。到1946年6月底为止，美国在战后对华援助额已达到7.81亿美元，其中部分用于转运国民党军队和训练其军事人员。4月29日，美国与国民政府签署美派驻华军事顾问团协议。5月，美方同意贷款1500万美元。6月14日，美蒋又签订5170万美元的信贷协定。8月31日，美国不顾中共方面的反对，与国民党政府签订了《中美剩余战时财产出售协定》，把原价值近8亿美元的战时剩余物资以1.75亿美元廉价转让给国民党政府。有了美国的支持，蒋介石有恃无恐。6月26日，国民党军队公然在中原地区向中共军队发起大规模进攻，挑起全面内战。中共代表团为此发表声明，谴责蒋介石破坏停战协定的行为，表示中共仍将坚持争取和平、反对内战的立场。国民党发动全面内战后，三人小组实际上已无法解决问题。9月29日，毛泽东发表声明指出："美国政府的政策是在借所谓调处作掩护，以便从各方面加强蒋介石，并经过蒋介石的屠杀政策，压迫中国民主力量，使中国实际上变为美国的殖民地。"

国民党军队不断地向解放区发起进攻。10月11日，国民党军队占领中共在华北的重要政治军事中心张家口。中旬，马歇尔提出按双方军队实际控制线停火的建议，实际上是在包庇国民党的军事行动。这自然遭到中共方面的反对。11 月 15 日，国民党违背政协决议，单方面宣布召开国民大会，遭到中共的强烈谴责。11 月 19 日，周恩来离开南京回延安。马歇尔调处失败。1947 年 1 月 6 日，杜鲁门宣布召回马歇尔出任国务卿。

3. 订立《中美商约》

1943 年中美新约规定，两国在战争结束后六个月内进行谈判，签订一项友好通商航海条约。1945 年 4 月，美方便将中美商约的草案交给中方。六、七月间，中美双方就这份约稿作了初步的讨论。中方坚持要平等互惠，并要兼顾中国的经济政策。美方强调优惠保障的必要性。正式谈判于 1946 年 2 月 5 日开始，最初在重庆，后移到南京。1946 年 5 月初，重庆政府正式还都南京。谈判集中于三个问题：外国公司的法律地位、国民待遇和最惠国条款。经过七个月的谈判，11 月 4 日，《中美友好通商航海条约》在南京签字。条约内容十分广泛，主要规定如下：

（1）缔约一方的国民在彼方享有居住、旅行及从事经商、制造、科学、教育、宗教及慈善事业的权利，为此可以取得、保有、建造、租赁房屋和租赁土地，并与彼方的法人及团体待遇相同。

（2）此方出口商品，关税享受彼方给予第三国的优惠待遇。美国法人及团体在中国种植、出产或制造的物品所纳内地税及输出中国享有国民待遇。

（3）此方船舶应与任何第三国船舶一样，享有装载货物前往彼方任何开放口岸、地方及领水的自由。一方以后若以内河航行权或沿海贸易权给予任何第三国时也应以同样的权利给予彼方。

（4）缔约一方对他国采取军事行动时，另一方也应同时“采取敌对行动”，在对方国家的公民应参加所在国陆海军服役。

（5）应允许双方在对方自由开办学校和进行宗教活动，不得阻止“具有历史、考古或艺术价值之国家宝物之输出者”。

这个条约从文字上看似乎双方享有对等的权利，但由于中美两国经济实力之悬殊，文化教育水平存在巨大差距，事实上条约是单方面对美国有利。此外，作为一项商约，却又规定了军事上的义务，从而使美国与国民党政府结成了军事同盟关系。

在此前后，国民政府还同美国签订了其他一系列协定条约，如1945年11月《美国在华空中摄影协定》，1946年9月《中美三十年船坞秘密协定》，12月《中美空中运输协定》，1947年1月《中美青岛海军基地秘密协定》等等。通过签订这些条约协定，美国确立了在华的优越地位。为了保护其利益，它也就更加关注中国的局势。

针对这些条约，中共中央1947年2月声明：“对于1946年1月10日以后，由国民党政府单独成立的一切对外借款，一切丧权辱国条约及一切其他上述协定、谅解与今后未经政治协商会议通过或未经征得本党和其他参加政治协商会议各党派同意的一切同类外交谈判，本党在现在和将来均不承认，并决不担负任何义务。”

4. 争取美国的经援军援

抗战胜利后，为了扶植一个亲美的政府，美国向国民党政府提供了大量的援助，即便在马歇尔调停期间美国也只曾短时停止援助。1946年6月22日，中共中央主席毛泽东发表关于反对美国军事援蒋法案的声明，指出援蒋法案“对中国的和平安定与独立民主有极为不利的影响，因此中国共产党坚决反对此项法”。毛泽东代表中国共产党进一步指出：“美国实行所谓军事援助，实际上只是武装干涉中国内政，只是以强力支持国民党独裁政府继续陷中国于内战、分裂、混乱、恐怖和贫困，只是使中国不能实现整军复员和履行其对于联合国的义务，只是危害中国国家安全独立与领土主权完整，……在此种现实情况之下，中国共产党不得不坚决反对美国政府继续以出售、交换、租借、赠送或让渡等方式将军火交给中国的国民党独裁政府，坚决反对美国派遣军事使团来华，并坚决要求美国立即停止与收回对华的一切所谓军事援助，和立即撤回在华的美国军队。”美国通过对国民党政府的军事与经济援助，深深地卷入中国的内战，日益紧张的国共两党矛盾给美国扶蒋援蒋政策提供了合适的机会。

进入1947年下半年，中国国内形势发生了新的变化。由中共各部队组建成的中国人民解放军从防御转入进攻，取得节节胜利。10月10日，解放军总部发表宣言，号召“打倒蒋介石，解放全中国”。相比之下，国民党政府却处境艰难，军队败退，财政恶化。国民党官员不断地向美国方面求援。早在1947年一二月间，行政院长宋子文多次向司徒雷登大使说明财政困难，提请美国注意事态发展的结果，他称“惟有美国给予某种具体的援助和支持才能稳定经济形势并改善政治局面”。他还以备忘录形式，请求美国贷款1.5亿美元。3月底，国民政府外交部长要求美国提供1亿发步枪子弹。4月中旬，蒋介石按照美国的要求改组政府，拉一些小党派的人士装潢门面充民主。然后，他令驻美大使顾维钧向马歇尔国务卿提出贷款10亿美元。与此同时，司徒雷登接连报告军事、经济、政治各方面的情况都对蒋介石不利，几个月内东北就会落入共产党之手。一些美国政客因此激烈地批评政府的对华政策。由在华有重大利益和亲蒋的美国人组成的院外援华集团也积极活动，要求政府改变政策，全力支持国民党。

马歇尔离开中国才几个月，那里竟然发生了如此大的变化，这出乎杜鲁门和马歇尔的预料。5月26日，美国取消对国民党政府的武器禁运，并批准出售1.3亿发子弹，不久美国又批准交付若干运输机。

7月9日，美国政府决定派魏德迈访华，对中国形势和美国可能采取的措施作一调查。魏德迈率领经济、兵工、政治、军事等方面的专家于7月22日至8月24日访问了中国。他在华期间从北到南访问了十几个城市，不仅会见了蒋介石，还听取了张群等一批高级官员的报告，又同中国工商界等各方面的人士座谈。

在华期间，魏德迈公开地尖锐批评国民党政府，要求它进行广泛改革。9月19日，魏德迈向杜鲁门递交了一份长篇报告。他指出国民党统治腐败无能，经济“正在崩溃与瓦解之中”，“军事局势有利于共军”。他建议美国向蒋介石提供军事、政治、经济全面援助。他认为，否则的话，中国会落入共产党之手。

10月27日，中美签订《关于美国救济援助中国人民之协定》，美国将提供2700万美元的救济。以后，美国陆续又出售了几批军事物资。1948年2月18日，杜鲁门向国会提出拨款5.7亿美元的经济援助方案。2月20日，马歇尔在参众两院外委会上说明：美国政府“极愿帮助中国政府”，已经给了大批援助，但由于国民党不争气，结果“现在已经处于极端劣势的地位”。经过国会讨论，《援华法》作为《1948年援外法》的一部分于4月2日由国会通过，翌日杜鲁门签字批准，援助金额为4.63亿美元。6月，众院拨款委员会把援助总额减为4亿美元。为了实施《援华法》，国民党政府7月3日与美国订立了《关于经济援助之协定》。美国给予中国的援助中一部分用于购买军火。

第四节 新旧对外政策的交替

1. 南京政府反共外交政策的失败

1948年7月到1949年9月，中共发动了辽沈战役、平津战役和淮海战役三大决战。1948年11月，人民解放军已经取得辽沈战役的胜利，整个东北地区被置于人民解放军的控制之下。11月16日，美国在华军事顾问团团长巴大维将军在给陆军部的一份报告中表示对国民党政府的彻底失望：“自从我到职以来，没有一次战役是因为缺乏弹药或装备而失败的。据我看来，他们的军事崩溃，完全可以归因于世界上最拙劣的领导，以及其他许多足以破坏士气的因素，这些因素引起了战斗意志的完全丧失。”“蒋委员长已经丧失了他在政治上的和他的群众的支持。他企图把政府迁往他处而继续维持，至于全国人民是否拥护，不得而知。相信这种迁移，仅仅足以延长战争的结束，无论政府迁往哪里，共军终究将压倒政府。纵令有美国的援助，在政府能予足量的新军以训练、装备而开赴前线以挽救危局以前，共军即将压倒政府。为了这个理由，除非美国的全面军事支援，包括派遣美国军队使政府处于一个新的地位在内，而我并不赞同派遣美国军队，因此我建议依照原定计划，撤回美国联合军事顾问团。”

走投无路的蒋介石和其他高级官员以共同反共为由呼吁西方各国的援助。11 月 9 日，他亲函杜鲁门要求迅速增加军援，请美国顾问参加指挥作战。蒋夫人宋美龄 11 月 21 日向美国发表广播讲话，请求援助。一周后，她直接赴美进行活动。1949 年 1 月，李宗仁上台后要求美国贷款 10 亿美元，至少 5 亿美元来帮助他抵御共产党军队的进攻。但是这些活动都没有引起美国政府的积极反应。

美国政府已经开始重新考虑它的对华政策。1948 年 11 月 26 日，马歇尔在内阁会议上讲：“中国的国民党政府正在退出历史舞台，无论我们做什么都救不了它了。”1949 年 1 月 12 日，美国政府再次拒绝充当国共之间的调解人。1 月 26 日，美国正式宣布停止训练国民党军队，随之撤回美国军事顾问团。1 月 22 日，艾奇逊接任美国国务卿。2 月 24 日，艾奇逊会见一批议员。当他谈到中国事态时，他说：当森林中有一棵大树倒下，在飞扬的尘埃落定以前，人们无法看清破坏的程度。以后，艾奇逊的对华政策就被描述为“等待尘埃落定”。不久，就一些议员建议向国民党政府提供新的援助的问题，3 月 15 日艾奇逊写信给参院外委会主席康纳利说：“美国的巨额援助肯定会被浪费掉，指导中国政府军事行动的打算将毫无效果，而美国将可能被导致直接介入中国的内战”，“这种援助的结果肯定是一场灾难。”这时，美国最关切的问题是新中国政府将同苏联保持什么关系，但没有形成明确的政策。

为了取得国际支持，1949 年 7 月蒋介石以国民党总裁的身份访问菲律宾，与菲律宾总统季里诺会谈后发表联合声明，称：“远东国家之自由与独立，现正遭受共产势力之严重威胁。余等认为远东国家应即成立联盟，加强其合作与互助，以反抗并消除此种威胁。余等并认为凡准备参加远东联盟之国家，应即派遣有全权之代表，组成筹备会议以制定本联盟之具体组织。”同年8月，蒋介石访问韩国，此行目的“不仅商谈有关中韩两国当前重要诸务，并将讨论远东各国筹组反共联盟问题”。8月8日与韩国总统李承晚于镇海发表联合声明称：“国际共产主义之威胁，必须予以消灭。”对于蒋介石建立“太平洋反共联盟”的建议，亚洲各国和者盖寡，应者寥寥。

1949年12月7日，国民党政权辗转于广州和重庆后，败逃台湾，其在中国大陆维护一党专制的外交活动就此完结。

2. 中共对外政策的形成

中国共产党自1921年成立之后便不断地针对国际形势和中国对外关系提出自己的主张，但直到1935年在延安比较稳定地建立了自己的根据地之后，它才能够作为一个政权实体具体实施对外政策。1935年12月，中共中央提出“建设于不放弃一切可能争取反对日本帝国主义和中国卖国贼的胜利的基础上，进行必要的谅解，妥协，建立国交，订立同盟条约的关系”。1936年起，中共领导人陆续热情地接待了美国记者斯诺等外国记者访问延安，把抗日根据地的情况介绍给世界。埃德加·斯诺1937年出版的《西行漫记》（又名《红星照耀中国》），可谓轰动一时。抗日战争爆发后，中共提出立刻同苏联结成军事同盟，争取英美法同情的政策。中共向各国共产党和人民发出呼吁，并得到积极的响应。1940年12月，毛泽东在题为“论政策”的党内指示中，提出党的对外政策原则是“利用矛盾，争取多数，反对少数，各个击破”，并具体地指出要区分作为侵略者的日德与反对这种侵略的英美。太平洋战争的爆发使中国共产党有机会得与英美政府建立联系。中共驻重庆的八路军办事处利用各种场合接近美国驻华军政人员和新闻记者，力图通过他们更多地宣传中国共产党的政策主张，并进而影响美国的对华政策。1944年，中共欢迎以包瑞德上校为首的美国军事观察组对延安和其他根据地的访问。为此，中共中央在8月18日发布了“关于外交工作的指示”，指出：这是“我们在国际间统一战线的开展，是我们外交工作的开始”。11月，美国总统特使赫尔利访问延安，开始谈判解决中国内部两党和解问题。中共希望由美国迫使国民党同意建立联合政府。但由于赫尔利的扶蒋政策，这次努力未有结果。

抗战结束后，中共一方面利用苏联的有限支持，派大批军队进入东北地区，扩大解放区。另一方面避免同美军发生冲突，防止同美国对抗。中共欢迎马歇尔调处国共争端，以迅速同国民党达成停战协议的方式来支持他的工作。然而，由于美苏两国冷战格局的逐渐形成，美国在中国内战中越来越偏袒国民党。毛泽东在1946年8月同美国记者斯特朗的谈话中提出了“中间地带”理论，即战后世界的基本形势是美国到处侵略，而“中间地带”的国家和人民展开反对美国侵略和扩张的斗争。根据这一判断，他提出了建立世界反美统一战线。1947年10月10日，中国共产党发表了《人民解放宣言》，提出了“打倒蒋介石，解放全中国”的口号，宣布了中国人民解放军的也就是中国共产党的八项基本政策。这预示着中国历史正在发生重大的转折，因为中国共产党在宣言中已否认国民党政府代表中国的合法地位，决心建立新型的民主政府取而代之。1947年12月，中共中央接受世界已划分为两大阵营和苏联是和平民主阵营的领导者的观点。中共强烈谴责美国对国民党的支持，同国民党展开坚决的军事斗争。

在人民的支持下，中共在内战中取得节节胜利。1949年4月21日，人民解放军渡过长江，一举解放南京。随后，华东和中南等地也都解放了。国民党政府退往广州时，要求各国使馆也迁走，但美国使馆的一部分人却留了下来。大使司徒雷登根据艾奇逊的指示打算同新政权进行接触。5月13日，艾奇逊就承认新政府问题向司徒雷登提出三条原则：“（甲）该政府事实上控制了该国领土和行政机构，包括维持公共秩序；（乙）该政府有能力并愿意履行其国际义务；（丙）其掌权得到国内人民普遍接受。”他还询问是否承认会使共产党对美国的权利和财产采取合理的态度，并为保护美国利益带来最大的希望。艾奇逊特别强调履行国际义务这一点对于给予承认的关键作用。

中国共产党在准备建立新政权时也制定了外交政策。1949 年春夏之间，毛泽东先后提出了“另起炉灶”、“打扫干净屋子再请客”和“一边倒”的方针。3 月，毛泽东在中共七届二中全会上讲话中一方面表示“愿意按照平等原则同一切国家建立外交关系”，另一方面强调敌视中国人民的帝国主义只要一天不改变态度，“我们就一天不给帝国主义国家在中国以合法的地位”。本着这样的原则，4 月 28 日，毛泽东给总前委和华东野战军负责人的电报中指出，如果美国能断绝和国民党的关系，我们可以考虑和他们建立外交关系。但中共估计这种可能性很小，因为美国不会很快改变其反共政策，因此决定与美国建交的问题“不但现在不应急于去解决，而且就是在全国胜利以后的一个相当时期内也不必急于去解决”。6 月底，毛泽东又在《论人民民主专政》一文中公开宣布，积几十年的经验，新中国将“倒向社会主义一边”。他说：“我们在国际上是属于以苏联为首的反帝国主义战线一方面的，真正的友谊的援助只能向这一方面去找，而不能向帝国主义战线一方面去找。”“一边倒”的原则一方面反映了新中国领导人担心帝国主义不甘心在中国的失败，有可能对中国进行武装干涉，因此中国需要从社会主义阵营一方面寻求支持和援助；另一方面就是要旗帜鲜明地表明中国的政治态度，使帝国主义国家不要再对新中国的性质存有任何幻想。

南京解放以后，担任军管会外事处长的黄华根据中共中央的指示，在五六月间几次会见司徒雷登。黄华要求美国政府断绝同国民党政府的关系，停止对其援助，并撤退在华的武装部队，以表明美国放弃了干涉政策，这样中美之间才能建立起新关系。中共方面还曾同意司徒雷登以私人身份来北平访问。司徒雷登接到邀请后，报告了国务院。他认为这是绝无仅有的机会，有利于同中共改善关系。然而，杜鲁门政府不批准这项访问。7月1日，艾奇逊指示说：在任何情况下都不得访问北平。美国政策的变化可以从《论人民民主专政》一文发表后司徒雷登的报告中得到解释。他说："应该感谢毛泽东，他空前清楚地说明了最高领导的立场，不必再从字里行间来寻找他们实际执行的和公开申明的政策之间有何不同。"美国意识到新中国倒向苏联一边是不可阻挡的。

由于美国政府的态度变化，司徒雷登再逗留下去就没有意义了。他于8月2日悻悻离开南京回国。就在司徒雷登返国途中，8月5日，美国国务院发表长达1000多页的《美国与中国的关系》白皮书，并附有7月30日艾奇逊为发表白皮书写给杜鲁门的信。白皮书叙述了从1844年中美签订《望厦条约》至1949年中国全国基本解放这百余年的美中关系，特别评述了从抗战以来美国对华政策的制定和结局。白皮书总结了内战期间美国给予国民党政府的援助，它们包括："中国战场美军总部在计划重新部署中国陆军和遣返日军上所给予的援助；驻华北美军陆战队在占领关键地区和为中国政府控制主要交通线所给予的援助以及美军顾问团所给予的援助。除了这些形式的援助之外，美国政府自对日战争胜利以来，已批准给予中国政府总额近十亿美元的赠予及贷款形式的军事援助。在此同一时期内，另外还批准了十亿美元的经济援助。自然，经济援助不可避免地是有间接的军事价值的。"尽管如此，国民党政权还是垮台了。艾奇逊坦率地承认："不幸的但亦无法逃避的事实是：中国内战不祥的结果非美国政府的控制所能及。我国在其能力合理限度之内，已经做的或可能做到的一切，都不能改变这个结果。并非由于我国还有什么没有做到之事影响了内战的结果。这是中国内部各种力量的产物。我国也曾试图对这些力量施加影响，但未能成功。"

就发表白皮书一事，中共方面通过新华社从8月12日起连续发表评论文章，指出这是美国侵略中国的自供状，为中国人民提供了一本绝好的反面教材。其中，8 月 18 日毛泽东亲自写的《别了，司徒雷登》一文，谴责“美国出钱出枪，蒋介石出人，替美国打仗杀中国人，‘毁灭共产党’，变中国为美国殖民地，完成美国的‘国际责任’”，但这个政策失败了，司徒雷登“是美国侵略政策彻底失败的象征”。

1949 年 10 月 1 日，中华人民共和国宣告成立。半殖民地半封建的旧中国外交终于结束了。

抗日战争结束后，国民党政府试图争取日本的配合和美国的支持来消灭共产党，以巩固自己的独裁统治，而不是集中精力去解决所面临的各种国计民生问题。这种错误的方针不仅削弱了自己的统治基础，也破坏了中国能在世界上发挥更大作用的机会。最终，国民党政权在中国大陆的迅速崩溃，连美国这个盟友的各种援助也无济于事。而中国共产党在长期的斗争中积累了经验，形成了广泛的群众支持基础。它代表了民族崛起的方向，从而登上执政的舞台。正如毛泽东在 1949 年 9 月 21 日中国人民政治协商会议第一届全体会议上所说：“我们民族将从此列入爱好和平自由的世界各民族的大家庭，以勇敢勤劳的姿态工作着，创造自己的文明和幸福，同时也促进世界的和平和自由。我们的民族将再也不是一个被侮辱的民族了，我们已经站起来了。”此后中国人民能够为建立繁荣富强的国家而真正开展独立自主的外交。

思考题：

1. 结合抗日战争以来的史实试析中国成为联合国创始国的历程。

2. 试析国民政府对日“以德报怨”的政策。

3. 马歇尔来华调处为什么失败？

4. 分析 1945 年以后中国共产党的对美政策。

参考书目：

吴东之：《中国外交史（中华民国时期）》，河南人民出版社

1990 年版，第五章。

石源华：《中华民国外交史》，上海人民出版社 1994 年版。

牛军：《从赫尔利到马歇尔》，福建人民出版社 1990 年版。

资中筠：《美国对华政策的缘起和发展 1945~1950》，重庆出版社 1987 年版。

毛泽东：《毛泽东选集》第四卷，人民出版社 1991 年版。

《中华民国重要史料初编——对日抗战时期》第七编，《战后中国》（四）。

田桓主编：《战后中日关系文献集》（1945~1970），中国社会科学出版社 1996 年版。

中共中央党史教研室编：《中共党史参考资料》（六），人民出版社 1979 年版。

参考书目

一、通史

张历历：《20世纪中国对外关系》，甘肃人民出版社，2000年版。

苏浩：《百年中国大事要览·外交卷》，党建读物出版社，2002年版。

唐培吉：《中国近现代对外关系史》，高等教育出版社，1994年版。

石源华：《中外关系三百题》，上海科技教育出版社，1991年版。

刘培华：《近代中外关系史》，中华书局，1986年版。

程道德：《近代中国外交与国际法》，现代出版社，1993年版。

张圻福：《中华民国外交史纲》，人民日报出版社，1995年版。

杨公素：《中华民国外交简史》，商务印书

馆，1997年版。

二、国别关系

项立岭：《中美关系史全编》，华东师范大学出版社，2002年版。

熊志勇：《中国与美国》，河南人民出版社，1995年版。

朱宗玉：《从香港割让到女王访华：中英关系1840~1986》，福建人民出版社，1990年版。

高鸿志：《近代中英关系史》，四川人民出版社，2001年版。

萨本仁、潘兴明：《20世纪的中英关系》，上海人民出版社，1996年版。

杨元华：《从黄埔条约到巴拉迪尔访华：中法关系1844~1994》，福建人民出版社，1995年版。

鲜于浩、田永秀：《近代中法关系史稿》，西南交通大学出版社，2003年版。

吴景平：《从胶澳被占到科尔访华 专著 中德关系1861~1992》，福建人民出版社，1993年版。

王希隆：《中俄关系史略1917年前》，甘肃文化出版社，1995年版。

骆晓会：《近代中苏关系史述论1917~1949》，延边人民出版社，2001年版。

东亚三国的近现代史共同编写委员会：《东亚三国的近现代史》，社会科学文献出版社，2005年版。

杨考臣：《中日关系史纲》，上海外语教育出版社，1987年版。

王晓秋：《近代中日关系史研究》，中国社会科学出版社，1997年版。

蒋非非等：《中韩关系史》，社会科学文献出版社，1998年版。

黄国安：《中越关系史简编》，广西人民出版社，1986年版。

王宏纬：《喜马拉雅山情绪：中印关系研究》，中国藏学出版社，1998年版。

作者说明

本书作者都在外交学院长期从事中国近现代外交史的教学和研究工作。熊志勇教授负责撰写第一章至第十章，苏浩教授负责撰写第十一章至第十七章，陈奉林副教授参与编写第十八章。全书由熊志勇统稿。世界知识出版社的责任编辑罗养毅为此书付出了很大心血。虽然作者做了努力，但本书还是可能有疏漏不当之处，欢迎读者批评指正。